## 项目名称

1. 洛阳师范学院旅游管理国家级一流本科专业建设点
2. 洛阳师范学院旅游管理河南省特色骨干学科
3. 河南省重点研发与推广专项软科学研究重点项目（232400411024）
4. 河南省教师教育课程改革重点项目（2022JSJYZD022）
5. 河南省高等教育学会高等教育研究重点项目(2021SXHLX152）

## 基地名称

1. 中国旅游研究院县域旅游研究基地
2. 智慧旅游河南省工程技术研究中心
3. 智慧旅游河南省协同创新中心

# 中国县域旅游
# 发展报告
## （2022）

TOURISM DEVELOPMENT REPORT
ON COUNTY-LEVEL IN CHINA (2022)

程金龙 等／著

社会科学文献出版社
SOCIAL SCIENCES ACADEMIC PRESS (CHINA)

# 前　言

县域旅游发展是推动乡村振兴、共同富裕和城乡融合的重要途径，也是双循环格局催生新消费的重要场景。城乡融合、乡村振兴、共同富裕、生态文明、可持续发展、数字化等是新发展阶段中国经济社会发展的新动能。深入贯彻新发展理念，主动融入新发展格局，融合、凝聚新发展动能是县域旅游高质量发展、发挥县域旅游综合效应的基本路径。

《中国县域旅游发展报告（2022）》全书包括总论在内共十一章，对县域旅游发展现状、格局、趋势和经验进行系统论述。第一章总论，在对县域旅游发展历程、发展现状、发展环境、发展模式进行分析的基础上，展望了县域旅游发展的趋势。第二章县域旅游高质量发展背景阐释与内涵解读，阐述县域旅游高质量发展的背景和理论依据，构建了县域旅游高质量发展评价指标体系，指出县域旅游高质量发展的重点任务，并提出县域旅游高质量发展的对策建议。第三章县域旅游发展促进共同富裕的机制与方法，系统分析乡村旅游发展促进共同富裕的机制、逻辑、典型模式、困境与局限等基本问题，提出应发挥乡村旅游带动效应，以实现共同富裕。第四章全域旅游背景下县域旅游可持续发展，对县域旅游发展的背景和理论基础、可持续的概念和影响因素、可持续发展环境的构建、全域旅游视角下县域旅游可持续发展的路径等关键内容进行系统阐述。第五章生态文明视域下县域旅游发展研究，阐释生态文明的概念内涵与基本特征，分析生态文明建设与县域旅游发展的辩证关系，总结生态文明视域下县域旅游发展模式，提出生态文明视域下县域旅游发展路径与建议。第六章新冠疫情防控常态化背景下县域旅游韧性体系的建设，阐述了2022年新冠疫情防控常态化对县域旅游的影响，分析特殊情况下县域旅游韧性体系建设内容、建设路径和优化措施。第七章新冠疫情背景下的县域旅游发展，描述2022年疫情防控常态化时期县域旅游发展现状、发展亮点，并对后疫情时代县域旅游业的发展趋势进行展望。第八章县域旅游发展格局及演化，从全国地带性和重点地区层面，对东部沿海、中部地区、黄河经济带、西南地区的县域旅游发展格局及变化进行系统分析。第九章县域旅游竞争力与新型城镇化互动机制与协同发展，选取黄河流域为研究对象，基于多源数据科学评估县域旅游竞争力水平与新型城镇化水平，探讨县域旅游竞争力与新型城镇化的空间耦合关系、互动机制及协同发展路径，为推动县域新型城镇化与旅游业的协同发展提供思路。第十章县域尺度下乡村旅游助力乡村振兴的机制与模式研究，在厘清乡村旅游助力乡村振兴内在机理的基础上，以长垣县和栾川县为案例分析对象，详细阐释平原地区和丘陵地区两种不同的乡村旅游助力乡村振兴发展模式。第十一章数字经济背景下的县域旅游发展，介绍县域旅游数字化发展的典型案例，总结县域旅游的成功经验及启示。

全书由程金龙提出写作思路、拟定框架结构并负责统稿和组织撰写，由余汝艺协助统稿，并进行书稿校对。第一章由程金龙、郭琴撰写，第二章由曹威威撰写，第三章由余汝艺撰写，第四章由杨华夏撰写，第五章由张翠娟撰写，第六章由赵坤撰写，第七章由甘鹤驰撰写，第八章由曹晓丹撰写，第九章由沈威撰写，第十章由王鹏飞撰写，第十一章由王洪瑞撰写。

本书得到洛阳师范学院旅游管理河南省特色骨干学科、旅游管理国家级一流本科专业建设点、文旅文创融合发展河南省本科高校课程思政教学团队项目、河南省科技厅重点研发与推广专项软科学重点项目（232400411024）、河南省教师教育课程改革研究重点项目（2022JSJYZD022）、河南省高等教育学会重点项目（2021SXHLX152）、中原英才计划－中原教育教学领军人才项目、河南省教学名师工作室项目的资助，在此表示感谢。此外，在本书的撰写过程中，参阅引用了大量国内外学者的相关研究成果，在此深表谢意。

　　本书既具有较强的理论参考价值，也具有实践借鉴意义，可作为省、市、县（区）文化和旅游管理部门和旅游教育部门相关人员的参考书，也可作为高等院校旅游、休闲等相关专业人员的阅读书籍。由于作者水平有限，书中的疏漏在所难免，恳请读者批评指正，以便本书的进一步修订和完善。

程金龙

2023 年 4 月

# 目 录

# 第一章
# 总　论

县域旅游是指以县级行政区为地域空间，依托县域旅游资源赋存优势，以资源开发为基础、以市场需求为导向、以产业发展为支撑、以特色旅游休闲生活体验为吸引力的一种区域旅游发展形态。随着城乡消费结构的优化升级，现代旅游者越来越重视参与体验，注重以休闲来放松身心。人们对生态产品、乡村旅游等的需求更加迫切，县域旅游的发展带来了家门口的"招商引资"，有效激发了县域经济发展的潜力和动力。近年来，县域旅游已经成为旅游业发展的核心板块，是县域经济发展的重要引擎之一。本章通过回顾我国县域旅游的发展历程，分析当下我国县域旅游的发展环境，总结我国县域旅游的发展模式，为县域旅游的发展提供建议，以期推动县域旅游高质量发展，缩小城乡差距，在第二个百年奋斗目标的新征程中逐步实现共同富裕。

## 一　县域旅游发展历程

"郡县治，天下无不治。"作为国民经济的基本单位，县域旅游对于整个国民经济的发展，具有十分重要的意义。县域拥有丰富的生态环境资源和独具风格的民俗特色，发展旅游的潜力巨大。县域旅游的发展对促进城乡统筹、解决三农问题具有重大的意义。我国县域旅游的发展大致经历了以下三个阶段：发展起步期（1995～2008 年）、快速发展期（2009～2013 年）与平稳推进期（2014 年至今）。

（一）发展起步期：1995～2008年

1986年4月，国务院发布国民经济和社会发展的第七个五年计划（1986～1990），旅游业首次被列入国家发展规划，指出要积极调动各方面力量，加快建设旅游城市和旅游区，努力培养新型旅游人才，为旅游业的发展奠定坚实基础。1992年，中共十四大召开，赋予市场经济体制改革历史使命，为旅游业的发展营造了利好的制度环境和政策空间。1995年，莫翠岗在《农村经济》上发表了《扬旅游龙头，发展县域经济》一文，以海南万宁县（现为万宁市）为例，探讨通过发展旅游业来振兴县域经济，由此拉开了县域旅游研究的序幕。到了21世纪初，旅游业发展已初具规模，在产业六要素方面形成了基本的发展框架和规模基础。在旅游业发展如火如荼的时代背景下，部分县域意识到仅仅依靠传统的农业、工业来发展经济是远远不够的，旅游业作为第三产业中极具生命力的产业，是推进县域经济结构转型、提升县域经济发展质量、营造新的经济热点、加速县域经济发展的应有之义。2001年，国务院发布《关于进一步加快旅游业发展的通知》（国发〔2001〕9号）。同年，中国加入WTO，真正开始与世界接轨。2002年，党的十六大报告明确提出壮大县域经济的战略任务。2003年10月，国家旅游局发布《创建旅游强县工作指导意见》和《创建旅游强县工作导则》，在国家政策的导引下，县域旅游逐渐走进大众视野，出现"乡村旅游""休闲旅游"等新的发展业态。

（二）快速发展期：2009～2013年

2009年，国务院发布《关于加快发展旅游业的意见》（国发〔2009〕41号），旅游业被定位为"国民经济的战略性支柱产业"。这意味着旅游业在国民经济中的地位实现了历史性突破，也是对未来旅游发展的重大推动。农业部、国家旅游局于2010年出台《关于开展全国休闲农业与乡村旅游示范县和全国休闲农业示范点创建活动意见》，确认111个县（市、区）为全国休闲农业与乡村旅游示范县。2012年，中共十八大召开，我国进入全面深化改革的时期，旅游业向纵深发展。2013年，农业部和国家旅游局出台《关于继续开展全国休闲农业与乡村旅游示范县和全国休闲农业示范点创建活动意见》等文件，先后批复延庆、峨眉山、桐乡成为旅游综合改革示范县。2013 年，《中华人民共和国旅游法》出台，为旅游业的发展提供了法律保障。在各方主体的协力推动下，县域旅游进入快速发展时期。

（三）平稳推进期：2014 年至今

2014 年，农业部、国家旅游局出台《关于开展 2014 年全国休闲农业与乡村旅游示范县、示范点创建工作的通知》，并在当年确认 37 个县（市、区）为全国休闲农业与乡村旅游示范县。2016 年，旅游业被誉为"幸福产业之首"，强服务促民生成为旅游业的重要功能定位。2017 年 5 月，国务院办公厅出台《关于县域创新驱动发展的若干意见》，为县域旅游发展注入了新的活力。2017 年党的十九大召开，我国进入了新时代。为满足人民群众美好生活的需要，旅游业通过供给侧改革，推动产品及服务结构的优化，大力提升旅游供给水准，对需求侧或民生的关注与响应也成为旅游业发展的新一轮驱动力。2018 年 3 月，文化部和国家旅游局合并成立文化和旅游部，不仅表明旅游业影响力已经渗透国民经济、文化、生活各个方面，同时反映了旅游业适应时代变化、满足人们精神文化需求的人文特色。2021 年，在中国共产党成立 100 周年之际，我国正式摘掉了"贫困"的帽子，从整体上消除了贫困，这是可以载入史册的伟大壮举。通过"旅游扶贫""产业扶贫"，也解决了部分县域存在的"多维贫困""相对贫困"等问题，县域旅游对于巩固新时期脱贫攻坚成果具有十分重大的现实意义。

## 二 县域旅游发展现状

近年来，我国县域旅游发展趋势较好，从地区分布来看，县域旅游资源丰富且覆盖范围较广；从产业发展来看，县域旅游具备自身特色且规模逐渐扩大；从政策制定来看，我国不断深入推进乡村振兴战略，大力发展县域旅游，相关部门给予大力的政策支撑；从学术研究来看，近 30 年来县域旅游相关研究的热度稳步提升。

（一）总体发展状况

我国有众多市场发展前景较为广阔且旅游资源较为丰富的县域，乡村地区的旅游资源大约占旅游资源总数的 70%，而且旅游市场潜力大，旅游需求旺盛，县域旅游发展对于旅游业的发展至关重要。已经有多个地区先后把旅游业作为县域经济的支柱性产业大力扶持，县域旅游已成为新常态下旅游业发展的核心板块，成为县域经济发展的重要引擎。《中国县域高质量发展报告 2022》指出，截至 2021 年底，中国内地共有县域 1866 个，占全国国土总面积的 90% 左右，占中国大陆人口和 GDP 的比重分别为 52.5% 和 38.3%。[①]

2022 年全国县域高质量发展百强县（市）中，包括 76 个县级市、22 个县、2 个旗。入选县市最多的是江苏省和浙江省，各有 25 个和 22 个县域位列百强。这意味着江苏全部 40 个县市中，60% 以上入选百强；浙江全部 53 个县市中，40% 以上入选百强。此外，山东有 14 个县域、福建有 7 个县域入选百强。榜单上的其他县域包括：河北、河南、湖南、安徽各有 4 个，四川 3 个，内蒙古、湖北、江西、贵州各有 2 个，吉林、辽宁、陕西、广东和云南各有 1 个。按照传统的南北方划分，南方占 73 个，北方占 27 个；按照四大板块划分，东部、中部、西部和东北各占 73 个、16 个、9 个和 2 个；按照重点城市群划分，长三角城市群 40 个，京津冀城市群 4 个，长江中游城市群 8 个，成渝城市群 3 个，珠三角城市群 1 个。

2022 年全国县域旅游综合实力百强县分布在 19 个省区市。具体分布为：浙江占 35 个，四川占 10 个，贵州、江苏、江西均占 9 个，湖南、云南各占 4 个，福建占 3 个，安徽、河北、河南、山东、山西、重庆各占 2 个，甘肃、广东、广西、湖北、吉林各有 1 个。其中在综合发展水平前十强中，浙江表现尤其突出，占 7 个，湖州安吉县连续 4 年位居全国县域旅游综合实力百强县榜首。

2022 年全国县域旅游发展潜力百佳县分布在 22 个省区市。具体分布为：四川最多，占 14 个；广东、云南各占 9 个；河北、河南、安徽、江西各占 6 个；广西、湖北、湖南、重庆各占 5 个；贵州、陕西各占 4 个；山

---

① 《中国县域高质量发展报告 2022》，中国网，http://xyjj.china.com.cn/2022-06/27/content_42016678.html。

东、浙江各占 3 个；福建、江苏、山西均占 2 个；吉林、内蒙古、新疆、海南各占 1 个。[①]

新冠疫情让全球旅游产业遭受了前所未有的打击，跨国旅游受阻，人们开始把眼光投向身边的那些美好。在大众日益重视休闲的背景下，旅游将更多地聚焦周边游、本地游等，县域旅游更是有助于推动形成以内循环为主的旅游新模式。县域旅游在疫情后将迎来史无前例的爆发式增长，各县域应练好内功，迎接挑战，创新产品服务，提升网络传播水平，抓住疫情后国内旅游全面恢复契机，努力实现县域旅游经济持续健康发展。[②]

（二）产业发展现状

我国县域旅游拥有巨大的消费市场，在促农、兴农、富农方面起到积极作用。国家首批创建的全域旅游示范区 80% 以上都在发展县域旅游：旅游资源在县域，旅游设施在县域，旅游服务在县域，旅游动力在县域，旅游改革在县域，旅游活力在县域，旅游前景在县域。县域旅游对促进对外交流、提升区域形象、改善产业结构、增强县域活力、带动农民致富、平衡区域差异有着巨大的推动作用。

《全国县域旅游研究报告 2022》显示，2021 年全国县域旅游总收入平均值为 36.18 亿元，接待游客总人次平均值为 438.3 万，相比 2020 年有所上升，分别恢复至 2019 年水平的 80.95%、84.39%。其中，旅游总收入超过 200 亿元的有 24 个县，100 亿 ~ 199 亿元的有 116 个县，50 亿 ~ 99 亿元的有 325 个县，表明我国县域旅游整体发展水平在逐渐提高，发展前景持续看好。接待游客总人次超过 2000 万的有 34 个县，1000 万 ~ 1999 万人次的有 146 个县，500 万 ~ 999 万人次的有 400 个县，分别比 2020 年增加了 7 个、8 个、34 个。旅游总收入超百亿元且接待游客超千万人次的超级旅游大县为 114 个，比 2020 年增加了 14 个。其中，四川和贵州最多，均为 17 个；

① 《9 + 4！这份全国县域旅游榜单 贵州多地上榜》，https://baijiahao.baidu.com/s? id = 173495344878170682&6&wfr = spider&for = pc。

② 《我们为什么要持续报道县域旅游》，https://www.sohu.com/na/478320726_484968。

浙江、湖南紧随其后，分别为15个、11个；江西、云南、江苏、重庆、广西分别有9个、7个、7个、6个、6个。[①]

从总体上看，中国县域面积从东向西逐步增加，经济发展水平则由东向西逐步下降。东中部地区的县域面积一般较小，人口密度和开发强度比较大。经济总量超过2000亿元的8个县域（除了中部的湖南长沙市长沙县之外，其他均位于东部）的GDP总额达到了2.5万亿元，总人口为1360万人，总面积仅为1万平方公里，即这8个县域的GDP强度超过全国平均水平的20倍，人口密度接近全国平均水平的10倍。行政区域面积超过1万平方公里的155个县域，除了黑龙江的6个县域，其余均位于西部，主要位于新疆、青海和西藏，四川和云南也有分布。这155个县域总面积达435.5万平方公里，占全国国土面积的45.4%，总人口却只有1989万人，仅占全国总人口的1.4%，人口密度为每平方公里4.6人，可谓地广人稀。这155个县域的GDP仅为1万亿元左右，占全国经济总量的0.9%。[②]

近年来，在国家政策的大力支持下，大众休闲的需求偏向乡村地区，乡村旅游因此受到了广泛的关注，越来越多的县域开始重视县域旅游的发展，并逐渐开始创建县域旅游品牌，进行县域旅游规划，每年新生的县域旅游项目不计其数。尽管目前县域旅游发展存在地区差异，但是县域旅游未来的发展仍大有可为。

（三）政策实施现状

我国是个农业大国，绝大部分人口在县域，县域旅游是我国旅游业发展的重要基础和主要增长点。在新常态下，大力推进现代服务业发展，最大难点在县域，重点和着力点也在县域，县域是新常态下旅游发展的"主战场"。同时，县域作为中国行政体系的重要一环，既是基层单元行政

---

① 《9+4！这份全国县域旅游榜单 贵州多地上榜》，https://baijiahao.baidu.com/s？id=1734953448781706826&wfr=spider&for=pc。

② 《中国县域高质量发展报告2022》，中国网，http://xyjj.china.com.cn/2022-06/27/content_42016678.html。

区，也是旅游业中观层面的独立单元区域。县域旅游发展得当，无疑将有力地拉动地方经济的持续增长，并促进国内旅游业支持体系的建成。开发县域休闲度假旅游产品，发展休闲农业、乡村旅游、生态观光等业态，有利于推动县域旅游业转型，拉动县域经济，使其成为县域经济新的增长点。

1993 年，"县域旅游"一词在国内第一次被提出。2002 年，中共中央提出"壮大县域经济"这一口号。2005 年，县域旅游被认为是解决三农问题、加快现代化进程的重要途径之一。县域旅游作为县域经济发展的重要组成，其蓬勃发展能够对地方经济发展产生深刻影响。[①] 为了支持旅游业发展，国务院办公厅等相关部门从 1993 年到 2018 年发布了很多促进旅游业发展的意见和政策（详见表 1 - 1）。其中包括促进旅游投资和消费的意见和促进全域旅游发展的政策，指出要推动旅游业与各行业融合发展，发挥旅游的扶贫作用、富民作用，对深度贫困地区的旅游资源进行普查，制定精准助力脱贫的旅游规划方案。可以看出，县域旅游在支撑旅游强省（市）建设、促进县域经济一体化建设等方面发挥出越来越重要的作用。在政策与实践的相互作用下，县域旅游逐渐成为经济发展新常态背景下旅游业新的发展重点。

表 1 - 1　国家促进县域旅游发展的有关意见和政策（2002 ~ 2018 年）

| 时间 | 内容 |
| --- | --- |
| 2002 年 11 月 | 十六大报告中明确提出壮大县域经济的战略任务 |
| 2003 年 10 月 | 国家旅游局发布《创建旅游强县工作指导意见》和《创建旅游强县工作导则》 |
| 2007 年 1 月 | 全国旅游工作会议启动旅游强县创建试点工作，打造县域旅游品牌 |
| 2007 年 6 月 | 国家旅游局出台《关于启动中国旅游强县创建试点工作的通知》，并颁布《中国旅游强县创建试点名单》和《中国旅游强县标准（试行）》 |
| 2007 年 9 月 | 国家旅游局出台《关于进一步促进旅游业发展的意见》，提出积极探索县域旅游经济发展模式，建设一批旅游强县 |

[①] 洪亚丽：《县域旅游发展影响因素及其发展模式研究——以浙江淳安县为例》，浙江工商大学硕士学位毕业论文，2015，第 27 页。

续表

| 时间 | 内容 |
| --- | --- |
| 2007 年 11 月 | 国家旅游局公布《关于命名桓仁满族自治县等 17 个县为"中国旅游强县"的决定》 |
| 2010 年 7 月 | 农业部、国家旅游局出台《关于开展全国休闲农业与乡村旅游示范县和全国休闲农业示范点创建活动意见》<br>2010～2012 年确认 111 个县（市、区）为全国休闲农业与乡村旅游示范县 |
| 2012 年 11 月 | 国家旅游局正式批复同意延庆县为旅游综合改革示范县 |
| 2013 年 1 月 | 农业部、国家旅游局出台《关于继续开展全国休闲农业与乡村旅游示范县和示范点创建活动的意见》<br>2013 年确认 38 个县（市、区）为全国休闲农业与乡村旅游示范县 |
| 2013 年 10 月 | 国家旅游局正式批复同意峨眉山市、桐乡市作为全国旅游综合改革试点县 |
| 2014 年 1 月 | 农业部、国家旅游局出台《关于开展 2014 年全国休闲农业与乡村旅游示范县、示范点创建工作的通知》<br>2014 年确认 37 个县（市、区）为全国休闲农业与乡村旅游示范县 |
| 2015 年 1 月 | 全国旅游工作会议工作报告提出深入推进旅游综合改革，扩大一批国家级旅游综合改革试点市县 |
| 2017 年 5 月 | 国务院办公厅出台《关于县域创新驱动发展的若干意见》 |
| 2018 年 3 月 | 国务院办公厅出台《关于促进全域旅游发展的指导意见》 |

资料来源：笔者根据有关文献自制。

2005 年 8 月，国家旅游局提出"要推出一部分具有典型代表的县域旅游模式""要积极提高县域旅游发展能力，实现县域旅游发展与社会发展同步"。这一举措使得县域旅游进入了超常规的发展时期，并且很快在全国就涌现出了一些优秀的县域旅游品牌和以旅游业为主导产业的县域。根据2007 年全国旅游工作会议的部署，国家旅游局决定启动中国旅游强县创建试点工作。文件指出"中国旅游强县"是县域旅游品牌的典型代表。2016年 2 月首批全域旅游示范区创建，共有 162 个单位报名并提交申报材料。首批创建的示范区以县域为单位展开创建的占比 76.5%。这在一定程度上反映出县域是旅游发展的主要区域。

2016 年 11 月，国家旅游局公布了第二批国家全域旅游示范区创建名单，共 238 个单位。以县域为单位展开创建的占比 79.4%，反映出县域发挥着创建全域旅游的主要作用，是全域旅游的主战场。①

在国家政策和实践的相互作用下，县域旅游受到越来越多的关注，部分县域成功创建国家级旅游品牌（详见表 1-2），这些县域正逐渐成为县域旅游发展的标杆与领头羊。据不完全统计，我国有 26% 的县域完成了县域旅游规划，15% 的县域提出要建设"中国百强县"，68% 的县域已将旅游产业、休闲农业定位为支柱型产业，每年新生成的县域旅游项目有 2 万多个。

表 1-2 县域旅游品牌创建

| 国家级品牌 | 批准部门 | 发展概况 |
| --- | --- | --- |
| 中国旅游强县 | 国家旅游局 | 2007 年首批全国 17 个 |
| 中国休闲城市综合标准示范市 | 全国休闲标准化技术委员会 | 2014 年授予常熟市 |
| 国家运动休闲示范区 | 国家体育局 | 2009 年授予富阳市 |
| 国家旅游产业创新发展实验市 | 国家旅游局 | 2012 年丹阳获得批复 |
| 全国休闲农业与乡村旅游示范县 | 农业部 国家旅游局 | 2010~2014 年全国共评选出 186 个 |
| 国家乡村旅游度假实验区 | 国家旅游局 | 目前全国有 2 个：婺源、安吉，其中 2011 年婺源获首批，2013 年安吉获批 |
| 全国旅游标准化试点县（区） | 国家旅游局 | 2014 年全国有 15 个县获批 |
| 全国旅游综合改革试点县 | 国家旅游局 | 2013 年全国有 3 个县市获批，分别为峨眉山市、桐乡市、延庆县 |

资料来源：笔者根据有关文献自制。

县域是我国城乡经济社会最为紧密结合的行政区划单元，做好县域经济发展工作，对统筹城乡共同发展、平衡区域差异具有重大意义。把旅游业放在县域经济发展全局中谋划，对调整升级县域产业结构、缩小城乡收入差距和激发县域经济活力都有显著的促进作用，也利于国内旅游业支持体系的完善。以县域为行政单元发展县域旅游，是推进县域旅游理念落地的空间方式。因此，各级政府为发展地方经济和改善民生，纷纷推出扶持

① 陈松：《旅游资源非优区县域旅游发展策略研究——以山东省宁阳县为例》，山东师范大学硕士学位论文，2022，第 10~13 页。

县域旅游业发展的相关政策。通过政策引领高质量发展，推动旅游业的产业下沉，形成以文旅产业为核心引领的、拉动产业协同发展的文旅产业经济融合发展新模式，全力构筑文旅产业生态链，在内循环经济格局中以文旅融合推动县域经济高质量发展。

（四）学术研究现状

我国已经有不少县域依托得天独厚的自然人文旅游资源和文化底蕴大力发展乡村旅游，发挥旅游业的带动作用，促进当地产业发展，提高当地经济收入，成功打赢脱贫攻坚战。近年来，县域旅游受到了学术界的广泛关注，研究队伍不断壮大。国内对县域旅游的研究从 20 世纪 90 年代末期开始，起步相对较晚，但随着国内旅游产业的快速发展，这方面的研究引起越来越多学者的重视，研究的内容也不断丰富。

1. 国内研究现状

县域旅游发文量的时间分布图能有效地反映该领域特定时间内的整体研究状况及受关注的程度。本书数据以中国知网（CNKI）为数据来源，主题词设定为"县域旅游"，时间设定为 1995~2022 年，统计自 1995 年县域旅游首次发文以来各年核心期刊上的文章，共检索到 308 篇相关文献，得到县域旅游文献发表时间分布图，如图 1-1 所示（自 1999 年起）。从总量上看，我国县域旅游研究发文数量总体呈上升趋势，在国家政策的导引下，分别在 2005 年、2009 年、2012 年和 2020 年出现了波峰，表明县域旅游逐渐走进大众视野，学界研究增多，其中 2020 年发表了 25 篇核心文章，达到了该研究阶段发文数量的顶峰，县域旅游研究领域呈现百花齐放的态势。对县域旅游研究来说，学术研究很大程度上受到国家政策的影响，呈现与"策"同行的基本特点。通过对县域旅游文献时间分布进行对比可以发现，研究成果与政策实施存在一定的时间滞后性，但这种滞后性近年来呈现逐渐缩短的现象。县域旅游研究领域还需要数量更多、分量更重的科学研究成果，以催化县域旅游研究从量到质的转变。伴随县域旅游在中国的缘起、发展、昌盛，学术界对县域旅游的研究也呈现由宏观到微观、由简单到复杂、由浅显到深入的发展过程，并取得了一定的成果。国内对县域旅游的研究主要体现在县域旅游规划研究、发展研究、开发研究和方法研究等方面。

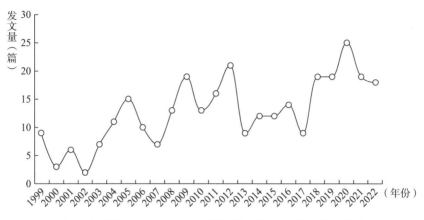

**图 1 - 1　1999 ~ 2022 年国内"县域旅游"相关论文发表趋势**

资料来源：笔者根据中国知网数据整理。

**2. 国外研究现状**

针对旅游的研究，国外学者起步较早，研究的成果也比较丰富，既有宏观层面的分析，又有微观层面的研究，并已形成一套相对完善的理论体系。县是我国特有的行政单元，国外很少有针对县域的旅游研究，国外的研究更多是针对某个空间区域来探讨旅游发展。因此，检索外文文献时根据该国的行政区划进行了有针对性的查找，本书借助 Web of Science 平台对国外有关"区域旅游"研究的历年热度进行探索，以"regional tourism"为主题词在 Web of Science 上选择核心文章，对 1995 ~ 2022 年这段时间进行检索，得到 3507 条记录，国外历年相关论文发表趋势如图 1 - 2 所示。不难发现，国外有关区域旅游相关的文献数量呈现快速上升的趋势，于 2021 年达到 536 篇。说明，国外对区域旅游的发展格外重视，研究时间长，研究成果也丰富，并保持一个稳步上升的趋势，相关内容值得中国县域旅游研究者借鉴学习。国外对区域旅游的研究也主要体现在区域旅游规划研究、发展研究、开发研究和旅游方法研究等方面。

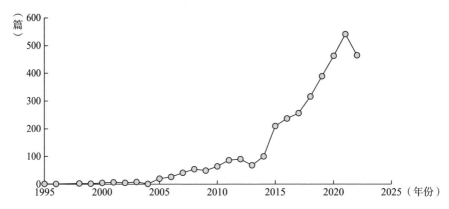

图 1 - 2　1995～2025 年国外"区域旅游"相关论文发表趋势

资料来源：笔者根据 Web of Science 数据整理。

## 三　县域旅游发展环境

（一）发展成就

"十三五"时期，在以习近平同志为核心的党中央坚强领导下，全国文化和旅游行业坚持稳中求进工作总基调，贯彻落实新发展理念，坚持文化和旅游融合发展，加快推进旅游业供给侧结构性改革，繁荣发展大众旅游，创新推动全域旅游，推动旅游业高质量发展，积极推进旅游业进一步融入国家战略体系。

"十三五"以来，旅游业作为国民经济战略性支柱产业的地位更加巩固，县域旅游作为旅游业的重要组成部分，积极与其他产业跨界融合、协同发展，产业规模持续扩大，新业态不断涌现，县域旅游业对经济平稳健康发展的综合带动作用更加凸显。

"十三五"期间，我国年人均出游超过 4 次。由于受到新冠疫情的影响，人们更倾向于近距离、以休闲为主的乡村旅游。县域旅游成为小康社会人民美好生活的刚性需求。人们通过饱览乡村地区优美的自然风光、感受乡村文化的魅力提升了自身的获得感、幸福感、安全感。县域旅游同时也是传承弘扬中华文化的重要载体。县地区文化和旅游深度融合、相互促进，促使红色旅游、乡村旅游、乡村旅游演艺、文化遗产旅游等业态蓬勃发展，县域旅游在传播中华优秀传统文化、革命文化和社会主义先进文化方面发挥了更大作用。县域旅游成为促进区域经济结构优化的重要推动力。各省区市和重点县域纷纷将旅游业作为当地的主导产业、支柱产业、先导产业，将其放在优先发展的位置，为旅游业营造优质发展环境。县域地区成为践行"绿水青山就是金山银山"理念的重要地域。各地区在严格保护生态的前提下，科学合理地推进生态产品价值实现，走出了一条生态优先、绿色发展的特色县域旅游道路。县域旅游成为打赢脱贫攻坚战和助力乡村振兴的重要生力军。各地区在推进脱贫攻坚中，普遍依托红色文化资源和绿色生态资源，大力发展乡村旅游，进一步夯实了乡村振兴的基础。县域旅游成为加强对外交流合作和提升国家文化软实力的重要渠道。"十三五"期间，出入境旅游发展健康有序，年出入境旅游突破 3 亿人次。"一带一路"旅游合作、亚洲旅游促进计划等向纵深发展，县域旅游在讲好中国故事、展示"美丽中国"形象、促进人文交流方面发挥着越来越重要的作用。

（二）发展机遇与挑战

"十四五"时期，我国将全面进入大众旅游时代，县域旅游业发展仍处于重要的战略机遇期，但机遇和挑战都有新的变化。

进入新发展阶段，县域旅游业面临高质量发展的新要求。全面建成小康社会后，人民群众旅游消费需求已从低层次向高品质和多样化转变，由注重观光向兼顾观光与休闲度假转变。大众旅游出行和消费偏好发生深刻变化，线上线下旅游产品和服务加速融合。大众旅游时代，县域旅游业发展成果要为百姓共享，要充分发挥为民、富民、利民、乐民的积极作用，成为具有显著时代特征的幸福产业。

构建新发展格局有利于县域旅游业发挥独特优势，也对旅游业提出了扩大内需的重要任务。加快构建以国内大循环为主体、国内国际双循环相互促进的新发展格局，需要充分利用县域旅游业涉及面广、带动力强、开放度高的优势，将其打造成为促进国民经济增长的重要引擎。同时，要切实加大改革开放力度，更好发挥县域旅游业作用，使其为加快释放内需潜力、形成强大国内市场、畅通国民经济循环贡献更大力量。

　　实施创新驱动发展战略为县域旅游业赋予新动能，也对县域旅游业提出了创新发展的新要求。坚持创新在现代化建设全局中的核心地位，推动新一轮科技革命和产业变革深入发展，将深刻影响旅游信息获取、供应商选择、消费场景营造、便利支付以及社交分享等旅游全链条。同时，要充分运用数字化、网络化、智能化科技创新成果，升级传统县域旅游业态，创新产品和服务方式，推动县域旅游业从资源驱动向创新驱动转变。

　　建设文化强国为县域旅游业明确了发展方向，也需要县域旅游业更加主动发挥作用。推进文化强国建设，要求坚持以文塑旅，以旅彰文，推进文化和旅游融合发展。同时，要充分发挥县域旅游业在传播中国文化、展现现代化建设成就、培育社会主义核心价值观方面的重要作用。

　　强化系统观念有利于县域旅游业全面协调可持续发展，也对县域旅游业提出了统筹发展和安全的新任务。加强前瞻性思考、全局性谋划、战略性布局、整体性推进，发挥好中央、地方和各方面的积极性，实现发展质量、结构、规模、速度、效益、安全相统一，为县域旅游业营造更具活力的发展环境，提供更可持续的发展动力，形成更具国际竞争力的发展优势。同时，要统筹发展和安全两个方面，注重防范和化解风险，守住疫情防控底线、安全生产底线、生态安全底线、意识形态安全底线。

　　当今世界正经历百年未有之大变局，国际环境日趋严峻复杂，全球旅游业不确定性明显增加。国内发展环境也经历着深刻变化，县域旅游业发展不平衡不充分的问题仍然突出，距离满足人民对美好生活的新期待还有一定差距，旅游需求尚未充分释放，旅游业供给侧结构性改革任务依然较重，创新动能尚显不足，治理能力和水平亟须进一步提升，国际竞争力和影响力需要进一步强化。[①]

## 四　县域旅游发展模式

　　县域旅游作为我国旅游业的中坚力量，是现代旅游业发展的重要载体，

---

① 《"十四五"旅游业发展规划》，国家发展和改革委员会网站，https://www.ndrc.gov.cn/fg-gz/fzzlgh/gjjzxgh/202203/t20220325_1320209_ext.html。

是推动中国旅游产业升级换代的发动机。由于各个县域社会经济基础、资源条件参差不齐，县域旅游发展表现出明显的差异性，发展的战略不相同，发展的路径也各不相同，因而县域旅游在发展水平和发展模式上呈现出多样性和复杂性。本节从县域旅游的资源状况、赋存条件、区位导向、市场资源、创新导向、产业融合等方面入手，从县域旅游的经济发展、产业组织、路径变迁、投资运营和空间组织入手，系统地阐述县域旅游的主要发展模式。

（一）经济发展模式

县域旅游是集第一、二、三产业于一体的经济综合体，由于受资源禀赋以及经济发展阶段的影响，容易形成以某一种产业为主体的特色经济发展模式。县域旅游经济发展模式的选择是通过客观分析其竞争优势并且将其融合利用的结果。因此，模式的选择与形成都需要根据不同县域旅游经济发展的客观条件来确定。截至 2021 年，我国共有 1866 个县，各个县域的风土人情、旅游资源、交通条件、发展程度等各不相同。发展县域旅游，要立足当地的本土资源，实事求是、精准定位、量体裁衣，实现多元化发展。立足于不尽相同的县域资源，县域旅游经济发展可以概括为以下八大模式。

1. 资源驱动型

资源驱动型是一种较常见的县域旅游经济发展模式，指的是依靠某种特色旅游资源的开发带动地方旅游经济发展。该模式要依靠县域内丰富的旅游资源加以开发，主要包含资源集中型、文化主体型、乡村推动型三种类型。以县域旅游资源特色性与替代性的强弱对该模式的县域旅游经济进行划分，还可以分为特色性强且替代性弱和特色性弱且替代性强两类。前者的特色旅游资源能够吸引大量的旅游者，因此在开发与发展过程中遇到的阻力和竞争力较小，在今后的发展中应打好"特色资源"这张牌，利用已有优势扩大宣传、塑造旅游品牌、提升发展高度，实现旅游业可持续发展。对于后者而言，其县域旅游资源十分容易被其他率先发展起来的类似地区所覆盖，往往处于优先发展起来的地区"阴影"中，因此，以该模式

发展旅游经济的县域需要对自身的旅游资源尤其是特色旅游资源进行深度挖掘，避免模仿同质景区，必须准确利用自身的旅游资源优势。不过任何旅游资源的吸引力都不具备永久性，随着游客需求以及消费趋势的变化，即便是高质量的旅游资源也需要进一步创新，培育开发新的旅游产品，强化长久性的吸引力。

2. 区位指向性

区位指向型也是起步较早的县域旅游发展模式之一，主要是相对于资源优势来说，其区位条件（地理区位、交通区位、经济区位等）更胜一筹。这类县域旅游在发展过程中，有距离近、路程短之优势，这些地方蕴含有巨大的旅游消费潜力。区位指向型的县域旅游发展模式具有地域性、协同性、层次性、渐进性等特点。主要是按照当地的市场需求，结合旅游资源、交通等生产要素的分布特点，有效发挥区位优势的县域旅游发展模式。受旅游资源、旅游中心地等多种因素影响，其主要针对的是地理位置上靠近中心城市的县城，由于县域旅游的市场主要来自中心城市，其在旅游发展过程中便有了"近水楼台先得月"的优势。另外，旅游资源所在县域的地理位置与交通区位条件决定了县域旅游景区、景点的可进入性和旅游资源开发、保护的难易程度，地理位置佳、交通便捷的县域旅游景区（景点）往往能优先得到开发利用。因此，这些县在开发过程中应充分发挥地理区位优势，改善交通条件，开发以休闲、度假为主的旅游产品，打造独具特色的旅游资源，形成典型的旅游品牌，促进县域旅游业的发展。

3. 市场驱动型

市场驱动型的县域旅游发展模式是依据现实的市场需求进行旅游开发。该模式要求县域旅游要建立以市场调节为手段的机制，找出本地资源与市场需求的对接点，利用资本进行市场运作，遵循旅游市场运行原理展开县域旅游营销。通过细分目标市场进行市场营销，建立稳定的旅游消费群体。同时，针对旅游需求的变化和反馈，及时调整方向，完善县域旅游产业相关要素，提升县域旅游的竞争力。市场的调节作用是其发展的基础，通常利用招商的形式开发县域旅游资源，助推旅游业的壮大和旅游经济的发展。

该模式能有效调动旅游企业的主动性，有利于旅游经济的市场化。

该模式除了受到市场需求的影响，还与县域旅游服务设施的完善程度、从事旅游行业服务人员的服务规范性、旅游资源区位条件、交通条件等有密切的关系。同时，对客源地的人口规模、文化水平、居民的旅游需求、可支配收入水平、旅游消费意识等要求较高。这类县域旅游发展一般已具备一定规模，并且有稳定的客源市场。要想稳定和扩充市场规模，需要加强塑造旅游品牌和改善旅游环境，不断采取新措施来巩固客源市场，比如每年定期举办特色节庆活动、文化交流、体育赛事等，以此激发和稳定旅游市场需求，从而实现旅游业的可持续发展。该模式要求县域灵活运用市场机制，利用县域所具有的市场优势进行招商引资，运用项目建设带动资源开发。在此过程中，政府可以通过项目经营权转让的方式，引导和鼓励民营资本进入旅游开发建设，是一种以"内资"吸引"外资"的旅游发展路径。

#### 4. 产业延伸型

产业延伸型的发展模式主要是指县域经济发展逐步实现了从传统农业或传统工业向现代服务业的转变，实现了由单一产业向综合性产业体系的转变，推动了旅游业的健康稳定发展。这种县域经济的发展模式，一般是从当地的资源优势出发，主要包括农业主导型、工业主导型和服务业主导型三种。农业主导型发展模式面临农业现代化发展、技术革新、农产品销售渠道以及深加工等问题；工业主导型发展模式面临资源枯竭、环境破坏、国家政策调整、基础设施建设以为工业服务为主等问题；服务业主导型县域的发展面临与其他产业融合发展以及将服务业发展成为长期支柱型产业等问题。

县域旅游的产业延伸型发展，必须在原有的产业基础上发挥政府行政主体作用，维护好环境、资源、利益相关者的关系；明确县域现有的产业结构特征，利用好原有的优势产业，确定主导产业和未来发展方向；确定产业内部重点，利用产业内部的联系和信息技术发展的机会进行产业延伸；利用产业空间的联系进行产业间关联协作发展；调整产业结构，优化产

布局，实现区域产业的集聚，降低区域产业发展成本，增强县域竞争力。

### 5. 投资驱动型

投资驱动型县域旅游发展模式是指县域灵活运用市场杠杆，以县域独特的旅游资源招商引资，引导、鼓励民营资本参与开发，通过项目合作带动旅游资源开发、基础设施建设。

该模式主要是在县域旅游开发与建设的过程中，通过旅游区域的特色和影响进行招商引资，加大县域旅游的开发力度，提高县域旅游的质量，为游客提供高品质的旅游服务。对于投资商来讲，对县域旅游的资金投入，一方面可以通过在旅游行业中占有相应的股份来获取其投资利益；另一方面还可以通过旅游区域的广告和宣传栏来推广自己的品牌。为此，投资方还会尽力为这一旅游区域做宣传，扩大旅游区域的知名度，从而吸引更多的游客，实现县域和投资企业的互利共赢。

### 6. 综合竞争型

综合竞争型是指旅游经济发展到一定程度，在资源、产品、产业方面都有一定影响力的县域旅游发展模式。县域旅游经济发展模式的选择是通过客观分析其具有的竞争优势，对其进一步加强和利用的结果。一个县域要具有综合竞争优势，必须在旅游发展要素、旅游市场需求、与周边旅游资源的关系以及旅游业发展战略等方面占据一定的优势。

该模式需要县域具有丰富的旅游资源、一定的经济基础、良好的区位条件、完备的基础设施、稳定的市场需求、坚实的政府行为、与周边旅游资源的良好关系、稳固的县域旅游产业定位以及适宜的机会。利用这些因素发展县域旅游，形成完善的综合竞争型发展能力，主要措施有科学规划设计、合理开发旅游产品；加大政府扶持力度，拓宽融资渠道；强化市场秩序整治，构建旅游品牌体系；注重人才培养，加强机制建设等。

### 7. 创新导向型

创新导向型县域旅游发展模式是指从创新角度发力，促使旅游产品创新、产品组合创新以及营销创新等，使县域旅游经济爆发式发展。伴随资源条件依赖性减弱、区域市场依赖性增强以及快速交通网连接效应等新机遇，旅游业的发展迎来新浪潮。对于城市群中的县域，可依托自身产业基础，挖掘大城市游客多样化、高频率的微度假需求，因地制宜地将自己定位为城市后花园、郊野休闲游憩综合体、区域微度假目的地，通过软跨界、"旅游+"等方式，培育产业内容新增长点，实现县域旅游发展的创新导向。

首先，定位一个特色主导产业。梳理、规划和确立一个有基础、有空间、有前景、可持续发展的特色主导产业，助推区域经济转型升级。聚焦当地优势的特色产业，延伸产业链，形成"产业本身+产业应用+产业服务"的相关产业集群。其次，策划产城融合的功能载体。从区域、产业、城镇三大维度，探索项目价值点，满足区域经济转型升级和新型城镇化发展需要，策划产业融合的功能载体，以产业立"市"，以智慧兴"城"，实现产城共生发展。再次，建立产业引导发展基金。摆脱过去城镇化过程中以政府出资为主的地方债形式，通过打通金融渠道引入社会资本，在资本运营层面实现项目的自收自支，政府更多以监管者身份介入，进行运作协调。最后，构建产业互联网综合服务平台。构建集商流、物流、资金流、信息流于一体，为全产业链企业提供销售、采购、贸易、物流、仓储、结算、融资等综合服务的产业互联网平台。推进产业互联网综合服务平台的策划，参与推进平台系统选型、实施和运营；整合区域产业资源，建设产业电商服务平台；引入供应链金融等资源，建设产业金融服务平台；融合产业服务资源，建设产业集群服务平台。

8. 全域发展型

全域发展型是指全域范围内一切可利用的旅游吸引物都被开发成为旅游吸引物，使得旅游整体形象突出、旅游设施服务完备、旅游业态丰富多样，从而能够吸引相当规模的旅游者。

该模式主要发挥旅游业综合性强、关联度高、产业链长、就业容量大的优势，全面推进旅游业与其他相关产业的融合发展。在发展过程中应注重统筹规划，加大对基础设施和公共服务的关注与投入力度，促进旅游品牌和旅游服务的一体化发展。本着实事求是的原则，尊重县域内各地区、

各景点、各节点之间客观存在的不同，进行差异化发展策略的制定和执行，彰显各地旅游发展的特点。不仅要从自身入手，还要注重与周边其他区域、企业、景区资源合作，形成县域"全领域"联动开发局面。

（二）产业组织模式

县域作为最基本的旅游经济体之一，是我国旅游发展的热点，发展县域旅游需要走县域经济和旅游产业化相结合、可持续发展和外向型发展相结合的路子，并升华为多层次、多元化、综合型的"县域旅游产业组织模式"。县域旅游发展走出了异彩纷呈、截然不同的发展之路，但仍有相似的发展轨迹可循。文化和旅游部公布了首批国家全域旅游示范区名单，71家全域旅游示范区都是以县级为单位。研究县域旅游的发展模式有助于县域旅游未来的发展方向与路径选择。

1. 龙头景区带动型

龙头景区带动型指的是依托龙头景区为吸引核和动力源，围绕龙头景区部署基础设施和公共服务设施，围绕龙头景区配置旅游产品和其他景区，调整各部门服务旅游、优化环境的职责，形成"综合产业综合抓"的工作机制，推进"景城一体化发展"。以龙头景区带动地方旅游业一体化发展，推动旅游业与相关产业融合，带动地方经济社会发展。

在该模式中，虽然同样是凭借旅游资源优势发展旅游，以旅游景区为主要产品、以县域旅游观光为主要功能，但是与旅游资源型相比，其单体旅游资源并不具有世界级的影响力，而是将几种有区域性影响力的旅游资源加以组合。旅游资源总体基础较好，以发展旅游的良好生态环境为依托；旅游资源集聚组合较为恰当，山水自然与人文历史有机糅合；旅游资源品牌突出，主旋律鲜明；旅游资源文化底蕴深厚，文化旅游资源特色显著，吸引力较强。因此，旅游景区产品的内容更加丰富、形象也更加立体。

2. 城市全域辐射型

城市全域辐射型指的是以城市旅游目的地为主体，依托旅游城市的旅游品牌、优越的旅游产品、便利的旅游交通、完善的配套服务促进城乡旅游互动和城乡一体化发展，形成城乡互补、优势互动的城乡旅游大市场。

按照"旅游引领、融合发展、共建共享、提升价值"的思路，推动旅游规划、城乡规划、土地利用规划、环保规划等"多规合一"，以旅游引领新型城镇化。

该模式主要是在城市全域旅游发展的核心景区建设带动下，逐渐将旅游向乡村推进。在发展中从全域角度进行城乡统筹，以政府为主导，成立旅游委、旅游协会等协调机构，规范整体范围内的旅游标识标牌，在共享旅游资源的同时共享旅游市场、旅游信息，实现县域旅游的全面发展。

3. 全域景区发展型

全域景区发展型要打破景区景点的区域限制，不再依靠一个景区单兵作战的模式，而是将整个县域看成一个综合的旅游吸引物，把所有资源整合成一个整体，发挥合力提升旅游物的品质，带动旅游业持续健康发展。把整个区域看作一个大景区来规划、建设、管理和营销，按照全地域覆盖、全资源整合、全领域互动、全社会参与的原则，深入开展全域旅游建设，推进旅游城镇、旅游村落、风景庭院、风景园区、风景厂矿、风景大道等建设，实现"处处是景、时时见景"的城乡旅游风貌。

该模式就是要以"全景发展、全域旅游"理念为引领，深入贯彻"绿水青山就是金山银山"的绿色发展理念，以打造"宜游宜居旅游目的地"为目标，谋求从更高层面发展旅游，全力打造全域景区发展模式。

4. 特色资源驱动型

特色资源驱动型指的是以区域内普遍存在的高品质自然及人文旅游资源为基础，以特色鲜明的民族、民俗文化为灵魂，以旅游综合开发为路径，推动自然资源与民族文化资源相结合，与大众健康、文化、科技、体育等相关产业共生共荣，谋划建设一批健康养生、避暑休闲、度假疗养、山地体育、汽车露营等旅游新业态，带动区域旅游业发展，形成特色旅游目的地。

该模式是对县域旅游资源进行实地调查、科学分类、真实评价、规划开发、保养维护，重点建设一批高层次、大体量的旅游项目，并着手完善相关配套设施以期推出主打的龙头产品，让县域旅游资源的经济效益、社

会效益、生态效益实现最大化，是县域旅游资源发展壮大的关键和基本动力。在特色资源驱动模式中，自然田园风光和乡村传统风土民俗作为自然人文旅游资源，可用来开发具有乡村特色和民俗风情的休闲观光、文化体验等"农家乐"旅游产品。而特色人文城镇，作为新型创新旅游资源，可开发高端、高品位、高附加值的商务会展等旅游产品。其中红色旅游作为一种区域垄断产品，在县域旅游中占有重要位置，可打造教育研学类产品。

5. 产业深度融合型

产业深度融合型是指旅游产业从集聚到集群的跨越，以"旅游＋"和"＋旅游"为途径，大力推进旅游业与一、二产业的融合，以及旅游业与文化、商贸、科教、体育、宗教、养生、教育、科研等行业的深度融合，规划开发一批文化休闲、生态观光、商务会展、休闲度假、乡村旅游等跨界产品，推动全域旅游要素深度融合，进一步提升区域旅游业整体实力和竞争力。

该模式通过产业深度融合，将旅游业与其他产业相联结，打造以精品名牌旅游景区（点）为龙头的旅游核心产业体系，以客运、住宿、餐饮、娱乐和旅行社为主体的旅游配套服务产业体系，以旅游商品研发、加工、销售为重点的旅游商品制造业产业体系，以文化展馆、影视娱乐、地方戏曲为特色的文化旅游产业体系等，进一步深化县域产业融合发展。

（三）路径变迁模式

近年来随着县域旅游经济的迅猛发展，县域旅游已成为旅游业不可或缺的内容。由于资源、政策、市场、区位等不同，各地在发展县域旅游经济时，应该结合当地的实际情况，充分挖掘优势资源，选择恰当的发展模式，为促进当地旅游业发展创造良好的条件。随着时代的变迁，县域旅游的发展路径也会发生一定的变化，从资源依托到政府主导，再到市场推进，一直到当前的专项突破。

1. 资源依托型

该模式主要是依托当地丰富的自然旅游资源，在推动县域经济发展过程中，充分挖掘当地旅游资源潜力，更好地发挥其价值与作用，满足广大游客的需要。例如，利用当地旅游资源开发观光型旅游产品或生态旅游产品，吸引广大旅客，满足他们观光旅游的需要。此外还可以当地丰富的人文景观资源为依托，带动县域旅游经济发展。部分县域历史悠久，文化博大精深，或者当地人文景观具备浓郁的民族风情，这些能为旅游者带来不同的愉快体验，让广大游客领略历史和文化资源的魅力。

2. 政府主导型

该模式是指在发展县域旅游经济时，注重发挥政府的干预和主导作用。政府通过制定健全的政策措施，加强基础设施建设，引导资金合理流向，使其更好地满足广大旅客的需要，促进当地旅游经济发展。同时，在政府主导下，充分调动企业的参与主动性，为县域旅游经济发展注入动力与生机。根据政府在县域旅游经济发展中所起作用的不同，该模式又可以分为政府主导型和政企合作型，前者注重充分发挥政府的主导作用，后者政府扮演"服务者＋管理者"的角色。发展初期政府主导型发展模式能有效缓解资金短缺问题，促进县域旅游业的发展与壮大。此外，为增强县域旅游经济发展的可持续性，也应充分发挥政府的主导作用，合理进行产业规划与布局，对产业整体规模进行控制，确保旅游资源得到科学合理利用。

3. 市场推进型

该模式在发展过程中，注重发挥市场的基础性作用，一般采用招商形式开发县域旅游资源，进而推动县域旅游经济发展。利用该模式开发旅游资源，有利于调动旅游企业的参与主动性，将旅游产品更好地推向市场，为广大旅客提供优质服务，进而有效地满足广大旅客的需要。需要注意的是，虽然该模式注重发挥市场的基础性作用，但市场不可避免地存在自发性、盲目性等特点，甚至可能扰乱正常的市场秩序。为有效弥补这些缺陷与不足，应发挥政府的作用，加强政府监督管理，从而更好地规范旅游市场，有效开发旅游资源，提高服务质量，为广大旅客提供优质服务。采用该模式发展县域旅游经济时，应以附近居民需求为出发点，以娱乐休闲项目为主要旅游产品，进而逐步拓展市场，调动附近居民的参与主动性，打造知名品牌，最终不断扩大影响力，吸引更多旅客参与，实现县域旅游经

济可持续发展。

4. 专项突破型

该模式适用于旅游资源丰富、特色鲜明的地区。在旅游资源丰富的地区应充分挖掘旅游资源潜力，打造专项品牌，促进其影响力不断扩大。同时，为确保旅游资源潜力得到充分发挥，提高旅游资源吸引力，打造优势产业，应该以某一方面为突破口，充分挖掘其潜能，打造当地特色旅游品牌，不断提高影响力与知名度，进而推动旅游产业转型升级，促进县域旅游产业质量发展和市场竞争力提升。采用该模式时，应该正确定位，找准自身最具特色的旅游资源，并制定有效规划，加大资金投入，将其打造成为专项品牌，促进其知名度不断提升，不断拓展市场，推动县域旅游经济发展。

（四）投资运营模式

为县域旅游开发提供资金保障是摆在政府、企业和开发者面前的重要课题。投资运营模式是以政府为主导、以市场运作为主的产业化发展模式，需要加大旅游业专项资金投入，重点支持旅游项目、旅游商品、旅游市场开拓和旅游教育培训等。为确保资金投入的科学有效，应从以政府招商引资为主逐步转入以市场招商引资为主，推行业主招商、联合招商、代理招商、以商招商等多种招商方式，形成政府推动、企业承办、市场运作的招商引资机制，推进旅游产业化发展。按投资主体划分，县域旅游的投资运营模式包括政府主导型、企业主导型、民间投资型、外商投资型四种类型。

1. 政府主导型

旅游业是政府主导型产业，政府的产业导向和政府对产业的投资对旅游项目运作起到极大的推动作用。作为投资主体的政府，可分为中央政府和地方政府。中央政府投资主要集中在具有宏观意义，并且投资规模大、回收周期长、风险大、跨区域、涉及多方利益的大型公益性项目上，这些基础设施是旅游业发展所必需的基本条件，其他投资主体无力单独完成。地方政府投资的主要是地方的基础设施项目。各级政府尤其是地方政府作为投资主体所构成的政府投资模式，是我国旅游基础设施建设最主要的投资模式，主要用于高等级公路、通信等旅游基础设施和环保设施建设，以及管理、教育、宣传等方面。

该模式的特点是政府掌握开发规划审批的权力，对县域旅游的发展进行宏观管理，适用于县域旅游待开发区域以及经济欠发达地区的旅游开发，多用于铁路、高速公路等旅游基础设施的建设。开发资金的投入主要依赖中央、地方财政。政府对于具体的旅游开发项目不做干预，主要通过开发规划和行政审批来调控。这有利于加强对县域旅游的宏观调控，制定优惠政策，营造良好的旅游投资环境，筹集和引导社会资金投入县域旅游的开发建设，具有地区规划、资金信息、基础设施、资源整合等各方面优势。

**2. 企业主导型**

企业是重要的市场主体，更是县域旅游发展的主力军之一。企业在县域旅游发展过程中主要负责具体资源开发管理、旅游产品开发设计以及对外营销宣传等市场运营。通常，旅游企业拥有先进的旅游资源开发理念、完整的旅游资源开发管理体系、专业化的管理人才储备。企业主导型运营模式指的是地方政府将管辖范围内的县域旅游发展及经管权采用出让方式，吸引投资商进行开发经营，政府只在行业宏观层面通过规划、政策法规、宏观市场促销等方式对投资开发商和运营企业进行管理的模式。按照投资企业的不同，分为不同的投资、开发类型，即国有企业型、集体企业型和民营企业型以及混合所有制企业型。

这种模式的特点是政府只在宏观层面上管理市场、审批开发规划项目、制定法规和旅游发展战略等，但不直接进行投资，而是引导企业来开发建设、经营旅游项目，按照市场经济的法则来发展旅游业。旅游景区景点类项目的管理相对简单，经济效益明显，投入产出比值高，投资回收期相对较短。随着政府职能的转变，在未来的旅游业发展中，企业投资开发经营旅游景区景点将成为我国县域旅游发展中的主要模式。

**3. 民间投资型**

民间投资型旅游资源开发模式指的是在拥有丰富独特旅游资源的县域，一般的民营企业或个人自发融资、主动投资参与旅游生产和经营，并由此取得相应的收益，也包括以个体或家庭为单位，开办餐馆、旅馆，或出售相关旅游产品等。这一类投资主体比较注重投资的短期效益，追求投资回报率。民间投资虽然只是单体或几个旅游项目的资金投入，但对于关联性很强的旅游业来说，也有着非常重要的意义。按照"谁投资，谁受益"的发展原则，民间资本投资旅游业的积极性正在不断提高，为快速发展的旅游资源开发注入了活力，起到拾遗补阙的作用，为旅游者提供了更加便利的旅游消费条件，是地方旅游业发展不可或缺的部分。

该模式的特点是投资规模一般不是很大，涉及的投资范围较宽，具有投资少、经营方式灵活、经济发展与旅游服务兼顾的特征。该模式适用于旅游业发展较为成熟且已取得较好经济效益的旅游资源开发区域，或旅游业正在起步的旅游资源待开发区域。

4. 外商投资型

外商投资型运营模式是以本土和外来投资结合为主，主要表现为外来资本大量介入县域旅游投资开发。外商在县域旅游中的投资范围目前集中在宾馆、饭店、旅行社和汽车出租行业。这种投资方式灵活多样，以合资方式为主。外商投资型主导模式下的县域旅游投资主体多元化，改变了过去单一由政府投资的局面，形成了企业主导、政府调控的旅游投资方式，众多以外来投资商、承包商、商户为主体的民营资本成为该模式下旅游投资主体。外来资本带来了国际化的旅游投资模式，产生了产权关系明确、治理结构相对完整的现代化企业。外来资本正在逐渐主导新一轮的旅游要素整合，推动县域旅游的进一步发展。

这种旅游资源开发模式的特点是投资规模可能很大，外商将带来先进的管理理念和管理模式，对地方旅游业发展可能起到示范带动作用，适用于经济欠发达地区的旅游资源开发，或资源开发难度大、需要大量资金投入而当地又无力独自进行开发的旅游项目。这种方式把企业的资金、市场和经营管理人才与县域优秀景观资源、人力资源、物产资源结合起来，适合开发中型或大型县域景区景点，是投资运营的一种新形式。

（五）空间组织模式

旅游空间组织是旅游系统的空间表达，是指旅游经济客体在空间相互作用所形成的空间集聚程度及集聚状态，它体现了旅游活动的空间属性和相互关系。基于旅游资源基础、交通区位条件和客源市场结构的独特性，并结合县域旅游产业发展规划项目的实践经验，县域旅游发展主要有以下四种空间模式。

1. 增长极模式

增长极是指各地旅游经济的增长是不同步的，增长首先会出现在某些产业或节点，这些产业部门往往又处于特定的地理空间。因此"增长极"是"经济增长"和"地理集聚"的复合体。旅游产业的发展也是在"增长极"的带动下向四周扩散，旅游空间结构要依托"增长极"构建"增长轴"。其空间模式的特点是：由于各乡村和各集镇在旅游资源禀赋和区位条件上的不同，旅游活动较多地聚集于个别乡村和集镇，使同一地区的乡村或集镇经济在发展速度和规模上出现差异。

在县域旅游发展的早期，由于各地区之间的旅游资源禀赋和区位条件存在差异，旅游经济部门会选择资源及区位条件相对较好的地方作为发展场所，由此产生了空间上呈点状分布的旅游经济活动聚集地。如果区域中有若干个经济活动的集聚点，这些点在区位条件、经济发展的基础等方面必然存在差别，因此个别经济发展条件较好的点必然得到优先发展，成为县域旅游发展的增长极。由于增长极的投资环境优于区域中的其他地方，投资收益也高，就会吸引周围地区的资金、劳动力、技术等要素，于是产生县域要素流动的极化过程。在县域极化过程中，县域的资源要素不断向增长极集聚，从而导致县域的空间分异，即增长极成为县域旅游经济的极核，对县域其他地方旅游发展产生主导作用。

县域旅游目的地系统内的旅游景点并非同步发展，最先发展起来的旅游景点通常具有丰富的旅游资源优势、区位优势，而成为县域内的高级旅游节点。在起步阶段，高级节点一般较少，它是吸引旅游者前来旅游的主要动力。该模式一般形成于县域旅游地域系统的起步阶段。

2. "点－轴"模式

在"点－轴"理论中，"点"是各级中心地，或由地区经济要素内聚而形成的"中心节点"；"轴"是在一定方向上连接"点"的旅游产业带，又称"开发轴线"或"发展轴线"。"点－轴"空间结构的关键在于确立并重点发展"点"和"轴"。其空间模式是随着旅游资源开发力度加大，区内交通不断改善，县域旅游目的地系统内的旅游景点数量开始增多，增长极由中心地沿区域内的交通干线（即轴）向周边移动、扩散并在一定区位聚集形成新增长极，从而促进区域开发纽带和经济运行通道的形成。该模式一般形成于县域旅游地域系统的发展阶段。

在县域旅游发展的过程中，除了旅游中心城镇的极化作用，使该城镇经济成为县域旅游经济发展的极核，县域其他一些地方旅游资源较丰富、品质较高的地区，旅游经济活动也开始活跃，从而形成旅游增长极。这些增长一方面向县域旅游极核区极化，另一方面又在极化周围的集镇，从而形成县域旅游空间结构的若干点。随着县域旅游经济的发展，这些增长极与县域旅游中心极的联系更加紧密，越来越多的旅游者和旅游从业人员以及技术、资金、信息在它们之间交流，使连接它们的各种交通线路、通信线路、供电线路等基础设施得到建设，形成超过一般集镇之间基础设施规模的线状基础设施束。由于这些线状基础设施束经过地带的区位条件得到改善，县域旅游经济的要素在向极核区和增长极集聚的同时，也向线状基础设施束经过的地带集中。随着县域旅游经济的发展，极核区和增长极得到快速的发展，线状基础设施束经过地带的经济也得到较快发展，连接极核区和增长极这些空间点的县域旅游发展轴线得以形成，成为县域经济活动的密集带。

在这种县域旅游空间结构模式中，旅游极核区、增长极和轴线的规模不断扩大，极化作用增强，成为县域旅游活动的密集区带。同时，极核区、增长极和轴线上的集镇以及轴线沿线经济的扩散作用也在增强，从而使县域旅游空间结构出现新的次级等级点和轴线。县域旅游经济的极核区、增长极及其连接它们的轴线与次级等级上的集镇及其集镇之间的轴线构成县域旅游空间结构的"点－轴"模式。"点－轴"模式是县域较为普遍的旅游空间结构模式。

3. "核心 – 圈层" 模式

圈层结构理论是指旅游目的地发展是以核心层、中心地带向外呈圆圈状不断扩充、辐射。各旅游目的地分布在由内向外扩展的圈层中，形成市场—资源共轭型的旅游目的地体系。其以城市为中心逐步向外发展，适合于工业化程度较高的地区。圈层结构理论最早由德国农业经济学家杜能提出。其主要观点是：城市在区域经济发展中起主导作用，城市对区域经济的促进作用与空间距离成反比；区域经济的发展应以城市为中心，以圈层状的空间分布为特点，逐步向外发展。

其空间模式所形成的旅游圈是以旅游资源为核心组成的，具有一定地理范围的协作区域和空间组织形式，具有层次性，具有中心和边界等组成部分。圈层结构理论认为，圈实际上意味着向心性，体现了层次分异的客观特征；圈层结构反映着城市的社会经济景观，由核心向外围呈规则性的向心空间层次分化；中心城市和周围地区，由内到外可以分为内圈层、中圈层和外圈层。其一，内圈层。即中心城区或城市中心区，该层是完全城市化的地区，基本没有大田式的种植业和其他农业活动，以第三产业为主，人口和建筑密度都较高，地价较贵，商业、金融、服务业高度密集。其二，中圈层。即城市边缘区，既有城市的某些特征，又保留着乡村的某些景观，呈半城市、半农村状态，居民点密度较低，建筑密度较小，以第二产业为主，并积极发展城郊农业。其三，外圈层。即城市影响区，土地利用以农业为主，农业活动在经济中占绝对优势，与城市景观有明显差别，居民点密度低，建筑密度小，是城市的水资源保护区、动力供应基地、假日休闲旅游之地，外圈层中也许会产生城市工业区、新居住区的"飞地"，一般是指远郊区的城市卫星镇或农村集镇或中小城市。

4. 多极多核网络化模式

网络开发理论是在"点 – 轴"系统理论的基础上吸收增长极理论中的某些思想而提出的一种较系统的区域开发阶段理论。该理论认为，任何一个地区的开发总是最先从一些点开始，然后沿一定轴线在空间上延伸，点与点之间的经济联系及其相互作用使点在空间上沿交通线连接成轴线，轴

线的相互交织又形成网络。

县域旅游空间结构的多极多核网络化模式，是在"点－轴"模式的基础上发展起来的。在县域旅游经济发展过程中，旅游中心城镇、次级集镇、村之间的旅游交通网络得到优先建设。随着交通网络的建设，县域旅游空间结构点与点之间的交通、通信、动力供给等多路径的联系通道得以形成。一方面，多路径的联系通道使县域旅游空间结构中点与点之间的距离缩短，极核区、增长极及连接它们的轴线经济对一般集镇和乡村的极化和扩散作用得到加强；另一方面，多路径的联系通道也使县域旅游空间结构中一般集镇之间的空间距离缩短，相互联系加强，成为县域旅游的次级轴线；而次级轴线的区位优势和集聚效应又对附近乡村产生极化作用，从而形成比附近乡村经济发展得快些的次级经济轴线。县域旅游经济活动以不同等级的点轴分布组合为框架，并通过这个框架带动乡村旅游经济，而由此形成的空间结构就是县域旅游空间结构的多极多核网络化模式。

这种空间结构模式依托其经济、资源、交通网络，能够把县域中分散分布的旅游资源极化到不同等级的经济网络或轴线上，从而增强经济网络或轴线的规模经济效应和集聚效应。应该指出，根据空间距离衰减原理，县域旅游中各个城镇经济、集镇经济、乡村经济之间的空间距离是不同的，相互间的经济联系程度也不会一样。因此，县域旅游空间结构中的多极多核网络化模式中各个网络部分的经济活动规模也是不一样的，不同等次的点、轴的旅游发展速度也不会相同。

## 五　县域旅游发展趋势

（一）大众旅游增强县域旅游发展动力

1. 大众旅游概述

19 世纪 40 年代之前，旅游的范围和规模都很小。进入现代社会以后，旅游消遣不再为少数人所独享，旅游发展成为遍及全球的大规模的社会现象。大众旅游的产生有两个基本前提：首先是经济的增长，人们的收入普遍增加；其次是闲暇时间的增多，随着社会生产力的发展，在大大降低劳动强度、缩短劳动时间的同时，人们的闲暇时间得以增多。大众旅游包含两层含义：第一层就是旅游者的群体在逐渐扩大，由以往少数人的旅游扩展到普通大众也可以享受；第二层就是现代旅游形成以组团旅游为代表的模式，成为旅游的主导形式。

在大众旅游时代下旅游发展的显著特征如下：一是出行散客化，随着游客自主意识增强，出游方式趋向自主、自组、自助式，旅游产品的主导权正逐步转向消费者；二是旅游全民化，上到银发旅游，下到亲子、研学旅游，旅游者的年龄层次也在不断丰富、扩大；三是活动全域化，特别是无景点旅游的提出与盛行，更是让旅游者的活动范围不断扩大，不再倾向于传统的"串景点"式旅游；四是动机多元化，旅游者的出游动机多样，亲子、养生、养老等多种多样的原因都成为旅游者外出旅游的动机；五是方式灵活化，自助、自游、自驾、私人定制、慢旅游等多种方式为旅游者提供了多种选择。

在大众旅游背景下，县域旅游的发展也要迎合此种旅游态势，一方面必须通过完善旅游公共服务体系、升级旅游目的地、打造成熟的旅游市场来满足旅游者的需求；另一方面在满足量的同时不能忽视质，通过提供品质化旅游体验来实现旅游目的地管理的新发展。

2. 大众旅游下的县域旅游发展

当前的旅游发展模式中绝大多数的县域旅游都处于一个"驿站式"的模式，旅游者到达目的地观赏性明确，停留时间很短。因此，大众旅游背景下，县域旅游的发展需要向"港湾式"转变，引得来客，留得住人，扬得了名，这是今后县域旅游发展的主攻方向，这需要"整、改、扩"三要素齐头并进，明确一条主线，扩大规模，融入更多要素，多元化走向市场。

（1）整合资源，开发产品

多元化的要素需要融合，即资源的整合互联。旅游不仅是看风景，更是一种体验，通过夜晚演出将一日游转变成两日游，通过夜游一条街留住游客，通过极具特色的住宿环境延长游客的停留时间等，这些都是通过要素整合达到产业链延伸的目的，也是以多种文化形式推动旅游发展的有益尝试。旅游资源是散落的珍珠，而旅游产品是把珍珠串成项链的那根线。整合资源、跨界合作、顺势而为、共赢共享，既符合旅游行业发展的内在要求、社会发展规律，也是旅游者智慧的选择。

（2）优化形象，促进发展

对于县域旅游来说，主题游的脉络要清晰，要改善县域旅游的形象，要进一步理顺思路，精确定位主题产品，创建旅游品牌；要突出主旨、理清层次，在做旅游推介与宣传时要有一条主线、一个能触及心灵的点，否则，会造成都是重点其实又没有重点的尴尬局面。

（3）明确定位，有效监管

随着大众旅游时代的到来，传统旅游的内涵和外延、旅游的市场主体已发生深刻变化。当前，县域旅游要明确旅游的本质，更多地强调其公共服务的属性，强调其文化传播、公共外交的本质。因此，对市场中的违法违规、不文明行为，应及时发布黑名单，同时在社会面上加强文明旅游、安全旅游宣传，让公开透明的监管机制成为净化旅游市场的根本保障。

（4）注入文化，呈现特色

文化的差异性是旅游的原动力，提供情感体验是旅游服务的重要目标。对于旅游者来说，旅游就是要追求在特定场景下的体验和感觉，要有主题和文化内容。旅游开发者要有创意，善于营造场景，研究客人的需求，丰富客人的体验。旅游不能失去文化的灵魂，否则，这样的旅游产品就缺乏内涵、没有生命力。随着互联网技术的进步，旅游市场已基本完全放开，让企业成为市场竞争的主体，让市场最大限度地优化配置资源，已成为社会共识。在县域旅游发展的过程中，应将更多的文化体验融入旅游项目，让更多的文娱要素互联成特色与新品，把文化创意融入游程，以文化激发游兴。

（5）礼遇人才，温情待客

我国旅游业的发展已进入大众旅游的新阶段。旅游业综合性强、牵引力大，在经济社会发展和公共外交中发挥着越来越重要的作用和影响。目前最紧迫的是旅游人才培养，包括政府管理、旅游高级管理人员和创意性人才等，让旅游成为一个有温度、有感情、有承担的行业。并且及时调整监管思路，在公共舆论上引导有价值的"服务"，提高从业人员的待遇，包括关心优秀的导游和服务员，因为他们是城市和国家的名片，必须给予他们合理的利益保障和充分的人文关怀。

（6）真诚服务，深化体验

完善交通集散体系。实现从机场、车站、客运码头等主要交通口岸到主要景区的交通无缝衔接，形成便捷、舒适、高效的旅游集散服务体系。继续开展"厕所革命"。采取分类指导的做法，提高厕所建设和管理水平。完善公共信息平台。利用高科技、智慧旅游等技术，人性化、技术化地增强旅游公共服务体系的供给能力。大众旅游时代，旅游者不再局限于走马观花式的旅游，而是会在目的地停留更长的时间，对目的地的体悟更加充分，这种体验强调全方位、全过程、全覆盖。大众旅游时代，打造个性化、特色化、品质化的旅游，要注重细节、要强化真实性，从而推动旅游体验的品质化。

（二）共同富裕擘画县域旅游发展蓝图

1. 共同富裕概述

习近平总书记指出："共同富裕是社会主义的本质要求，是中国式现代化的重要特征。"[①] "富裕"是指经济总量和财富的增长，生产力的发达和财富的增长是共同富裕的前提；"共同"是指社会成员相对均等地分享发展成果，缩小分配差距。共同富裕的关键是全民在高发展水平上共享发展成果。共同富裕以实现人的全面发展为目标，是要让人民群众的物质生活和精神生活都富裕。促进共同富裕与促进人的全面发展是高度统一的。要不断满足人民群众多样化、多层次、多方面的精神文化需求。因此，人民群众精神富裕是共同富裕的重要内涵，包括精神生活资源充裕程度和分配状况，包括获得感、幸福感等，这体现了以人为本的发展思想。[②]

共同富裕是中国式现代化的重要特征，其核心内涵是在总体富裕水平

---

① 《习近平谈治国理政》第 4 卷，外文出版社，2022，第 140 页。

② 杨明月、戴学锋：《乡村振兴视域下全域旅游促进共同富裕研究》，《当代经济管理》2022年第 10 期。

达到一定程度的基础上，全体人民共享发展成果，缩小人群、区域和城乡间的发展差距，最终实现全民的、全面的、共建共享的富裕生活。旅游业是典型的幸福产业、富民产业，是国民经济的重要组成部分。共同富裕已成为"十四五"乃至更长时期旅游业发展的核心命题。《关于高质量打造新时代文化高地 推进共同富裕示范区建设行动方案（2021—2025 年）》中明确指出："探索形成文化和旅游高质量发展的有效路径、促进共同富裕的体制机制，让人民群众共享文化和旅游发展成果，在高质量发展中促进物质生活和精神生活共同富裕，切实提升获得感、幸福感。""十四五"时期，是扎实推动共同富裕的"第一程"，"十三五"全面建成小康社会后，我国社会的主要矛盾已经转变为人民日益增长的美好生活需要和不平衡不充分发展之间的矛盾。满足人民日益增长的物质生活、精神生活、绿色环境、公共服务等领域的需要，解决我国发展不平衡不充分的问题，成为实现共同富裕的重要目标。

近年来对于旅游经济发展与共同富裕关系的研究逐渐增多。有学者从特色产业角度研究冰雪旅游与共同富裕的关系，认为冰雪旅游与区域共同富裕之间具有内在关联性和一致性，发展冰雪旅游产业可以均衡协调区域经济的发展，能够促进东北地区的经济发展和共同富裕。有部分学者认为中国旅游产业在空间上呈现"核心—边缘"的结构，旅游产业发展对贫困地区具有正向的空间溢出效应，相邻地区旅游产业集聚密度能促进本地的经济增长，而地区间可通过构建旅游共享机制来提高旅游扶贫的惠及效应。所以旅游产业也被视为脱贫攻坚、促进区域发展的战略工具，将在推进共同富裕目标实现的进程中发挥积极作用。也有学者研究旅游发展与经济增长的关系，认为旅游发展对经济增长存在长期显著正向的促进作用，是拉动经济增长的主要因素，而且能够直接和间接地减缓区域经济不平衡，发展乡村旅游能够推动乡村振兴和城乡融合发展。[①]

当前，我国已全面建成小康社会，开启全面建设社会主义现代化国家

---

① 沈庆琼、欧伟强、钟晓燕：《旅游经济发展是否促进了共同富裕——基于中国省际面板数据的实证分析》，《中国生态旅游》2022 年第 5 期。

新征程。消除贫困、改善民生、实现共同富裕，是社会主义的本质要求。旅游产业是综合性产业，是拉动经济发展的重要动力。旅游产业是劳动密集型产业，涉及交通、建筑、通信、住宿、餐饮服务、文化娱乐等相关产业，吸纳了大量因人口自然增长新增加的劳动力以及因产业结构调整升级产生的剩余劳动力。县域旅游产业作为具有多重功能价值的"凝聚核"，也是农民农村民生福祉的"增进剂"。县域旅游产业发展带来的就业和发展机会，还为吸引城市人才下乡就业创业、城市人口下乡消费提供了基础，有利于带动农村居民收入水平的提高。提高农民主动致富的能力是彻底解决贫困问题、促进可持续发展、实现乡村振兴、最终达成共同富裕的重要举措，县域旅游产业发展是乡村地区人民走向共同富裕必不可少的产业之一，所以要充分发挥县域旅游产业的优势。①

**2. 共同富裕下的县域旅游发展**

全面建设社会主义现代化国家，实现中华民族伟大复兴，最艰巨最繁重的任务依然在农村，最广泛最深厚的基础依然在农村。② 习主席这一重大政治论断，反映了我国社会发展的客观实际，指明了乡村是推动共同富裕的根本着力点。县域旅游发展是促进共同富裕的主要路径之一，扎实推进共同富裕的关键是"提低"，即缓解相对贫困，提高底层人群的收入、财产积累、社会保障和公共服务水平。

（1）助推旅游产业发展，增强内生动力

旅游业的产业带动能力强、就业内生驱动力强，是符合经济可持续发展的现代化朝阳产业，具有层次丰富、类型多样、方式灵活、前景广阔的特点。

首先，在乡村经济振兴中，对县域旅游资源实施整合，以旅游为抓手和主线，通过特色化、旅游化、景观化改造提升，将乡村中的自然资源、

---

① 姜长云：《共同富裕导向下的乡村振兴：发展、建设与治理》，《行政管理改革》2022 年第10 期。
② 《扎实推动乡村振兴，促进农村农民共同富裕》，光明网，https://m.gmw.cn/baijia/2022 – 08/02/35926559.html。

农业资源、乡村景观、农房建筑、特色民俗文化、乡村生活等多样资源有机串联起来，将传统乡村资源改造提升为旅游产品，将乡村传统的餐饮、购物、交通、娱乐、商业等服务提升为旅游产业服务项目，变乡村为旅游景点，变乡村业态为旅游产业。

其次，通过大力发展县域旅游，旅游产业自身发展可与其他产业有机融合、共同发展。旅游产业作为消费渠道带动型和消费需求带动型行业，为乡村第一产业、第二产业、第三产业的发展提供了产业需求出口，即为乡村的特色农林牧副渔等产品、特色旅游工业产品、农家乐、特色民俗、娱乐文化、交通运输等服务提供销售通道。通过扩大产业融合与拉动覆盖面，从原来单纯的第三产业向第一、第二、第三产业协同型发展。以旅游业为抓手，发挥其产业乘数效应，与乡村其他产业融合，活化乡村资源，带动乡村各相关产业发展，丰富与优化乡村产业体系，提升乡村自然资源、人文资源、社会资源等资源要素在产业间的流动性和流通速度，实现乡村资源综合利用，在增加现有资源经济附加值的基础之上激发乡村内生经济动力，推动乡村经济走上可持续的良性发展道路。

（2）完善基础设施建设，建设宜居乡村

发展县域旅游需要将乡村基础设施建设与城乡融合发展统筹起来，通过完善乡村交通枢纽网，积极改善停车场、旅游标识、垃圾处理等配套设施，革新乡村治理结构，景区景点与村庄之间的交通网络相互融合。通过旧房改造、村内道路改造、新农田建设等改善住宿环境，推进乡村生活设施的完善。通过建设一批具有鲜明特色、业态集中、服务完善的商业街区，推动乡村景区配套设施建设，恢复往日集镇聚集的场景，并且配合数字经济的发展，运用"互联网＋"的模式，全面提升全域旅游的品质和服务水平，乡村不再是简单的旅游目的地，更是城乡居民舒适生活、安居乐业的场所。

"绿水青山就是金山银山"，贯彻创新、协调、绿色、开放、共享的新发展理念，加快形成节约资源和保护环境的空间格局、产业结构、生产方式、生活方式，给自然生态留下休养生息的时间和空间，实现生产方式和生活方式的绿色转型。乡村生态宜居主要涉及两个层面的内容：一是生态环境的保护；二是乡村公共服务的整体提升。因此，产业结构和生产方式是助推乡村实现生态宜居的重要内容，在保护好生态环境的前提下，合理选择适合当地发展的产业，其中生产方式友好、公共服务充分尤为重要。以县域旅游为抓手，带动乡村生产生活实现绿色转型，是实现乡村生态宜居的有效手段和重要保障。县域旅游的发展助力乡村践行绿色生活方式，推动乡村产业实现绿色消费，以绿色消费带动绿色供给，从而带动整个乡村生态环境的提升，打造美丽乡村、诗意田园。县域旅游强调主客共享的公共服务建设，引领乡村整体公共服务水平提升，缩小城市和乡村之间的公共服务差距，促进城乡融合发展。完善乡村公共服务和基础设施建设，充分建设生态宜居新空间，构建人与自然和谐共生的乡村发展新格局，推动形成宜游、宜居、宜业的高品质生活环境。

（3）打造特色产业形态，助推富民增收

以县域旅游为抓手，通过以下三种组合增收模式促进乡村贫困户实现持久脱贫。一是增加低门槛就业机会，使他们获得稳定的工资性收入。县域旅游通过"旅游＋"创造出一批符合现代人消费需求的乡村特色新业态，如乡村度假游、乡村生态游、乡村游学游、乡村自驾游、乡村体验游、乡村观光游等，需求引领供给，供给创造需求，吸引大批社会资本和项目落地，可为本地村民创造更多的就业机会，使村民获得稳定的工资性收入。二是使农民获得服务产品及商品产品等经营性收益。县域旅游促使越来越多的乡村贫困户主动参与进来，通过提供乡村民宿、农家乐、农家餐饮等服务获取收益或出售特色农产品来增加终端销售收益。三是增加个人占有生产性资源的流动性，增加资本性收入。县域旅游带来的旅游消费型需求和投资型需求促进了乡村贫困户个人农村资产的增值，通过转包、出租、互换、转让、入股等方式提高个人所占有的土地、房屋等生产性资源的流动效率，获得乡村资产的资本性收入和农村集体经济组织分红收入。

（4）传承弘扬乡村文化，提升永久魅力

乡村振兴不仅仅是经济、物质的发展，更是文化、精神的提升。乡村

文化是乡村的灵魂，是乡村振兴的精神动力。乡村振兴要让人民望得见山，看得见水，记得住乡愁。乡村的自然风景、建筑风格是乡愁，乡村的乡风乡俗、家风家规亦是乡愁。传承和发扬好乡村文化，才能留住乡村的文化精神。乡村振兴是文化和物质的融合。县域旅游以乡村文化为内容，以旅游业为载体，赋予乡村文化新的生命，为乡村文化的传承与发展提供了可持续的乡村产业基础。通过"文化下乡、农家书屋、文化大院"等旅游文化载体，让本土乡村文化根深叶茂。县域旅游在促进乡村传统文化焕发生命力的同时，也是助推形成新文明的有效通道，有助于建设生态宜居的新空间，有助于保持乡村的自然风貌和生产生活方式，有助于改善乡村生态环境和村容村貌。随着越来越多居民参与旅游产业活动，也促进了居民知识、观念、生活方式的转变和提升。[①]

（三）文旅融合讲述县域旅游精彩故事

1. 文旅融合概述

文旅融合是指文化、旅游产业及相关要素之间相互渗透、交叉汇合或整合重组，逐步突破原有的产业边界或要素领域，彼此交融而形成新的共生体的现象与过程。文化产业和旅游产业作为带动性强、关联度高、覆盖面广、消费潜力大的朝阳产业，二者的融合对促进县域经济的结构转型和发展升级具有重要意义。

县域地区有丰富的文化旅游资源，为文旅融合发展创造了有利条件。基于县域旅游视域，将地区优势文化资源进行整合与利用，积极开展各项文化旅游活动，既能树立良好品牌形象，也能起到弘扬与传承传统文化的作用。在推动文旅融合发展过程中，深入挖掘各种文化资源，注重文化体验提升，并在此基础上将文化与旅游产品有机结合，设计和创新极具地区文化特色的旅游产品，引导游客主动探究和了解本地区文化，确保文化资源合理配置，为文化旅游产业高质量发展奠定基础。

在现阶段我国旅游市场发展环境中，文化和旅游产业深度融合是主流

---

① 杨明月、戴学锋：《乡村振兴视域下全域旅游促进共同富裕研究》，《当代经济管理》2022年第11期。

发展趋势，在推动文旅融合发展过程中，需要综合考虑旅游市场的复杂性与地区文化多元性，更好地消除融合发展阻碍因素。在此基础上创建符合县域旅游发展要求的新环境，各地区必须重视将自身丰富的文旅资源向产业优势转化，站在县域统筹层面推进文旅融合发展，将优势文旅资源作为促进县域旅游发展的重要支撑，进而避免出现发展不持续等情况，形成一个展示地域文化、城市形象的有力平台，进而促进我国县域旅游高效健康发展。①

2. 文旅融合下的县域旅游发展

县域文旅融合发展就是要兼顾当地文化的价值性和延续性、县域旅游的多样化和品牌化，以生态保护为前提，以文化传承为核心，以县域当地特色为主题，以文旅产品为载体，以服务体验为品质，使文化在旅游中得到保护与传承、旅游在文化中得到发展与升华。文旅资源是一个县域特色的体现，文旅资源的独特性也是该县域相较于其他地区的优势所在，更是县域文旅融合的基础。在文旅融合的背景下，县域旅游发展要重点关注以下三方面。

（1）积极引进文旅项目，打造特色旅游文化活动

旅游也是一种文化活动，文化的内涵和质量决定着旅游目的地的知名度和美誉度。中国有众多的文化遗产，古建筑古镇遍地都是，儒教、道教、佛教文化相互交融，许多地域文化也有自己的特色，吸引着各种资本投资。在分享经济和"互联网＋"的"网红"投资影响下，文化旅游产业生命力更加旺盛，文化旅游小镇、古镇、古村落等文化旅游产业如雨后春笋般涌现，成为资本竞争的对象。文化旅游项目投资不仅是对传统建筑空间和商业形式的改造，更是对人们生活方式、消费模式的改造，甚至能促使传统文化基因的细微质变。让文化更加接近大众将成为未来文旅融合的重点。超级文化 IP 的诞生和发展都具有国家的文化特色。无论是在文化产业领域还是在旅游产业领域，超级 IP 都与地域文化息息相关。

---

① 谢颖：《全域旅游视域下文旅融合高质量发展对策研究》，《淮南职业技术学院学报》2022年第5期。

文化与旅游有着天然的亲和力、强大的融合力。在我国旅游业发展过程中应进一步提升旅游业的文化内涵，将更多的文化元素全方位注入旅游生产和消费的各个环节，积极推动旅游项目的文化创新，提升旅游商品的文化创意，让旅游者在旅游过程中充分体验优秀的中华文化、浓郁的地域文化和现代的时尚文化。2018 年云南推出"寻踪徐霞客 大美彩云南"旅游文化活动就是文旅融合的一个典型代表。

（2）通过多元融合方式，探索融合途径

其一，促进资源融合。文旅融合是精神文化和物质文化元素与旅游产业的有机融合，这个过程是文化资源选择性的优化配置过程，也是一个复杂的动态过程。一些文物古迹遗址、民间艺术和文化习俗等可以直接或间接地融入旅游开发之中，成为文化资源融合的重要内容。一些工业文化、农业文化等可以以文字介绍、图片展示、视频播放的方式在博物馆展示，也可以文创玩具、背包、书签、挂件等旅游小商品的形式融入旅游产业。

其二，推动技术融合。现代科技、大数据、微信等新技术、新传播平台的出现，加大了文化与旅游融合发展的力度和强度。近年来，各种创意与文化旅游融为一体，在科技的帮助下，新的旅游产品不断进入旅游市场，不断丰富游客求奇求异的体验需求。技术融合是文旅产业融合发展的重要推进剂，科技融合并不一定要追求"高大上"，而是强调用最合适的技术促进文化与旅游的有机结合。如拍摄旅游宣传视频和短片，然后通过互联网、微信传播出去，效果要比传统的宣传营销模式好得多。

其三，力推市场融合。市场是实现文化旅游产业融合发展的重要动力。通过市场化文旅项目的投资与运营，吸引客商、扩大就业和满足当地居民与游客的需要，充分发挥市场这只"无形的手"的作用，实现文化旅游产业健康发展。在文旅融合背景下，旅游市场需要思考的是怎么让现有的文化资源"复活"，激发产品活力，坚持文化价值运营，以"文化资源＋旅游创新"打造主题市场；以"文化主题＋旅游资源"提升市场价值；以"文化创意＋旅游体验"整合创造度假市场。

其四，深化组织融合。组织融合有助于改变产业原有的市场结构，提高共同作用下的新型产能绩效，有助于改变某一地区的产业结构和经济增长方式，促进该地区的产业结构转型升级。在文化旅游融合发展中，组织融合已有许多体现，形成了新兴的旅游业态，如农业采摘与观光旅游、工业参观与体验旅游、动漫与影视旅游、体育旅游、演出旅游、会展旅游和商业旅游等，这些组织融合正不断促进文化旅游与地区经济的共同发展。

（3）开发深度体验项目，构建产业体系

其一，深挖旅游文化价值。旅游商品在旅游目的地开发与管理中占有非常重要的位置，旅游商品是游览的延伸，要求具有地方性特色，开发富有地方特色的旅游商品是发展文化旅游的重要组成部分。此外，美食也是旅游商品的另外一道亮点，让游客不仅欣赏到深厚的文化资源，同时又能品尝到特色美食，这也是一种旅游体验。因此，要不断立足于顾客价值创造、挖掘消费新需求，倡导开拓新的消费空间，激发消费者的潜在需求，推动文旅双赢发展。

其二，编制相关规划。根据各地区旅游文化资源的背景、市场占有情况、空间发展等，编制相应的文化旅游专项规划，科学布局并创新旅游文化品牌，构建旅游文化体系。文化旅游的融合涉及内容宽泛、行业较多，因此在规划时应统一布局、总体规划、整合资源，形成集食住行游购娱、商养学闲情奇为一体的大旅游区。将所有景区景点、各类旅游资源结合起来，统一规划，对资源分配、信息沟通等各方面加以协调、平衡，串点成线，串珠成链，借助各景点、景区的知名度和吸引力，形成资源共享、优势互补、共同发展的旅游新格局。

（四）"双碳"战略加快县域旅游转型升级

1. "双碳"战略概述

碳达峰与碳中和（以下简称"双碳"）战略是中国提出的两个阶段碳减排奋斗目标：我国力争于 2030 年达到碳排放峰值，并努力在 2060 年前实现碳中和。旅游产业本身就是以良好的自然生态为依托，相比于其他产业，旅游产业对资源的破坏和耗损力度相对较小，在发展过程中，只要开发、运营得当，在振兴乡村经济、增加农民收入、改善乡村环境、保护生

态资源、实施脱贫致富等方面都可发挥不可替代的作用。旅游业是我国经济社会发展与资源开发管理绿色化的重要路径，也是绿水青山向金山银山转变的重要产业抓手。县域旅游的发展更要坚持"绿水青山就是金山银山"理念，深入实施可持续发展战略，探索更加适合县域旅游发展的科学路径。

"双碳"目标的提出是旅游业整体高质量发展的助推器，从自然环境层面来看，实现"双碳"目标可以从根源上减少环境气候变化对旅游业带来的不利影响，增强旅游业可持续发展的韧性；从社会经济角度来看，"双碳"战略的实施可以推动生态旅游、低碳旅游等旅游形式发展，丰富旅游产业的生产形式与营收类型，助力旅游业实现高质量发展，推进我国生态环境建设。

当前，我国已从经济高速增长阶段转向高质量发展阶段。党的十九届六中全会提出：要立足新发展阶段、贯彻新发展理念、构建新发展格局、推动高质量发展，协同推进人民富裕、国家强盛、中国美丽。在经济增速放缓的阶段，强调通过高质量发展使经济发达地区的经济实现转型升级。县域旅游对经济发展具有较强影响，是我国推动经济高质量发展、实现优质转型的主力产业之一。与其他产业不同，旅游业是一个产业集群，具有多样性和依托性，在产业发展上的可塑性较强。因此，在"双碳"目标的约束下实现县域旅游的价值重塑和高质量发展，选择合理的实施路径尤为重要。①

2. "双碳"战略下的县域旅游发展

（1）政策引领：推进旅游业低碳发展

"双碳"目标下县域旅游业实现整体产业转型升级离不开政策引导，县域旅游业作为国家战略性支柱产业，产业带动性优势明显。在我国推进"双碳"目标实施过程中，县域旅游产业相关政策应紧密围绕"双碳"目标做出调整与优化，以推动我国县域旅游业转型升级。县域旅游业作为碳节

---

① 赵多芳、付志伟、王彬汕、杨明：《绿色发展理念背景下新疆偏远地区县域旅游发展研究——以阿克苏地区沙雅县为例》，《旅游纵览》2022年第9期。

点行业代表性产业，在能源供给、资源输出和服务配给上与供电发热、农耕纺织、水加工等碳排放较重行业有所不同。"双碳"目标是约束性条件，在县域旅游业"双碳"政策制定中，首先应制定与县域旅游企业和旅游消费者相关的碳排放政策标准，完善县域旅游业"双碳"法律相关条例，从环境规制的角度约束旅游产业相关企业年均碳排放量，从而使县域旅游业整体碳排放量达到国家标准。其次须完善旅游产业绿色发展制度。目前国家自然资源部划定国土空间规划的三条控制线为生态保护红线、永久基本农田及城镇开发边界，这也被视为旅游规划的三条红线。而在"双碳"目标下，还应制定以区域为边界、与碳排放相关的约束红线，促使县域旅游企业保质保量合理开发。最后要制定旅游产业碳达标的奖励政策，鼓励县域旅游相关产业的技术创新，充分肯定产业相关企业的降碳减排运行举措，实现县域旅游业零碳发展、绿色发展。

（2）产业升级：促进旅游业经济绿色增长

传统的旅游产业发展是紧密围绕旅游六要素——食住行游购娱——进行的。随着社会经济的发展，用情境化手法可以将旅游的要素拓展到十个，即除了传统的六要素外，还包含"体疗学悟"。随着"双碳"战略的部署及推进，现在的旅游要素还可以增加一个"责"，不仅意味着旅游企业要具备一定的社会责任、经济责任，还要凸显旅游企业保护环境的责任。因此，县域旅游的产业升级显得尤为重要。在"双碳"目标下，旅游业必须实现产业升级。首先是推进地铁、高铁等低碳交通的网络构建，拉近城乡与景区、景区与景区、城市与乡村之间的空间维度，推进旅游交通一体化建设，实现旅游交通业整体提升。其次是推进数智化旅游的发展进程，营造无纸质门票、无纸质车票、无纸质发票的低碳消费氛围，减少林木砍伐数量，从而实现低碳减排。最后是完善旅游碳足迹统计，测算旅游碳排放总量。旅游碳足迹的计算一直是旅游业碳排放统计的难点，而在旅游生产过程中应通过旅游产品碳标签的设定，从所销售的旅游产品得出景区内碳排放总量，进而对旅游者碳足迹进行统计汇总。产业升级是县域旅游业实现高质量发展的必经之路，而县域旅游业产业升级离不开其他产业支持，只有充

分发挥产业融合功效，提升县域旅游产业效能，旅游业才可长久、持续、高质量发展。

（3）科技创新：推动旅游业低碳绿色发展

县域旅游业要实现高质量发展离不开科技创新，尤其在"双碳"目标的要求下，绿色发展和生态技术将融入旅游产业发展的方方面面。据统计，旅游业中旅游交通占碳排放总量的 60%，是主要影响因素；旅游活动占15%，是影响旅游业碳排放的次要因素；而旅游餐饮和旅游住宿分别占旅游业碳排放的 10%；旅游用电仅占旅游业碳排放的 5%。因而从碳源生产角度来看，将低碳科技应用于旅游业主要应集中在旅游交通能源技术突破、旅游住宿及餐饮低碳材料突破、旅游景区固碳技术突破方面。有鉴于此，旅游业低碳科技创新首先要实现旅游交通的能源替代创新。随着温室效应逐渐加剧，多国开始公布禁售燃油车的具体时间，其中，美国、印度、以色列等定为 2030 年，加拿大和日本定为 2035 年，我国工业和信息化部也在2019 年开始统筹制定燃油车退出时间表。随着我国新能源产业发展，新能源汽车已登上历史舞台，并在逐步替代传统燃油汽车。因此，首先，在旅游交通工具选择上应倡导使用新能源汽车，利用氢能、电能等代替传统化石能源燃烧，不仅可以降低旅游交通业碳排放总量，还对乘坐舒适度、运行速度有一定提升，提升游客的旅游效益。其次，要对旅游住宿设施的建造进行技术创新。在建造过程中注重使用低碳材料、零碳材料，合理利用太阳能、风能进行采光与发电，运用雨水回收循环系统，提升能源利用率，有效减少建筑物碳排放量。最后，实现旅游景区的固碳技术创新。旅游景区应积极应用新能源技术，减少化石能源燃烧，部分有条件的景区可以利用碳捕集技术收集景区运营所产生的二氧化碳，通过固碳封存的方式将二氧化碳存入地表再逐步进行吸收。通过创新低碳科技，为旅游业增能降碳、绿色转型提供有力支持。[1]

---

[1] 任洁：《"双碳"目标下的旅游业高质量发展》，《旅游学刊》2022 年第 5 期。

（五）数字经济引领县域旅游产业变革

1. 数字经济概述

数字经济是指利用数字技术将经济体系中的信息和行为数字化，加快信息流通，打破企业和客户之间的信息壁垒，是使企业和客户双赢的一种新经济体系。数字经济主要是指数字技术在经济体系中的应用，而这种应用会对经济环境和经济行为产生影响。数字经济发展会对企业竞争战略、组织结构和企业文化产生重大影响。数字经济发展对县域旅游产业竞争力的影响主要体现在以下几个方面。

一是数字经济通过影响生产要素来影响县域旅游产业竞争力。数字经济中数据必然是重点。对县域旅游产业而言，在实际运行过程中产生的海量数据如旅游交易数据、旅游人次数据、旅游景区数据等都是行业研究的关键数据，而数字经济正是通过对数据信息进行分析和研究，优化旅游产业结构，进而提高县域旅游产业竞争力。

二是数字经济可以打破信息壁垒，加快旅游供给方和需求方之间的信息互通，提高地区旅游产业竞争力。在科技投入的支持下，数字经济的快速发展跨越了时空的束缚和限制，极大地改变了旅游市场的供求格局。从供给方来看，传统旅游业由吃住行游购娱六大要素构成，一直以来都是各类企业独立发展，因此会出现产业链关联度低、信息无法共享的问题，影响企业发展，进而影响地区经济发展和旅游产业竞争力的提升。数字经济能打破信息壁垒，让各类企业加强沟通，而旅游产业间新技术信息的高速流通增加了资源之间的关联度，加快了产业间融合，优化了资源配置，有助于提高企业盈利能力，进而促进地区经济发展。对于需求方来说，由于信息获得的不透明和不及时，有时会导致供方随意定价、实物不符等问题，游客感到被欺骗，游客对地区旅游给出差评，进而影响地区旅游产业竞争力。而数字经济的发展可以加快地区间信息的沟通，让游客提前了解到一些信息，游客也可以利用5G、VR等技术提前对旅游景点、酒店等进行线上参观，更好地了解实地信息，加深对地区的好感，同时游客也会将自己的感受分享出去，让更多游客来参观，进而提升地区旅游产业竞争力。同时

数字经济可以模糊旅游供给方和需求方的界限，通过大数据，旅游供给方可以了解用户需求并根据用户需求设计产品；旅游需求方可以更详细和直观地了解供给方的信息，通过倒逼旅游供给方纠正存在的问题，促进旅游业健康发展，从而提高县域旅游产业竞争力。[①]

2. 数字经济下的县域旅游发展

（1）政府引导打造良好数字旅游环境

首先，地方政府需要准确理解数字旅游环境的内涵，对数字技术、县域旅游以及相关内容之间的关系进行综合研究和深入剖析，进而更具针对性地落实环境建设任务。县域旅游产业、数字技术、产业技术、产业设计、乡村振兴、产业发展等紧密关联，其中县域内产业的产业结构、模式及体系与数字技术运用、数据资源整合之间的有机融合最为关键，二者能够带动产业资源创新和结构创新，进而推动县域旅游数字化、县域文化数字化、县域产业数字化的综合发展，有效助力乡村振兴。其次，准确把握数字经济推动县域旅游高质量发展的要点。数字经济背景下，县域旅游的高质量发展涉及政府、企业、农工与游客等主体，其中政府需要加强引导并培育数字旅游新环境；企业需要大力创新并建设数字旅游新业态；农民需要主动学习并形成数字经济新观念；游客则能通过体验新的县域旅游模式拉动旅游消费新需求。在互联网、大数据、云计算、区块链、物联网等数字技术的支撑下，实现并助力乡村旅游高质量发展。最后，因地制宜地采取措施加强数字旅游环境建设。地方政府应当根据本地实际情况，综合考虑多方面因素并出台相关政策，大力建设相关项目，通过支持农村创业、鼓励人员返乡、深挖乡村资源的综合价值、投入足够的支持经费加强农村信息基础设备与技术建设等措施，为乡村旅游的创新发展提供良好环境与条件。

（2）多措并举培养培训数字旅游人才

针对县域旅游经营者综合素质普遍较低的情况，有必要落实数字经济

---

① 陈雪真：《数字经济发展、科技投入对旅游产业竞争力的影响研究》，东北财经大学硕士学位论文，2022。

定向培训工作，面向广大农民进行培训，确保他们在从事旅游活动时能够在思想认知、专业知识、必要技能等方面符合相应要求。兼顾信息技术与旅游专业方面的培训，着重围绕数字经济时代县域旅游的运行、管理、服务相关内容加强培训，根据地方乡村旅游的高质量发展需求保障培训的针对性与有效性，切实提高县域旅游从业者整体素养。另外还需要积极引进高素质人才，通过引进人才的方式解决信息技术与旅游专业高素质人员匮乏的问题。

（3）共建共享打造一体化大数据平台

积极打造一体化旅游平台能够有效发挥数字经济的优势与作用，促进县域旅游有效创新、高质量发展。地方政府需要发挥主导作用并推动一体化旅游平台的建设，完善平台功能，面向相关部门、企业、农民、游客等提供相应的平台服务，构建线上一体化的县域旅游管理模式。通过线上平台以及云计算、大数据等先进技术，对县域旅游相关信息进行综合分析、动态分析，及时发现县域旅游运行管理和服务等方面的问题，并为相应的调整优化提供依据。以平台为基础，全面优化智慧县域旅游的数字化建设，确保景区内网络全覆盖，并对停车场、旅游集散与咨询中心、旅游服务中心、旅游专用道路等进行数字化与智能化改造升级，提高景区设施数字化水平，更好地支持县域旅游数字化发展。另外还需要全面推动景区运营管理、景区营销推广等的数字化发展，通过一体化旅游平台为游客提供便捷、优质的服务。游客可直接通过一体化旅游平台获得包括景区智能导览、语音讲解、智能导航、VR全景、旅游攻略、票务服务、酒店预订、旅游产品销售、停车餐饮定位等在内的数字化、智能化服务，更能通过和平台对接的其他渠道，如微信小程序、微信公众号、微商城、携程、美团等，获得对应服务，享受吃住行游购娱一体式智慧化服务。

（4）借助数字技术强化沉浸式体验

第一，体验型旅游模式。体验型旅游模式一直是县域旅游的主要模式，而数字经济能够为其赋予新的内涵，并给游客带来更为良好的体验。充分利用县域资源，着重从生态、风俗、文化、休闲等层面强化旅游体验，将

采摘、耕种、垂钓、森林休养等作为主要项目。游客可通过扫描分布在乡村各处的二维码获取相应的帮助与服务，从而在旅游时更清楚地了解项目相关信息，获得良好体验。

第二，智慧型旅游模式。智慧型旅游模式是建立在云计算、物联网等先进技术基础上的旅游模式。在县域旅游中发展智慧型旅游模式，意味着能够为游客提供以上网设备为终端的智慧服务，游客不仅能够随时随地获取旅游资源、经济、活动等相关信息，还能通过云旅游等形式体验不一样的乡村生活和文化，并能通过朋友圈、微博等平台助力乡村旅游的宣传推广。

第三，创意型旅游模式。创意型旅游模式往往更加注重创意与资源、技术的结合。深挖县域旅游资源中的历史价值、文化价值，为县域旅游注入更多的故事与人文情怀，并通过数字化的方式加以呈现，从而带给游客耳目一新的体验。不管是对旅游资源本身的创新应用，还是对各种技术的创新应用，都是创意型旅游模式发展所不可或缺的。

（5）运用数字技术培育和宣传旅游产品

大数据有能力很好地了解和预测游客行为，并因此改善游客体验。新的数字营销技术可以对互联网人群进行跟踪和定向，帮助企业以前所未有的速度收集用户的海量行为数据，在大数据的基础上分析、洞察和预测消费者的偏好，并据此为旅游者提供最能满足他们需求的产品、信息和服务。① 县域地区在打造和创新县域旅游产品时，应以新时代广大消费者的需求和偏好为方向，对县域旅游资源进行综合剖析，以创新理念为工具，深挖特色的地域文化，大力开发和推出新的旅游项目及产品，带给游客不一样的新颖体验。

促进县域旅游的发展，推广的作用不容忽视。在数字经济时代，还需要借助互联网等渠道做好相应的营销宣传工作，大数据的发展使得信息传递更加有效，传播更加具有多元性。利用大数据、数字技术进行在线宣传，让游客能够直观感受县域旅游内容，提升县域旅游影响力。

---

① 李彦、赵瑾：《大数据：为旅游业发展带来大机遇》，《中国管理信息化》2017 年第 5 期。

（6）充分利用先进技术提升游客体验

带给游客良好的服务体验能够提高县域旅游在游客中的口碑，并在数字经济时代让游客成为县域旅游的推介者，进而依靠口碑效应持续增强市场竞争力。充分利用各种先进技术，能够切实改善游客在县域旅游中的体验。其中最基础的一点在于通过线上平台为游客提供全方位的旅游引导和服务，让游客不仅可以随时随地获取相关信息，还能随时随地完成一些基本的旅游操作，如行程制定和调整、票务购买与取消等。在此基础上利用先进技术强化安全保障、打造主题式县域旅游深度体验、强化县域旅游资源的原真性，并以物联网为旅游配套设施的智慧化发展提供支持，让游客能够在整个旅游过程中获得高质量服务。[①]

（六）差异化探索县域旅游高质量发展路径

1. 旅游高质量发展概述

习近平总书记在会见清华大学经济管理学院顾问委员会海外委员和中方企业家委员时的重要讲话中指出："我国经济已由高速增长阶段转向高质量发展阶段。"[②] 高质量的发展不仅指经济方面的数量增长和质量改善，同时也涉及社会、民生、绿色生态、科技等多维因素的可持续跃升，最终以满足人民日益增长的美好生活需要为落脚点。旅游业作为国民经济的战略性支柱产业和民生幸福产业，是经济高质量发展的重要领域之一。在新发展阶段，中国旅游业必须顺应时势，加快转型升级，推动实现高质量发展。县域旅游作为可持续发展的经济模式，在优化县域资源环境、推动农村经济高质量发展、巩固精准扶贫成效、助力农民增收致富、实现城乡利益均衡、助推乡村振兴和共同富裕的过程中能起到重要作用。[③]

随着经济发展步伐的加快以及消费结构的升级，人民对物质产品和精神文化需求提出更高的要求，低质量的消费产品和服务已经难以满足消费

---

① 张明明：《数字经济时代乡村旅游的高质量发展策略研究》，《商业经济》2022 年第 12 期。

② 《全面建成小康社会重要文献选编》（下），人民出版社、新华出版社，2022，第 1019 页。

③ 王兆峰、邹佳：《乡村旅游高质量发展与共同富裕的动态耦合协调演化——以张家界为例》，《湖南师范大学自然科学学报》2022 年第 9 期。

者的需求，推动消费产品和服务的升级才是产业长久发展之计。在美丽乡村建设背景下，农村面貌焕然一新，已经成为国内外游客心中新晋的旅游胜地，因此，县域旅游发展备受瞩目，成为新兴的消费热点。产业兴旺是乡村振兴的重点，绝大多数的县域地区以农业生产为主导产业，缺乏制造业、服务业等附加值较高的产业作为经济增长的支撑点，大部分农村的经济发展缓慢，严重滞后于城镇地区。作为农业、制造业及服务业融合性的产业，县域旅游的高质量发展必然会成为实施乡村振兴战略的有效依托和重要保障。[1]

2. 高质量发展路径下的县域旅游发展

中国旅游业从无到有、从有到优的动态变迁过程是系统内部多层次结构以及系统外部多种因素整合的表现。中国县域旅游高质量发展路径设计必须通盘考虑旅游系统内外部诸多因素，通过科技创新、结构优化、绿色发展、文旅融合、制度改革、旅游惠民等路径打破旅游业高质量发展过程中面临的各种阻碍，补齐发展短板，推动旅游业发展持续稳健向好。

（1）以科技创新为引擎，增强旅游业高质量发展动力

科技创新是旅游业高质量发展的核心引擎，是旅游业高质量发展最活跃的动力因素。因此，县域旅游业高质量发展必须重视科技赋能，强调智慧转型，强化科技创新动力效应和协同创新效应。

第一，加强科技与县域旅游产业融合发展，促进旅游新旧动能转换。借势大数据、互联网、5G 通信技术、元宇宙、智能机器人、场景再现等新技术，强化科学技术的应用普及，扩大新技术场景应用；加快发展以数字化、网络化、智能化为特征的数字文旅新兴业态，运用数字技术挖掘和展示特色旅游文化内涵，促进县域旅游业态升级与高质量发展，推动科技创新链与旅游产业链深度融合；加快县域旅游企业数字化转型，提升旅游产品服务的交互性、沉浸感和趣味性；增加创新要素投入，推动旅游发展

---

[1] 龚慧：《美丽乡村视角下农村旅游业高质量发展的现实意义与路径选择》，《农业经济》2022 年第 6 期。

由资源依赖型向创新驱动型转变，从根本上提升县域旅游业发展效率与质量。

第二，强化旅游科技创新资源整合，构建协同创新体系。一方面，推动政府、企业、高校、科研机构等创新主体间资源整合联动，鼓励开展旅游应用创新合作，推进旅游创新要素有效聚合与流动，构建开放高效的旅游研发共享平台，优先布局旅游产业联合创新中心。另一方面，优化旅游创新环境，重视创新型旅游专业人才培养，加大旅游企业研发投入，支持基础性旅游科技创新研究，打通不同性质、不同类型、不同区域旅游创新主体间科技成果转移转化通道，健全产学研协同创新共生一体化网络体系，以强大的科技创新合力为旅游业高质量发展注入强劲动能。

第三，健全区域旅游创新合作机制，协调推进旅游业创新发展。推动旅游业创新发展领先区域与落后区域资源要素互补，促进各类创新要素有序流动，提高创新资源空间配置效率。打破旅游科技创新的马太效应，发挥技术创新溢出效应，加快知识、人才、技术在县域间流动，鼓励各县域结合自身特色优势建设旅游创新平台、旅游技术重点实验室、技术创新中心、旅游科技成果转化示范区等创新载体，为县域旅游业高质量发展注入新动力。

（2）以结构优化为核心，夯实旅游业高质量发展基础

当前，中国县域旅游业结构优化依然面临一些问题，就县域旅游产业自身而言，应持续推进旅游供给侧结构性改革，摈弃高污染、资源依赖型旅游发展模式，抢抓科技革命带来的新机遇，运用"旅游＋"和"＋旅游"的新模式，推动县域旅游业与其他产业交叉重组、渗透融合，借势新科技，衍生新业态，培育旅游业新增长极，将县域旅游产业结构推向合理化和高级化，不断完善县域旅游产业体系，以优质高效旅游供给创造来满足旅游新需求。

就区域差异而言，东部地区县域旅游业集聚度较高，且三产融合状况较好，需要巩固这一优势，进一步加快旅游业与相关产业融合发展，培育和形成旅游高质量发展产业集群；中部地区要充分利用承东启西的区位优

势，积极改善旅游交通网络，加大要素投入，发展特色旅游产业；西部地区旅游产业结构不合理、发展不协调等问题较为突出，亟须加大资金、技术和智力要素投入，依托区域特色文化和生态旅游资源调整旅游产业结构，转变旅游发展方式，同时加快基础设施、公共服务设施及旅游接待设施建设，尽早改变旅游业高质量发展基础薄弱的不利局面。

就开放格局而言，鉴于对外开放水平对旅游业高质量发展具有直接影响和正向溢出效应，在国际国内双循环新发展格局下，县域旅游业应把握开放新机遇和国际旅游发展新动态，以旅游供给侧改革为动力、以旅游需求侧改革为基点、以新媒体旅游创新营销为手段，加强与"一带一路"共建国家旅游合作，进一步扩大县域旅游对外开放，完善入境旅游产品供给体系、引导出境旅游消费回流、吸引外商投资县域旅游业，这是实现旅游业高质量发展的长久之策。

（3）以绿色发展为保障，筑牢旅游业高质量发展基底

旅游业高质量发展要坚持绿色发展、生态赋能。需要从旅游生产绿色化、旅游消费低碳化和体制机制改革三方面着手，降低旅游对生态的负面效应，擦亮县域旅游业高质量发展的基本底色。

第一，推动旅游绿色生产是旅游业高质量发展的基石。旅游企业是旅游绿色生产主体和实践者，包括酒店、景区、旅游交通部门、旅游开发公司、旅行社等。一是要制定不同类型旅游企业绿色生产标准，完善行业准入机制，开展旅游绿色企业、生态品牌、生态产品等绿色认证，强化绿色旅游标准分级分类建设，引导旅游企业转变经营模式，使低碳生产与绿色发展制度化、常态化，从源头进行旅游生产绿色化整合及构建绿色生产管理体系。二是要深度嵌入绿色生产力，大力发展绿色技术创新，提升旅游资源利用率和要素转化率，推进旅游节能减排，使用新技术、新材料、新能源开发生态旅游产品，培育绿色旅游业态，推动旅游全行业、全过程开展绿色清洁生产，为社会提供绿色健康的优质旅游供给。三是加强旅游绿色基础设施建设。加强传统旅游基础设施绿色化改造，加强旅游"新基建"，配套绿色金融政策，引导相关政策向旅游生态环境基础设施建设倾

斜，开展旅游设施建设和运营全过程的绿色评价。

第二，促进旅游绿色消费是旅游业高质量发展的重点。作为旅游消费主体，旅游者是旅游绿色发展的实践者和体验者，要激发旅游者绿色消费的内动力和外推力。一方面要培育绿色旅游消费理念，引导大众旅游消费观念转变，树立绿色低碳旅游消费意识和旅游生态环境保护意识。另一方面要积极引导绿色旅游消费行为，加强绿色旅游消费宣传，净化旅游消费市场，激发游客对绿色旅游生活方式和消费模式的兴趣和偏好。

第三，改革旅游绿色发展体制是旅游业高质量发展的关键。首先，根据中国政府提出的"双碳"目标，加强旅游业碳排放核算，制定旅游减排任务，细化责任，完善旅游绿色发展考核机制，建立旅游企业绿色生产监督机制、信息披露机制和绿色环保奖惩机制。其次，以习近平生态文明思想为指引，贯彻落实"两山"理念，进一步深化生态文明建设体制改革，统筹推进陆地、海域、水域生态系统治理，筑牢旅游业发展绿色生态基底，将旅游业高质量可持续发展作为促进生态产品价值实现的重要路径。最后，建立区域旅游合作对话机制及共建共享机制。推动不同区域之间、省域之间旅游生态环境问题协同共治。通过"点—轴—圈"的扩散机制合作解决旅游生态环境问题，建立共抓绿色生态大保护的长效机制，最终促成相互支撑、协同发展的区域旅游绿色发展新格局。

（4）以文旅融合为手段，凸显旅游业高质量发展特色

文旅融合是当下中国旅游发展的主体政策，旅游业高质量发展必须发挥文化赋能作用，文旅融合是县域旅游业高质量发展的重要途径。

第一，凝聚文旅融合发展的理念共识。牢固树立"以文塑旅，以旅彰文，文旅互动，和合共生"的发展观念，深化体制改革，完善文旅规划和体制建设等顶层设计，制定切实可行的行动方案，加强文旅融合舆论宣传，搭建文旅融合交流平台，按照"供给发力，需求导向，宜融则融，能融尽融"的原则，逐步推动文旅融合发展从理念走向行动，形成文旅融合优势互补、协同联动、共同发展的基本共识和良好格局。

第二，开展文旅融合发展的多元实践。加强文化和旅游业态融合、产

品融合、市场融合、服务融合实践落地，形成发展合力。在规划技术融合上，加强新一代科技的引入和应用，为数字文旅创新发展提供技术支撑。在文旅业态融合上，实施"旅游＋文化"战略，加强文旅业态融合创新，延长文化旅游产业链，促进相关产业的联动发展，加快形成文旅融合产业集群效应。在文旅资源融合上，创新文化和旅游资源融合方式、途径，提升文旅资源价值和吸引力，实现产业发展和文化传承的双赢。在文旅市场融合上，完善政策激励机制，积极调动市场主体能动性和创造性，培育大型文旅集团，助力中小微文旅企业纾困发展，通过市场整合、品牌培育、营销宣传、资本运营来协同推进文旅市场繁荣发展。

第三，提升文旅融合发展的溢出效应。文旅融合发展不仅影响文化产业和旅游业发展，同时对推进区域协调发展、提升国民幸福感也具有重要意义，文旅融合发展的社会溢出效应十分显著。一方面，要将文旅融合作为重要理念深度嵌入重大文旅项目建设，打造文旅品牌 IP 体系，发挥支撑和引领作用。另一方面，应树立共建共治共享理念，将文旅融合融入完善公共文化服务体系、服务乡村振兴战略、提升国家文化软实力和增强文化自信的发展格局。

第四，重视文旅融合发展的空间差异。我国旅游业高质量发展存在明显的空间分异特征，在推进文旅融合发展过程中要正视省区市文旅发展条件、发展基础的优劣势和差异性，因地制宜制定文旅融合发展政策及针对性措施，补齐短板，释放内源性发展活力。要加强区域合作，实现优势资源互补，发挥文化旅游空间溢出效应。

（5）以制度改革为引领，提升旅游业高质量发展能力

旅游业的高质量发展需要国家政治制度和政策环境的保障。县域旅游发展还需要进一步完善制度体系创新，优化制度供给，发挥制度创新对旅游业高质量发展水平提升的保障和调节作用。可专门制定出台旅游业高质量发展法规、政策，增强旅游业高质量发展的政策引领力和调控力，制定土地、税收、项目准入、人才、资金等普惠性政策，特别是对于中小微旅游企业和中西部旅游落后地区要给予更大支持。就区域差异而言，东部地

区要充分发挥市场机制的主体作用，健全市场规则，同时开展服务型政府建设，加强对文旅产业发展的政策调控，引导旅游企业转型发展；中西部地区旅游发展仍要坚持以政府为主导，使政府与市场这"两只手"有机结合，更好发挥作用，进一步激发市场主体活力，促进旅游创新要素流动、科技成果转移转化、科技与旅游相结合的机制体制建设，提高旅游业高质量发展的科技贡献率，释放上下游旅游产业创新链整体效能。

（6）以民生福祉为旨归，巩固旅游业高质量发展成果

旅游是不同国家、不同文化交流互鉴的重要渠道，是发展经济、增加就业的有效手段，也是提高人民生活水平的重要产业。[1] 在发展中持续改善民生，是旅游业高质量发展的必由之路和根本依归，旅游业发展成果要为百姓共享。

第一，加强旅游资源创新整合。旅游资源兼具经济和文化属性，不仅对旅游业高质量发展具有正向影响和溢出效应，而且是满足人们追求美好生活的基础。因此，提升旅游资源价值和吸引力，不仅是旅游业高质量发展的要求，也是人们追求愉悦、健康、快乐生活的实际要求。要不断挖掘旅游资源的文化属性和文化内涵，加大旅游资源的技术创新，打造特色旅游精品，推进旅游景区发展转型，高效发展全域旅游，打破地域壁垒，实现旅游资源共建共享，满足广大群众高层次文化旅游消费需求。

第二，优化旅游产品服务供给。随着人民收入增加、生活更加殷实，伴之而生的是国内居民旅游消费意愿明显增强，旅游消费不断升级。因此，要大力实施旅游惠民工程，进一步推进景区门票价格改革，推动旅游与文化、旅游与创意、旅游与康养、旅游与体育融合发展，创新旅游产品供给体系，整合线上线下旅游产品服务，打造高品质旅游产品，提升旅游服务质量，这也是游客对旅游业高质量发展提出的基本要求。

第三，提升旅游公共服务水平。应坚持"旅游惠民，主客共享"理念，更新升级乡村旅游公共服务要素，加快乡村道路、公共交通、信息服务、

---

[1] 《不断提升旅游业发展品质》，央广网，https://baijiahao.baidu.com/s? id =159124709760584 7702&wfr = spider&for = pc。

生态环境系统建设，打造乡村教育、安全、通信、医疗、康养等完善的公共服务体系。旅游公共服务体系的完善和高水平建设，不仅可以提升游客的旅游体验感，也可为当地居民的生产生活提供极大便利，对于推动旅游业高质量发展、巩固脱贫攻坚成果、缩小城乡地区间差距、平衡城乡居民福祉水平、维护城乡公平正义都具有十分重要的意义。

第四，加强旅游生态环境保护。优良的生态环境是人民最大的福祉。同时实证研究发现，生态环境对旅游业高质量发展具有显著影响及空间溢出效应，是旅游业高质量发展的基本保障。应坚持"生态优先，绿色发展"理念，发挥区域生态优势，充分利用地方文化特色资源，加快发展文化旅游业，加强旅游资源与产业布局规划，协调推进区域旅游发展与生态文明建设。①

---

① 吴儒练：《旅游业高质量发展与乡村振兴耦合协调测度、演化及空间效应研究》，江西财经大学博士学位论文，2022。

# 第二章
# 县域旅游高质量发展背景阐释与内涵解读

"十四五"时期,我国经历着内外部环境的结构性变化,面临着经济社会的深刻变革,尤其是新冠疫情加剧了全球政治经济格局的动荡和不确定性。高质量发展是我党基于人民日益增长的美好生活需要和不平衡不充分发展之间的矛盾做出的正确判断和战略部署,是新时代发展的核心要义。县域旅游是区域旅游发展的重要单元,也是实现新型城镇化和乡村振兴的重点和难点区域。在高质量发展战略背景下,需要深刻理解县域旅游高质量发展内涵,明确县域旅游高质量发展特征,拓展新的发展思路,探索新的实现路径。

## 第一节 县域旅游高质量发展背景与理论依据

县域旅游是区域旅游发展的基本单元,许多省份和地区都把县域旅游作为支柱产业重点发展。近些年来,县域旅游发展取得了突飞猛进的成绩,旅游接待人次、旅游收入大幅增长,在快速发展的同时,县域旅游发展质量不断提升,旅游产品类型丰富多样,旅游体验满意度显著提升,实现了从传统观光到休闲度假的发展转型。

### 一 县域旅游高质量发展背景阐释

（一）政策背景

党中央历来高度重视经济增长方式,早在20世纪90年代,党中央就提出经济增长方式要从粗放型向集约型转变；党的十六大提出要走科技含量高、经济效益好、资源消耗低、环境污染少、人力资源优势得到充分发挥的新型工业化道路；党的十七大报告提出要"转变经济发展方式"，开始重视需求结构、产业结构、要素结构等的调整和优化，将促进经济社会和人的全面发展的"科学发展观"写入党章；党的十八大报告首次提出全面建成小康社会的目标，包括收入翻番、扩大人民民主、增强文化软实力等。[①]2017年10月18日，习近平在党的十九大报告中首次提出："我国经济已由高速增长阶段转向高质量发展阶段。"[②] 2020年10月26日，习近平在中共十九届五中全会上所做的《关于〈中共中央关于制定国民经济和社会发展第十四个五年规划和二〇三五年远景目标的建议〉的说明》中指出："当前，我国社会主要矛盾已经转化为人民日益增长的美好生活需要和不平衡不充分的发展之间的矛盾，发展中的矛盾和问题集中体现在发展质量上。这就要求我们必须把发展质量问题摆在更为突出的位置，着力提升发展质量和效益。"[③] 高质量发展是顺应经济发展新形势的迫切要求，因而必须坚持推动经济的高质量发展，坚持质量第一、效率优先的原则，以创新发展、以供给侧结构为主线，提高全要素生产率，着力加快建设新的产业体系，不断增强我国经济创新力和竞争力，真正实现高质量发展目标。

（二）行业背景

自改革开放以来，中国旅游业飞速发展，旅游人次、产业规模、旅游产品均发生了翻天覆地的变化，旅游业已逐渐发展成为国民支柱产业。根据中国文化文物旅游统计年鉴数据，2019年国内游客人数达到60.06亿人次（见图2-1），国内旅游总收入为57250.92亿元，分别是1993的14.65倍和66.26倍。旅游供给持续完善，至2019年末，全国星级饭店有10130家，平均房价378.55元/间夜；全国旅行社有38943个，营业收入7103.38

---

① 万广华、吕嘉滢：《中国高质量发展：基于人民幸福感的指标体系构建及测度》，《江苏社会科学》2021年第1期。
② 《十九大以来重要文献选编》（上），中央文献出版社，2019，第21页。
③ 《十九大以来重要文献选编》（中），中央文献出版社，2021，第782页。

亿元,其中利润总额 43.28 亿元;A 级旅游景区 12402 个。各类旅游活动蓬勃开展,红色旅游、乡村旅游、遗产旅游、研学旅游、康养旅游、工业旅游、冰雪旅游、体育旅游等旅游产品不断丰富;文化旅游深度融合,推出"建党百年红色旅游百条精品线路""黄河主题国家级旅游线路"等精品文化旅游线路;启动了长城、黄河、大运河国家文化公园建设,打造了一批国家级旅游休闲街区、国家文化和旅游消费试点城市、国家级夜间文化和旅游消费集聚区,极大地促进了旅游消费升级。但相比旅游业发达的国家和地区,我国旅游业发展仍然面临管理粗放低效、创新能力不强、发展不平衡不充分、资源开发过度等问题。2018 年,国务院提出了关于促进旅游发展的意见,强调要加快旅游供给侧结构性改革,加大对旅游业的精细化管理,实行旅游带动全域经济发展的"旅游+"模式,以便形成更加精致、服务全面、管理规范的综合服务体系。因此,在进入新发展阶段,通过创新发展、供给侧结构性改革、绿色发展,实现区域均衡、效益统一、协调发展,是旅游业高质量发展的必然要求。

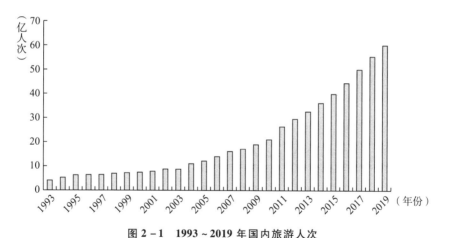

**图 2 - 1 1993 ~ 2019 年国内旅游人次**

资料来源:笔者根据有关文献自制。

(三)产业背景

我国地域广阔,县级区划众多,拥有数量和种类极为丰富的旅游资源,县域旅游成为助推社会经济发展的重要力量。旅游业在"乡村振兴""精准扶贫""改善民生"等诸多方面发挥了重要作用，其在县域社会经济发展中的比重不断提高，并被称为"幸福产业"。[①] "十三五"以来，以全域旅游示范区创建为契机，县域旅游迎来大发展机遇，形成了以县域为基本单元的全域旅游发展格局，截至 2020 年底，全国共分两批创建了 168 个国家级全域旅游示范区（见表 2-1）。《全国县域旅游研究报告 2022》显示，2021年，接待游客总人数超过 2000 万人次的有 34 个县，接待游客 1000 万~1999 万人次的有 146 个县，接待游客 500 万~999 万人次的有 400 个县，分别比 2020 年增加了 7 个、8 个、34 个县；旅游总收入超百亿元且接待游客总人数超千万人次的超级旅游大县为 114 个，比 2020 年增加了 14 个。经过40 余年的发展，旅游已经发展为人民追求美好生活的重要活动和提高人民生活品质的重要途径，旅游业也成为国民经济的重要支柱产业，成为推进乡村振兴、绿色发展和文化自信的有力抓手。2020 年以后受新冠疫情影响，旅游业遭受严重冲击，出境游接近停滞，跨省游严重受限。2021 年全国旅游市场缓慢恢复，《中国县域旅游竞争力报告 2022》显示，以近郊游、乡村游、短途游为主体的县域旅游已成为全国旅游业复苏的生力军。中国旅游百强县市平均实现旅游总收入 160.16 亿元，恢复至疫情前的 78.5%，比全国旅游总收入恢复率高出 27.5 个百分点。可以看出，虽然部分旅游经济指标明显下滑，但县域旅游高质量发展态势持续向好，旅游资源品质持续提升。

表 2-1　截至 2020 年底国家全域旅游示范区创建名单

| 省份 | 第一批（2019 年 9 月） | 第二批（2020 年 12 月） |
|---|---|---|
| 北京市 | 延庆区、怀柔区、平谷区 | 昌平区、门头沟区 |
| 天津市 | 蓟州区 | 中新天津生态城、和平区 |
| 河北省 | 秦皇岛市北戴河区、邯郸市涉县、保定市易县 | 邯郸市武安市、石家庄市平山县、秦皇岛市山海关区、唐山市迁西县 |

---

[①] 《国务院关于印发"十三五"旅游业发展规划的通知》，中国政府网，http://www.gov.cn/zhengce/zhengceku/2016-12/26/content_5152993.html。

续表

| 省份 | 第一批（2019 年 9 月） | 第二批（2020 年 12 月） |
|---|---|---|
| 山西省 | 临汾市洪洞县、晋城市阳城县、晋中市平遥县 | 晋城市泽州县、长治市壶关县、运城市永济市、长治市武乡县 |
| 内蒙古自治区 | 满洲里市 | 鄂尔多斯市康巴什区、锡林郭勒盟二连浩特市 |
| 辽宁省 | 本溪市桓仁满族自治县 | 朝阳市喀喇沁左翼蒙古族自治县、辽阳市弓长岭区 |
| 吉林省 | 长白山保护开发区管委会池北区、延边朝鲜族自治州敦化市 | 长白山管委会池南区、梅河口市、通化市集安市 |
| 黑龙江省 | 大兴安岭地区漠河市、黑河市五大连池市 | 鸡西市虎林市、伊春市嘉荫县 |
| 上海市 | 黄浦区、松江区 | 青浦区、崇明区 |
| 江苏省 | 南京市秦淮区、南京市江宁区、徐州市贾汪区 | 淮安市金湖县、无锡市宜兴市、苏州市吴中区、常州市溧阳市、盐城市大丰区 |
| 浙江省 | 湖州市安吉县、衢州市江山市、宁波市宁海县 | 绍兴市新昌县、丽水市松阳县、台州市仙居县、杭州市桐庐县、嘉兴市嘉善县 |
| 安徽省 | 黄山市黟县、六安市霍山县 | 安庆市潜山市、六安市金寨县、黄山市屯溪区 |
| 福建省 | 福州市永泰县、南平市武夷山市、龙岩市武平县 | 三明市泰宁县、三明市尤溪县、泉州市德化县、厦门市集美区 |
| 江西省 | 吉安市井冈山市、上饶市婺源县、抚州市资溪县 | 赣州市石城县、宜春市靖安县、九江市武宁县、景德镇市昌江区 |
| 山东省 | 潍坊市青州市、青岛市崂山区、济宁市曲阜市 | 威海市荣成市、临沂市沂南县、烟台市蓬莱区、德州市齐河县、济南市章丘区 |
| 河南省 | 焦作市修武县、信阳市新县、济源市 | 安阳市林州市、洛阳市栾川县、信阳市浉河区、焦作市博爱县 |
| 湖北省 | 武汉市黄陂区、恩施土家族苗族自治州恩施市、宜昌市夷陵区 | 咸宁市通山县、神农架林区、黄冈市英山县、宜昌市远安县、恩施土家族苗族自治州利川市 |
| 湖南省 | 衡阳市南岳区、湘潭市韶山市、张家界市武陵源区 | 张家界市永定区、长沙市望城区、湘西土家族苗族自治州凤凰县、郴州市资兴市 |
| 广东省 | 广州市番禺区、江门市台山市 | 梅州市梅县区、韶关市仁化县、深圳市盐田区 |
| 广西壮族自治区 | 桂林市阳朔县、来宾市金秀瑶族自治县 | 桂林市兴安县、柳州市融水苗族自治县、防城港市东兴市 |

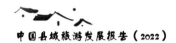
续表

| 省份 | 第一批（2019 年 9 月） | 第二批（2020 年 12 月） |
|---|---|---|
| 海南省 | 三亚市吉阳区、保亭黎族苗族自治县 | 陵水黎族自治县 |
| 重庆市 | 巫山县、武隆区 | 万盛经开区、渝中区 |
| 四川省 | 成都市都江堰市、峨眉山市、广元市青川县 | 德阳市绵竹市、成都市崇州市、成都市锦江区、乐山市市中区、阿坝藏族羌族自治州九寨沟县 |
| 贵州省 | 贵阳市花溪区、遵义市赤水市、六盘水市盘州市 | 毕节市百里杜鹃管理区、黔南布依族苗族自治州荔波县、贵阳市乌当区、黔东南苗族侗族自治州雷山县 |
| 云南省 | 保山市腾冲市、昆明市石林彝族自治县 | 红河哈尼族彝族自治州弥勒市、大理白族自治州大理市、丽江市古城区 |
| 西藏自治区 | 拉萨市城关区、林芝市鲁朗景区管理委员会 | 日喀则市桑珠孜区、拉萨市当雄县 |
| 陕西省 | 西安市临潼区、渭南市华阴市 | 安康市石泉县、延安市黄陵县、商洛市柞水县 |
| 甘肃省 | 酒泉市敦煌市 | 平凉市崆峒区、嘉峪关市 |
| 青海省 | 海北藏族自治州祁连县 | 海北藏族自治州刚察县 |
| 宁夏回族自治区 | 银川市西夏区、中卫市沙坡头区 | 吴忠市青铜峡市、石嘴山市平罗县 |
| 新疆维吾尔自治区 | 伊犁哈萨克自治州昭苏县、巴音郭楞蒙古自治州博湖县 | 博尔塔拉蒙古自治州温泉县、阿勒泰地区布尔津县、伊犁哈萨克自治州特克斯县 |
| 新疆生产建设兵团 | 第十师 185 团 | 第八师石河子市 |
| 数量 | 71 | 97 |

资料来源：笔者根据有关文献自制。新疆生产建设兵团为国家计划单列的省部级特殊区划，为制表方便，列入省份一栏，特此说明。

## 二 县域旅游高质量发展理论依据

（一）区域经济增长理论

经济地理学认为，区域经济增长就是区域经济总量规模的扩大，即区域生产的商品和提供的劳务总量不断增长。这里，经济总量一般用国民生产总值、国内生产总值、国民收入等指标来衡量，包括总量指标和人均指标。区域经济增长体现了一个区域经济实力的变化，也在一定程度上反映了区域经济发展能力的变化，所以区域经济增长是实现区域经济发展的基础。[①] 区域经济增长是一个多因素作用的过程。经济地理学一般是把影响区域经济增长的因素分为自然技术、经济、社会、地理位置等。经济学则主要关注资本、劳动力、资源、制度、政策、行为等因素对区域经济增长的作用。李小建从资源配置的角度把区域经济增长因素归结为资源禀赋、资源配置能力、区位条件和外部环境等。[②] 区域经济增长具有明显的阶段过程特征。美国区域经济学家胡佛（E. M. Hoover）与费舍尔（J. Fisher）研究指出，任何区域的经济增长都存在"标准阶段次序"，经历大体相同的几个阶段：自给自足阶段、乡村工业崛起阶段、农业生产结构转换阶段、工业化阶段、服务业输出阶段；罗斯托（Rostow）1960 年根据对已经完成了工业化的一些国家经济增长过程的研究，将一个国家或区域的经济增长归纳为六个阶段：传统社会阶段、为经济起飞创造前提条件阶段、经济起飞阶段、成熟阶段、高额消费阶段、追求生活质量阶段。[③]

区域旅游发展的时空特征与分异规律研究一直是学术界深入关注的问题。[④] 在不同空间尺度上，区域旅游表现出明显的分异特征。县域旅游作为区域经济的重要组成部分，在促进区域经济增长、调整区域产业结构发展方面发挥着重要作用。根据区域经济增长理论，县域旅游发展水平一般用旅游产值、旅游收入、旅游人次、旅游景区等级与数量、旅游酒店规模等指标加以衡量。县域旅游发展受到旅游资源禀赋、地方政府和企业资源配置能力、县域区位条件、县域经济发展水平等因素的影响。区域经济增长理论认为，区域经济发展到一定阶段，经济水平有了更大的提高，人均国民收入水平明显提升，在物质生活需求得到基本满足之后，人们开始追求

---

① 于法稳、黄鑫、岳会：《乡村旅游高质量发展：内涵特征、关键问题及对策建议》，《中国农村经济》2020 年第 8 期。

② 李小建：《经济地理学》，高等教育出版社，2006，第 205 页。

③ 李小建：《经济地理学》，高等教育出版社，2006，第 212~215 页。

④ 黄睿、黄震方、靳诚、徐菁：《国内大循环背景下国内旅游发展的时空格局演化与影响因素——以江苏省县域尺度为例》，《自然资源学报》2022 年第 2 期。

文化娱乐方面的享受。随着消费倾向的改变，第三产业对经济增长的贡献逐步超过耐用消费品的生产部门，教育、文化、卫生、住宅、旅游等与提高生活水平有关的部门成为推动经济增长的新动力。县域旅游发展是区域经济发展到一定阶段后的必然结果，此外，区域经济达到高质量发展水平后，人们对县域旅游产品的消费需求也会提升到较高层次，不再满足于一般的观光和娱乐活动，而是追求更加健康、休闲和文化体验的质量。此时，对县域旅游发展质量的衡量也不再单纯强调旅游产业规模，旅游产品内容、生态环境效益、旅游带动效益成为衡量旅游质量的指标。

（二）经济质量理论

以亚当·斯密、马尔萨斯和大卫·李嘉图等人为代表的古典经济学家认为，经济增长是多因素动态影响的过程，包括劳动力、资本、土地等内生要素，也包含技术经济、经济制度等外生因素。古典经济学对经济增长动因的分析涉及劳动生产率、技术进步、市场环境等因素，他们分析和描述了经济增长的动力机制，为现代经济增长研究奠定了重要理论基础。[1] 20世纪60年代，以美国经济学家索洛为核心的学者，提出了新古典经济增长理论，强调了技术进步作为外生变量对于长期经济增长的重要作用。[2] 1962年，阿罗（K. Arrow）提出知识内生增长理论，认为知识可以跨时间、跨区域、跨国界地溢出和流动，将技术进步内化为经济增长模式中的内在因素。[3] 随着自然生态环境恶化、全球气候变暖、社会不平等问题的出现，面对经济快速增长带来的各类经济、社会和生态问题，人们开始反思数量型经济增长模式的弊端和不足，新的质量型经济增长理论模式开始兴盛，相对于强调经济增长的速度和数量，质量型经济理论更强调提高经济增长的效率和优化经济结构，注重经济增长过程中的社会、生态、自然等多因素

---

① 徐爱萍：《我国旅游业高质量发展评价及影响因素研究》，华东师范大学博士学位论文，2021。

② Solow R M., "A Contribution to the Theory of Economic Growth," *Quarterly Journal of Economics* 1 (1956)：65 - 94.

③ Arrow K J., "The Economic Implication of Learning by Doing," *Review of Economics and Stats* 3 (1962)：155 - 173.

的融合协调发展。1977 年，苏联经济学家卡玛耶夫出版的《经济增长的速度和质量》一书提出了经济增长的新内涵，认为经济增长不仅应包含生产资料和生产量的增加，还应该包括产品质量、生产效率和消费品消费效果的提升。卡玛耶夫的经济质量理论强调了质量增长的重要性，提出要多元化、多层次地考虑经济增长，要改变粗放式的发展方式，走效率提高式和集约式的发展道路。[①] 此后，20 世纪 90 年代又提出了"包容性增长"概念，强调要从经济增长条件、过程和后果几个方面实现合理包容，明确了长期增长和社会包容的相关性，在确保社会增长效益为大众共享的同时，强调增长过程中人的基本权益，考虑增长的长期性和可持续性。维诺德·托马斯教授在 2000 年出版的《增长的质量》一书中提出："经济增长的速度和数量，不能准确反映其增长质量，经济增长质量应更多地考虑社会分配机会、生态环境、全球性风险管理和国家社会治理结构等多方面维度。"[②]

随着我国经济进入新常态发展阶段，经济质量理论已经成为我国社会经济发展中的重要命题，也为县域旅游经济增长质量的相关研究奠定了坚实基础。经济质量理论的相关阐述和概念为构建县域旅游高质量发展提供了理论框架，着重考虑了发展效率在高质量发展中的重要性，强调了旅游企业经营效率、社会可持续和公平发展等维度。此外，在对县域旅游高质量发展影响因素进行评价时，社会经济环境、资源禀赋、市场化程度、发展动力机制等也成为重要的评价内容。

（三）可持续发展理论

可持续发展概念最早出现在美国海洋生物学家蕾切尔·卡逊所著的《寂静的春天》一书中，并很快引起人们的广泛关注。1980 年，国际自然及自然资源保护联合会（IUCN）、联合国环境规划署（UNEP）以及世界野生生物基金会（WWF）联合发布了《世界自然资源保护大纲》，在人类历史上第一次正式提出了"可持续发展"这一概念。大纲指出，必须探索自然

---

① 〔苏〕B. D. 卡玛耶夫：《经济增长的速度和质量》，陈华山译，湖北人民出版社，1983，第 40 页。

② 〔印〕维诺德·托马斯：《增长的力量》，本书翻译组译，中国财政经济出版社，2001。

生态与社会环境之间的相互关系，通过掌握这些基本关系来促进全球的可持续发展，但其没有对"可持续发展"这一概念做详细且完整的界定。1987 年，世界环境与发展委员会发表题为《我们共同的未来》的主旨报告，明确了"可持续发展"一词详细且完整的定义，世界各国对此给予了高度关注。该报告指出："可持续发展是既满足当代人的需要，又不对后代人满足其需要的能力构成危害的发展。"1992 年，联合国环境与发展大会正式通过《里约宣言》与《全球 21 世纪议程》，呼吁全世界各个国家启动制定和实现可持续发展战略的规划与具体措施，推动维护世界生态环境与人类社会经济发展之间的有效平衡。可持续发展是人类文明进步的新内容，它表现为国家和政府法律法规的约束与引导、社会有序、分配公平、良好的文化导向等，只有在和谐稳定的社会氛围中才能获得整个社会的可持续发展。可持续发展的基本含义是："当代人的需要不对后代人满足其需求的能力构成危害，特定地区的需要不对其他地区满足其需求的能力构成危害。"可持续发展理论的两大核心分别是："人与人之间关系的和谐""人与自然之间关系的平衡"。人与自然之间关系平衡表现出来的"环境与发展"和人与人之间关系和谐所体现出来的"效率与公平"是可持续发展的永恒主题。总的来说，可持续发展理论强调资源与能源的循环利用和经济社会与生态环境的协同发展。基于此，可持续发展理论提出了必须遵循的六大基本原则：公平公正性原则，延续性原则，共同性原则，时序性原则，发展原则和质量原则。①

高质量发展与可持续发展之间存在着融合性：可持续发展是指在保障经济效益可行性的前提下，不去影响和破坏环境发展过程中的资源结构，特别是自然资源及不可再生资源；高质量发展则更加重视经济效益、社会效益、文化效益、生态效益等多类型效益的协同。县域旅游业高质量发展的前提和目标是实现可持续增长，这表示良好的生态环境是旅游业走向高质量发展的根本，而高质量发展工作的展开必须以不破坏环境为前提，高质量发展是实现绿色增长的发展，是能够同时满足当代人和后代人高质量

---

① 冯贵宗：《生态经济理论与实践》，中国农业大学出版社，2010，第 153～154 页。

旅游需求的发展。在可持续发展理念的指导下，县域旅游高质量发展要重视以下五个方面：一是增强人民群众对旅游发展所产生的经济与环境效益的认知，强化生态意识；二是促进旅游产业发展的公平性，提升人民群众的生活质量水平；三是为旅游者提供更高质量与效率的旅游经历；四是带动旅游目的地经济发展的同时，提高其生活环境质量水平；五是旅游规划应坚持可持续发展的原则。

（四）系统论

系统论是研究系统本质与规律理论的总称，最早由生物学家 L. V. 贝塔朗菲提出。贝塔朗菲认为，任何系统都不是简单粗暴地将各个组成部分进行机械相加或组合，其是在一定机制下形成的一个有机的整体，并具有各组成部分在孤立状态下所没有的新的性质和功能。[①] 系统论有狭义和广义之分。狭义上的系统论即为普遍认识中的系统论，而广义的系统论除了包含一般系统论，还涵盖了控制论、信息论、耗散结构论、突变论以及混沌理论等。[②] 系统是在一定的环境中，由若干个要素组合而成的具备一定功能的有机整体，这些构成要素之间相互联系、彼此作用且互相依存。系统的基本特征包括整体性、关联性、等级结构性、动态平衡性、时间序列性等。系统分析法是以整个系统为研究对象，并在对其各个要素的运动规律进行逐个分析的基础上，合理管理并控制物质和能量的流动，继而达到系统正常运转的目标。从系统论出发，依据其理论基础与理论定律对科学问题进行研究探讨，有助于从整体视角来理解和认识事物的运动及演进规律。

系统论也是关于旅游高质量发展研究的重要前提和基础。旅游业作为一种具有较强综合性与关联性的产业，旅游资源、旅游设施、旅游市场、吃住行游购娱这些要素都是旅游产业系统的重要组成部分。张树民等认

---

① 〔奥地利〕冯·贝塔朗菲：《一般系统论：基础、发展和应用》，林康义、魏宏森译，清华大学出版社，1987，第 50~84 页。

② 刘睿、李立华、唐伟：《旅游是战略性支柱产业还是独立经济增长因子？——关于国外旅游和经济增长关系研究的综述》，《旅游学刊》2013 年第 5 期。

为，旅游系统可以分为供给系统、需求系统、中介系统以及支持系统四部分，各子系统之间互相依赖，共同构成了旅游系统的有机整体。① 因此，在研究县域旅游高质量发展时，需要把握好旅游系统各要素之间的关系，以及各要素与旅游系统的关系及作用机理，如此才能做到分析的科学性和有效性。

## 第二节　县域旅游高质量发展的概念与特征

中国特色社会主义新时代背景下，人民日益增长的美好生活需求和不平衡不充分发展之间的矛盾已成为我国经济社会发展的主要矛盾。在此背景下，我国已开始由过去追求速度的粗放型经济增长方式向追求质量的集约型增长方式转变，转变发展方式、优化经济结构成为新阶段经济发展的主要动力。作为我国经济的重要组成部分，随着人民收入水平提升、消费结构的升级和消费需求的转变，旅游业也迎来了发展方式和内容的变革。旅游业发展要顺应时代发展的要求，必须走高质量发展道路。因此，科学解析县域旅游高质量发展概念、梳理总结县域旅游高质量发展特征和发展要素，对县域旅游转型发展具有重要意义。

### 一　县域旅游高质量发展概念

（一）高质量发展

经济发展质量评价是基于合规性和合意性标准的经济总量增长、经济结构优化、经济效益提升、国民收入增加和居民生活及社会福利改善等的优劣程度做出的价值判断。② 高质量发展是党和国家对当前发展阶段做出的准确判断和对下一步发展路径做出的科学定位，是具有深刻性、战略性

---

① 张树民、钟林生、王灵恩：《基于旅游系统理论的中国乡村旅游发展模式探讨》，《地理研究》2012 年第 11 期。

② 王雪峰、曹昭乐：《我国经济高质量发展的内涵、特征及要求》，《中国国情国力》2020 年第 6 期。

的一种发展策略。国内学者对"高质量发展"的概念做了深刻解析。金碚指出，高质量发展是一种能够更好满足人民不断增长的真实需要的经济发展方式、结构和动力状态。[①] 赵剑波等指出，高质量发展是基于改善民生视角下的经济增长模式的转型与产业发展观念的转变。[②] 逄锦聚等认为，高质量发展是创新和效率提高的发展，是国民经济比例结构协调、经济增长方式优化的发展，是绿色的发展，是人与自然和谐相处的发展，是开放的发展，是满足人民美好生活需要的共享的发展。[③] 张军扩等认为，高质量发展的本质内涵在于以满足人民日益增长的美好生活需要为目标实现高效率、公平和绿色可持续的发展。[④] 任保平等指出，高质量发展是经济发展、改革开放、城乡发展、生态环境和人民生活水平全方位高质量的发展。[⑤] 曾宪奎认为，高质量发展是经济发展集约化、驱动要素高端化、产业结构高级化、增长速度适度化、各领域各方面协调化的发展。[⑥]

　　从以上研究可以看出，相关学者从发展理念、发展内容、发展路径、发展阶段等不同视角对高质量发展进行了界定。高质量发展是一个相对的概念，是与高投入、高消耗、外延扩张、数量增长相对应的高产出、低消耗、结构优化、质量提升的内涵式发展模式。高质量发展更加重视创新驱动、协调均衡、绿色发展、开放共享的发展价值观，是以全面建设社会主义现代化国家为总目标，以化解新时代社会主要矛盾为根本任务，以创新、绿色、公平、高效发展为特色，以是否满足人民日益增长的美好生活需要、增强人民幸福感、实现人的全面发展为评判标准的发展路径。

① 金碚：《关于"高质量发展"的经济学研究》，《中国工业经济》2018年第4期。

② 赵剑波、史丹、邓洲：《高质量发展的内涵研究》，《经济与管理研究》2019年第11期。

③ 逄锦聚、林岗、杨瑞龙、黄泰岩：《促进经济高质量发展笔谈》，《经济学动态》2019年第7期。

④ 张军扩、侯永志、刘培林、何建武、卓贤：《高质量发展的目标要求和战略路径》，《管理世界》2019年第7期。

⑤ 任保平、李禹墨：《新时代我国高质量发展评判体系的构建及其转型路径》，《陕西师范大学学报》（哲学社会科学版）2018年第3期。

⑥ 曾宪奎：《我国高质量发展的内在属性与发展战略》，《马克思主义研究》2019年第8期。

（二）县域旅游高质量发展

旅游业是国民经济中的重要产业，对经济结构优化升级、激发国民经济消费活力、吸引投资、带动就业、乡村扶贫具有重要意义。根据高质量发展的概念，旅游发展强调"量"和"质"的协同发展，既强调旅游经济的持续增长，又强调旅游产业结构的优化、旅游产品品质升级和旅游发展成果共享。唐承财指出，旅游经济的高质量发展既要严格地遵循经济发展规律，也必须尊重人类社会与自然发展规律，要能够在"量"的基础上持续地推进"质"的提升。① 旅游业高质量发展是区域旅游业发展水平、能力和效益的综合反映，旅游业高质量发展须以新发展理念为指导，以"转型升级、提质增效"为主线，加快旅游发展新旧动能转换、调整产业结构、提升产业效益，做优存量、扩大增量、提升质量，是保持旅游业平稳健康高质量发展的根本路径。② 严旭阳指出，新时代背景下，旅游业的高质量发展必须适应我国发展新阶段和社会主要矛盾发生的新变化，深刻把握新发展理念的时代要求，在国家"五位一体"总体布局和"四个全面"战略布局中找准位置。③

综上，县域旅游高质量发展是指在习近平新时代中国特色社会主义思想指导下，基于县域特色人文和生态环境资源的利用，以科学的县域旅游规划为引领，以创新县域旅游产品和以"旅游＋"实现产业融合发展为途径，为城乡旅游者提供充足、优质、安全、健康的绿色旅游商品，满足人们日益增长的美好生活需求，实现生态与经济的和谐发展，以及生态效益、经济效益与社会效益的统一，助力县域产业发展和乡村振兴的一种发展模式。县域旅游高质量发展集中体现在县域旅游产业规模不断发展壮大，产业结构不断优化，旅游发展潜力显著扩展，旅游保障环境的能力不

---

① 唐承财：《低碳旅游：促进生态文明建设与节能减排的可持续旅游形式》，《旅游学刊》2014 年第 3 期。

② 吴儒练：《旅游业高质量发展与乡村振兴耦合协调测度、演化及空间效应研究》，江西财经大学博士学位论文，2022。

③ 严旭阳：《中国旅游发展笔谈——以"两山论"为指导，推动旅游业高质量发展》，《旅游学刊》2020 年第 10 期。

断增强。

县域旅游产业规模发展壮大主要体现在县域旅游景区、度假区、乡村旅游目的地、旅游饭店、旅行社等旅游企业数量不断增加，旅游相关从业人员规模加大，旅游产值对县域经济贡献显著增强，旅游者平均逗留时间和人均旅游花费增加。

县域旅游产业结构不断优化主要表现在旅游收入占国内生产总值与第三产业的比重不断提高，度假、康养、休闲、娱乐、文化体验等业态占旅游业比重增加。国家 3A 级以上旅游景区、国家级旅游度假区等旅游品牌比重不断提升，旅游产业集聚化程度不断提高，文旅融合程度显著增强。

县域旅游发展潜力是地区旅游业高质量发展的强有力支撑，其指标包括地区城镇化率、城乡常住居民人均可支配收入及其增长率、旅游总收入与总人次增长率等，涉旅投资及院校旅游专业人才数量也是反映地区旅游发展潜力的重要指标。

旅游保障环境的能力主要指能够保障良好的生态环境和协调的人文环境。生态环境包括空气优良天数占比、森林覆盖率、人均公园绿地面积、人均水资源拥有量等，单位旅游收入能耗、水耗、电耗等不断降低也是旅游业高质量发展的重要表现。人文环境主要包括区位交通、政策支持、营商环境、社区参与等。

## 二　县域旅游高质量发展内涵

（一）县域旅游高质量发展以产业升级为主线

经济发展是实现县域经济高质量发展的基础条件，而产业升级是经济发展的核心内容。[①] 与传统旅游业发展相比，县域旅游高质量发展不仅体现在旅游人次的增加和旅游收入的增长，更是体现在旅游产业从传统观光向主题娱乐、休闲度假、康体养生、商务会展、特种旅游等新产品、新业态的更新升级方面。旅游产业由资源密集型产业向市场、资

---

① 王蕾、丁延武、郭晓鸣：《我国县域经济高质量发展的指标体系构建》，《软科学》2021 年第 1 期。

金、技术密集型产业转型。旅游发展所需的人力、物力等要素需求继续提升，大量资金进入旅游相关行业，旅游消费需求也呈现个性化、多样化特征。

（二）县域旅游高质量发展以绿色发展为前提

坚持生态文明建设发展理念是旅游高质量发展的根本所在。人们渴望回归自然、走向乡村，这已成为旅游发展的新趋势。坚持以绿色发展理念为指导，践行"绿水青山就是金山银山"，处理好经济发展和生态保护之间的关系，促进人地关系和谐发展，这是高质量发展的本质要求。在绿色发展理念的指导下，科学考量县域环境承载能力，准确评估县域旅游资源可持续利用的阈值，在有效保护的基础上科学规划，利用环境友好型技术进行梯次开发，才能真正留得住青山绿水，推进县域旅游由数量粗放型向质量精细型转变，实现资源的可持续利用。

（三）县域旅游高质量发展以产业融合为路径

县域旅游作为县域产业振兴的全新业态，也是绿色发展新动能的重要内容，需要从全产业链视角寻求发展的路径。创新县域旅游高质量发展的模式，通过"农业＋旅游""体育＋旅游""节庆＋旅游""文化＋旅游""康养＋旅游""教育＋旅游"等模式，聚焦聚力产业融合，推进旅游与农业、教育、文化、康养等产业深度融合，拓展县域旅游发展新空间，加快培育新产业、新业态。同时，借助互联网等信息技术，助推县域旅游向终端型、体验型、智慧型、循环型发展。

（四）县域旅游高质量发展以城乡统筹为目标

乡村是县域旅游发展的主战场。新时代县域旅游高质量发展要把农业农村视为依托，注重整合未被充分利用的资源，实施规模化、产业化生产和经营。新时代县域旅游高质量发展，要求乡村经济提质增效、农民收入稳定增长、新型城镇化稳妥推进、乡村振兴有效实施。县域旅游高质量发展围绕城乡统筹，实现城乡良性互动，即以城乡文化多元融合、人居环境有机更新、乡村治理有效推进、人民生活共同富裕为目标协同推进，助力城乡协同发展，创造县域经济新的增长点。

（五）县域旅游高质量发展以创新发展为动力

2016 年《"十三五"旅游业发展规划》指出，旅游业要坚持以创新驱动为发展原则，以创新实现我国旅游业的转型与升级。2020 年 11 月，文化和旅游部等十部门联合印发了《关于深化"互联网＋旅游"推动旅游业高质量发展的意见》，强调以科技手段推动产业提质转型。在经济新常态的时代背景下，创新是县域旅游经济发展的新引擎，通过创新，带动业态更新，推动产业结构转型升级，激发旅游消费活力，从而为县域旅游发展提供内生动力。

## 三　新时代县域旅游高质量发展特征

（一）品牌创建引领县域旅游发展

各地以全域旅游示范区、特色旅游名县等创建工作为抓手，加强县域旅游基础设施、公共服务设施、旅游供给体系、旅游环境等方面建设，提升旅游产品档次，丰富旅游服务内容，营造良好旅游环境，持续推进县域旅游高质量发展。如，2022 年 11 月，四川省财政厅下拨资金 2.4 亿元，奖励在 2022 年四川省文化和旅游发展大会上命名并授牌的成都市锦江区、绵竹市、泸州市纳溪区、通江县、青川县、宜宾市翠屏区、隆昌市、眉山市东坡区等第四批天府旅游名县，每个名县奖励 3000 万元，鼓励其以更高标准推动县域旅游高质量发展，持续提升天府旅游名县的知名度和美誉度。[1]又如，江西开展"风景独好"旅游名县建设，构建具有江西特色的文化和旅游产业体系，制定出台"风景独好"旅游名县建设实施意见及考评细则，建立动态调整机制，力争建设一批旅游特色鲜明、产业实力雄厚、发展环境优良、服务设施完善、综合效应突出的旅游名县，推动县域旅游产业高质量发展，打造知名县域旅游品牌。[2]

---

[1] 《四川奖励第四批天府旅游名县》，中华人民共和国文化和旅游部官网，https://www.mct. gov.cn/whzx/qgwhxxlb/sc/202211/t20221121_937600.htm。

[2] 《江西出台措施推进文化和旅游高质量发展》，中华人民共和国文化和旅游部官网，https:// www.mct.gov.cn/whzx/qgwhxxlb/jx/202110/t20211012_928285.htm。

（二）产业集群提升县域旅游活力

充分发挥县域旅游景区、度假区、乡村旅游特色村和重点村等龙头的带动作用，将县域旅游资源开发与绿色发展、乡村振兴、城乡统筹、城市更新等有机结合，点线串联、面域扩展，积极发展乡村旅游、休闲农业、特色村镇、精品民宿、康养度假等特色业态，形成旅游产业集群式发展，增强县域旅游发展的活力。如河南近年来坚持"抓县推市、县上突破"，持续开展"民宿走县进村"行动。至 2022 年底全省建成运营品牌民宿 758 家，落地建设 5 个民宿集群，评定五星级民宿 17 家、四星级民宿 11 家，修武县"云上院子"、淇县"石光院子"入选全国甲级民宿。甘肃 2021 年底出台《全省文化旅游康养产业链发展实施方案》，提出重点打造"一核、二带、四区"的文旅康养产业链集群空间布局。一核指以黄河文化和都市休闲度假为主题的兰白都市圈康养产业核心区；二带指丝绸之路文化旅游康养产业带、黄河文化旅游康养产业带；四区指河西历史文化与沙漠生态旅游康养产业集群区、陇东中医药养生产业集群区、陇南山水休闲康养产业集群区、甘南民俗风情康养产业集群区。

（三）智慧旅游激发县域旅游动能

新时代背景下，5G、大数据、云计算、物联网、人工智能、虚拟现实、增强现实等现代信息技术在旅游服务、旅游管理、旅游营销、旅游产品等领域广泛应用，尤其是新冠疫情防控背景下更是催生了以数字化、网络化、智能化为特征的智慧旅游发展。2022 年 10 月，文化和旅游部资源开发司、国家发展和改革委员会社会发展司联合发布《智慧旅游场景应用指南（试行）》，旨在发挥旅游业丰富的应用场景优势，通过拓展场景应用加快推进智慧旅游发展。该指南重点选取了智慧信息发布、智慧预约预订、智慧交通调度、智慧旅游停车、智慧游客分流等 10 个具有普遍适用性的智慧旅游典型场景。数字化场景营造、智慧化管理运营、虚拟化沉浸体验等一系列智慧旅游技术手段和智慧旅游产品助力县域旅游发展提质升级，增强了旅游发展动能。如云南以"一部手机游云南"建设为抓手，大力发展智慧旅游景区、智慧旅游特色小镇、智慧旅游企业，实现直播、导游导览、一码通等平台功能在全省 3A 级以上景区全覆盖，加快推进智慧厕所、智慧停车场、高速公路无感支付等工作，为游客提供最全面、最权威、最方便的智慧化服务。河南新县创建"新县智慧旅游 App"，链接新县旅游微信公众号，构建智慧旅游网络体系，开通智能导游、语音导览、电商导购、互动交流等 21 项智慧服务功能；建成旅游投诉执法、旅游项目管理、峰值预警等运营监测系统；增设行程计划、厕所导航、网上预订、在线支付、720 度虚拟旅游等远程服务项目。

（四）文旅融合丰富县域旅游供给

各地以"旅游+"理念推动文化、科技、体育和旅游深度融合，全面塑造文化和旅游发展新优势，为县域旅游高质量发展提供强劲动能。如河南、辽宁等地在疫情防控条件下，面对自驾游、云旅游等形式的文化和旅游消费新需求，积极打造产品供给丰富、质量优良、营销网络多维的旅游"后备厢"商品体系，从文化和旅游产业供给、市场消费升级两端共同发力，促进文化和旅游市场消费扩容提质。广西 2022 年 11 月发布的《广西"文旅+"产业融合培育新业态拓展新消费三年行动计划（2022—2024年）》提出，打造 10 个以上消费业态新、聚集程度高、区域带动强、品牌影响广的文化和旅游产业融合发展示范区，努力建成 50 个以上具有核心竞争优势和创新驱动作用的新业态示范项目，创建一批高能级的"国字号"产业融合品牌，推动文化和旅游产业链价值链向中高端延伸。

## 第三节　县域旅游高质量发展评价体系

县域旅游高质量发展是一项复杂的系统工程，需要在促进产业升级、生态文明、城乡融合和共同富裕等多方面协同推进。县域旅游高质量发展必须以经济高质量发展的基本内涵为依据，聚焦新时代县域旅游发展主要特征和区域经济发展的基本需求，构建一套科学合理的评价指标体系，以便对不同类型县域旅游发展进行动态测度和分析评价，明确关键领域和突破重点，强化县域旅游高质量发展的核心引领和目标管理。

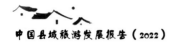
## 一 县域旅游高质量发展指标选取原则

县域旅游高质量发展涉及旅游产业结构、旅游产品质量、旅游消费满意度、旅游目的地生态环境、旅游目的地社会文化等各个方面，需要统筹当前和长远、局部与全局、城镇与乡村等多元关系。因此，构建县域旅游高质量发展评价指标体系必须遵循下述基本原则。

（一）协同性

《中国统计年鉴2021》显示，截至2020年底，中国共有县级行政区划单位2844个，包括973个市辖区、388个县级市、1312个县、117个自治县、49个旗、3个自治旗、1个特区、1个林区。其中，县级市、县、自治县为1817个。[①]县级单位数量庞大，区域禀赋差异显著，且各区域经济发展路径和发展目标迥异。因此，对县域旅游高质量发展评判既要考虑总体发展水平，又要兼顾区域差异，力求区域协同。不同发展水平的县域需要在统一的战略布局中，寻找符合区域特色和优势的战略定位。因此，县域旅游高质量发展评价指标体系既要体现特殊性，充分反映县域在不同经济基础、经济发展阶段的现实情况，又要符合普遍性；既要能实现同类型县域旅游高质量发展成效的可比，也要通过权重差异实现更大区域不同类型县域旅游高质量发展成效的可比。

（二）全面性

经济高质量发展内涵丰富，评判经济高质量发展既要以总体发展水平为依据，又要对创新、协同、效率、绿色等具体方面有明确要求。因此，构建县域旅游高质量发展评价体系既要综合考量县域旅游产业发展水平，又要兼顾县域旅游发展的社会、生态和文化效应，将城乡融合、生态文明、乡村振兴、共同富裕、基层治理等领域的发展状况纳入县域旅游经济高质量发展评价体系，选择的指标不仅要从不同角度体现县域经济高质量发展的水平，还要充分反映县域经济、社会、文化及生态环境之间的全面关系。

---

① 资料来源：《"千亿县"持续扩围 县城卡位战烽烟再起》，中国经济时报，https://baijiahao. baidu.com/s？id=1759272879647282972&wfr=spider&for=pc。

（三）科学性

县域旅游高质量发展评价指标要基于高质量发展内涵的科学解读，遵循县域旅游发展客观规律，同时又能为县域旅游高质量发展提供科学依据。指标选取既要客观、准确和全面反映县域经济高质量发展的根本要求和战略导向，又要具备前瞻性，应将有利于推进经济高质量发展的结构性、效率性、协调性指标纳入其中。

（四）可得性

县域旅游经济高质量发展指标体系的构建，一方面指标选取应注重评价共识和降低成本的原则，指标数量不宜过多，应具有针对性和代表性，尽可能选择一些成熟的指标数据；另一方面指标选取必须兼顾数据的真实可得性，尽量选择统计准确、时间连续的指标，既便于形成统一的评价标准和测评体系，也能够实现对县域旅游高质量发展的动态分析。

## 二　县域旅游高质量发展指标体系构建

早在 2006 年，陈秀琼等就从产品质量、环境质量、要素质量、产业增长方式和产业运行质量五个方面提出旅游产业发展质量评价指标体系。[①] 刘佳等从旅游经济效率、旅游产业结构水平和旅游环境质量等三个维度构成旅游经济增长质量综合评价指标体系。[②] 张新成等结合"五大发展理念"，将旅游产业高质量发展内容概括为由表征旅游产业发展动力的创新发展系统、检验旅游产业与社会经济系统关系的协调发展系统、解决旅游产业外部性与生态共生的绿色发展系统、反映区域内旅游产业内外联动性的开放发展系统、考察旅游产业公共性和公益性的共享发展系统、体现旅游产业特色和发展基础的文旅资源系统共同构成的综合体，并确立了旅游产业高质量发展评价体系。[③] 龙志等基于生态文明视

---

① 陈秀琼、黄福才：《中国旅游业发展质量的定量评价研究》，《旅游学刊》2006 年第 9 期。

② 刘佳、王娟、奚一丹：《中国旅游经济增长质量的空间格局演化》，《经济管理》2016 年第 8 期。

③ 张新成、梁学成、宋晓、刘军胜：《黄河流域旅游产业高质量发展的失配度时空格局及成因分析》，《干旱区资源与环境》2020 年第 12 期。

角，从旅游环境质量、旅游资源质量、旅游服务质量和旅游吸引能力四个层面，以及污染状况、生态本底、景区资源、文化资源、食宿条件、服务容量、服务水平、旅游流量和旅游收入九个方面构建了由 25 个指标组成的旅游质量评价指标体系。[①] 孙晓等[②]、李志远等[③]以"五大发展理念"为基础，从创新发展、协调发展、绿色发展、开放发展、共享发展等维度构建旅游经济高质量评价体系。刘雨婧等[④]基于旅游业高质量发展的内涵和要求，从旅游业供需水平、创新驱动发展、生态文明建设、经济高效稳定和民生质量提升等五个维度构建了旅游业高质量发展评价指标体系（见表 2 - 2）。

表 2 - 2　旅游高质量发展评价指标体系梳理

| 来源 | 一级指标 | 二级指标 | |
| --- | --- | --- | --- |
| 陈秀琼、黄福才 | 产品质量 | 满意度指数 | 入境旅游者满意度 |
| | | | 国内旅游者满意度 |
| | | 利用率指数 | 星级饭店平均客房出租率 |
| | 环境质量 | 环境质量评价具有时空上的模糊性和产业之间的交叉性无法从单一产业角度对其做出评价 | |
| | 要素质量 | 劳动生产率 | 旅游收入总值/旅游直接从业人员总数 |
| | | 资本产出率 | 旅游收入总值/全社会旅游固定资产投资 |
| | | 增量资本产出比率 | 投资与增量产出之比 |
| | 产业增长方式 | 劳动投入弹性系数 | 旅游直接从业人员总数增长率/旅游收入总值增长率 |
| | | 资本投入弹性系数 | 全社会旅游固定资产投资（存量）增长率/旅游收入总值增长率 |

---

① 龙志、曾绍伦：《生态文明视角下旅游发展质量评估及高质量发展路径实证研究》，《生态经济》2020 年第 4 期。

② 孙晓、刘力钢、陈金：《中国旅游经济高质量发展的测度》，《统计与决策》2021 年第 17 期。

③ 李志远、夏赞才：《长江经济带旅游业高质量发展水平测度及失配度时空格局探究》，《南京师大学报》（自然科学版）2021 年第 4 期。

④ 刘雨婧、唐健雄：《中国旅游业高质量发展水平测度及时空演化特征》，《统计与决策》2022 年第 5 期。

续表

| 来源 | 一级指标 | 二级指标 | |
|------|---------|---------|------|
| 陈秀琼、黄福才 | 产业运行质量 | 产业发展波动率 | 产业发展的变化率 |
| | | 产业结构合理化 | 旅游业需求收入弹性、旅游业供给收入弹性 |
| 刘佳、王娟、奚一丹 | 旅游经济效率 | 经济增长稳定性 | 旅游经济增长率 |
| | | | 旅游经济增长波动率 |
| | | 经济增长效率 | 旅游劳动生产率 |
| | | | 旅游劳动弹性系数 |
| | | | 旅游人均消费 |
| | 旅游产业结构水平 | 产业结构合理化 | 旅游总收入占第三产业比重 |
| | | | 高星级饭店个数合理度 |
| | | 产业结构高度化 | 高弹性收入占总收入的比重 |
| | | | 旅游创新能力 |
| | | | 入境旅游收入占旅游总收入比重 |
| | 旅游环境质量 | 旅游资源质量 | 旅游资源品位度 |
| | | | 人均公园绿地面积 |
| | | | 旅游资源知名度 |
| | | 旅游生态质量 | 建成区绿化覆盖率 |
| | | | 生活垃圾处理率 |
| 龙志、曾绍伦 | 旅游环境质量 | 污染状况 | 二氧化硫排放量 |
| | | | 工业烟尘排放量 |
| | | | 废水排放总量 |
| | | 生态本底 | 森林覆盖率 |
| | | | 国家级森林公园面积 |
| | | | 省级森林公园面积 |
| | | | 森林公园面积 |
| | 旅游资源质量 | 景区资源 | 5A级景区数量 |
| | | | 4A级景区数量 |
| | | | 3A级景区数量 |
| | | 文化资源 | 博物馆和纪念馆数量 |
| | | | 一级藏品数量 |
| | | | 二级藏品数量 |

续表

| 来源 | 一级指标 | 二级指标 | |
|---|---|---|---|
| 龙志、曾绍伦 | 旅游服务质量 | 食宿条件 | 五星级酒店数量 |
| | | | 四星级酒店数量 |
| | | | 其他星级酒店数量 |
| | | 服务容量 | 旅行社职工人数 |
| | | | 国际旅行社数量 |
| | | | 国内旅行社数量 |
| | | 服务水平 | 服务类投诉案件 |
| | | | 食品类投诉案件 |
| | 旅游吸引能力 | 旅游流量 | 国内旅游人次 |
| | | | 入境旅游者人数 |
| | | | 博物馆和纪念馆参观人次 |
| | | 旅游收入 | 旅游总收入 |
| 孙晓、刘力钢、陈金 | 创新发展 | 创新投入 | 研发经费 |
| | | 科技产出 | 专利授权数 |
| | | 人力资本 | 旅游学生 |
| | 协调发展 | 经济协调水平 | 人均 GDP |
| | | 旅游产业协调水平 | 旅游产业占第三产业比例 |
| | | 城市发展水平 | 城镇人口比例 |
| | 绿色发展 | 旅游生态环境 | 绿化覆盖面积、公园绿地面积 |
| | | 废水排放量 | 废水排放量 |
| | | 废气排放量 | 废气排放量 |
| | | 垃圾清运能力 | 垃圾清运 |
| | | 垃圾处理能力 | 垃圾处理率 |
| | 开放发展 | 旅游外汇 | 外汇收入 |
| | | 入境游客 | 入境游客人数 |
| | | 经济开放度 | 进出口额 |
| | | 外资利用能力 | 利用外资 |
| | 共享发展 | 基础设施完善程度 | 旅游固定资产 |
| | | 旅游服务条件 | 旅游从业人员 |
| | | 旅游接待条件 | 旅行社数量 |

续表

| 来源 | 一级指标 | 二级指标 | |
|------|----------|----------|------|
| 孙晓、刘力钢、陈金 | 共享发展 | 饭店住宿设施 | 旅游饭店数量 |
| | | 旅游景区 | A 级以上旅游景区数量 |
| | | 旅游文化 | 博物馆数量 |
| | | 资源旅游交通条件 | 铁、公路客运量 |
| 李志远、夏赞才 | 创新发展 | 创新驱动 | 旅游发明专利授权量 |
| | | | 旅游 R&D 经费 |
| | | | 旅游硕博论文数量 |
| | | 人力资本 | 旅游学生人数 |
| | | | 旅游劳动生产率 |
| | | | 旅游从业人员人数 |
| | 协调发展 | 内部发展 | 人均旅游收入 |
| | | | 旅游业增长弹性系数 |
| | | | 旅游业集聚度 |
| | | 外部协调 | 旅游业与城市化协调 |
| | | | 旅游业与经济协调 |
| | | | 旅游业与生态协调 |
| | 绿色发展 | 污染状况 | 工业废水排放量 |
| | | | 工业烟尘排放量 |
| | | | 工业二氧化硫排放量 |
| | | | 旅游碳排放量 |
| | | 生态质量 | 森林覆盖率 |
| | | | 保护区面积比重 |
| | | | 建成区绿化覆盖率 |
| | | | 城市污水处理率 |
| | 开放发展 | 文旅传播 | 旅游资源丰度 |
| | | | 旅行社与饭店数量 |
| | | | 图书馆与博物馆数量 |
| | | | 图书出版情况 |

续表

| 来源 | 一级指标 | 二级指标 | |
|---|---|---|---|
| 李志远、夏赞才 | 开放发展 | 对外交流 | 外贸依存度 |
| | | | 旅游外汇比重 |
| | | | 入境游客比重 |
| | 共享发展 | 公共服务 | 水、陆、空客运量 |
| | | | 公共服务支出 |
| | | | 人均风景名胜区面积 |
| | | | 文化体育支出 |
| | | 民生共享 | 文化艺术演出场次 |
| | | | 文化及娱乐设施数量 |
| | | | 第三产业占就业比重 |
| 张新成、梁学成、宋晓、刘军胜 | 创新发展系统 | 创新能力 | 发明专利授权量 |
| | | | 研发经费 |
| | | | 科学支出 |
| | | | 个体就业人数 |
| | | 人力资本 | 旅游类专业学生人数 |
| | | | 旅游劳动生产率 |
| | | | 旅游从业人员比重 |
| | 协调发展系统 | 产业发展 | 旅游收入增长率 |
| | | | 旅游业增长弹性系数 |
| | | | 旅游产业集聚度 |
| | | 系统协调 | 旅游产业与城市化协调 |
| | | | 旅游产业与区域经济协调 |
| | | | 旅游产业与生态环境协调 |
| | 绿色发展系统 | 水生态质量 | 工业废水排放量 |
| | | | 工业废水排放达标量 |
| | | 大气质量 | 工业烟尘排放量 |
| | | | 工业二氧化硫排放量 |
| | | 环境质量 | 建成区绿化覆盖率 |
| | | | 生活垃圾无害化处理率 |
| | | | 城镇生活污水处理率 |

| 来源 | 一级指标 | 二级指标 | |
|---|---|---|---|
| 张新成、梁学成、宋晓、刘军胜 | 开放发展系统 | 文化传播 | 图书出版情况 |
| | | | 文化艺术演出场次 |
| | | 对外交流 | 利用外资情况 |
| | | | 旅游外汇占外贸出口比重 |
| | | | 入境游客占游客总量比重 |
| | 共享发展系统 | 公共服务 | 公共汽车客运总量 |
| | | | 公路、水运、民用航空客运量 |
| | | | 互联网宽带接入用户数 |
| | | | 公共图书馆藏书量 |
| | | 政府投入 | 文化体育投资 |
| | | | 公共服务支出 |
| | 文旅资源系统 | 文化保护 | 国家级、省级文物保护单位维修项目累计支出额 |
| | | | 博物馆支出 |
| | | 旅游资源 | 乡村旅游吸引物点密度 |
| | | | 旅游资源丰度 |
| 刘雨婧、唐健雄 | 供需水平 | 高品质旅游产品 | 3A级以上景区数 |
| | | | 国家级旅游资源（国家级森林公园、地质公园、风景名胜区、世界遗产）面积 |
| | | | 文化旅游资源（国家级非物质文化遗产数、万人拥有公共图书馆数、万人拥有博物馆数、万人拥有艺术表演团体机构数） |
| | | 高质量旅游服务 | 服务产业重视度（旅游总收入/GDP） |
| | | | 接待设施高级度（四星级＋五星级酒店数、旅行社数） |
| | | | 交通服务便捷度（每万人公交车数量，铁路、公路、民用航空客运总量） |
| | | | 公共服务完善度（人均医疗卫生机构床位数、每万人拥有公共厕所数、互联网覆盖率） |

续表

| 来源 | 一级指标 | 二级指标 | |
|---|---|---|---|
| 刘雨婧、唐健雄 | 供需水平 | 高水平旅游需求 | 高级化水平（入境游客人数/游客总人数、入境旅游收入/旅游总收入、入境游客平均停留天数） |
| | | | 消费结构水平（景区门票收入/景区营业收入、旅游总收入/旅游总人次、旅游基础消费支出比重） |
| | | | 文化旅游消费群体（博物馆接待参观人次、艺术表演场馆观众人次） |
| | 创新驱动发展 | 旅游创新投入 | 创新主体投入（高等旅游院校和中等旅游职业学校在校学生人数、高等旅游院校和中等旅游职业学校数） |
| | | | 研发投入强度（R&D经费支出/GDP） |
| | | 旅游创新产出 | 旅游创新产品（地区三种旅游专利授权数、万人拥有旅游专利数） |
| | 生态文明建设 | 绿色环保 | 森林覆盖率<br>自然保护区覆盖率<br>人均公园绿地面积<br>建成区绿化覆盖率 |
| | | 污染排放 | 旅游业废水排放（旅游总收入/GDP × 废水排放总量） |
| | | | 旅游业废气排放（旅游总收入/GDP × 废气排放总量） |
| | | 环境治理 | 环境治理强度<br>污水处理率<br>垃圾无害处理率 |
| | 经济高效稳定 | 资源配置效率 | 资本生产率（旅游总收入/全社会固定资产投资额） |
| | | | 劳动生产率（旅游总收入/旅游直接从业人员总数） |
| | | | 能源生产率（旅游总收入/与旅游相关能源消耗总量）① |
| | | | 资源利用率（星级饭店平均客房出租率） |

---

① 旅游相关能源消耗指与旅游业密切相关的交通运输、仓储、邮政业、批发业、零售业、住宿业、餐饮业的能源消耗总量。

| 来源 | 一级指标 | 二级指标 | |
|------|---------|---------|---|
| 刘雨婧、唐健雄 | 经济高效稳定 | 经济增长稳定 | 旅游经济增长率（旅游总收入增长率、第三产业/GDP 增长率） |
| | | | 旅游就业增长率（旅游直接就业人员增长率、第三产业就业人员增长率） |
| | 民生质量提升 | 旅游收入福利 | 城乡居民旅游收入弹性（城镇居民人均可支配收入增长率/旅游总收入增长率、农村居民人均纯收入增长率/旅游总收入增长率） |
| | | 旅游就业福利 | 旅游直接从业人数占比 旅游直接就业乘数 |
| | | 旅游教育福利 | 旅游高校占比 |
| | | 居民休闲福利 | 居民旅游恩格尔系数 |

资料来源：笔者根据上述作者文献整理所得。

　　准确把握旅游业高质量发展的内涵，对科学构建县域旅游高质量发展评价指标体系具有重要意义。杨勇等指出，旅游业高质量发展是我国旅游业改革开放以来从量变到质变的必然结果。[1] 张军谋指出，在宏观层面，旅游业高质量发展要求经济、社会、文化、环境等各个领域都实现提质增效，通过旅游促进各个领域全面均衡发展，让旅游发展成果惠及全社会和全体人民；在中观层面，旅游业高质量发展就是通过旅游产业促进区域产业结构升级优化，提升旅游产业的综合效益，提高旅游产业的竞争力；在微观层面，旅游业高质量发展包括旅游目的地打造的旅游产品要具有可靠的质量、一流的服务、持续的创新能力、品牌的影响力、先进的质量管理理念和方法等，以满足旅游者对旅游品质的要求。[2] 由此可见，旅游业高质量发展内涵具有综合性和层次性特征。王学峰等指出，旅游业高质量发展必须要与国家战略相结合，正确理解和认识新时代大众旅游发展的内涵，科学把握旅游的带动作用，发挥科技引擎支撑作用。[3]

---

[1] 杨勇、程玉：《改革开放 40 年旅游业发展的中国道路及其世界意义》，《旅游学刊》2019 年第 1 期。

[2] 张军谋：《中国旅游业高质量发展研究综述》，《社科纵横》2022 年第 5 期。

[3] 王学峰、张辉：《新时代旅游经济高质量发展的理论问题》，《旅游学刊》2022 年第 2 期。

　　县域旅游高质量发展所涉及的影响因素众多且具有复杂性，指标体系的构建和选择应充分理解旅游业高质量发展的内涵和县域旅游的基本特征。因此，基于旅游高质量发展内涵和县域旅游高质量发展评价指标体系构建原则，本研究从旅游产业效益、旅游接待能力、旅游发展基础、旅游目的地生态环境质量、旅游创新动力五个维度分析确立了30个具体指标，构筑县域旅游高质量发展评价指标体系（见表2-3）。

表 2-3　县域旅游高质量发展评价指标体系

| 维度 | | 具体指标 |
|---|---|---|
| 旅游产业效益 | 旅游产业规模 | 入境旅游接待人次 |
| | | 国内旅游接待人次 |
| | | 人均旅游花费 |
| | 旅游经济效益 | 旅游总收入 |
| | | 旅游带动第一产业发展效益（第一产业较上年增加值/旅游产业较上年增加值） |
| | | 旅游带动第二产业发展效益（第二产业较上年增加值/旅游产业较上年增加值） |
| | | 旅游带动第三产业发展效益（第二产业较上年增加值/旅游产业较上年增加值） |
| | 旅游社会效益 | 旅游从业人员比重 |
| | | 带动社会就业效益（社会总就业较上年增加值/旅游产业较上年增加值） |
| 旅游接待能力 | 旅游服务设施 | 高星级（四星级＋五星级）酒店数量 |
| | | 旅行社数量 |
| | 公共基础设施 | 每万人公交车数量 |
| | | 人均医疗卫生机构床位数 |
| | | 每万人拥有公共厕所数量 |
| 旅游发展基础 | 高级别 A 级旅游景区 | 3A 级以上景区数 |
| | 高级别旅游度假区 | 省级以上旅游度假区数量 |
| | 高级别乡村旅游目的地 | 国家级乡村旅游重点村数量 |
| | 国家级旅游资源 | 国家级森林公园、地质公园、风景名胜区、世界遗产、传统村落之和 |

| 维度 | | 具体指标 |
| --- | --- | --- |
| 旅游发展基础 | 文化旅游资源 | 国家级非物质文化遗产数 |
| | | 万人拥有公共图书馆数 |
| | | 万人拥有博物馆数 |
| 旅游目的地生态环境质量 | 水生态质量 | 工业废水排放量 |
| | | 工业废水排放达标量 |
| | 大气质量 | 工业烟尘排放量 |
| | | 工业二氧化硫排放量 |
| | 环境质量 | 建成区绿化覆盖率 |
| | | 生活垃圾无害化处理率 |
| | | 城镇生活污水处理率 |
| 旅游创新动力 | 创新投入 | 研发经费 |
| | 科技产出 | 专利授权数 |

资料来源：笔者自制。

## 三　县域旅游高质量发展指标阐释

### （一）旅游产业效益

旅游产业是一个综合性的产业，旅游业高质量发展意味着旅游产业规模不断壮大，服务不断完善，同时带动农业、工业以及相关服务行业融合，形成健全的现代化旅游产业体系。其高质量发展需要综合旅游整体发展规模、旅游经济效益和旅游发展带来的社会效益。因此，旅游产业效益评价既包括旅游发展规模，也包括旅游景区、旅行社、旅游交通、餐饮住宿等旅游主导产业发展效益和旅游产业带动其他产业融合发展效益，同时也包括旅游社会效益。考虑到数据的可获得性，主要从旅游产业规模、经济效益、社会效益三个方面衡量。其中通过入境旅游接待人次、国内旅游接待人次、人均旅游花费等指标反映旅游产业规模；旅游总收入是县域旅游经济效益的直接体现，旅游带动第一产业发展效益、带动第二产业发展效益、带动第三产业发展效益等指标反映旅游带动产业融合发展的间接经济效益；旅游从业人员比重直接反映旅游促进就业的社会效益。

（二）旅游接待能力

旅游接待能力是反映旅游目的地旅游服务质量的重要指标，由旅游服务设施接待能力和公共基础设施接待能力构成。旅游服务设施接待能力指标主要为高星级饭店数量和旅行社数量。其中高星级饭店数量反映了县域旅游接待过夜游客的能力和档次，旅行社数量反映了区域接待入境游客和国内游客的能力。公共基础设施接待能力反映了游客在旅游目的地活动期间县域公共基础设施能够为游客提供的基本公共服务能力，考虑县域数据获取问题，主要包括公共交通、医疗服务和公共厕所等指标。

（三）旅游发展基础

旅游发展基础为县域旅游高质量发展提供了强有力的支撑。基于旅游产业发展趋势和新业态的不断涌现，考虑到数据可获得性和全面性原则，主要选取高级别 A 级旅游景区、高级别旅游度假区、高级别乡村旅游目的地、国家级旅游资源、文化旅游资源的情况来加以衡量。其中，高级别 A 级旅游景区数量反映了游资源丰度；高级别旅游度假区数量反映了县域旅游发展的层次和产品结构；乡村旅游是县域旅游发展的重要载体，通过国家级乡村旅游重点村数量反映乡村旅游发展规模和质量；国家级森林公园、地质公园、风景名胜区、世界遗产、传统村落、国家级非物质文化遗产数、万人拥有公共图书馆数、万人拥有博物馆数综合反映了县域旅游资源的多样性特征。

（四）旅游目的地生态环境质量

绿色发展是高质量发展的本质要求，一是产业自身生态效率的提升；二是产业带动区域经济向绿色发展转型。旅游目的地良好的生态环境是反映区域绿色发展的重要指征，表征了旅游目的地可持续发展能力和生态文明程度。选取水生态质量、大气质量、环境质量来衡量旅游目的地生态环境质量。其中，工业废水排放量、工业废水排放达标量反映了县域水生态环境质量；工业烟尘排放量、工业二氧化硫排放量反映了县域大气质量。旅游产业在优化产业结构、促进区域发展转型中具有重要作用，良好的生态环境是县域旅游发展的基础，建成区绿化覆盖率、生活垃圾无害化处理率、城镇生活污水处理率反映了一个县域的人居环境质量与生态环境保护与建设状况，也反映了县域旅游目的地人居环境的舒适度。

（五）旅游创新动力

创新是旅游发展的动力，旅游创新在开发旅游产品、驱动县域旅游经济转型升级、促进县域经济协调发展方面具有重要作用。技术研发和创新成果转化应用是旅游创新的主要途径。受统计数据限制，考虑数据可得性，主要从县域创新投入和科技产出两个方面衡量县域旅游创新发展的动力。其中，利用研发经费反映创新投入水平，专利授权数反映科技成果产出与应用情况。

# 第四节　县域旅游高质量发展路径

"十四五"时期是我国全面建成小康社会、开启全面建设社会主义现代化国家新征程的开局时期，也是我国旅游业发展的重要战略机遇期。在新冠疫情冲击下，旅游业发生了巨大变化，旅游企业面临前所未有的压力，旅游消费也产生了许多新趋势和新特点，旅游产业面临转型升级的迫切需要。县域旅游在旅游业经济发展中扮演着重要角色，承担着城乡统筹和助推乡村振兴的艰巨任务。因此，明确县域旅游高质量发展的重点任务和实践路径，对县域旅游发展具有重要意义。

## 一　县域旅游高质量发展困境

（一）旅游资源挖掘不足，业态产品单一

县域旅游资源开发相对单一，对红色旅游、康养旅游、休闲度假旅游、文化旅游等多类型旅游资源开发程度不高，尤其是对县域文化资源的挖掘利用不够深入，业态创新不足，产品类型较为单一，以生态观光为主，度假休闲、文化体验、科普研学等体验类项目和专题旅游产品较少，精品旅游线路、高端旅游产品短缺，游客逗留时间短、消费少，经济效益有待提升。

（二）基础设施不够完善，配套服务滞后

受县域旅游区位条件限制，多数县域旅游景区景点区位优势不明显，交通、通信、供水供电等基础设施不够完善，可进入性较低。尤其是乡村地区，普遍存在道路设施较差、卫生设施不足、休闲场所简陋、民居房屋及房间设施缺乏品质、卫生环境堪忧等问题，导致乡村旅游接待能力低、接待水准不高，制约了县域旅游发展。此外，对新技术、新理念的应用推广较慢，数字旅游、智慧化服务体系等配套服务设施建设相对滞后。

（三）文旅融合有待深入，创新意识不足

融合发展是衡量县域旅游发展的重要指标。在全域旅游发展的背景下，各县域大力引进外来资本发展旅游产业，规模化、品牌化格局不断凸显。然而，县域旅游在要素、产品和产业融合方面总体水平较低；在产品开发和业态创新方面，缺乏原创思维。从全国范围来看，"经验借鉴"导向明显，一些地方跟风模仿、盲目复制发展的现象盛行，过度追求热门、热点、流行和"网红"，导致旅游项目雷同、产品同质。旅游产品多数仍停留于观光游，商务旅游、康养旅游、研学旅行、休闲度假游等旅游产品内涵缺失、创新不足，不能有效满足旅游者的文化需求，在充分挖掘相关县域特色文化内涵、创新旅游体验方式、延伸产业链等方面尤显不足。

（四）新冠疫情持续冲击，市场主体受限

后疫情时代，县域旅游成为全国旅游发展格局中潜力最大、韧性最强的板块，承载着人们回归自然、漫步乡野的美好憧憬。短途游、周边游、近郊游广泛兴起，为县域旅游复苏注入了新活力。但受疫情冲击，县域旅游市场主体在资金、人才和产品更新迭代能力方面受到众多制约。随着后疫情时代旅游消费需求转向，同时游客对旅游产品品质、卫生安全、防疫安全等方面的要求提升，县域旅游经营主体面临更大考验，粗放经营、产品调整和提升不及时的旅游经营主体会面临更大的困难。

## 二 县域旅游高质量发展的重点任务

（一）县域旅游高质量发展应着眼供需匹配

县域旅游市场的运作，是依托旅游需求和旅游供给来实现的。随着经济社会发展水平的提高，旅游消费成为公众的普遍需求，大众旅游活动常态化、大众化、散客化发展态势凸显。从经济学角度来说，公共供给需要适应公共需求。因此，为了满足游客休闲旅游需求，在公共供给方面，县域乡村旅游、特色小镇、生态农庄等如雨后春笋般涌现，旅游产品"百花齐放"，旅游服务设施不断得到完善。进入全域旅游的新时代后，大众旅游群体消费逐渐升级，精神文化需求日益增长，旅游公共需求群体更加多元，旅游个体差别化和个性化的需求更为明显，对优质、完善的乡村旅游环境偏好更加强烈。同质化、单一化、低水平的乡村旅游产品和服务供给已不再能够满足旅游群体对高品质、高效率旅游体验的需求。县域旅游要得到更长足的发展，迫切需要提质增效升级，从满足人们对美好生活需要出发，精准对接游客需求，通过拓展旅游方式、更新旅游内容，高质、有效地满足旅游群体不断变化的需求，这也是县域旅游高质量发展的重要内涵。

（二）县域旅游高质量发展应注重绿色发展

县域旅游发展的目的是通过丰富县域经济的发展路径激发县域经济发展活力，实现经济、社会和生态的协调和统一。重视绿色发展是县域旅游高质量发展的应有之义，也是时势使然。早期县域经济大都不重视可持续发展，一些无序规划、盲目开发行为致使大量资源浪费和环境损耗，对生态环境负面影响很大。进入新时期后，国家提出了牢固树立绿色发展观，践行"绿水青山就是金山银山"的绿色发展理念，为县域旅游发展提供了基本遵循。县域旅游高质量发展内涵包括提供优美的生态自然环境，开发优质的、独具特色的绿色旅游产品，满足游客的物质和精神双重需求。遵循"绿水青山就是金山银山"和"山水林田湖草是一个生命共同体"等一系列绿色发展实践理念，把生态经济观、生态技术观、生态文明观等融入县域旅游发展之中，才能实现县域旅游的高质量发展。

（三）县域旅游高质量发展应追求城乡融合

以乡村为主体的县域旅游发展，自然更应注重乡村特色和乡土气息。乡村旅游发展承载着城市人回归田园、返璞归真的美好愿望，是这些人的精神依托。无论是农耕技术、生活习俗还是民间工艺等均蕴含着深厚的优

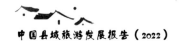
秀传统文化和珍贵的历史文化，具有明显的区域性、民族性特色。但是随着城镇化的推进，乡村传统出现了"沦陷"迹象，例如古村落趋于消失，传统技艺丢失，乡村文化衰落等。此外，乡村旅游景点普遍缺乏创意，旅游产品项目的规划设计背离乡村特色，形式结构趋同，档次较低。乡村旅游高质量发展的使命和责任就是保育和传承乡土文化，用较低的环境资源代价换取较高的经济效益，更好地满足游客对高质量精神文化、多元体验的需求。应根据不同区域的文化特点，充分挖掘旅游目的地的独特文化价值和旅游魅力，提升乡村旅游的文化融合水平，特别是构建并展现文化元素符号平台，推动乡村旅游向精品化和品牌化发展，能够增强在市场竞争中的辨识度，从而更好地唤醒乡村记忆，增强文化自信。

（四）县域旅游高质量发展应推进产业高效

县域旅游的高质量发展就是要实现县域特色资源的良性循环利用。现时代，人类日益增长的物质文化需求与生态环境再生产能力之间的差距正在扩大。基于此，在县域旅游的人地关系系统中应该尽可能地减少资源投入和环境消耗，引用绿色生产技术来提高生态资源的再生产和再利用，培育高效产业的同时降低废弃物的处理量，进而促进经济社会和自然生态的永续循环发展。这也是县域旅游提质升级的动力支撑所在。通过大力发展"＋乡村旅游""＋工业旅游""＋度假休闲""＋景区旅游"，充分挖掘优美的自然景观、丰富的农业资源、深厚的文化传统等元素符号，提供丰富的旅游吸引物。游客在旅游过程中产生的娱乐、饮食、购物、考察等消费会促进当地居民增收，吸引旅游就业。另外，人才流入和技术支撑也能够为丰富县域旅游产业业态、实现产业结构优化和效能提升提供保障。

## 三 "十四五" 期间县域旅游高质量发展建议

（一）以顶层设计为指导，提升县域旅游发展能级

以多规合一、全域空间优化思路作为引领，根据顶层设计，在精心策划县域旅游发展业态、创新开发县域旅游产品、强化县域旅游运营管理等方面下功夫，着力做好县域旅游品牌建设、精品旅游线路和旅游产品策划，

以打造国家级和世界级旅游目的地为目标，全面提升县域旅游发展质量。

（二）以创新驱动为动力，增进县域旅游发展动能

深刻把握新时代、新发展格局的时代脉搏，根据旅游消费需求的转向和供给侧改革的新动向，推动县域优秀传统文化创造性转化、创新性发展。坚持文旅融合、城乡融合、科技创新、绿色低碳、共同富裕的发展理念，推进模式创新、业态创新、产品创新，全面塑造文化和旅游发展新优势，为县域旅游高质量发展提供强劲动力。

（三）以国家战略为目标，明确县域旅游发展方向

在乡村振兴、共同富裕目标下，经济性只是旅游业发展中的一个特征，乡村振兴和共同富裕还包括文化、生态、社会、经济等多重目标，在乡村从生产主义向后生产主义转向背景下，充分发挥乡村旅游的文化、生态、社会、经济等多种功能，以促进多元均衡的乡村振兴和共同富裕。

（四）以文旅融合为手段，打造县域旅游发展品牌

积极利用乡村文化资源培育文旅融合业态，推动旅游演艺、文化遗产旅游、文化主题酒店和民宿、特色节庆展会等提质升级，支持建设集文化创意、旅游休闲、康养度假等于一体的文化和旅游综合体，探索推进县域文旅融合 IP 工程，用原创 IP 讲好中国故事，打造具有丰富文化内涵的县域文旅融合品牌。

（五）以布局优化为核心，协调县域旅游发展机制

优化旅游产业空间布局，把县域旅游发展与乡村振兴和新型城镇化建设有机衔接起来，构建独具特色的文化和旅游空间格局；把县域旅游发展规划纳入县域总体规划中，遵循"一张蓝图"原则，推动县域旅游与经济协调发展。

（六）以提高旅游治理能力为措施，改善县域旅游发展服务

以全域旅游为抓手，立足县、乡镇、村三级治理，通过深化县域政治经济体制改革，加快县（市）全能型政府向服务型政府转型，创新以乡镇为枢纽的农村公共管理和社会服务网络，建设具有旺盛活力的村级自治组织，促进县域文旅资源高质量开发和生产力变现。

# 第三章
# 县域旅游发展促进共同富裕的
# 机制与方法

　　旅游发展是实现脱贫攻坚、乡村振兴和共同富裕的重要途径，县域是推进农民农村现代化和共同富裕的基本场域，当前国内关于旅游促进共同富裕的思考多以县域基本场景或语境来展开。本章主要从县域（特别是乡村）旅游发展促进共同富裕的机制与逻辑，以及旅游促进共同富裕的典型模式、困境与局限、实践路径等基本问题展开分析。

## 第一节　旅游发展促进乡村共同富裕的机制与逻辑

　　县域旅游发展促进乡村共同富裕的逻辑反映了旅游发展与共同富裕之间的基本关系，而旅游发展促进共同富裕的机制是逻辑的实践性表达。因此，本节内容首先论述旅游发展促进共同富裕的五种基本方式，进而在此基础上总结旅游发展与共同富裕之间的基本逻辑关系。

### 一　旅游对乡村发展要素的激活效应

　　通过做大旅游产业、发展共享经济不仅可以盘活乡村房屋等闲置资产，提升土地等资源的配置效率，还可以活化乡土文化，使本土匠师重拾传统技艺，吸引返乡青年和城市精英等优秀人才驻村创作，社会公益组织也更加关注乡村，从而促进人才、资本等要素逆向流动，有效缓解乡村发展的要素瓶颈约束。乡村旅游发展不仅有助于实现按资、按劳分配，而且拓展了按权分配渠道，以产权激励优化资源配置可提高农民与各类参与者的工资性收入、经营性收入。

"治国有常，利民为本"。共同富裕的根本价值目标是促进人的全面发展。旅游业的就业拉动效应是实现共同富裕的重要动力，而旅游业对人的全面发展的促进作用更是共同富裕必不可少的支撑。[①] 一方面，旅游业的流动属性有助于消费者在非惯常环境下实现知识资本积累，而知识资本是创造财富、实现共同富裕的核心能力。现阶段，旅游不仅成为现代都市人缓解和减轻工作压力、实现工作与生活平衡的一种最佳选择，而且成为一种学习方式和成长方式，通过在旅游过程中开阔眼界、拓展思维进而提升自身的知识价值。另一方面，旅游业的文化属性在于丰富人民群众的精神世界，实现物质生活和精神生活共同富裕的平衡。"均贫富"曾被视作共同富裕的主要方式。从农民起义到工人运动，从生产成果的分配到生产资料的分配都反映了人类文明进程中追求共同富裕的早期探索。但历史实践表明，仅关注物质层面的"均贫富"并不能实现所有人的共同发展，新时代的共同富裕是全体人民物质生活和精神生活的全面富裕。1980 年世界旅游组织在《马尼拉世界旅游宣言》中明确指出：旅游是人的基本权利，旅游是人类实现自我精神解放的重要途径。可见，在从关注物的分配到关注人的发展过程中，旅游业成为推进共同富裕的重要途径。

## 二　旅游发展的城乡均衡效应

旅游产业助力基本公共服务均等化。在全域旅游战略实施下，以旅游产业为主导的区域发展模式与理念逐渐被更多地区接受，各级政府部门、相关企业、服务人员乃至当地居民等利益主体的动能和职能被充分调动，内容繁杂的基本公共服务在旅游产业的主导之下趋于协调、全面。交通服务体系、公共服务中心、国民休闲网络、公共信息平台、安全保障服务、

---

① 徐紫嫣、宋昌耀：《旅游业发展赋能共同富裕：作用机理与发展策略》，《财经问题研究》2022 年第 9 期。

公共行政服务等体系的健全、优化不仅满足了游客的需求、保障了旅游产业可持续发展的首要目标，而且在主客共享、城旅联动的效应下，使城乡整体的公共服务供给能力得到显著提升，形成人人共享基本公共服务、共享社会发展成果的氛围，有助于解决"发展不够""共享不够"的问题。

旅游产业助力城乡差距缩小。文化和旅游部印发的《"十四五"文化和旅游发展规划》提出，要"促进城乡融合发展"，旅游业已被视为统筹城乡发展的重要途径，在共同富裕征程中发挥重要作用。旅游业服务于人的流动性消费，是推动城乡居民双向流动最为有效的方式之一。通过城乡居民的互动，城乡之间要素的交流更为便捷，城乡之间的联动、协作更为频繁，尤其是将加速城市的资本、技术、人才等流向乡村，改善乡村面貌，重塑乡村兴旺、和谐、宜居的形象，实现城乡之间的主动均衡，加快推动新型城镇化进程，缩小城乡差距。现代交通网络的便捷逐渐打破城乡间的限制、区域间的限制，实现了更加自由的流动，促进旅游业全域、全时空的融合发展，从而有效解决区域、城乡发展不均衡的问题，带动地区经济协调发展，进而有助于实现共同富裕。

### 三 旅游发展的精神文化效应

广大乡村中所蕴藏的传统文化是整个旅游产业的灵魂所在。在当前信息多元化时代，特别是在农村人口流失、乡村萎缩的状况下，传统乡土文化生存的空间逐渐被缩减。但是通过发展乡村旅游，不仅优秀的农耕文化可以得到保存和发展，而且能够吸收先进的城市外来文化，在新的时代背景下使传统乡村文化表现出时代特征以及创新能力，这对于农村地区的文化市场和文化业态发展极其有利。此外，通过乡村旅游开发，能够对农村地区的传统道德教育资源进行更好的开发和利用，该部分也属于社会主义核心价值观的重要组成部分。

旅游产业的重要功能之一就是丰富精神文化资源。习近平总书记在《扎实推动共同富裕》一文中强调了新时代共同富裕中精神生活富裕的重要性。[1] 旅游产业表现形式多样，内容亮点纷呈，助力个人精神世界充实、社会精神生活富裕。随着国民生活水平的不断提高与休假制度的日益完善，旅游逐渐成为人们美好生活的重要组成部分，成为提升生活品质的持续性消费类型，承担起提升人们幸福感、愉悦身心的重要职责。于个人而言，旅游作为一种休闲方式能够丰富精神生活，涵养道德情操，开阔眼界，增长见识，帮助个人树立正确的理想信念、价值理念、道德观念；于社会和国家而言，旅游作为文化的载体能够提高国民对自身文化的认知，增强文化自信，弘扬时代新风，在全社会激发锐意进取的勇气与创新创造的活力。

### 四 乡村旅游的共享效应

旅游提供了人人可参与发展的机会。2003 年浙江省启动"千村示范、万村整治"工程，在此基础上，2017 年推出百城千镇万村景区化即"百千万"工程，通过发展乡村旅游全面促进乡村产业的综合化发展。对各利益群体公平参与、共享成果的路径与模式进行了探索，出现了合作社、股份制、经营团队等多元化乡村旅游运营模式，吸引当地村集体、村民、非遗传承人、返乡青年、文艺青年、乡贤、外来经营者与投资者等共同参与乡村旅游的发展。在"景区＋社区"的建设中，参与者不仅让乡村变得生机勃勃，也使自身物质生活充裕、精神生活富足。

旅游产业助力中等收入群体扩大。当前，能够更多适应市场多元化、满足游客深层次需求的旅游产品已经成为当地尤其是乡村地区重要的经济增长点。而鉴于旅游产业劳动密集的服务型产业特征，较低的就业门槛更容易将当地的剩余劳动力吸纳其中，营造出勤劳致富、干事创业、脚踏实地的社会氛围，尤其是全域旅游战略的实施，使"人人参与、人人共享"的共建共享理念更加入心入脑，推动广大人民群众积极投身旅游产业发展，实现中等收入群体的扩大。

---

[1] 习近平：《扎实推动共同富裕》，《人民日报》2021 年 10 月 16 日。

## 五　乡村旅游的绿色效应

在乡村振兴战略实施过程中打造宜居体系十分必要。乡村旅游产业发展初期，会对乡村地区的旅游景观加以完善，这也意味着乡村地区的居住环境将得到改善。乡村振兴战略中，生态宜居是伴随乡村旅游共同发展的，二者之间存在紧密的联系。具体而言，在发展乡村旅游的过程中，其所依托的资源包含农村地区的文化景观、生态资源等，旅游者对于这些资源的高标准要求，会推动乡村旅游经营者对上述方面不断地加以完善。这会逐渐提升乡村旅游地区的生态环境水平，由河流、湖泊、森林等组成的生态资源以及乡村当地的花花草草都会得到有效的保护和治理，从而使乡村地区拥有更多的生态资源优势，并使其转化为具体的经济效益，逐渐衍生出完整的绿色生态乡村旅游产业价值链。

## 六　旅游助推共同富裕的内在逻辑

共同富裕建立在高度发达的社会生产力和极大丰富的社会财富之上，必须依靠高质量的发展来实现物质生活富足与精神生活充实的双重富裕。如图 3-1 所示，一方面，旅游产业市场需求旺盛、发展潜力大、带动力强、附加值高、融合面广，具有将"资源优势"转化为"产业优势""经济优势"的能力，越来越成为转变经济发展方式、优化经济结构、转换经济增

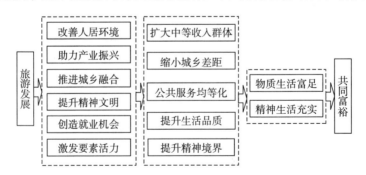

**图 3-1　旅游发展促进共同富裕的内在逻辑**

资料来源：参见王春蕾《旅游助推共同富裕的内在逻辑与实践旨归》，《经济论坛》2022 年第 6 期。

长动力的不二途径，正在助力夯实共同富裕雄厚的物质基础。另一方面，面对充实人民精神生活的必要性与紧迫性，日益丰富多彩的旅游产品及服务能充分契合人民群众多样化、多层次、多方面的精神文化需求，大大丰富人民群众精神文化生活，提高人们内在精神境界，是有效满足新时代人民精神需求的重要途径，在扎实推进共同富裕进程中具有重要价值。

## 第二节 县域旅游发展促进共同富裕的典型模式

旅游发展促进共同富裕的方式是旅游资源特征、旅游发展条件、乡村经济社会特征等多种因素综合作用的结果。中国地域广阔，各地乡村的发展条件迥异，在旅游发展促进共同富裕的过程中形成了多样的地方化方式。本节总结和概括中国旅游发展促进共同富裕的多种典型模式，以期为多样化的地域通过发展旅游实现共同富裕提供借鉴。

### 一 "自下而上"的农户自发型模式

"自下而上"的农户自发型模式的特征是普通农户在乡村精英、"能人"或第三方的引领下，紧抓时代机遇，迎合市场需求，自发开设"农家乐""乡村民宿""田园综合体"等开展休闲农业、观光农业业态，以满足城市居民的消费需求和审美偏好。[①] 同时通过合作渐进式地实现资本积累，自下而上地整合到城乡市场经济体系中。这种模式属于乡村旅游中的"小农经济"，具有内生性、根植性、灵活性、公平性等特点。如，四川省成都市"五朵金花"、陕西省礼泉县袁家村、浙江省天台县后岸村等都是以这种发展模式为主。其中，内生性是一个本地动员的过程，乡村旅游目的地村民利用自身资源禀赋、交通区位、人力资源等有利条件自发地开发乡村旅游

---

[①] 董雪旺、李跃军、管婧婧：《乡村旅游与共同富裕——价值、主体与模式》，《台州学院学报》2022 年第 5 期。

资源；① 根植性是指乡村旅游对特定目的地理环境、历史文脉、民俗风情关系的依赖性，是资源、文化、知识、制度、地理区位等要素的本地化，根植于本地的深厚文化土壤之中，形成各自不同的特色，难以被复制和模仿，形成自己独特的价值；灵活性是指乡村农户利用闲置房屋和劳动力发展乡村民宿，投资少、用工灵活，可以有效利用乡村闲置资源，为乡村闲散劳动力提供灵活的就业机会，同时，可以有效发挥乡村"蓄水池"和"稳定器"的功能，像海绵一样吸收从城市释放出来的人口和生产要素，有利于社会稳定；公平性是指乡村旅游赖以生存和发展的乡村空间和乡村性，其所有权归农户所有，使用权归农户开发，剩余索取权归农户分享，实现了公平正义，有利于促进共同富裕。

与此同时，"自下而上"农户自发型模式也存在低端性、"原子化"等弊端。② 农户因为缺乏资金，且渠道、人才、管理经验均不足，通常经营规模小，业态低端，推销渠道不畅，服务不专业，加之分散经营，农户之间存在"原子化"和合作不足问题，使其在与平台（尤其是 OTA 等网络平台）的谈判中话语权缺失，容易被大资本收割。

## 二 "自上而下"的政府主导型模式

政府或政策性国企以扶贫、对口帮扶、领导蹲点、示范村等政策为依托，以项目制形式"自上而下"地向特定乡村输入资源、项目、基础设施和公共服务，以改善农村交通、提升旅游服务水平等，实现国家力量从"汲取"到"输入"的角色转变，通过推动各种乡村旅游示范项目，解决乡村旅游资金困难、人才短缺、基础设施不便、集体行动难以达成、公地悲剧、渠道不畅等困境，引导和支持乡村旅游适度规模发展。

以国家力量改造乡村社会、培育乡村旅游经营主体，短时间内注入大

---

① 张环宙、周永广、魏蕙雅、黄超超：《基于行动者网络理论的乡村旅游内生式发展的实证研究：以浙江浦江仙华山村为例》，《旅游学刊》2008 年第 2 期。
② 杨磊、徐双敏：《中坚农民支撑的乡村振兴：缘起、功能与路径选择》，《改革》2018 年第 10 期。

量资源，立竿见影，见效快，有利于发挥社会主义"集中力量办大事"的优越性，体现"有为政府"的中国特色。同时，通过"试点→总结经验→推广"的模式，发挥示范效应和学习效应，能够很快推广乡村旅游的富民效应，如浙江省淳安县下姜村、浙江省安吉县余村等的实践。

政府通过"村村通""新农村建设""美丽乡村""特色小镇""大花园建设""景区城镇村"等工程，极大地改善了乡村的基础设施、公共服务、人居环境、自然生态和旅游景观，但是把"美丽"转化为生产力、转化为"共富"的具体运营就不是政府所擅长的，也不应是政府的职能了。政府资源不可能无限投入，"自上而下"的政府主导型模式不可能被无限推广复制。同时，如果政府项目资源被乡村精英控制和垄断，村民的参与感、获得感就会减弱，也会影响共同富裕。

## 三 "自外而内"的资本输入型模式

当前，城镇工商业资本及其他各类市场主体和生产要素在利润的驱动下大规模进入乡村，中国乡村旅游业正在经历由资源主导向资本推动的转型发展。[①] 乡村旅游涉及政府、基层集体组织、村民、企业和社会公益组织等众多主体的复杂关系，资本构成也逐步从单一农户自主投资的格局转变到多方资金共同经营投资的多元格局。工商资本可以整合乡村旅游生产要素，通过土地流转、人才输入、管理引进、渠道营销等手段，打造乡村特色旅游产品体系，带动农民参与市场化、资本化的乡村旅游经营，实现农民增收和共同富裕，具有规模化、专业化、高端化、资本化等特征。

工商资本主体通过经营权流转集中了较大面积的土地，以规模化经营方式提升经营效率。分工高度专业化，面向国内外市场进行旅游产品生产，在全国甚至全球范围内配置资源，但较少考虑本地农村劳动力就业问题。如今乡村民宿中已经出现了明显的分层：农户经营的民宿以低端市场为主，工商资本投资控股的民宿则主攻高端市场。工商资本主导的经营具有资本密集型特征，且实现了土地要素和资本要素的高度整合。典型的代表如浙

---

① 孙九霞：《中国旅游发展笔谈：乡村旅游与乡村文化复兴》，《旅游学刊》2019 年第 6 期。

江省桐乡市的"乌镇模式"、浙江蓝城集团开创的"蓝城模式"等。

乌镇在二期开发（西栅景区）中采取整体产权开发模式，引入外来资本——中青旅（控股），其全资买断西栅所有房屋产权，居民整体搬迁，景区开发主体一元化，由专业团队开展经营管理工作，形成"内容商＋渠道商＋资本＋政府"的经营管理模式。[①] 蓝城集团是绿城集团创始人宋卫平的二次创业，通过"招拍挂"和土地整理获取建设用地指标，通过土地流转获取农用地经营权，以生活综合服务为主，打造集小镇生活、养老地产、健康管理、文旅产业、休闲农业为一体的农旅、文旅综合体，尤以浙江省嵊州市的越剧小镇为代表。

但是，资本的逐利性在推动乡村旅游快速发展的同时也为乡村旅游目的地的共同富裕带来一定挑战。有些资本投资乡村旅游的动机不纯，更多的是想争取国家资源，本质上缺乏内生的增长动力；有些工商资本在免费占有乡村空间和乡村性收益的同时，产生了对农户自营民宿的挤出效应；资本的逐利性导致对垄断利润的追求，全产业链的构建需求促使资本在乡村旅游产业链的上下游进行产业整合，最终导致赢家通吃，农户被排挤在产业链之外，乡村旅游的收益有严重的漏损，农户易产生被剥夺感，获得感和幸福感降低。

## 四 政府、市场、社区协同模式

乡村旅游场域中，除了上述三种基本主体和力量，还有各种介于基本主体之间的过渡类型，如乡贤（介于农户和资本之间，接近资本）、返乡创业者（介于农户和资本之间，接近农户）、国有企业（介于政府和资本之间，接近资本）、村集体（介于政府和农户之间，是农村村民自治组织，但执行了很多政府职能）、独立第三方（如非政府组织、公益组织、志愿者、学者等）。这些主体之间又相互融合、联合、合资、合作，参与乡村旅游开发，形成了名目繁多的模式或子模式。

---

① 董雪旺、徐宁宁、陈觉：《基于游客地方感的水乡古镇开发模式：兼论乌镇模式的可复制性》，《经济地理》2018 年第 6 期。

　　村集体主导型以浙江省宁波市滕头村为代表，以集体经济为依托，由村集体组织或村集体经济合作社牵头，带领农户发展乡村旅游。这种模式有利于共同富裕，但需要有一个坚强的领导集体和发达的集体经济，村民如果直接受益不多，也容易产生不满情绪。①

　　村集体 + 资本主导型。浙江省松阳县陈家铺村有南京先锋书店有限公司投资兴建的"中国最美书店"。村集体先通过流转或置换获取村里闲置资产的使用权，然后村委会出面与资本谈判，由此避免分散的农户被资本各个击破，利于增强农户话语权、参与权、知情权和剩余索取权。

　　村集体 + 农户型。这是一种"股份众筹"的方式，村集体和村民集资兴办文旅项目，村集体占股51%，以绝对控股牢牢掌握产业发展主导权、决策权；村民自发入股，自负盈亏，利润按股分红，增加村民资本性收入。村集体领导班子的凝聚力和战斗力是这一模式获得成功的坚强保障。村民共同富裕的这条新路是经浙江省玉环市干江镇探索实践，并被证明是行之有效的，故被称为"共同富裕的干江模式"。②

　　农户 + 资本型。由浙江联众公司首创，资本出资，利用农户的闲置宅基地或自住房发展乡村民宿，面向城市居民长期出租，资本由此规避了农村土地政策的风险，农户则有机会将自身的闲置资源利用变现。这种模式有打"擦边球"的嫌疑，可能会出现法律纠纷，农民的收益也难以得到切实保障。③

　　独立第三方型。中山大学保继刚教授团队以这种模式在云南省元阳县阿者科村④等地的实践中取得了显著成绩。但这种模式的缺陷在于，它仍然是一种外源式输入的方式，高度依赖第三方的资源、人脉、素养、能力、

---

① 毕家萍、朱怡瑾、管婧婧：《乡村旅游利益分配的村民公平感知研究：不同发展模式下的比较》，《旅游论坛》2020年第6期。

② 崔凤军：《解析旅游发展促进共同富裕的"干江样本"》，中国旅游新闻网，http://www.ct-news.com.cn/gdsy/content/2020 - 12/21/content_94257.html。

③ 祁黄雄、陆建广：《农村宅基地开发利用的案例研究：浙江联众公司"城仙居"模式利弊分析》，《中国土地科学》2010年第5期。

④ 保继刚、杨兵：《旅游开发中旅游吸引物权的制度化路径与实践效应：以"阿者科计划"减贫试验为例》，《旅游学刊》2022年第1期。

团队等，较难持续，也难以推广。长期来看，仍然需要引进资本来增强发展的可持续性。

乡贤返乡创业型。中国人既有"富贵不还乡，如锦衣夜行"的情结，又有"富而不忘桑梓"的传统美德。返乡创业者利用自身在外积累的资金、管理经验、社会资本等优势整合乡村旅游发展要素，带动农户共同开发乡村旅游资源，形成中国特有的返乡创业者主导的发展模式。研究表明，返乡创业者兼具外来资本和内生根植性的优势，能够作为内外沟通的桥梁，较好实现传统乡村与现代化市场的对接。

## 第三节　旅游发展促进乡村共同富裕的现实困境

丰富的旅游资源、广阔的市场需求、良好的政策环境是旅游促进共富开发的必要条件。但是，旅游业是综合性和开放性产业，旅游促进共富开发既要以扶贫为目标，又不得不受制于贫困的社会经济状况和落后的人力资源条件。因此，随着旅游促进共富活动的开展，旅游业发展与贫困之间碰撞的各种冲突和矛盾逐渐显现，解决不好或许会阻碍旅游促进共同富裕效应的发挥。

### 一　旅游业自身的脆弱性与漏损性

（一）旅游产业自身的脆弱性

旅游业是助推脱贫攻坚和共同富裕的重要方式，但也是最容易受到危机影响的部门之一。这不仅是因为酒店业和旅游业内部的复杂互动，还因为旅游业是一个开放的系统，在很大程度上依赖于许多外部因素并受其影响。进入21世纪后，全球旅游业就经历了许多危机事件，包括恐怖袭击、自然灾害、战争、政治不稳定、经济衰退、疾病暴发以及生物安全和食品安全威胁等，这些事件的发生都会给旅游业的发展带来较大的波动。一些地区虽然通过旅游业的蓬勃发展使民生获得了极大改善，但其经济发展也形成了过度依赖旅游业的"困局"，极易受到外部环境和旅游需求变化的冲击，旅游业的波动会引发区域经济的震荡，经济发展表现出较高的脆弱性，甚至有可能导致居民返贫。

（二）弱势地域乡村旅游的漏损性

旅游促进共富的效应依赖于旅游发展的乘数效应。旅游乘数效应的发挥在一定程度上取决于旅游业对其他产业的带动作用，以及旅游收入进入当地经济循环系统中的比例，这两者都取决于旅游目的地的自然和社会经济特征。能以旅游业成功带动相关产业发展的地区多为农业、相关工业和其他产业原本就有较好发展基础和条件的地区，只是缺乏进入更广阔市场的机遇，而旅游业的发展为这些产业的发展提供了市场进入机会，从而带动了这些产业发展。但是，如果当地农业和工业本身发展潜力不大，在这些地区发展旅游业有可能导致旅游目的地变成"旅游飞地"或带有"飞地"性质。"旅游飞地"是指旅游或休闲目的地虽然依托当地的土地和旅游资源，但其经济的带动作用与当地经济发展的关联度很小，旅游者消费的物资和从事服务的中高层人员基本来自外地，或者旅游者仅在旅游目的地从事游览活动，食住娱购等均在其他地方进行。"旅游飞地"降低了旅游乘数效应，减少了旅游业发展对地区经济发展的积极影响，而且还产生了诸多消极影响。

## 二　乡村旅游产业发展质量不高

### （一）乡村旅游的绿色生态冲突

良好的生态环境是吸引乡村旅游者的关键因素，也关系到乡村旅游的社会经济效益。[①] 中国部分地区的乡村旅游发展片面强调经济利益，忽视生态和社会效益，因而出现环境污染、植被破坏、乡村过度城市化等问题，破坏了乡村原有的乡野气息。其原因可归纳为三点。一是生态意识薄弱。近些年在乡村旅游开发热潮中，大量项目未经充分规划和严格审查就盲目上马，追求短期经济效益，致使建设性破坏和经营性破坏严重，增加了乡

---

① 邹宏玉、何方永：《生态环境建设与乡村旅游之间的动态关系研究》，《农业经济》2020 年第 11 期。

村生态环境的负担。二是缺乏制度保障。目前，大多数地方政府和组织过度注重乡村旅游的经济效益，较少关注乡村旅游的生态保护问题，更缺乏相应的制度保障措施。三是环保技术滞后。广大农村燃煤烧柴仍较普遍，固液气体废弃物无害化排放程度较低，对乡村水土和大气环境有不同程度的污染。

### （二）乡村旅游的产品创新不足

各地乡村旅游发展如火如荼，但主要模式和产品类型仍以农家乐、农业观光、果园采摘、古镇村落等为主，主题产品高度同质化。河北太行山某地有 10 个乡村以古村落为开发主题，其中 7 个乡村开发了石头建筑群和古戏台、9 个乡村开发了古民居群、6 个乡村开发了古寺庙，项目内容同质化严重，缺乏精品、创新，导致竞争性不强。[①] 造成乡村旅游产品竞争性不强的原因主要有两个。

其一，乡村旅游项目创新性不够。乡村旅游是以其特有的乡风文化与自然资源来吸引游客，乡旅项目应紧紧围绕此来进行开发与创新。可现实是大量乡村旅游项目对乡村历史文化和乡土民俗挖掘不够，产品缺乏文化魅力和持久吸引力，难以给人留下深刻印象。部分乡村旅游项目虽然试图与当地乡风民俗相结合，但深度不够、建设标准不高，给游客留下粗制滥造、缺乏乡土原真性的印象。部分项目则过度地把现代化与城市化元素嵌入乡村旅游产品，严重削弱了游客对乡村旅游的探寻体验感和满意度，最终导致乡村旅游产品缺乏特色。[②]

其二，乡村旅游项目缺乏精品打造。打造乡村旅游精品产品，除了建设创意性的旅游设施，更重要的取决于经营者的经营理念和经营方式，应通过挖掘当地特色旅游资源，打造特色项目，进一步形成特色旅游 IP，可惜多数乡村旅游目的地经营者并不具备这样的意识。同时，多数乡村旅游

---

[①] 王燚、房建恩：《乡村旅游产品同质化问题分析及对策研究》，《江苏农业科学》2020 年第 2 期。

[②] 于法稳、黄鑫、岳会：《乡村旅游高质量发展：内涵特征、关键问题及对策建议》，《中国农村经济》2020 年第 8 期。

项目未能有效依托网络平台和新媒体等方式来宣传和打造乡村旅游精品。[①]据相关研究显示，在消费者获取旅游资信的渠道中，通过社交媒体获取旅游资信的占比已为 55.56%，[②] 而目前多数乡村旅游项目的宣传推介与新媒体的结合尚显不足。

（三）乡村旅游的服务体系有待优化

新型城镇化和城乡一体化建设有效改善了乡村基础设施现状，尤其是极大地改善了道路交通环境。根据交通运输部发布的《2022 年交通运输行业发展统计公报》，截至 2022 年底，全国农村公路完成固定资产投资 4733亿元，较上年增加 638 亿元，同比增长 15.6%；全国农村公路里程达453.14 万公里，较上年增加 6.54 万公里，同比增长 1.46%。但是，仍存在乡村基础设施与乡村旅游发展需求相脱离、乡村旅游服务配套设施缺失等问题，制约着乡村旅游的高质量发展。

乡村基础设施建设尚未与乡土风情、旅游引流、旅游新业务打造相协调。乡村基础设施建设应该围绕乡土风情，突出乡土风貌，针对性地设计建筑风格，形成特色亮点。例如可以针对自然风景的特点，建设交通干线沿线旅游驿站、观景点等吸引游客停留。此外，乡村旅游重点地区的网络通信设施升级也非常必要，尤其是近年来乡村旅游借助 AR、VR 等虚拟现实技术及网络直播平台，打造农旅新业务领域，为游客提供沉浸式体验以及直播带货精准化营销。[③] 乡村尚缺乏与旅游配套的服务标准。管理服务品质是影响乡村旅游高质量发展的重要因素之一，而这需要设计和实施乡村旅游地区的服务配套标准。服务配套标准可从旅游从业人员、服务品质保障监督方面入手，以提升游客体验感和满意度，从而长远地支撑乡村旅游目的地发展。

---

① 王莉琴、胡永飞：《乡村振兴战略下休闲农业与乡村旅游高质量发展研究》，《农业经济》2020 年第 4 期。

② 见艾媒咨询公司发布的《2020 年中国乡村旅游发展现状及旅游用户分析报告》。

③ 李凤亮、杨辉：《文化科技融合背景下新型旅游业态的新发展》，《同济大学学报》（社会科学版）2021 年第 1 期。

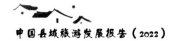

（四）乡村旅游的内生动力不足

一方面，大多数乡村旅游的开发主体多为农户自身，该种模式可短期内获得直接经营收益。但由于农民主体自身缺乏相关经验，经营意识较差，经济发展水平相对较低。长期来看，这有可能造成区域内休闲农业整体利润和经营质量的下降。另一方面，大多数地区也不具备大规模投资旅游开发的能力，多是通过引入外来资本以及专业团队对当地乡村进行旅游开发，这容易造成乡村旅游内生动力不足、产业效益外溢等问题，难以实现乡村旅游可持续发展，关键是人才缺失严重。长期以来，人才匮乏一直制约着乡村旅游发展。根据《中国贫困地区乡村旅游发展报告（2020）》，在中国贫困地区，民宿、农家乐经营者中高中及以下学历的占比高达82%（其中43%的人只有初中及以下学历），具有大专及以上学历的仅有18%。从事乡村旅游的主体大多数为农村居民，他们大多缺少发展乡村旅游的专业知识，同时也缺乏适应新时代乡村旅游发展的经营管理经验，难以满足未来乡村旅游高质量发展的要求。[1]

## 三 乡村旅游的收益共享效应有待强化

（一）农户参与能力的制约性

参与旅游业发展是当地居民和贫困人口获利的主要方式，但一些主客观因素限制了他们在旅游业中的参与。一般认为，资金、技术、文化水平、政府政策以及资源和市场进入性是影响当地居民参与旅游发展的主要因素。虽然普遍认为旅游业是劳动密集型行业，对劳动力素质要求不高，但从我国旅游业发展的实践来看，旅游业对就业人口，特别是宾馆饭店就业人员的文化水平和自身素质有一定要求，例如年龄要求、身高要求、语言表达能力（至少会说普通话）等，景区中真正贫困的人很难同时达到这些要求。

（二）农民主体地位缺失

在外来资本参与乡村旅游资源开发过程中，当地村民往往被动地成为旅游开发的客体而非主体，并且外来的强势资本与弱势农民群体之间难以

---

[1] 徐忠勇：《乡村振兴战略下乡村旅游发展对策探析》，《农业经济》2020年第9期。

实现平等对话，致使大量经济利益从当地流走，难以形成良性机制。此外，目前多数乡村集体组织弱化，难以发挥外来资本与当地村民之间平等沟通、利益平衡的桥梁作用。还有就是地方政府的职能缺失，在一些集体组织力量严重不足的乡村，地方政府并未充分利用自身的干预优势指导当地农民和合作经济组织进行旅游项目开发和相关培训，致使当地农民在乡村旅游开发中被边缘化。

（三）旅游发展对本地居民的排斥

随着旅游业发展，景区对外宣传力度加大，旅行社和单位组织的团队客比重上升，团队旅游者的消费行为受旅行社、导游、领队人员的影响较大，特别是在交通、住宿设施、游览活动的选择上。通常，旅行社的行为多指向和其有业务往来的经营者，对对方产品质量、信誉、价格、折扣率有较高要求，能够满足这些要求的常常是一些具有较多资本和较大规模的外地经营企业，当地居民很少能达到这些要求。另外，在购物品选购过程中，导游人员往往带领、鼓励游客购买和旅行社有合作关系或回扣率较高的生产者的商品，贫困生产者由于生产规模小、缺乏和旅行社的联系，处于发展的不利境地。如随着河北蔚县旅游业的发展，空中草原风景区的三轮车业主抱怨说，以前，游客从县城坐车到镇里，然后都会坐他们的车去风景区，现在旅行社的车子可以一直开到景区门口，基本上不需要用他们的车子；景区入口处一个摆摊卖小商品的人说，旅行社的车子很大，车厢里放了很多食物、饮料，游客基本上不会再从他们这里购买商品。景区家庭旅馆业主也认为散客经常会在他们这儿食宿，而团队却很少在这儿食宿。一方面，旅游的人太多了，家庭旅馆不够住；另一方面，旅行社要求的折扣率太高了，不划算。另外，由于景区缺乏大规模、高档次的接待设施，大部分旅行社都选择让游客晚上到中心区去住宿。因此，总体上，旅游消费对当地社区经济的贡献不大，当地居民从旅游消费中获利较少。风景区发展离不开游客数量的增加，旅行社的介入扩大了游客规模，但也对景区接待设施的标准和等级提出了更高要求，从而有可能排斥当地家庭旅馆经营者和地方交通，产生替代性竞争。同时，旅行社根据"住宿成本＋交通

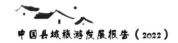
成本＋时间成本"之和的最小值选择住宿地和住宿设施的行为，以及导游以回扣率或裙带关系选择购物点的行为均会使地区贫困的经营者被排除在旅游受益圈之外。因而，从某种意义上说，随着旅游交通、接待设施逐渐完善，旅游目的地进入发展期或成熟期，如果在这一过程中，当地居民/贫困人口还不具备完全参与旅游业的能力，或者还没有积累到足够的经营旅游业所需的经验，以及扩大再生产所需的资本、技术等，那么，其直接从旅游业中获得的利润将会越来越有限，直至消失。

## 四　乡村旅游关联带动性有待提升

### （一）乡村旅游产业价值体系有待完善

乡村旅游产业因其自身具有与农业、工业、文化产业易融合的特点，其价值体系的构建具有一定的特殊性和复杂性。目前，尽管我国乡村旅游产业的专业分工进一步细化，但由于长期以来受到观光型功能发展定位的制约，其价值转移的过程还较为混乱，产品和服务的价值增值较低，乡村旅游产业价值体系中的横向价值链和纵向价值链尚未能很好地完成价值的创造与传递。在纵向价值链中，乡村旅游产业上下游各环节协调性欠佳，在与农产品、文化产品、康养产品等产品进行融合价值创造时，没能形成高效合作的长期战略联盟；在横向价值链中，各区域内同行企业的竞合关系不够优化，生产效率、产品和服务质量有待提升，分工行业的协作、上下游的高效衔接、农工文旅有机结合的乡村旅游产业价值体系还没有建立起来，产业的整体效应未能得到放大。

### （二）乡村旅游产业结构不够合理

我国乡村旅游产业整体结构正在向合理化方向演进，但由于长期以来只注重资源、资本、劳动力等传统要素的投入，而忽视了旅游要素的建设，使得"吃住行游购娱"旅游六要素发展比例失调，要素之间的关联度不高，没能形成相互影响、相互依存、相互帮衬的非契约式的信任与合作关系。"购"和"娱"两个要素的消费占比较低。中国旅游研究院与相关部门开展的2021上半年乡村旅游市场专项调查数据显示，购物占乡村旅游总花费 20% 及以下的比例最高，为 39.3%，占比 80% 及以上的仅为 0.8%；娱乐占总花费 20% 及以下的为 26.9%，占比 20%～40% 的比例最高，为 44.6%，占比 80% 及以上的仅为 1.6%；游客餐饮消费占比 40%～60% 的比例最高，为 32.21%，高于其他要素。从整体来看，我国乡村旅游产业结构的稳定性较弱，各要素发展不均衡，缺乏关联性，整体产业结构不具有优势。

（三）乡村旅游产业业态缺乏创新

就目前而言，我国乡村旅游发展依旧处于初级阶段，业态单一，缺少复合型盈利模式，仍以果蔬采摘、生态观光、休闲垂钓、农家乐等形式为主，缺乏对所在地域文化和农耕文化的充分挖掘，导致业态缺乏创新的设计和合理的配置，内容上大同小异，基本是吃、住等一些业态单元的简单组合，或是一些项目的直接移植。乡村旅游市场主体从整体上看偏小、偏弱、偏散，很难形成拳头产品，在品牌塑造方面容易引起无序竞争和资源内耗，缺乏及时抓住机遇的能力，无法满足游客多样化的需求。

## 五　乡村旅游的文化创新效应不强

（一）文化呈现方式简单化

我国乡村文化旅游的模式比较单一，很多地方都是采取跟风照搬，没有真正体现当地特色的招牌文化产品项目。在全国各地的乡村文化旅游项目中，"特色"农业几乎就是瓜果采摘、游览田园等；河流池塘项目几乎就是水上快艇、水边垂钓等；乡村饭食大多就是"农家乐"供给模式。低端、同质化的乡村文化旅游产品比比皆是，而具有价值内涵的特色化的高端产品远远不足。

（二）文化内涵不足

就本意来说，以乡村为依托的乡村文化旅游是集乡村田园风光、传统文化、民俗风情、传统工艺等为一体的旅游形式，民俗文化是其发展的内核精神支撑。乡村文化旅游的核心宗旨是满足和丰富游客的文化体验和精神需求。然而，一些地方为了吸引更多游客的眼球，热衷于打造低俗化、

商业化的部落乡村，如让村民打扮成各行各业的商人，把村民的村舍院落改成各种收费的客栈，村庄也变成了需要收费的游乐园等。如此一来，一些乡村就失去了有别于城市喧嚣的宁静感，游客根本感受不到乡村厚重的文化特色和精神特质。

（三）旅游商业影响乡村文化去地方化

20 世纪 80 年代以来，旅游业的快速发展在带来乡村经济振兴的同时，也导致乡村文化出现媚俗化、庸俗化、低俗化、同质化等问题，许多文化底蕴深厚的传统村落甚至陷入"无地方"的悲剧。[①] 新时代的乡村振兴离不开文化振兴，但乡村地区日益凸显的文化迷失/消失现象正深刻影响着我国乡村振兴和文化强国战略实现的完整性，并已成为严重制约农业/农村现代化和乡村旅游高质量发展的重大现实问题。

在外部的全球化和城市化驱动下，市场和资本权力对地方的渗透会使地方失去"真实"、失去原本"固定的位置"，地方的真实性与特质性开始遭到破坏，趋向于"无地方"化，由内生性和永恒性转向关系化和动态化。[②] 去地方化在乡村文化旅游活化中覆盖了当地居住、服装、语言等多个方面。例如，在居住问题上，城市游客在乡村文化旅游中对宜居性的要求与保留"异域文化"原真性体验的需求相结合，驱使乡村旅游发展中的旅店和民宿更加现代化、标准化；在服装和餐饮问题上，外来游客携带的外部文化对乡村居民带来了一定的冲击，也产生了文化的相互沟通与融合；在语言问题上，乡村居民与外来游客的交流需求驱使乡村当地的语言更加多元化或标准化，普通话的普及程度相对提高，甚至年轻一代的村民也开始说外语等。去地方化现象使乡村原本的日常生活与旅游活动的边界开始模糊甚至消失。

① 徐冬、章锦河、黄震方、王昶、王培家：《旅游开发对乡村文化胁迫的比较研究——以陆巷、翁巷和杨湾为例》，《地理与地理信息科学》2022 年第 3 期。

② David Harvey. ，*Cosmopolitanism and the Geographies of Freedom*，New York：Columbia University Press，2009.

## 第四节　旅游发展促进乡村共同富裕的实践路径

基于旅游发展在促进共同富裕中存在的局限，本部分主要从城乡要素流动、旅游成果共享、社区旅游参与、数字赋能、规模经济、文化动能等角度探索推动县域旅游高质量发展和强化旅游发展与促进乡村富裕衔接的方式，为相关行动者构建通过旅游发展实现共同富裕的方案，并提供基本参考。

### 一　促进产业要素流动与集聚

#### （一）聚焦"乡—城流动"，强化旅游的一体化带动效应

农民通过"乡—城流动"方式积累了资金，掌握了技术，产生了回乡投资的强烈意愿，与政府扶贫形成合力，实现了非农化和结构重组的再农化，乡村得到了发展。在此意义上"乡—城流动"是乡村内生性发展的动力机制，是参与式扶贫的途径之一。

中国乡村文明研究中心主任张孝得教授将目前从城市向农村回流的人口总结为五类人群：回乡新乡贤、创业农民工、新下乡知识青年、回乡村养老的城市人、华侨同胞。这五类人群中，回乡村养老的城市人属于有休闲度假需求的人口，是乡村休闲旅游度假发展重要的市场基础，其他四类人都可成为乡村建设的主力军。这四类人除了自身有知识、资金和能力的积累，更有社会资本的积累，他们返回乡村参加乡村建设后会充分利用其社会资本调动更多个体和机构参与乡村建设尤其是农村扶贫工作，因此，他们中每一个人的作为都有可能改变一个村庄的面貌。

创业农民工是正在从城市往农村回流的第二类人群。他们带着在城市多年工作获得的技术、能力、资金、人脉回到乡村创业，带领乡亲们脱贫致富，造福一方。新下乡知识青年也在不断增多，随着国家的大学生村官政策、鼓励大学生创新创业政策的持续推行，以及电子商务和乡村旅游业发展带来的商机，一些大学生开始从城市向乡村流动，在乡村寻找实现自

我价值的机会，致力于乡村建设，成为大学生村官或者乡村创客或者乡村公益组织的组织者，在沟通城乡文明中发挥着越来越重要的作用。

（二）聚焦"资源利用"，推进乡村旅游产业化

目前，国内现有的乡村旅游主要集中在田园风光、乡村民居等传统旅游资源的开发利用上，对乡村文化和传统民俗等资源的开发与利用还不够重视。乡村旅游产品类型主要集中在吃、住、游几个主要环节，行、购、娱等环节的产品严重缺乏，尚未形成完整的旅游产业链，且乡村旅游上下游相关产业缺乏融通，影响了乡村旅游综合经济效益的提高。在全面推进乡村振兴的新时代，要充分盘活乡村闲置民房、土地和历史文化等资源，尤其要关注对乡村文物遗迹、乡土建筑、乡村文化、风物习俗等旅游资源的挖掘与活化利用，把农村的生产生活资料、民风民俗等所能利用的资源转换成具有观光、体验、度假、休闲价值的旅游产品，开发乡村度假、森林康体、田园观光、民俗体验、科普教育、休闲养生等多种主题的乡村旅游产品。同时，依托乡村资源优势引导村民创业，延长乡村旅游产业链条，把乡村旅游业作为当地旅游经济的新增长点来重点培育，发展游"绿水青山"、寻"快乐老家"、品"农家美食"、学"农耕文化"、购"农家产品"、忆"游子乡愁"的乡村旅游产业链和价值链，在古老与现代的碰撞、城市与乡村的交融、保护与发展的协同中，让"农产"变"商品"，让"资源优势"转变为"经济优势"，不断夯实共同富裕的物质基础和精神基础。

## 二　构建公平与效率结合的分配机制

（一）发展壮大公益旅游组织，发挥第三次分配作用

在遵循三次分配这一基础性制度安排的前提下，结合旅游的属性与促进共同富裕的需要，探索社会组织参与旅游发展的激励机制。利用旅游的人文、传播属性，形成第三次分配的社会氛围。第三次分配是基于自愿原则和道德准则对所属资源和财富进行的分配，体现了社会成员更高的精神追求。发挥旅游在培育道德力量中的积极作用，通过寓教于乐的方式，从小培养公众志愿服务意识与能力，形成良好的社会氛围，让志愿服务成为

一种生活习惯；鼓励乡村旅游由集聚向集群化发展，构建知识交流网络，发挥知识溢出效应，激励各类社会组织共享技能性知识与客源渠道，帮助当地弱小企业共同成长；借助旅游的窗口，让更多的人受益于社会组织的无偿捐赠、了解社会组织的公益事迹，促进社会荣誉制度、精神激励体系建设。

培育旅游相关的公益组织，壮大旅游志愿者队伍。不仅要壮大为游客提供服务的志愿者队伍，更要壮大为欠发达地区居民参与旅游提供服务的志愿者队伍，通过奉献技能与知识、时间与爱心，为他们提供参与旅游发展所需的专业服务与指导，破除其存在的心理障碍，提升弱势群体物质与精神层面的获得感、幸福感。政府要为社会组织和谐稳定发展提供保障，保障社会组织的服务费用等，调动其积极性，形成协同合力的社会组织人才队伍。加强志愿者队伍的专业化建设，完善志愿者的招募、培训、评估、激励、退出机制，形成结构合理的志愿者队伍。

（二）探索按权分配机制，创造更多的参与机会

欠发达地区的扶贫已由政府补贴与帮扶转向市场化运作，产权制度建设是根本，要在按资、按劳分配的基础上进一步探索按权分配机制。[①]结合欠发达地区旅游发展的实际重点做好以下两个方面的探索。一是乡村公共设施与服务共享中的有偿使用。乡村公共设施与服务是乡村旅游发展的重要依托，但乡村公共设施维护与公共服务供给一直是困扰乡村旅游发展的一大难题，特别是欠发达地区村集体经济薄弱，旅游者留下的垃圾清理、公共设施维护成本高等问题无法得到有效解决，民富村不富现象较为普遍。因此，要加强乡村旅游发展中共享公共设施与服务的类型与属性研究、公共设施与服务的供需研究、基础公共设施资产评估研究，特别要加强乡村污水处理、垃圾处理、乡村公共交通与停车场、乡村公园绿地及配套的服务设施、乡村公共空间的广告设置权等研究，全面探索乡村公共资

---

① 王莹、张利敏：《旅游促进共同富裕的实践探索与发展思考——以浙江省高质量发展建设共同富裕示范区为例》，宋瑞主编《2021～2022年中国旅游发展分析与预测》，社会科学文献出版社，2022，第46～57页。

源有偿使用问题，提升乡村公共资源的使用效率，增加乡村集体的权益性收益。二是创新自然生态环境要素产权制度，探索多样化的补偿方式。欠发达地区是自然生态环境优美之地，是"两山"理念与"两山"转换的实践之地，是旅游产业发展的重要依托。自然生态环境是一种特殊的生产要素，虽然所有权清晰，但产权形式不尽相同。因此，要在国家全力推进自然资源资产产权制度建设的基础上，结合农文旅融合发展的实际、市场供求和资源稀缺程度，构建自然生态环境要素市场，对自然生态环境进行充分的价值补偿。在农文旅融合发展的实践中探索多样化补偿方式，在生态功能重要地区开展研学旅游的可行性研究；对自然保护地控制区开展经营性项目特许经营管理制度研究；对欠发达地区的海洋、湖泊、江河、池塘、森林、湿地等大自然最高效的碳汇开展旅游开发价值研究；开展生态系统保护修复工程与生态旅游有机结合的系统研究。

（三）在制度安排上赋予乡村居民更多机会和权利

坎贝尔曾说过："拥有选择的机会，这比任何其他的事情都重要得多。最坏的生活可能是没有选择的生活，最愉快的生活是具有最多机会的生活。"贫困群体贫困，不是因为他们不努力，而是缺少公平竞争的机会。许多学者认为，农村的贫困与收入分配等制度设计高度相关，贫困村民不能从乡村旅游扶贫开发中获利也是由于不合理的制度安排造成的，具体来说就是对乡村居民赋权不够。阿玛蒂亚森认为，贫困不仅是低收入引起的，而且是贫困者获得收入的能力受到剥夺和机会丧失所导致的。[①] 因此，要想发展乡村旅游来减缓贫困，必须通过给农民增权、提升贫困人口通过旅游发展获利的能力来实现。一方面，乡村旅游所在地的村民要充分发挥主观能动性，积极参与乡村旅游发展事务，在参与中争取更多的权利；另一方面，政府要赋予村民更多的发展权、参与权、决定权，在开发乡村旅游中确立乡村居民的主导地位，尊重其东道主的地位，毕竟乡村旅游得以发展

---

① 王莹、张利敏：《旅游促进共同富裕的实践探索与发展思考——以浙江省高质量发展建设共同富裕示范区为例》，宋瑞主编《2021～2022年中国旅游发展分析与预测》，社会科学文献出版社，2022，第46～57页。

的山林、田园、河流都是当地村民共同拥有的最优质公共资源，古村旅游赖以发展的古民居更是乡村居民的祖传家产。因此，在乡村旅游扶贫开发中应确立当地居民的业主地位，充分尊重村民的意见，了解村民的想法和需求，而不是凡事让开发商主导，从一开始就使村民处于绝对弱势的地位，甚至是被掠夺的地位。

（四）统筹管理推进乡村整体发展

共享发展是价值共创下乡村旅游发展的意义所在，共创的价值不仅体现在经济活动上，而且还表现为农村生活、农业生产、农村生态等的持续发展。价值共创视角下乡村旅游价值链的价值活动涉及面更广，类型更丰富。需要注意的是，价值链中的各个企业或组织、个人都会涉及利益分配问题，地方政府和旅游行业主管部门在发展乡村旅游时，应从产业价值链的角度加以调控，包括产业的布局、政策的出台都要突出价值链管理理念，通过有效的横向和纵向价值链协调管理构建起多方参与的一套社会、经济、生态系统子集，实现乡村旅游产业价值链中各个参与主体的价值最大化。[①]

【案例解析】

### 陕西袁家村探索构建包容性社区参与机制[②]

其一，领导执行机制是乡村旅游脱贫致富的核心。袁家村将自身定位为"民俗旅游"村，脱贫致富初期，村支书带领村民兴办农家乐，获得收入来源；面对旅游市场的供不应求，在成长期建设小吃街，带动邻村就业增收；到快速发展期成立合作社，平衡村民的利益冲突；在稳定增长期创新旅游业态，实施多元化发展战略。每一阶段，村支部书记总揽全局，两委成员落地实施，以包容性发展为指导思想，领导全民参与旅游，同时又使袁家村在旅游参与过程中获得经济、制度、环境和文化的包容性发展。

其二，公平参与机制是乡村旅游脱贫致富的基础。袁家村的乡村旅游

---

① 刘亭立：《基于微观视角的旅游产业价值链分析》，《社会科学家》2008 年第 3 期。

② 张红、杨思洁：《乡村社区营造何以成功？——来自关中袁家村的案例研究》，《西北农林科技大学学报》（社会科学版）2022 年第 1 期。

脱贫致富始终以农民为主体，让村民当家作主，实现自我发展。在脱贫致富的不同阶段，村民享有公平参与旅游事务的机会，通过乡村旅游开发，让村民不仅增长了经济收入，而且收获了参加村庄公共事务、共建美好生活环境、学习思想文化知识等利益，从而向全方位脱贫致富的目标迈进。

其三，利益共享机制是乡村旅游脱贫致富的关键。为平衡收入差距、增加贫困户的收入、实现村民共同致富，袁家村将各类作坊转变成合作社，使农户从分散化经营转向合作社组织化管理经营。合作社在乡村旅游脱贫致富快速发展和稳定增长期扮演关键角色，其具有村民自愿参与、入股分红、共享收益的优越性，并形成一种利益共享机制，解决了分配不均的矛盾，助推脱贫致富的包容性发展。由于收入公平分配、利益共享，村民更加主动积极地投入旅游开发，参与集体事务，维护村庄环境，接受文化教育，以实现自我发展和乡村振兴。

其四，引导服务机制是乡村旅游脱贫致富的保障。袁家村通过旅游开发，带动村民脱贫致富，这一自主创新的实践得到了各级政府的高度重视。中央和省市领导多次亲临袁家村视察和调研，并给予指导。礼泉县委和县政府充分尊重、积极引导袁家村的创新实践，营造有利于旅游发展的大环境，并在政策、项目、服务等方面给予支持，把袁家村作为礼泉县的一张新名片，大力宣传，积极推介。袁家村的旅游发展离不开政府的有效引导和服务，未来，在政府的支持下，袁家村将实现脱贫致富更高层次的目标。

其五，加强基层党组织的核心领导，构建和谐的干群关系。村党支部是我国广大农村地区最基层的自治组织，是村民自治的核心，在乡村治理中发挥战斗堡垒的作用。袁家村党支部书记郭占武不忘初心、牢记使命，带领一支爱农民、爱农村、懂农业的"三农"服务队为袁家村村民及周边村民的脱贫致富而努力奋斗。袁家村的领导干部具有集体意识和奉献精神，想民之所想，让利于民，并把握乡村旅游市场规律，适时促进旅游业更新换代。只有村党支部发挥带头模范作用，保持和谐的干群关系，促成乡村社区力量的自我觉醒、主动参与、能力培育，才能实现共同富裕和乡村振兴的目标。

其六，培育农民的主体意识，提升群体自我发展能力。2018年中央一号文件强调"坚持农民主体地位，充分尊重农民意愿，切实发挥农民在乡村振兴中的主体作用"。如何确立农民的主体地位关乎乡村振兴的成败，也成为解决旅游脱贫致富问题的关键。袁家村秉承包容性发展理念，坚持以人为本，发挥农民的自主性、能动性，以产业提质升级、村民共同富裕、乡村可持续发展为出发点和落脚点，给予贫困村民平等参与旅游开发和共享旅游发展成果的机会，不断提升农民的获得感、幸福感和安全感。"袁家村模式"给乡村旅游扶贫工作提供了实施思路。乡村旅游扶贫要实现永久性脱贫致富，必须培育农民的主体意识，让农民主动参与旅游经营、参加村集体事务、营造良好的生活和工作环境、提升思想文化水平，最终实现人的自我发展。

其七，转变政府角色和职能，建设服务型地方政府。乡村旅游是服务于社会大众需求、推动精准扶贫和乡村振兴的社会事业，离不开政府部门的支持和投入；尤其是作为经营主体的农民往往思想意识保守、经营管理能力不足、资金投入紧缺等，亟须政府加强扶持和管理。袁家村乡村旅游开发得到了各级政府的关注和重视，一系列举措为乡村旅游提质升级、实现脱贫致富提供了有力支持。但我国部分乡村地区还存在政策落地实施困难、资金支持补贴不到位，环评、旅游用地等手续办理困难，办事拖沓等问题。因此，政府相关部门必须转变角色和职能，既不能强制介入、盲目掺和，又不能敷衍了事、不管不问，应该着力于打造服务型政府。在乡村旅游发展初期给予鼓励和扶持；在成长期进行规范和引导；在成熟期，着重服务和把关。

## 三　多措并举推动乡村旅游高质量发展

### （一）数字赋能农文旅融合高质量发展

建设高效的数字化平台，简化流程，推进多领域系统对接、数据共享、业务流程高效协同，提升农文旅公共服务效率。首先，大力发展数字金融，利用互联网实时收集海量客户信息，实时更新信用数据库，完善社会征信

系统，有效解决中小旅游企业融资难问题。其次，大力建设数字乡村，加强信息基础设施建设，促进城乡在规划布局、要素配置、产业发展、公共服务等方面深度融合，通过消除"数字鸿沟"助力城乡融合发展；全力推动文旅与农业产业链各环节信息资源的整合与共享，促进产业深度融合。最后，发展智慧旅游，以大数据和数字化管理洞察消费需求，扩大优质农文旅产品供给，打造极具辨识度的"农业＋文化＋旅游"产业IP，通过线上电商和线下销售等实现流量变现，着力做好沉浸式、体验性旅游产品和服务，实现农文旅数字化转型。

（二）推进乡村旅游多元化产品创新

现阶段，我国乡村旅游产品主要停留在观光、采摘、垂钓等常规休闲农业和观光农业旅游项目上，多数产品较为单一，同质化趋势较严重，地域性、个性化特色不突出，难以适应市场竞争和满足游客的深层次需求。产品创新是解决产品同质化问题的关键。深入挖掘地域的农业产业特色、地域文化特色、传统技艺特色和人民生活习俗特色，把农村区域优美的自然环境与文化特色相结合，在传统农村休闲游和农业体验游的基础上，通过艺术植入、功能创新、数字化运用等手段将乡村旅游产品与多种创意相结合，对田园风光、农产品、乡村民居等进行创意提升，推进乡村旅游产品多元化，走出一条农文旅有机融合助力乡村振兴的富民之路。同时，拓展开发会务会展度假、研学教育、旅游体育运动、康体养生等新兴旅游方式，把乡村旅游产品与观光工厂、农副产品加工、医药保健等行业的产品开发相结合，有效链接各层次的产业，促进乡村旅游与一产、二产的有机融合，打造以田园观光创意产品为基础，以农事体验、民俗体验、休闲度假旅游产品为主打，以研学、休闲养生乡村旅游创意产品为特色，以乡村民俗节庆和工业旅游产品为辅助的、具有市场竞争力和核心吸引力的乡村旅游创意产品体系，形成产业整合联动的品牌体系，带动观赏经济作物种植、蔬菜瓜果消费、家禽家畜消费、餐饮住宿接待、民俗文化消费的全面发展，乡村旅游的发展能够直接或间接带动乡村消费提档升级，大大提升农业和农副产品的加工价值，进而开启"共同富裕"的良好局面。

（三）推进乡村旅游集聚化

由于经营者品牌意识比较淡薄，我国多数乡村旅游资源与资金没有形成有效的合力，乡村旅游普遍存在规模较小、开发无序、管理混乱等问题，处于"小""散""杂"的局面。首先，要打造乡村旅游集聚区。规模发展对提高乡村旅游竞争力、推动乡村旅游产业创新、提升乡村旅游持续发展能力和发展质量至关重要。要依托重点景区、城镇周边等，将乡村旅游与区域内其他旅游资源和旅游景点的开发结合起来，通过基础设施建设、投资政策配套、服务设施与环境优化等措施，统筹整合各类资金和项目，拓展延伸乡村旅游产业链，并借助已有旅游景点的吸引力争取客源，积极引导乡村旅游由点状分散走向区域集聚发展，增加规模效应，带动区域经济发展。如在重点景区周边配套开发乡村俱乐部、庄园、观光景区、温泉、户外运动区、自然探秘区、山地探险区、自驾车营地、露营地、古街区、古村落等乡村旅游项目，形成资源共享、优势互补、共同发展的格局。其次，要创新机制。依托村庄联合体模式，整合资源抱团发展，提升村庄发展内生动力，使乡村旅游发展从"单打独斗"到"握指成拳"，通过"以强带弱、抱团发展、资源共享、合作共赢"的集聚化发展实现"共同富裕"目标。

（四）构建开放式乡村旅游运作模式

乡村旅游价值链需要通过开放实现创新，构建开放的乡村旅游价值链，首先，要培育具有创新精神的多元化价值链参与市场主体，全面推动多元化市场主体共同发展，促进乡村旅游产业结构日趋优化。其次，要强化价值创造和市场营销的相互交织。[①] 乡村旅游要想在短期内提升发展效率，必须以消费者参与为手段，通过开放式、创新化的路径，以产品设计市场化、营销渠道网络化、销售模式在线化等方式整体推进转型升级。最后，随着人力资本和智力资本在乡村旅游产业发展的要素投入中所占比例越来越大，政府应出台一系列鼓励扶持政策来激发市场活力。

---

[①] Grnroos, Christian., "A Service Perspective On Business Relationships: The Value Creation Interaction and Marketing Interface," *Industrial Marketing Management*, 40. 2（2011）: 240 – 247.

（五）推进乡村旅游服务规范化

由于资金和人才缺乏，大多数乡村旅游开发存在较大自发性和盲目性，同时，由于乡村旅游管理部门监管力度较弱，缺乏定期评估和淘汰机制，民宿、餐饮店无证经营的现象比较普遍，乡村旅游标准化、规范化和整体服务质量较低，影响乡村旅游的可持续发展。因此，政府应加快制定相对完善的特色旅游乡村准入标准体系，并适当提高准入门槛。这一体系应该包括旅游度假村、旅游景点民俗接待户的服务标准；特色产业的技术标准、管理标准、工作标准；乡村旅游发展开发的环境保护标准、生态修复技术标准、开发设计标准、效益评估标准等。同时，政府在管理过程中要制定相关鼓励政策，加强指导和监督乡村旅游产品开发全过程，并对现有的旅游村进行统计检查，取缔非法开展乡村旅游的主体和旅游产品不达标的主体，对于合法的要测试其设施条件优越性和产品的发展潜力，将排查结果作为次年重点扶持或严格管制的依据。科学引导与合理约束并举，才可以鼓励提升乡村旅游产品质量，规范经营者行为，保证乡村旅游产品的服务水准。此外，还要制定完善有关生态保护、资源配置和竞争秩序等的规章制度，以协调各乡村经营主体，实现乡村中有限资源的合理利用，推进乡村旅游规范化，形成推进共同富裕的合力。

## 四 以文塑旅强化旅游的精神文化效应

（一）全方位推进文旅融合

坚持以文塑旅，以旅彰文，推进文旅产业实现全方位融合发展，充分发挥旅游的滋养作用，坚定国民文化自信，增强共同富裕的精神力量。首先，要顺应旅游与文化产业融合的大趋势，深入挖掘当地文化资源，寻求与旅游产业的契合点，不断以形式多样、丰富多彩的文旅产品拓展人民精神生活的文化空间，满足人民精神文化需求，促进人民群众对特定文化的认知。其次，要深入挖掘、正确诠释文化内涵，通过红色旅游、国家文化公园建设等方式发展社会主义先进文化、继承革命文化、弘扬中华优秀传统文化，深入挖掘其精神内涵，将历史文化与现代文明融入旅游业发展；

同时支持图书馆、博物馆、文化馆、美术馆等文化场所增加旅游休闲功能，使其成为文旅产品不可或缺的元素，让人民群众在旅游活动中坚定文化自信，汲取不竭精神动力，为扎实推进共同富裕、实现中华民族伟大复兴中国梦奠定坚实的精神文化基础。

（二）探索文化传承与创新的有机衔接

乡村文化被旅游活化后的去地方化导致文化的再生产。文化再生产是多轮驱动下各种文化力量相互作用的结果。一方面是乡村在旅游开发中有大量游客和经营商涌入，伴随而来的是外来文化和商业文化的涌入；另一方面是旅游活动中的景观制造，将乡村地方性的文化符号塑造为可供旅游消费的旅游吸引物，以借名、挪用、植入等方式对乡村实物、场景、仪式的主题进行再造，对乡村文化脉络进行符号编码等。① 在文化再生产节点上，乡村地方化的原生态文化语境被融入消费社会背景下的旅游开发，导致基于地方的文化重构，构建出"乡村文化＋"的文旅融合产业模式。

（三）强调乡村文化旅游的地方根植性

去地方化过程是乡村文化被旅游活化的节点而非终点。去地方化的发生意味着"地方"受到外部全球化和城市化的影响，不可避免地处于变动之中，但经过多轮驱动因素的不断做功，"地方"在去地方化的现象中会发生再地方化。在再地方化过程中，外来的或标准化的意识融入乡村本地文化的意识，新的乡村地方性与地方感被再生产。乡村文化被旅游活化路径中的再地方化也与文化消费紧密相关，是旅游场域运行中的文化重构。一方面，重塑的地方性与地方感不断形成新的地理想象；另一方面，其也激活了乡村的地方依恋，乡村文化在活态传承的同时被添加新的意义，在适应旅游市场需求中发生再地方化，形成一种去地方化与再地方化的循环。概括而言，在旅游活化的路径循环中，乡村文化的文化原真性经历着一种"破坏性创新"，配合着地方性知识、地方依赖、地方认同的多轮驱动不断重塑着地理想象，不断激活着地方依恋。

---

① 马秋穗：《符号想像与表征：消费理论视阈下的古镇景观生产》，《社会科学家》2010 年第10 期。

（四）创新开发利用方式

将优秀文化资源转化为乡村永续发展的优质资产。广大农村地区往往也是文化资源丰富、生态环境优良的地区，具有发展乡村旅游、文化产业的巨大潜力。要充分挖掘乡村优秀文化资源，实现乡村文化建设与经济社会发展的良性互促。一是合理开发传统乡村文化，促进乡村旅游提质升级，培育乡村旅游品牌，重点开发"农家乐""民俗游""村寨游""乡村度假"等乡村旅游项目，因地制宜开发一批"小而精、精而美"的旅游产品。二是把握农村集体经营性建设用地入市改革的契机，积极规划建设特色小镇、文化村落、乡村民俗、田园综合体等项目，促进乡村文化和旅游设施提质升级，带动乡村旅游整体品质的提升。如浦东新区以江南文化为底蕴，重点打造戏曲、文创、"互联网＋创客"、文旅等特色小镇，充分挖掘文旅资源，以特色文化带动乡村可持续发展。三是积极引导市场力量，创新乡村文化发展模式。探索通过有偿使用、作价入股、合作开发等方式调动市场主体参与乡村文化资源开发的积极性。推广文化和旅游领域政府和社会资本合作模式，用好政府投资工具支持文化和旅游产业发展。四是加强对乡村旅游经营户、能工巧匠传承人、导游等群体的培训，提升乡村文化产业的内生发展动力，实现乡村文化产业的良性可持续发展。

（五）用好新媒体手段，提升乡村文化的传播力和渗透力

乡村拥有原汁原味的乡土生活、古朴的风土人情、淳朴的乡风民风以及纯净的自然环境，这与压力大、节奏快、忙碌琐碎、人际淡漠的城市生活环境形成了强烈反差。乡村题材的直播、微电影、短视频等作品不仅有利于纾解移居城市的农村人群的乡愁，也能激发城市人对简单质朴生活的向往，是传播乡村大美文化、满足城乡居民精神文化需求的重要载体。一是利用数字化手段挖掘和推动乡村遗迹、文物、建筑等物质资源与风俗、历史、手艺等非物质文化特色资源相结合，通过品牌塑造和IP开发实现乡村特色文化资源的数字化转化、展示与传播。二是通过新技术开拓虚拟文旅融合等新模式，推动数字文化与乡村旅游深度融合。如四川南部县某镇推出数字乡村馆，开发乡村沉浸式体验项目，受到村民与游客欢迎。三是

完善乡村题材网络创作引导激励机制，通过算法优化、流量扶持、文艺评奖等激励高品质乡村题材创作，推出一批能够抓住大众审美、满足民众精神需求的乡土题材网络作品。四是加强与数字平台和自媒体知名博主的合作，例如"短视频＋非遗""寻找远方的美好""短视频平台流量扶持计划"等，助力乡村文化旅游推广和特色农产品推介。

# 第四章
# 全域旅游背景下县域旅游可持续发展

县域旅游是全域旅游的重中之重，国家首批创建的全域旅游示范区80%以上都是县域旅游。县域旅游的发展对县域内的一产、二产和三产都会产生直接或间接的影响，已被许多区县列入发展战略规划。县域旅游对当前我国在新型城镇化发展进程中增加就业机会、就地转移剩余劳动力、提升城镇居民收入水平、推动区域经济的转型升级、促进"绿色发展"理念在基层的落地生根均具有重要作用。[①] 但目前绝大多数的县域旅游发展还停留在景点旅游这种发展模式上，其面临的问题与矛盾不一而足。因此，加快推进县域旅游的转型升级与可持续发展具有重要的意义。

## 第一节　县域全域旅游发展背景与理论基础

县域全域旅游的内涵是指以县级行政区划为地域空间，依托县域旅游资源赋存优势，以资源开发为基础，以市场需求为导向，以旅游产业为支撑，以特色旅游休闲生活体验为吸引的一种区域旅游发展形态。把行政区当作一个大的旅游景区，全部区域一体化发展旅游，各行业积极融入其中，各部门齐抓共管，全城居民共同参与，充分利用当地全部的吸引物要素，为前来旅游的游客提供全过程、全时空的体验产品，从而全面满足游客的全方位体验需求。

---

① 陈军：《全域旅游视域下县域旅游发展研究——以浙江黄岩为例》，《经济师》2018 年第 3 期。

## 一　县域全域旅游发展背景

（一）政策背景

2015 年 8 月，国家旅游行政管理部门首次提出全域旅游发展战略，并从全域旅游的区域限制、旅游产业的定位、全域旅游的参与主体和全域旅游的实现目标等方面明确了全域旅游的基本概念，成为开展全域旅游理论研究与实践探索的基础。2018 年 3 月 9 日，国务院办公厅印发《关于促进全域旅游发展的指导意见》，标志着全域旅游已正式上升为国家战略。以全域旅游为载体推动旅游体制机制创新、旅游产业融合发展、旅游公共服务优化、发展成果共建共享，有利于提升区域旅游业的整体实力和综合竞争力，是旅游业更好地服务国家经济社会发展大局的必然要求。全域旅游是顺应时代发展和社会需求的必然选择，也是旅游业供给侧结构性改革的重要抓手。

（二）市场背景

全域旅游是以旅游业带动和促进经济社会全面发展的新模式。全域旅游是指在一定区域内，以旅游业为优势产业，通过对区域内经济社会资源，尤其是旅游资源、相关产业、生态环境、公共服务、体制机制、政策法规、文明素质等进行全方位、系统化的优化提升，实现区域资源有机整合、产业融合发展、社会共建共享，以旅游业带动和促进经济社会协调发展的一种新的区域协调发展理念和模式。①

1. 县域是新常态下旅游发展的着力点

我国是个农业大国，绝大部分人口在县域。县域旅游是我国旅游业发展的重要基础和主要增长点。大力推进现代服务业发展，最大的难点在县域，重点和着力点也在县域。县域通过发展以生态旅游为重点的第三产业，开发城市休闲度假旅游产品，发展休闲农业、乡村旅游、生态观光休闲等项目，能推动旅游业转型，拉动县域经济增长，使其成为县域经济新的增长点。以县域为发展着力点，把促进全域旅游发展作为带动县域高质量发

---

① 戴学锋、杨明月：《全域旅游带动旅游业高质量发展》，《旅游学刊》2022 年第 2 期。

展的重要抓手，在县域范围内统一规划，进行资源全面整合，产品全面创新和需求全面满足，实现经济增长方式和路径的转变。因此，县域是研究全域旅游的重要载体，县域旅游是全域旅游发展的重要支撑，对于加快推进县域社会和经济发展具有重要意义。

2. 乡村旅游是县域旅游发展的新支点

乡村旅游是涉及旅游、农业、林业、扶贫、交通、国土、金融等诸多部门和行业的综合性产业。[①] 在全域旅游发展之初，乡村旅游目的地是全域旅游的最佳试验区，可以利用乡村自然环境、农林牧渔生产、民俗节庆、村落古镇等资源，通过科学的规划和设计，为游客提供观光、体验、娱乐、健身等多项服务的旅游活动。首先，乡村旅游是解决"三农问题"、改善农村环境并激发县域活力的多赢之举。通过发展乡村旅游促进县域经济发展，无论是从经济效益还是社会效益来看都具有积极作用。其次，从地理界域维度来看，全域旅游需要消除景区内外差距，追求城乡互动、部门整合、区域内外联动等，推进旅游区的大发展，形成大开放。乡村旅游也需要进行区域内外协调，打破地域分割、行政分割，走全方位开放之路，形成开放发展的大格局，这有助于优化资源配置。[②] 再次，乡村旅游为贫困县域经济发展提供机遇。后工业时代，传统农业、工业所带来的综合效益正在弱化，发展乡村旅游、服务等第三产业，可以为落后县域的经济发展提供"弯道超车"的机会。最后，从特色文化维度来看，全域旅游强调推动区域旅游特色化发展。大力发展乡村旅游有助于县域打造旅游品牌，可以培育旅游市场新主体和消费新热点，实施旅游品牌驱动战略和创造旅游发展新引擎，促进产业结构升级转型。全域旅游倡导在维护生态环境的前提下发展旅游，并且重视乡村交通基础设施建设、农产品的研发、体验式旅游产品的开发、旅游服务等工作，通过政府各部门之间的有效配合和共同努力

---

① 李东和、雷莹莹、蒋璐璨：《全域旅游视域下乡村旅游整合路径研究》，《四川旅游学院学报》2022 年第 3 期。

② 张武康、吕嘉欣、芦子含：《全域旅游与乡村旅游可持续发展关系研究——以袁家村为例》，《商业经济》2022 年第 4 期。

保护当地自然环境，同时引进外部资金和人才，对当地乡村旅游和相关产业进行统筹规划，完善旅游产品，提高服务质量和游客的旅行满意度，形成旅游产业链，打造当地旅游品牌，实现乡村旅游产业结构的创新发展和升级。[1]

## 二 县域全域旅游理论基础

### （一）产业融合理论

产业融合的思想最早源于20世纪60年代罗森伯格（Rosenberg）对美国机械设备进行演化的研究。他认为，通过标准化生产技术的出现，各种各样的产品（如枪支、缝纫机、自行车）实际上是使用相同类型的机器和基础技术进行生产的。20世纪80年代，产业融合开始日益受到学者重视，从产业间渗透、产业边界融合、产品整合到市场融合，研究内容从原本的电信、印刷、计算机等延伸到金融服务业、房地产业、旅游业、文娱业等相关行业，产业融合的研究不断扩展，同时不断深入。1978年，麻省理工学院的Nicolas Negroponte借助多环形图重叠形式展示了计算机业、出版印刷业和广播电影业三大产业的相互重叠、交叉和边界，并展示了三大板块重叠处，指出核心重叠部分将成为未来创新效率最高、创新技术聚集的新兴产业领域。随后，哥伦比亚公司主席威廉·帕雷在广播年会上阐述了新闻信息传播机制融合带来的新变革。20世纪90年代，国外关于产业融合理论主要集中于IT、电信、媒体和娱乐行业，随后不断延伸到化学、医药和食品行业以及不同产业与信息技术产业之间的融合，不仅涉及技术问题，更涉及相关服务和商业模式运作的新方式，产业融合被视为新条件下促进就业与经济增长的强有力的发动机。产业融合的例子在过去几十年里数不胜数，例如合并化学、农产品和制药行业的融合，化妆品和药品融合成为"药妆品"；通过使用相应技术和制作过程来生产功能性食品或营养品，使得制药和食品行业之间也出现了融合。近年来，产业融合的创新性发展开始体

---

① 韩彩霞：《论全域旅游视域下乡村旅游的发展路径》，《重庆电子工程职业学院学报》2018年第3期。

现在各个行业中，产业融合一词的使用频率也在不断增加，国内外学者关于产业融合的各种研究层出不穷。

尽管产业融合近年来被广泛讨论，但关于产业融合的概念至今未形成统一的表述。狭义来讲，产业融合是在数字融合的基础上出现的产业边界模糊化现象。这一定义局限于以互联网为标志的计算机、电信、广播传媒业的融合。欧洲委员会在1997年欧盟委员会绿皮书中指出，产业融合是三个角度的重合，即产业合并、技术网络平台、市场，并有针对性地提出了发展趋势，认为融合不仅涉及技术领域，而且是促进就业的新方式。[①] 傅玉辉认为："产业融合在产业边界的突破和新产业形态中都起到了革命性作用，在物质融合、结构融合、组织融合、制度融合等协同合作基础之上，电信和传媒产业之间实现了产业融合。"[②] 产业融合的"扩展化"理解也是建立在更多的产业信息化或整改产业经济信息化的基础上，实质上仍是以信息技术为核心。[③]

广义来讲，Lind 则认为融合无处不在，他将原来仅用于定义信息通信业产业融合的概念扩展到了更广泛的领域，认为融合是分离市场间的一种融汇合并，是产业边界壁垒的消除，只要某些"关联性因素"引起了产业边界的模糊，就是产业融合。[④] Stieglitz 综合研究认为，市场既可以用需求因素，也可以用供给因素来定义，因而市场（产业）融合就可以区分为供给方技术融合和需求方产品融合。用相似的技术支持来生产不同的产品和服务即为技术融合，而通过使用不同的技术提供替代性或互补性产品即为产品融合，这两种类型的融合又分别可进一步分为替代性融合和互补性融合。[⑤]

上述定义对产业融合范围的界定虽有不同，但学者普遍认可四个主要的融合点：科学（知识）、技术、市场和工业。融合是一种现象，在这种现

---

① European Commission. *Green paper on the convergence of the telecommunications*, media and information technology sectors, and the implications for regulation. http://www.ispo.cec.be, 1997.

② 傅玉辉：《大媒体产业：从媒介融合到产业融合》，中国广播电视出版社，2008。

③ 周振华：《信息化与产业融合》，上海三联书店、上海人民出版社，2003，第94、109页。

④ 陈家海：《产业融合：狭义概念的内涵及其广义化》，《上海经济研究》2009年第11期。

⑤ Stieglitz N.，"Industry dynamics and types of market convergence," Paper to be presented at the DRUID Summet Conference on "Industrial Dynamics of the New and Old Economy-who is embracing whom!" Copenhagen/Elsinore, 2002, pp. 1–6.

象中，科学（知识）、技术、市场和工业的两个或多个不同领域或部门之间的界限变得模糊，导致聚合实体之间的互换性和联通性增加，这可以从协作、许可、专利和出版等活动中看出。[①]

因此，产业融合可以被定义为：两个或两个以上完全不同的细分行业，朝着它们的结合、统一或合并的方向移动，将不同的科学知识、技术、设备、市场和价值链整合成一个统一整体的过程。也就是说，产业融合的过程使不同行业之间的界限越来越模糊。

从产业融合过程来看，合并后的行业有以下几种不同的结果（图4-1）。行业A和B融合后，其结果可能是出现一个新的行业AB。由原始行业A和B共享的细分市场，导致AB产业的永久性半融合或重叠发展，比如电视和互联网的融合。这也可能导致哈默尔和普拉哈拉德（1994）所谓的"非结构化竞技场"的创建，也就是行业边界不断变化，永远无法被定义。

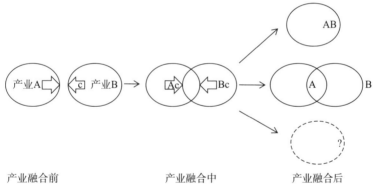

产业融合前　　　　　　　产业融合中　　　　　　产业融合后

**图4-1　产业融合过程**

资料来源：Weaver，B.，"Research proposal：Industry convergence-Driving forces，factors and consequences，" Paper presented at 19th Business Administration Conference（NFF），2007，Bergen，Norway.

总的来讲，产业是由提供类似的产品或服务，在相同或者相关价值链上活动的企业组成。融合是将两个或多个元素整合为一体的过程。产业融

---

① Curran，C.-S.，Leker，J.，2011. "Patent indicators for monitoring convergence-examples from NFF and ICT，" *Technological Forecasting & Social Change*，Vol. 78，No. 2，pp. 256-273.

合是一个复杂、多变且不以人的意志为转移的长期发展过程。产业融合有助于加快现有产业结构的重组，并导致出现新的、以前不存在的产业。因此，主要发达国家和全球公司越来越多地将产业融合视为竞争优势的关键来源，其中许多公司自2000年以来一直在制定和实施产业融合战略。产业融合是全域旅游理论研究的重点领域，也是全域旅游实践推进的关键环节。

以产业融合理论为理论基础，通过分析县域旅游产业与三次产业融合的水平、路径与对策，能够深刻理解全域旅游产业融合的内在机理，对开展全域旅游研究具有重大意义。"旅游＋"产业融合是全域旅游可持续性评估体系的重要组成部分，准确衡量旅游产业融合水平、科学判定产业融合等级能够增强全域旅游可持续性评估结果的准确性与合理性。例如，"全域文化＋全域旅游"是旅游产业发展的一种新的商业模式，符合产业融合基本思路，其盈利模式是通过文化附加值赋予旅游产业重要生命力。

（二）旅游目的地生命周期理论

巴特勒（Butler）对旅游目的地生命周期模型的描述有六个阶段（如图4－2）。第一，旅游目的地的生命周期始于一小部分具有冒险精神、不喜欢商业化旅游目的地的旅游者的"早期探索"，该阶段的旅游目的地几乎没有旅游设施，其自然环境和社会环境未因旅游业发生变化。第二，"参与"阶段，由于当地居民积极参与，向旅游者提供一些简单的休闲设施以及随后的广告宣传，使旅游者数量进一步增加，当地政府被迫改善设施和交通状况，旅游市场基本形成。第三，"发展"阶段，旅游市场的开拓初步形成，外来投资加剧增长，住宿餐饮等相关设施被迅速改善，规模不断扩大，旅游者数量增加更快，旅游目的地的自然面貌变化较大，政府开始制定发展规划，广告宣传不断增多。第四，在"巩固"阶段，尽管旅游者总人数仍在增多，但增长的速度已经放慢。旅游目的地功能分区明显，地方经济活动与旅游业联系密切，常住居民开始对旅游业产生反感，政府继续实施发展规划。第五，"停滞"阶段，旅游者人数已经达到高峰，与环境容量超载相关的问题随之而来。第六，"衰退"阶段或"复苏"阶段，因旅游目的地的吸引力明显下降，已不能和新的旅游目的地竞争，旅游设施大量闲置，并逐渐被其他设施取代，致使旅游业走向衰亡；另一方面，若旅游目的地采取增加人造景观、开发新的旅游资源等措施来增强旅游目的地的吸引力，其也可能会进入复苏阶段，并进入新的一轮发展阶段。

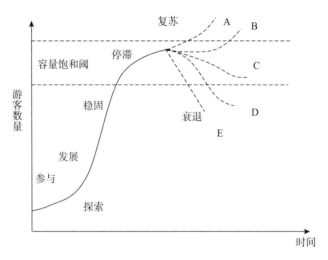

**图 4 - 2　旅游目的地生命周期（Butler，1980）**

資料来源：Butler，R. W.，"The concept of a tourist area cycle of evolution：implications for management of resources，" *The Canadian Geographer/Le Géographe Canadien*，Vol. 24，No. 1，1980，pp. 5 - 12.

　　国内学者研究旅游目的地生命周期理论的管理和实践应用主要分为两种类型。① 第一类是"旅游目的地发展实例或管理实践的研究"，学者将该理论应用于不同空间如县、城市、地区、国家等各种尺度，认为旅游目的地的资源特征是影响旅游目的地演化路径和阶段长短的重要影响因素。第二类是关于"旅游目的地演化的影响因素、作用机制研究"。对旅游目的地生命周期的确定有利于对旅游目的地的预期和管理，即可提前制定相应的发展策略。旅游目的地的发展需要各部门协调和当地居民的配合，需要采取创新和发展对策，其中文旅文创融合是创新和可持续发展的必经之路，能够有效地避免旅游目的地进入衰退阶段，有利于促进旅游目的地生命周

----

① 祁洪玲、刘继生、梅林：《国内外旅游地生命周期理论研究进展》，《地理科学》2018 年第2 期。

期的复苏。①

从早期探索、参与到发展阶段是县域旅游目的地开发的初始阶段。该阶段要树立良好的旅游目的地品牌形象，统筹推进文化旅游产业融合发展政策，优化旅游的发展环境，采取以市场为主导的开发战略，确保旅游目的地可持续发展。

从发展到巩固阶段是县域旅游目的地快速成长的阶段。为了保持游客持续增加的趋势，该阶段应当运用文化旅游的理念，综合性地融入游客体验活动，从产品的研发设计到旅游目的地的体验服务，随时关注市场需求，进一步整合资源，实现合理配置，并实施适宜的营销战略，扩大旅游目的地品牌影响力，努力推动消费进一步升级。

从巩固到停滞阶段，县域旅游目的地的功能性区分明显，当地居民可能会对游客产生反感。为了避免进入衰退期，县域旅游目的地应当全面深入落实文旅融合政策，综合考虑旅游资源的可持续发展，通过制定创新战略，增强游客体验感，全面改善相关行业"食住行游购娱"六要素，提升口碑，重塑吸引力，提升旅游目的地后续发展动力。

（三）区域可持续发展理论

1993 年，世界旅游组织（UNWTO）对旅游产业可持续发展的定义是："旅游产业可持续发展是一种经济发展模式，它被用来达到如下目的：改善当地地区的生活质量；为游客提供高质量的经历；维护当地社区和游客所依靠的环境的质量。"联合国的定义是：旅游产业可持续发展是以既定的方式和规模在一个地区/社区/环境发展和维持的旅游活动，即它可以在长期内保持活力而不会引起当地物质环境的退化或改变。1995 年，联合国教科文组织和世界旅游组织召开可持续发展会议，通过了《可持续旅游发展宪章》和《可持续旅游发展行动计划》等重要文件，明确指出：可持续发展的实质是要求旅游与自然、文化和人类生存环境成为一个整体。因此，旅游业的可持续发展不是单纯的经济发展，而是生态、经济、社会整体系统的可持续发展。

---

① 马胜清：《文化产业与旅游产业融合机理及经济效应》，《社会科学家》2021 年第 5 期。

区域可持续发展理论是可持续发展研究的最终归属和生命力所在。区域是将社会、经济和生态环境融为一体，其形成的复杂性系统是可持续发展研究的载体。区域是由自然要素与人文要素组合而成的时空系统，在地球表面占据一定的地域空间。区域内的资源、人口、环境、社会、经济之间是相互联系、发展变化的，而区域本身则具有相对稳定性。区域具有层次性，任何一个区域的规模和空间尺度可大可小。一般来说，在地理学中，通常把区域（以中国为例）划分为国际尺度、国家尺度、地带尺度、省区尺度、市县尺度等几个层次。区域可持续发展理论的核心体现在人与自然和谐发展和人与人之间关系协调两个方面；其外在表现为经济、社会、环境协调发展。[1] 区域可持续发展是指一定地域空间范围内的社会、经济、自然三个相互作用的子系统所构成的复合系统健康可持续发展。区域可持续发展理论是全域旅游可持续性评估研究的重要理论基础，对全域旅游发展模式探索也具有重要的指导作用。[2]

县域旅游与区域可持续发展在本质上有着内在的紧密联系，以区域可持续发展理论为指导的县域旅游研究将更具有持久性与生命力。县域旅游可持续发展理论强调的是公平、协调、和谐等，这与县域旅游发展目标殊途同归。县域旅游兼顾相关产业和所在区域的协调发展，不仅重视旅游者的旅游体验，而且重视当地居民的幸福需求；不仅重视旅游经济发展，而且注重保护绿水青山，提倡高质量发展。

## 第二节　县域全域旅游可持续发展概念与影响因素

旅游可持续发展在当今社会早已不是新兴概念，是指在不破坏当地自然环境、不损坏现有和潜在的旅游资源，以及合理利用旅游资源和保护已

---

① 冯年华：《区域可持续发展理论与实证研究——基于创新与能力建设角度》，南京农业大学博士学位论文，2003。

② 赵传松：《山东省全域旅游可持续性评估与发展模式研究》，山东师范大学博士学位论文，2019。

开发的现有资源情况下，在环境、社会、经济三效合一的基础上持续发展的旅游经济开发行为。在环保、生态成为社会热词的当下，了解旅游可持续发展的意义、明确旅游可持续发展的标准、落实旅游可持续发展的措施是迈向人与自然和谐共处的必经之路。①

## 一 县域旅游可持续发展内涵

旅游可持续发展是可持续发展观在旅游业的具体运用，自 1997 年世界旅游组织、世界旅游理事会与地球理事会联合发布《关于旅游业的 21 世纪议程》以来，旅游可持续发展在全球范围内进入实践阶段。2015 年发布的《变革我们的世界：2030 年可持续发展议程》（即 SDGs）使可持续发展的概念内涵不断丰富，其核心是强调经济、环境、社会文化三条发展线。联合国世界旅游组织（UNWTO）以三项标准来监测旅游可持续发展：一是将"最优化利用环境资源"作为旅游发展的核心，以维系基本的生态环境并保护自然遗产和生物多样性；二是尊重当地社区社会文化原真性，保护旅游目的地的物质和非物质文化遗产及其传统价值，并促进文化间的理解与宽容；三是确定长期、可行的经济运作模式，保障社会经济利益在所有利益相关者中公平分配，包括提供稳定的就业和赚取收入的机会，为当地社区提供社会服务，并帮助扶贫。② 可持续旅游发展需要所有相关利益方的知情和参与，以及强有力的政治领导，以确保广泛参与和建立共识。实现可持续旅游是一个持续的过程，需要不断监测，必要时采取一定的预防和/或纠正措施。可持续旅游业还应保持高水平的游客满意度，确保游客获得有意义的体验，提高他们对可持续性问题的认识，并在其中推广可持续旅游做法。

县域旅游可持续发展谋求的是旅游经济发展与旅游资源、环境的协调，以实现旅游经济和社会的持续、稳定、健康与协调发展。它所追求的是在满足人类物质需求和精神需求的同时，确保资源的永续利用和环境的持续

①　《未来旅游业愿景：旅游可持续发展成为新常态？》，https://www.traveldaily.cn/article/146242。

②　详见 UNWTO 官网：https://www.unwto.org/sustainable-development。

发展，最终达成真正意义上的人与自然的"和谐共生"。简而言之，县域旅游可持续发展的实质就是要在旅游发展过程中实现经济效益、社会效益和环境生态效益等综合效益的最大化，其核心目标是"发展"，但必须是在保护生态环境的前提下，通过发展旅游经济推动县域经济、文化和社会的发展。[①]

## 二 县域旅游可持续发展系统

由于影响可持续发展的要素庞杂，引入系统结构的概念有利于对复杂的部分进行研究。县域旅游系统结构是指旅游经济子系统各组成部分的比例关系及其相互联系、相互作用的形式，反映了县域旅游各部门、各层次、各要素之间有机地组成一个整体，以及系统内部及整体运动和变化的形式、规律及内在动力等。具体来看，县域旅游经济发展为县域社会的稳定、持续、健康和协调发展提供了物质基础；县域社会的可持续发展为县域经济的发展提供了必要的条件和保障；县域生态的可持续发展谋求人与自然的和谐共处，在保护生态环境的前提下，通过发展旅游经济来促进县域经济和社会的发展。总之，县域旅游可持续发展谋求的是旅游经济发展与当地旅游资源和环境相协调，同时满足人的物质和精神需求，实质就是在县域内实现经济效益、社会效益和环境生态效益等综合利益的最大化。

（一）县域经济子系统

县域经济子系统是由县域内所有经济部门构成的整体，是县域可持续发展的关键。从经济学角度来看，经济子系统是由生产、分配、流通、消费四个环节组成的，包括产业结构、产品结构、市场结构、消费结构和区域结构等。旅游产业结构要与旅游产业的总体发展规模和国民经济发展相协调、相适应，产业结构优化调整有利于旅游产业的可持续发展；旅游产品结构应反映市场需求，根据旅游者的性别、年龄、职业等基本特征确定不同的配置和比例；旅游消费结构是指各类消费支出在总费用支出中所占

---

① 王清雨：《县域旅游可持续发展模式研究——以重庆武隆为例》，重庆师范大学硕士学位论文，2008。

的比重，其影响因素包括消费者的收入水平，旅游者的构成，旅游产品的结构、质量、价格和旅游者的心理因素等；旅游区域结构是指在一定范围内旅游业各要素的空间组合关系，即从地域角度所反映的旅游市场，旅游区的形成、数量、规模及相互联系与比例关系，也称为旅游业的生产力布局；旅游区域结构一般包括旅游要素区域结构和旅游经济区域结构两方面，是地域视角下的旅游市场，包括旅游区的数量、规模及相互联系和比例关系，反映了旅游业的生产力布局。从经济系统的运行机制上看，县域经济发展子系统是由投入、转换、产出等机制构成。

经济发展是县域可持续发展的核心要素。实现区域可持续发展的关键是在实现经济社会发展的目标下不断减少资源的投入及控制各种污染物的排放，改善产业结构，提高投入产出比。[1] 这就要求县域经济发展模式要依靠当地资源的特征，维持当地较好的环境质量，在良性循环的基础上满足人的物质和精神需求。

（二）县域社会子系统

县域旅游可持续发展的社会子系统是指与县域旅游有关的社会要素的组合及构成，各要素相互制约、相互作用，形成了社会子系统，本质上看是人与自然、人与人关系协调程度的社会系统。县域社会子系统主要涵盖三类因素：一是生产关系、经济基础以及影响旅游生产力发展的各种体制，如政治体制、科技体制、经济体制等；二是社会条件，包括县域基础设施建设、文教卫生体育事业的发展、劳动就业安排、社会保障和社会福利体系等；三是以人为中心的结构体系，体现人民群众物质文化生活水平和生活质量提高的因素，包括人的消费水平和消费结构、物质文化生活类型和生活方式等。社会要素是以人为中心形成的结构体系，县域旅游概念中的人是由旅游者和当地居民组成的，因此，县域旅游的建设和发展不仅要满足顾客需求，还要兼顾当地居民的休闲放松需求，在不影响当地环境的基础上提高当地人民的生活质量。基础设施等既为当地居民工作生活提供便

---

[1] 冯年华：《区域可持续发展理论与实证研究——基于创新与能力建设角度》，南京农业大学博士学位论文，2003。

利，也因赋予独特的地域属性而成为旅游资源的重要组成部分。同时，旅游者与当地居民之间既有共同的利益诉求，也有相悖的利益冲突。旅游者的流入流出对当地社会容量、环境容量带来压力，将这种压力控制在合理范围内会有助于当地发展，而一旦超过其阈值将会带来难以修复的破坏，影响区域可持续发展。

稳定的社会子系统是县域旅游可持续发展的关键。县域社会子系统功能发挥体现在社会稳定与和谐发展上，而实现这一目标需要依靠建立机制、优化社会结构和保障有序运转。社会系统不稳定，就有可能引发如失业、犯罪、饥荒等社会问题。区域可持续发展应保障居民生活质量的提升，创造一个平等、自由、和谐、公正、法治、爱国敬业的县域社会，从而实现人类共同追求的持续稳定健康发展。

综合来看，县域旅游可持续发展系统的社会子系统是围绕旅游者及当地居民的需求、体验和追求等所形成的系统。

（三）县域环境子系统

生态环境是对影响人类生存发展的自然要素和人文要素的统称，自然要素是由大气环境、水环境、海洋环境、湖泊环境、河流环境、土壤环境、地质环境、生物环境、森林环境、草原环境等要素构成的复合生态系统；人文要素包括人的习俗性格、文化素养、审美观念等。县域可持续发展系统的环境子系统是与旅游发展密切相关的自然与人文要素的组合与安排，体现了生态环境对县域旅游发展的支撑作用和县域旅游对生态环境的影响。

县域环境子系统是县域可持续发展的容量支持系统。环境对区域可持续发展具有两方面的作用：一是环境提供了县域地区旅游产业生产和人类生活必不可少的各种自然资源，是人类从事旅游活动的物质基础，也是各种生物生存的基本条件；二是环境对人类旅游活动产生的废物和废能量进行消纳和同化，即环境能通过各种各样的物理、化学、生化、生物反应来消纳、稀释、转化人类在旅游活动中产生的废弃物，即环境的自净功能或环境容量。

县域旅游产业与环境可持续发展的内在联系包括积极和消极两个方面：

积极方面主要体现在良好的生态环境是县域旅游赖以生存的基础，而旅游产业本身也是无烟产业；消极方面体现在旅游开发和旅游活动产生的空气污染、水污染、垃圾污染、碳排放、破坏景观和历史古迹等，难免对县域地区的生态环境带来压力，从而导致区域环境质量下降，一旦超过生态系统恢复阈值（环境承载力），将会给环境带来严重的破坏性影响。[①]

### 三 县域全域旅游可持续发展影响因素

县域旅游可持续发展的必要条件包括县域旅游资源、县域经济社会状况、县域政策与环境、区位条件及周边发展状况与县域文化等。旅游资源决定了县域旅游发展的规模和水平；社会经济发展状况为县域旅游基础设施建设和发展提供基础；政策与环境为县域旅游提供支持；交通区位条件会影响县域旅游的可进入性；县域文化体现了县域旅游可持续发展的广度和深度。有关旅游资源评价见表 4 – 1。

表 4 – 1　旅游资源评价

| 评价项目 | 评价因子 | 评价依据 | 赋值 |
|---|---|---|---|
| 资源要素价值（85分） | 观赏游憩使用价值（30分） | 全部或其中一项具有极高的观赏价值、游憩价值、使用价值 | 30 ~ 22 |
| | | 全部或其中一项具有很高的观赏价值、游憩价值、使用价值 | 21 ~ 13 |
| | | 全部或其中一项具有较高的观赏价值、游憩价值、使用价值 | 12 ~ 6 |
| | | 全部或其中一项具有一般观赏价值、游憩价值、使用价值 | 5 ~ 1 |
| | 历史文化科学艺术价值（25分） | 同时或其中一项具有世界意义的历史价值、文化价值、科学价值、艺术价值 | 25 ~ 20 |
| | | 同时或其中一项具有全国意义的历史价值、文化价值、科学价值、艺术价值 | 19 ~ 13 |

---

① 赵传松：《山东省全域旅游可持续性评估与发展模式研究》，山东师范大学博士学位论文，2019，第 59 页。

续表

| 评价项目 | 评价因子 | 评价依据 | 赋值 |
|---|---|---|---|
| 资源要素价值（85分） | 历史文化科学艺术价值（25分） | 同时或其中一项具有省级意义的历史价值、文化价值、科学价值、艺术价值 | 12~6 |
| | | 历史价值、或文化价值、科学价值，或艺术价值具有地区意义 | 5~1 |
| | 珍稀奇特程度（15分） | 有大量珍稀物种，或景观异常奇特，或此类现象在其他地区罕见 | 15~13 |
| | | 有较多珍稀物种，或景观奇特，或此类现象在其他地区很少见 | 12~9 |
| | | 有少量珍稀物种，或景观突出，或此类现象在其他地区少见 | 8~4 |
| | | 有个别珍稀物种，或景观比较突出，或此类现象在其他地区较多见 | 3~1 |
| | 规模、丰度与概率（10分） | 独立型旅游资源单体规模、体量巨大；集合型旅游资源单体结构完美、疏密度优良级；自然景象和人文活动周期性发生或频率极高 | 10~8 |
| | | 独立型旅游资源单体规模、体量较大；集合型旅游资源单体结构很和谐、疏密度良好；自然景象和人文活动周期性发生或频率很高 | 7~5 |
| | | 独立型旅游资源单体规模、体量中等；集合型旅游资源单体结构和谐、疏密度较好；自然景象和人文活动周期性发生或频率较高 | 4~3 |
| | | 独立型旅游资源单体规模、体量较小；集合型旅游资源单体结构较和谐、疏密度一般；自然景象和人文活动周期性发生或频率较小 | 2~1 |
| | 完整性（5分） | 形态与结构保持完整 | 5~4 |
| | | 形态与结构有少量变化，但不明显 | 3 |
| | | 形态与结构有明显变化 | 2 |
| | | 形态与结构有重大变化 | 1 |
| 资源影响力（15分） | 知名度和影响力（10分） | 在世界范围内知名，或成为世界承认的名牌 | 10~8 |
| | | 在全国范围内知名，或成为全国性的名牌 | 7~5 |
| | | 在本省范围内知名，或成为省内的名牌 | 4~3 |
| | | 在本地区范围内知名，或构成本地区名牌 | 2~1 |

续表

| | | 适宜游览的日期每年超过 300 天，或适宜于所有游客使用和参与 | 5 ~ 4 |
|---|---|---|---|
| 资源影响力（15 分） | 适游期或使用范围（5 分） | 适宜游览的日期每年超过 250 天，或适宜于 80% 左右游客使用和参与 | 3 |
| | | 适宜游览的日期每年超过 150 天，或适宜于 60% 左右游客使用和参与 | 2 |
| | | 适宜游览的日期每年超过 100 天，或适宜于 40% 左右游客使用和参与 | 1 |
| 附加值 | 环境保护与环境安全 | 已受到严重污染，或存在严重安全隐患 | − 5 |
| | | 已受到中度污染，或存在明显安全隐患 | − 4 |
| | | 已受到轻度污染，或存在一定安全隐患 | − 3 |
| | | 已有工程保护措施，环境安全得到保证 | 3 |

资料来源：《旅游资源分类、调查与评价》。

（一）县域旅游资源

旅游资源是县域旅游可持续发展的基础和资本，也是县域旅游可持续发展的生态保护对象。旅游资源是指客观地存在于一定地域空间并因其所具有的愉悦价值而使旅游者为之向往的自然存在、历史文化遗产或社会现象。具体来说自然资源包括气候、地形、动植物、海滩、自然风景等；而人文资源则包括民族、风土、人情、历史古迹、博物馆、饮食菜肴、工艺美术、文学音乐、舞蹈、电影、电视及众多的娱乐设施等。旅游资源多种多样，既有自然形成的，又有历史遗留下来和当代新建的，它与旅游目的地的多样性有着十分密切的联系。旅游资源不同于其他资源，它有极强的垄断性，比如世界建筑史上最伟大的奇观之一——万里长城——是中国独有的，在别的国家是看不到的。县域境内的旅游资源类型、规模、数量和品位影响着县域旅游经济的可持续发展。县域旅游资源的数量多，可供开发的旅游产品较为丰富，能够提升县域旅游目的地的吸引力；此外，县域旅游资源的分布越集中，对县域旅游的发展越有利，可以形成相对集中的旅游景区或旅游路线。

（二）县域社会经济发展状况

县域经济社会发展状况与县域旅游可持续发展关系密切。从经济学角度来看，经济发达的县域地区可通过打造人造景观等方式来扩展旅游产品和服务，同时有利于生态环境的保护，进一步推动县域旅游可持续发展。相反，经济欠发达的县域地区，旅游发展的规模和速度都会受到影响，而且因为资金限制很难达到预期的目标。构成县域经济环境的关键战略要素包括县域 GDP、城镇居民人均可支配收入、人均 GDP、居民可支配收入、财政收入、人均消费性支出、第三产业占 GDP 比重等。[①]

从县域 GDP 来看，2020 年，全国千亿元县市有 39 个。其中，昆山和江阴达到 4000 亿元以上，以一县之域超过宁夏、青海、西藏 3 省区的 GDP，张家港、晋江、常熟、慈溪在 2000 亿～4000 亿元，宜兴和长沙县在 1500 亿～2000 亿元，其余 31 县市在 1000 亿～1500 亿元。在千亿元县市的引领下，县域经济在国民经济中的地位愈发重要。

《全国县域旅游研究报告 2022》显示，2021 年，全国县域旅游总收入平均值为 36.18 亿元，接待游客总人数平均值为 438.3 万人次，相比 2020 年有所上升，分别恢复至 2019 年的 80.95%、84.39%。其中，旅游总收入超过 200 亿元的有 24 个县，相比 2020 年减少了 10 个县；旅游总收入 100 亿～199 亿元的有 116 个县，50 亿～99 亿元的有 325 个县，分别比 2020 年增加了 29 个县、50 个县，表明我国县域旅游整体发展水平在逐渐提高，发展前景持续看好。接待游客超过 2000 万人次的有 34 个县，1000 万～1999 万人次的有 146 个县，500 万～999 万人次的有 400 个县，分别比 2020 年增加了 7 个县、8 个县、34 个县。旅游总收入超百亿元且接待游客超千万人次的超级旅游大县为 114 个，比 2020 年增加了 14 个县。其中以四川和贵州最多，均为 17 个县；浙江、湖南紧随其后，分别为 15 个县、11 个县；江西、云南、江苏、重庆、广西分别有 9 个县、7 个县、7 个县、6 个县、6 个县。

《全国县域旅游研究报告 2022》显示，2022 年全国县域旅游综合实力百强县分布在 19 个省区市。具体分布为：浙江有 35 个，四川有 10 个，贵州、江苏、江西均有 9 个，湖南、云南有 4 个，福建有 3 个，安徽、河北、河南、山东、山西、重庆均有 2 个，甘肃、广东、广西、湖北、吉林各有 1

---

① 洪亚丽：《县域旅游发展影响因素及其发展模式研究》，浙江工商大学硕士学位论文，2015。

个。前十强中，浙江表现突出，有 7 个，湖州安吉县连续四年位居全国县域旅游综合实力百强县榜首。

另外，经济增长能够使人们的素质得以提升，有利于社会稳定，形成新的社会文明。社会环境包括当地居民的幸福指数、文化、服务、道德环境等。其中，生态文明是非常重要的指标。经济发展对生态环境的影响呈现倒 U 型曲线的发展态势，在经济发展初期，对于发展经济的需要超过对于生态环境的要求，因此走上了"先污染，后治理"的发展道路。随着经济进入高水平发展阶段，环境污染加剧、生态破坏严重引发了对传统发展观的反思，人们的环保意识逐渐增强，环境治理与生态建设越来越受到重视，生态环境质量得到明显改善。①因此，经济社会发展水平关系着县域旅游的发展，关系着当地居民的收入水平，对县域旅游可持续发展也起着推动作用。

（三）县域政策与环境

政策是影响县域旅游经济的主要因素。"十四五"规划指出，要以县域为基本单元推进城乡融合发展，强化县城综合服务能力和乡镇服务农民功能。在此大背景下，立足本地特色、抓住战略机遇，发展特色文旅产业，对促进城乡融合、缩小城乡差距、推动县域经济转型，进而更好满足人民日益增长的美好生活需要具有重要意义。2022 年 5 月，中共中央办公厅、国务院办公厅印发了《关于推进以县城为重要载体的城镇化建设的意见》，聚焦供给侧和需求侧，对县城发挥文旅资源禀赋、加强历史文化保护传承、完善消费基础设施、强化公共文化服务等提出了具体要求，为县域文化产业发展指明了方向、提供了思路，进一步确定了"县域发展"的战略性意义。县域可持续发展需要依靠县域政府对旅游的重视与理解，以及省地级政府对县域发展旅游的政策扶持。

另外，县域环境对县域旅游可持续发展的影响也不容忽视。例如，县域是不是中国百强县，是否具有文化竞争力，是不是卫生县城、山水园林

---

① 赵传松：《山东省全域旅游可持续性评估与发展模式研究》，山东师范大学博士学位论文，2019。

城市、历史文化名城（镇），是否具有良好的旅游氛围和游客满意度等。此外，县域内若有重大的国内外经济、文化或外事活动，有巨大吸引力的建筑工程、科技项目等也能够促进县域旅游经济和社会文化可持续发展。

（四）区位条件及周边发展状况

区位条件指的是县域旅游所在区域的可进入性，包括地理位置和交通通达性、便捷性，以及与主要客源市场的距离等，同时包括旅游必需品的供应能力、区域临近地区旅游业的竞争优势等。① 交通是不是便利会影响县域旅游地区与外界之间的联系。旅游资源所在县域的地理位置和交通区位条件决定了县域旅游可进入性和资源开发保护的难易程度。

县域周边旅游发展状况的好坏对县域旅游可持续发展的影响既是机遇也是挑战。一方面，如果县域周边地区存在不同类型的旅游资源和产品，对当地全域旅游的发展、新旅游路线的开发是一种机遇；另一方面，如果县域周边旅游发展状况较好，旅游资源和产品相类似，则存在竞争关系，对该县域的旅游业势必带来挑战，从而增加当地县域旅游可持续发展的难度系数。

（五）县域旅游市场

县域要发展旅游业必须要有客源市场，旅游产品开发的类型、规模都受客源市场的影响，旅游开发必须依据可靠的市场需求来科学地推进。过去县域旅游缺乏系统完善的营销策略，未形成统一高效的市场开发、产品推广宣传等营销模式，加上资金不足、客源市场有限，县域范围内的旅游景点多为各自为营，无法形成规模效应。尤其是乡村旅游，存在以家庭为单位的个体经营，规模有限，经营模式和利益分配单一化等制约了乡村旅游进一步的发展。②

全域旅游时代的到来成功地促进了旅游行业拉动全面深化改革这一目标，突破了市场经济中各种潜在阻力，形成了新型体制、机制。旅游者的

---

① 王清雨：《县域旅游可持续发展模式研究——以重庆武隆为例》，重庆师范大学硕士学位论文，2008。

② 孙伶俐：《全域旅游视域下乡村旅游的可持续发展路径》，《旅游纵览（下半月）》2018 年第 22 期。

旅游需求正在逐渐地趋向个性化、时尚化以及多元化，这是在县域旅游发展过程中必须着重考虑的因素。旅游目的地与旅游客源地之间的空间距离以及旅游资源的丰富程度都与旅游需求存在重要的关系。乡村旅游作为我国旅游行业的重要组成部分，也是推进全域旅游发展进程中需要重点落实的关键环节。无论对于乡村旅游资源还是产业结构抑或旅游产品，在乡旅开发、规划、发展进程中，都必须坚持从全域旅游视角出发，构建现代化产业体系、经营体系，促进乡村旅游结构及发展方式的优化、升级。

（六）县域文化

县域文化是一种地域文化。它作为一种文化现象，建立在历史地理和社会环境基础之上，由县域居民的物质文化和精神文化构成，不仅是旅游资源的重要组成部分，而且对于县域旅游经济和旅游可持续发展来说意义深远。不同县域区域的居民长期受到不同自然与人文环境的影响，逐步形成自己独特的地域文化，而县域文化的发展应因地制宜、突出特色，应当主要体现当地民俗艺术和群众文化活动的特点。

发展县域文化产业具有多重意义。首先，县域文化的发展能够带动当地旅游可持续发展，促进县域民风民俗活动的流传，有利于弘扬地方文化，凝聚精神共识。县域文化产业扎根于地方文化，其高质量发展可以促进地方文化的传承与创新，使旅游者在文化旅游中了解地方文化，使地方文化在创造性转化、创新型发展中获得持续的内生动力。同时，通过发展文化产业生动展示县域文化特质，可以激发当地民众特别是年轻一代对地方文化的热爱与认同，增强文化自信。

其次，有利于擦亮文化品牌，吸引优质资源。县域文化产业是县域文化软实力的重要支撑，也是县域文化品牌营销的主力军。通过文化产业的高质量发展，提高县域文化品牌的辨识度和知名度，同时把这些文化品格和气质融入县域城市建设、产业发展、环境营造、突出特性等方面，有助于吸引更多的发展要素和优质项目，吸引更多文化企业和各类人才参与创业兴业，提升地区综合实力。

最后，有利于拓展创富空间，推进共同富裕。一方面，物质富裕离不开乡村振兴、农民增收、农业增效。文化产业可以促进文化与教育、科技等领域的多元结合，加大对农民实用知识和实践技能的培训力度，提升农民的致富能力；促进农文旅等产业的深度融合，给农民提供更多的创业就业机会。另一方面，精神富有是共同富裕的题中之义。文化产业可以通过丰富的文化活动拓宽农民的视野和见识，激发农民共建共享美好生活的精神动力和主观愿望。①

## 第三节　县域全域旅游可持续发展问题分析

自确立国家全域旅游示范区以来，共先后公布了 600 多个国家全域旅游示范区创建单位，其中大部分为国家级贫困县，旅游基础设施建设实践探索的紧迫性日益凸显，目前制约县域旅游发展的因素较为明显和普遍。

### 一　县域旅游管理不规范

县域旅游发展管理标准化、规范化不足，存在一定盲目性与无序性，不利于县域旅游的可持续发展。

第一，地方政府统筹规划作用不足。在县域全域经济发展的过程中，政府既要做好管理者也要做好服务者，但政府在制定县域经济发展规划时，对市场经济体制和本地区资源及市场情况了解不够，盲目模仿先进地区的发展模式，导致发展规划的针对性和特色不足，往往会错失适应本地的发展机会，损害当地利益。② 此外，在制定旅游规划时主要是文化和旅游部门负责，未能综合全领域、全地域的发展来制定规划，不够科学合理。部分地区对县域全域旅游发展重视度不足，未能统筹兼顾地做出系统规划。

第二，部分地方政府未成立专门的旅游管理机构，无法对县域旅游进行统一管理。全域旅游涉旅部门多，需要统筹协调才能促进旅游资源的合

---

① 《立足地方特色，发展县域文化产业》，央视网，http://ent.cnr.cn/ywyl/20220701_525891208.shtml。

② 李伟：《县域经济可持续发展研究综述》，《经济研究参考》2017 年第 18 期。

理开发、有序经营和有效管理。县域范围内部分旅游景点、景区长期各自为政，行政、财政资源分散，旅游发展规划、项目、用地、融资等缺乏统筹协调，缺少有效的合作机制，各部门之间并没有真正形成合力，甚至还存在一些对游客和资金的争夺，行业垄断现象时有发生，严重阻碍了旅游资源的合理利用和旅游企业间的正常竞争。

第三，部分地方政府未能引导产业协会和企业发展，缺乏政策支持。旅游业运作模式落后，尚未形成市场化运作机制，旅游大型项目开发仍以政府部门为主体，尚未形成各部门联动、社会参与、共同推进项目建设的有效机制，导致旅游项目开发总体上投资实力不强、力度不大、进展不快、周期过长，制约了全域旅游的发展。此外，县域旅游协会形同虚设，有些旅游企业开发和经营行为有失规范，同时大量的无证经营给县域地区实现乡村旅游的整合发展带来了不小的挑战。

第四，在整个县域范围内难以形成"旅游+"的全社会办旅游与多部门促旅游的局面，极大地限制了县域旅游的可持续发展。县域政府在将经济发展作为地方发展第一要务的同时，片面追求地方经济总量的增长，甚至以环境的破坏为代价换取一时的经济增长和政绩显现，忽视对环境的保护，导致地方环境状况越来越差，最终影响了地方经济的可持续发展。

## 二 县域基础设施不完善

旅游基础设施是全域旅游建设的基础，是影响县域旅游发展的重要因素，服务设施级别的高低直接反映了县域在旅游接待方面的能力，也影响着县域旅游发展的整体规模和发展水平。

第一，交通基础设施不完善。县域旅游目的地远离城市，虽自身具有独特的旅游资源优势，但交通相对落后，可进入性较差，尤其是乡村和偏远地区道路狭窄，路况不佳，制约了旅游业的发展。从乡村、城镇到园区、景区"最后一公里"建设仍显不足，难以形成完整的全域旅游目的地。

第二，住宿餐饮设施落后。住宿设施是吸引县域旅游过夜游客的重要设施，由于县域范围内客流量不集中，缺乏高端酒店，用于设备更新及服务提升的资金不足，导致县域住宿条件较差，餐饮整体卫生状况不佳，游客整体体验感较差。绝大多数旅游景区以档次不高、特色不明显的民宿为主，高星级或特色鲜明的酒店比较缺乏。

第三，缺乏综合性的旅游集散中心和自驾车营地，旅游服务中心分布不够合理，景观风貌引导建设不够，旅游咨询体系不完善，旅游体验设施和活动匮乏，综合服务功能不强，旅游景区无法满足游客的需求，也导致旅游区域内景点无法形成组合优势，在很大程度上影响了全域旅游的快速发展。另外，县域地区旅行社规模普遍较小，客源发展受限。

## 三　县域产业结构不合理

我国部分县域经济处于工业经济发展的初级阶段，产业结构不够合理，转型升级缓慢，造成主导产业对当地经济的拉动作用不突出、产品竞争力不强等问题。一方面，县域的工业主要集中在传统产业领域，工业规模小，高新技术、新兴产业数量不多，实力不够强，特色和优势项目不突出，生态农业、观光旅游等生态经济发展缓慢，这些因素直接影响和限制了县域经济的发展进程。此外，大多数县域经济的发展方式比较粗放，传统产业比重高、科技水平低、生产设备落后、能源消耗大、环境污染严重，发展模式仍是通过扩大生产场地、增加机器设备、增加劳动力等来实现经济增长。这种粗放的发展模式与当前生态文明建设提倡的资源节约型、环境保护型发展理念严重不符，会导致更多的环境污染和环境破坏，造成生态文明建设更大的压力和阻力。[1] 另一方面，旅游业与相关产业缺乏联动。中国的县域地区由于物质条件、社区服务、公共设施投入均处于较低的水平，产业结构相对单一，旅游业和一、二、三产业中的相关产业融合度较低。发展全域旅游是以旅游业为主导促进多产业融合与联动，实现全域协调发展、全民共建共享，这是以旅游业带动和促进经济社会协调发展的一种新的区域发展模式。另外，县域旅游缺乏统一规划和指导，布局不合理，发展方式粗放，定位不清晰，居民参与度低，难以与当地农业、工业、手工

---

① 李伟：《县域经济可持续发展研究综述》，《经济研究参考》2017 年第 18 期。

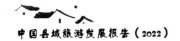

业等产业融合，致使县域旅游很难实现经济、社会、环境可持续发展目标。

## 四 县域旅游产品不出彩

从全国范围来看，大部分县域地区存在旅游景点数量多、规模偏小、布局零散、业态不够丰富的问题。

第一，旅游产品较为传统，缺乏与其他产业融合联动。以乡村旅游为例，多数停留在传统观光游上，文化型的旅游产品以及享受型的休闲项目比较少，主要活动为销售农产品、体验农家采摘、观赏田园风光、吃农家饭、住农家屋等，产品规划和开发水平不高，旅游体验较为肤浅。

第二，产品同质化严重，无法满足游客多样化需求。旅游产品千篇一律，村村相似，缺乏具有当地传统文化特色的项目，游客无法深入体验当地乡土文化、农耕文化等非物质文化的内涵，因此容易存在近距离竞争的问题，阻碍了县域旅游的发展。

第三，随着科技发展，游客未能在县域地区享受到"数字＋旅游"服务，未能体现智慧旅游给县域旅游带来的便利，甚至往往存在信号不足的情况。

第四，品牌创建力度不强，县域旅游品牌的地位与所拥有的丰富文化资源不相称，在品牌打造上创新不足，缺少特色产品、主导产品和精品产品，缺乏市场竞争力。

## 五 县域人力资本不充足

人力资本不足是困扰县域经济发展的一个现实问题，县域经济要发展，人力资本是不可或缺的因素，尤其是一些新兴行业、产业，急需大量人力资本，当前不少地方尤其是一些县城存在人力资本储备严重不足的问题。由于当地经济不够发达，本地的人员大多选择外出务工或者在外就业，外来优秀的人才基于本地基础设施薄弱等原因也不愿意进来，或进来的也留不住，直接影响了本地经济的转型发展和升级。全域旅游的目标是实现旅游行政区处处有景、时时有服务，对于县域旅游来说，这一目标的实现需要当地居民广泛而全面地参与。作为旅游业发展的主体，当地社区居民的参与尚未受到重视。虽然当地也有部分居民参与旅游的开发，提供相关的旅游产品和服务，但由于居民在资金、文化、技能等方面的劣势，其大多集中在低层次、技能要求低的领域，主要从事非技术性或非管理性的工作，所以收益也较低，他们或被招入景区从事导游、售票、清洁、保卫等工作，或从事个体服务，或出售旅游纪念品、当地特产，或为游客提供餐饮、住宿服务，而参与旅游景区管理和企业管理的高收入人员大多来自外地。当地居民从旅游中获益有限，大部分收益流出了社区，居民的社区归属感不强，社会排斥现象和剥夺感明显，这是阻碍县域旅游可持续发展的一大因素，这种现象亟待改变。[①]

## 第四节 全域旅游视域下县域旅游可持续发展路径

这几年传统旅游业发展受疫情影响大，景区封闭不接待游客，旅游经济一度陷入低谷。在后疫情时代，应大力推动县域旅游、乡村旅游，打造智能化旅游特色小镇，在推动旅游业发展的同时推动乡村振兴，以获得双赢的成果。

### 一 理念更新，构建县域旅游发展体系

县域旅游要想实现可持续发展，必须创新发展理念，科学谋划，构建完善的县域旅游发展体系，突出体制改革。

第一，形成全域发展新理念。一方面，必须树立协调、创新、绿色、开放、共享的可持续发展理念，以此融合县域文化特色、休闲养生、人文体验的多元化旅游业态，大力发展与当地旅游业相关联的低碳产业和循环经济产业，让生态环境成为县域旅游目的地的优质资产；同时牢固树立大产业、大旅游、大市场的观念，创新发展理念，转变发展思路，改变以旅游资源单一要素为核心的旅游开发模式，加快从单一景区建设和管理到综

---

① 于萍：《全域旅游背景下乡村旅游发展中的障碍因素分析》，《中国商论》2018年第28期。

合旅游目的地统筹发展的转变、由传统景点景区模式向全域旅游发展模式的转变，构建新型旅游发展格局，打造全域的旅游品牌，在更新旅游理念的前提下更好地促进县域旅游的可持续融合发展。另一方面，要统筹规划、构建县域旅游体系，促进县域旅游的初步转型与升级。要加强旅游景观、交通运输、旅游商业区和居民生活区等的规划，立足全局开展旅游资源与环境状况论证与研究，确保项目开发的可行性，同时注重县域旅游与城镇乡村文化的有机结合，切忌过于城市化，以免丧失城镇乡村旅游的本真特色。① 政府还应制定产业政策，在旅游业繁荣时期控制总体规模，避免旅游业发展过热、过度消耗资源。协调各乡镇、各行政部门联动合作，有助于形成全县各地域各领域参与的综合协调机制，坚持创新全域旅游管理有效机制，提升全域旅游管理服务效能，形成全域旅游协调发展进步的良好局面。

第二，构建全域旅游新格局。与过去单一的景点旅游不同，全域旅游是将一个区域整体作为功能完善的旅游目的地进行建设，形成全域规划、全景打造、全业培育、全民共享的格局。首先，旅游资源丰富的地区应以旅游业发展为主导，这是全域旅游发展的核心。将良好的自然风光与浓厚的民族风情融合在一起，旅游者可以在旅游过程中全身心投入各种各样的环境中，从而在身体和精神上得到放松。其次，从县域资源分布结构来看，对旅游资源丰富的地区以旅游开发为主，从以单一旅游景区为重点，逐渐转变为以建设全县域范围内的旅游目的地为重点。最后，从旅游发展格局来看，必须打破传统的行政思维，将旅游业与各行业相互融合，探索旅游业全域发展改革的创新路径。②

第三，完善全域旅游新机制。全域旅游以整个区域为旅游目的地进行统一规划、资源整合，这需要以体制机制创新完善为先导和支撑。

首先，强化旅游综合协调的分工责任制。全域旅游涉及范围广、交叉

---

① 孙伶俐：《全域旅游视域下乡村旅游的可持续发展路径》，《旅游纵览（下半月）》2018 年第 22 期。
② 孙卿：《全域旅游视域下乡村旅游可持续发展的路径》，《当代旅游（高尔夫旅行）》2017 年第 12 期。

部门多，推诿扯皮的现象时有发生，因此，针对旅游投资、旅游扶贫、旅游市场秩序治理等综合性问题不仅要进行职责细分，将旅游综合协调的职责列入相关部门的具体职责范围内，成立相应分部门，使每一项旅游工作和协调任务都有具体的抓手和分工，每一项旅游工作流程、环节都能实现部门之间配合良好、衔接有序，而且还要设定具体的工作目标和制定考核方案，将对全域旅游工作的考核设定纳入政府考核体系以及干部选拔任用的考核指标，调动地方政府及旅游从业人员推动全域旅游开展的积极性。[①]此外，旅游建设不能仅靠文化广电和旅游局，而应以文化广电和旅游局为主体，联合其他相关部门形成旅游管理机构，确定各部门职责，积极进行合作，加强部门间的执法监管，形成高效的协调机制，提高当地的行政服务水平。

其次，健全县域旅游区域的法律法规。时刻关注社会发展最新动向，在出现法律空白和漏洞的地方，应通过积极合作探索、及时查漏补缺来不断完善和健全法律制度；旅游执法行政方面，各部门要做到联合出击，对游客旅游过程中可能遇到的情况进行不固定检查，对强制游客购物、违法经营等现象必须严厉整治，共同出击，维护社会治安。随着游客日益增多，各部门应通力合作，出台相关优惠政策，调整休假制度，更好地服务于游客，共同促进旅游业发展。[②]

最后，要加大全域旅游资金投入，鼓励多种经营方式和构建多元化旅游投融资体系。一方面，积极发挥市场在资源配置中的决定性作用，通过市场竞争实现旅游资源要素的合理配、优质配、合法配、高效配，鼓励各类所有制企业依法投资旅游产业；在投融资渠道、投融资主体、投融资模式等方面改革创新，通过设立旅游产业促进基金、旅游投融资平台等形式实现市场化运作，促进旅游资源资产交易和市场化配置，引导私募股权、创业投资基金等进行投资；要加大资金整合力度，支持全域旅游基础和公共

---

① 赵传松：《山东省全域旅游可持续性评估与发展模式研究》，山东师范大学博士学位论文，2019。

② 贾晓钰：《焦作市全域旅游发展路径研究》，河南理工大学硕士学位论文，2019。

服务设施建设。[1] 另一方面，发挥政府在全域旅游推进过程中的主导作用，主导或参与旅游项目和旅游基础设施建设，适时设立专项产业发展基金，创新投融资模式，发展互联网金融，积极创新众投、众筹等投融资模式，探讨政府和社会资本合作的全域旅游 PPP 模式。此外，还要注意坚守风险底线，选择信用可期的市场主体，形成合理的旅游项目退出机制，守住不发生系统性金融风险的底线。[2]

## 二　服务优化，完善县域基础设施

旅游基础设施与公共服务是发展旅游业不可或缺的物质基础，对于县域旅游发展有着十分重要的推动作用。国务院办公厅印发的《关于促进全域旅游发展的指导意见》着重提出，要加强基础设施配套，提升公共服务。县域旅游基础设施主要包括完善的交通设施、餐饮住宿设施、卫生设施以及公共标识等。

在交通方面，应加快改善现有的交通网络，需要加强与周边各大城市之间的联通性，扩大周边省市乃至全国的线路辐射范围，科学布局与省内城市之间高铁、铁路联系的班次、时间、密度等，推动铁路公路旅游经济圈发展。通过风景廊道、最美服务区建设、高速公路直连景区、旅游公路建设等举措推动旅游公路发展。通过完善公共汽车、出租车、公共自行车互补的市内旅游交通体系建设，打通旅游"最后一公里"。在餐饮住宿设施方面，应积极引导多方面投资主体，加大住宿、餐饮、服务等方面的投入，形成由高端酒店、经济型酒店、乡村民宿、主题酒店等不同类型组成的接待服务体系，整体提升旅游接待能力。在卫生设施方面，坚持不懈推进"厕所革命"，努力补齐影响居民生活品质的短板，全面改善游客的旅游体验。在旅游接待设施方面，一方面通过灯光、亮化等措施着力提升夜间娱

---

① 张予、赵巍：《全域旅游视角下县域旅游发展路径研究——以福建省浦城县为例》，《旅游纵览》2022 年第 11 期。

② 赵传松：《山东省全域旅游可持续性评估与发展模式研究》，山东师范大学博士学位论文，2019。

乐设施水平，丰富旅游产品，延长游客驻留时间，打造"夜间旅游"。另一方面，按照一体化、便利化、快捷化和无障碍的标准，进一步促进和完善公共交通指引标识和旅游景区（点）、停车场、文化场馆、历史村落、旅游公厕等标识系统的规范化建设；积极传达县域区域旅游信息，建立健全县域范围内的旅游咨询服务体系，加快推进旅游度假区游客服务中心、旅游集散地、自驾车营地、商务中心区、美食一条街、地方特色购物一条街、民俗活动一条街、大型实景演艺等旅游项目落地建设。优化景区内外环境治理，做到基础设施与公共服务体系全域覆盖。同时加快智慧旅游云服务平台建设，建立信息发布系统，为游客提供咨询服务、旅游产品展示、酒店预定、购物、交流评价等综合性服务网络平台，实现无线网络全覆盖。

### 三　资源整合，升级县域旅游产品

整合当地特色旅游资源，加强不同产业之间的融合，通过"旅游+"和"+旅游"的形式带动文化产业与旅游产业的发展，形成创新性资源禀赋型县域旅游目的地。

第一，各个县域区域要结合自身资源特色寻找创新突破点，设计主题鲜明、富有视觉审美吸引力的旅游产品。由于历史、文化、地理、环境不同，县域旅游的细分市场丰富多样，旅游资源相对特色鲜明，比较优势突出。如有主打农家乐的休闲旅游产品，有主打亲子游的家庭旅游产品，也有科技参与感强的历史文化旅游产品，还有主打环保绿色的旅游产品等。以乡村旅游为例，有深挖乡村农耕体验（增加旅游深度游）、体验乡村传统手工艺制作（增强旅游体验感）、观赏乡村传统民俗表演（保护文化传承）、创新乡村趣味游玩项目（如区别于城市的攀岩、钓鱼、户外运动等项目）、推广民宿产业（增加游客与乡村的黏性）等方式。从产品层面来看，应积极发掘产品内涵，拓展产品结构与功能。一方面，要将文化注入旅游资源，以主题组合线路，形成特色不一的乡村旅游产品系列，促进产品内涵升级。如我国延边州乡村旅游着力打造具有特色的"中国朝鲜族第一村民俗文化旅游"，使游客真切地体验传统朝鲜族美食、传统民俗文化，继而推动了当地乡村旅游的成功转型。① 安徽省黄山市祁门县祁红小镇围绕茶产业打造"魅力红祁、茶祖故里"的旅游发展主题，形成了乡村旅游集聚区。安徽省宣城市绩溪县在进行乡村旅游空间整合时，依托河流形成沿河文化景观廊道，依托交通道路形成皖浙天路旅游廊道，通过水廊天路盘活了绩溪县的旅游资源，形成乡村旅游集聚区。② 山东省临沂市根据全域旅游可持续发展理念，在旅游经济发展方面坚持以建设红色旅游胜地为中心，依托烈士陵园、纪念馆、展览馆、纪念地等红色旅游资源延长红色旅游产业链条，丰富红色旅游主线，辐射带动地质景观、温泉养生、乡村休闲、风情小镇、研学旅行等旅游项目；以红色旅游资源为纽带，联通临沂、枣庄、莱芜等地区相关旅游资源（孟良崮、铁道游击队旅游区、莱芜战役纪念馆等）开展"红—红联手"式的跨区域合作，形成优势互补、共同发展的红色旅游发展新格局。③ 因此，县域旅游产品要形成自己的产品竞争力、在旅游市场获得一定份额，必须拥有较强的资源整合能力，能够以主推产品的服务理念和价值属性为中心，将自然景观、农业生态景观、乡村生活景观、非物质文化景观等进行高效整合、有序融合，设计主题特色鲜明、景观视觉审美舒适、富有吸引力的农业旅游景观产品。各个地区乡村农业的特点不一样，当地经济社会发展程度和政策扶持力度也不一样，创业者还要关注区域农业旅游发展的市场环境，积极寻求政策扶持，协调农业生产经营和农业旅游发展的平衡关系，让农业旅游成为助力生态农业发展的及时雨。④

第二，发展全域旅游要求从粗放低效型旅游向精细高效型旅游转变，增加有效供给，引导旅游需求，推进乡村旅游产品由低端品质向高端品质转型，实现旅游供求的积极平衡。从初级的以吃、住、观光和采摘为主向

---

① 孙伶俐：《全域旅游视域下乡村旅游的可持续发展路径》，《旅游纵览（下半月）》2018 年第 22 期。

② 李东和、雷莹莹、蒋璐璇：《全域旅游视域下乡村旅游整合路径研究》，《四川旅游学院学报》2022 年第 3 期。

③ 赵传松：《山东省全域旅游可持续性评估与发展模式研究》，山东师范大学博士学位论文，2019。

④ 刘颖：《农业旅游的可持续发展路径研究》，《中国稻米》2022 年第 3 期。

以休闲度假、养生康体为主过渡。如，可将养生、养老理念融入乡村旅游体系中，向游客提供康复疗养服务，打造康疗养生体验中心、养生长寿文化园、养生博物馆和智慧养老度假营等，并推出养生旅游产品、药膳体验馆、中草药浴馆等，促进乡村旅游转型与升级。此外，要促进乡村旅游产品向体验型、文化型、娱乐型等多元化功能转型，实现从服务经济向体验经济的转变和升级。如，可依循生态、休闲、科普等开发原则创建乡村旅游示范区，打造生态化、综合化农业景观和开心农场等；还可构建农业教育基地、乡土教学中心等，使游客增强乡村体验效果。[①]

全域旅游背景下，发展县域旅游应突出旅游资源的特色和吸引力，进行旅游产品创新，增加具有市场吸引力和竞争力的旅游产品供给，从而增强县域旅游的竞争力，保障旅游业平稳可持续发展。

## 四　产业融合，打造县域旅游品牌

全域旅游品牌打造与单个旅游景区品牌相比更具有广泛性和可持续性。全域旅游依托当地独特的旅游资源、文化、景观，融合全新生活理念和常态化品质生活方式，提升游客的参与体验感，吸引更多旅游者来到"第二个家"。全域旅游融合了文化、旅游（休闲）与生活，通过对区域旅游文化资源加以整合，获得品牌效应。品牌价值的大小与产品服务品质和旅游产品知名度以及消费者认可度有关，具体来看主要体现在两个方面。

第一，提升旅游产品和服务的品质。"旅游 +"代表着一种新的经济形态、生活形态、社会组织形态和先进生产力。通过发挥旅游业与其他产业的融合力，为相关产业和领域发展提供旅游平台，形成新业态，提升其发展水平和综合价值。

一是要大力促进"文化＋旅游"产业融合。注重文化内涵，突出知识性，以高品位的旅游产品满足知识经济时代旅游者的求知需求。以县域为单元，对村庄进行系统梳理，将有文化底蕴的村庄筛选出来，以文物保护

---

① 孙伶俐：《全域旅游视域下乡村旅游的可持续发展路径》，《旅游纵览（下半月）》2018 年第 22 期。

方式将特色文化保留下来。要充分挖掘名人故居故乡的文化价值，结合旅游业进行系统开发。以乡土文化充实乡村旅游内涵，以乡村旅游带动乡村文化的保护和发展，形成文旅融合的新格局。[①] 打造独特的民宿、客栈，让旅游者体验特色化的乡村民宿。还可以打造休闲娱乐场所、文化娱乐小广场、地方戏曲舞台、乡村酒吧、乡村风情街等，将具有地域文化习俗的文化内容涵括进来，形成独特的节庆旅游文化。[②] 如传统节日的庆祝形式、祭祀活动、地方戏曲、扭秧歌、打腰鼓等，让人们感受传统民俗的丰富多彩，有利于传统文化的传承与发展。游客也可以体验传统手工艺制作，参与学习一些传统食物（糍粑、包粽子、做豆腐、酿酒等）制作，体验农村手工艺品（织布、剪纸、烙画、编竹筐、手工布鞋等）制作，既丰富了游客的观光内容，游客也可以获得自己的劳动果实。还可利用当地特色化农业资源，结合独特的区位资源优势，创设乡旅示范景点、农业体验中心、亲子开心农场等，使游客感受到原始、浓郁的农业生态景观，增强乡旅体验。[③]

二是着力促进"旅游＋其他产业"融合，提高产品知名度。以当地旅游资源为依托，大力开发具有当地特色的运动休闲、商务会展、文化创意、金融旅游等时尚旅游产品，实现旅游资源与其他资源的融合，建构和优化旅游可持续发展体系，将旅游与农业、林业、渔业、文化养生、休闲娱乐相结合，积极培育美食、康养、摄影、工艺美术等与旅游密切相关的特色潜力行业，实现县域旅游的产业联动、融合和交叉，更好地打造特色化、差异化、品牌化的乡村旅游发展模式，凸显地域旅游文化资源特色。此外，可以打造"旅游＋工业""旅游＋水利""旅游＋体育""农业＋旅游""林业＋旅游""渔业＋旅游""休闲度假＋旅游""养生＋旅游"等多种业态融合模式，全力开创全域旅游新格局。开发自助游、自驾游、背包游、高

---

① 刘治彦：《文旅融合发展：理论、实践与未来方向》，《人民论坛·学术前沿》2019年第16期。

② 李艳：《全域旅游视阈下的乡村旅游可持续发展路径探索》，《太原城市职业技术学院学报》2017年第4期。

③ 韩彩霞：《论全域旅游视域下乡村旅游的发展路径》，《重庆电子工程职业学院学报》2018年第3期。

铁游、家庭亲子游等旅游市场和游线产品，不断增强县域旅游在国内外市场上的吸引力和竞争力。

三是在大数据时代背景下与"互联网＋"巧妙结合，建立关于全域县域范围内的旅游品牌网站，用于宣传当地旅游资源，从而进一步拓展旅游市场。依托独特的民族文化及得天独厚的气候资源条件吸引更多旅游者到县域旅游点旅游；鼓励开发旅游用品、文创产品、服务商品等，并利用线上和线下渠道将商品销售到全国，打造县域旅游的名片。通过发展智慧旅游，全面提升旅游业发展水平，提高游客满意度，促进新一代信息技术产业的发展。将先进装备制造业应用于旅游场景创新，充分运用虚拟现实、4D、5D 等人工智能技术打造立体、动态展示平台，为游客提供线上体验和游览线路选择。通过发展邮轮游艇、大型游船、旅游房车、旅游小飞机、景区索道、大型游乐设施等旅游装备制造业提升行业的科技水平，不断提升游客的旅游体验，实现旅游的可持续发展。[①]

第二，加强县域旅游宣传营销工作。县域旅游要扩大影响力、知名度，就必须深入、全面、细致地做好营销推广工作，加强旅游形象包装，提炼历史文化、旅游资源的形象概念，并加以包装和强化，借助差异化、特色化吸引旅游者目光。面对全国不同地区推出各种合适的消费套餐，吸引不同地区的旅游爱好者前来，持续提升旅游产品知名度，占领尽可能多的市场份额，这是县域旅游可持续发展的必经之路。要积极运用现代营销理念和技术手段，深入挖掘高品质资源，开展多种形式的旅游推广和产品营销，建立现代化的营销推广体系，实现县域旅游市场营销的综合效应。一方面，积极塑造旅游形象品牌，根据不同资源目的地进行形象定位，打造极具代表性、辨识度、影响力的旅游形象标志与宣传口号，凸显当地乡村旅游文化的内涵与核心价值；另一方面，积极利用各种类型社交媒体平台，如微信、抖音、小红书和微博等新媒体形成宣传热点，快速提升旅游的知名度和美誉度，尤其要善于利用基于移动终端的新媒体平台宣传县域旅游产品，

---

① 庞世明、孙梦阳、宋志伟：《"资源诅咒"、旅游供给多样性与可持续旅游发展》，《旅游学刊》2021 年第 5 期。

积极构建区域目标市场的营销网络。[①] 同时，加强智慧旅游建设，利用移动互联网技术构建当地旅游官方网站、微博，成立网络社区、官方微信公众号等平台，为游客游览、购物、交通等提供智慧化服务。实现旅行社、景区、酒店等数据联合联动，旅游与公安、环保、气象、交通等行业数据全面共享。进一步优化旅游行业大数据运营分析平台、服务监测平台、舆情监测平台、应急情况处置平台、主要重点景区视频监控平台等建设，推进覆盖 A 级景区、星级饭店、旅行社的"智慧景区""智慧饭店""智慧旅行社"建设，实现全域旅游服务智能化全覆盖。[②]

### 五 集聚英才，提供县域人才支撑

在县域范围内发展全域旅游离不开文化旅游产业人才。政府应制定相关政策支持人才培育；学界应承担人才培养和产业研究的重任；企业应大力引进各类创新型人才。

第一，建立人才培养机制，打造旅游服务业人才队伍。政府部门要着力从文化产业人才的引进、使用、考核、培养等诸方面建立市场运作机制，打造全域旅游发展的研究人才队伍、全域旅游经营管理人才队伍和历史文化名人研究队伍。[③] 在选拔人才方面，政府可积极开展各种各样的旅游人才比赛活动，用来展示不同行业的优秀服务技能和先进知识，给予优秀人才相应的鼓励和宣传，营造行业内浓郁的学习氛围，积极鼓励旅游人员自主学习，自我提高；定期举办优秀人才、企业交流大会，促进先进知识、技能与管理制度等的相互交流借鉴。此外，各地政府应完善旅游文化管理人员培训工作，安排周期性培训，提升县域旅游行政管理能力。

第二，人才培养方面要注重提升复合创新能力。全域旅游业态发展要求旅游管理专业学生除了掌握基础知识、基本技能，还要掌握区域性自然、

---

① 陈军：《全域旅游视域下县域旅游发展研究——以浙江黄岩为例》，《经济师》2018 年第 3 期。
② 张予、赵巍：《全域旅游视角下县域旅游发展路径研究——以福建省浦城县为例》，《旅游纵览》2022 年第 11 期。
③ 王国华：《论全域旅游战略实施的路径与方法》，《北京联合大学学报》（人文社会科学版）2017 年第 3 期。

人文知识，具备招徕、接待、餐饮服务、客房服务、会议服务、团建服务等单项服务能力和跨专业跨行业的设计、策划、营销等能力。人才培养要从单一性技能简单叠加和提升延伸至综合性服务能力的拓展与创新，从培养技术技能型人才向培养复合型、创新型人才转变。[①] 建议在旅游专业学习中增加文化类课程。全面覆盖旅游规划、建设、运营与管理各个环节，吸引高素质人才从事旅游业。将文学、历史、国学、哲学、艺术等各类课程贯穿人才培养全过程。民族的特色文化与外来的先进文化要相互借鉴，共同陶冶人们心灵，提高国民文化涵养。形成文化创意、文学创作、文艺表演、展览展示等类别丰富、系统完整的文化人才队伍，为文旅融合发展提供人才支撑。[②]

第三，校企合作，完善旅游企业相关人员培训。定期举办优秀人才、企业交流大会，促进先进知识、技能与管理制度的相互交流借鉴。加强高校与企业间的合作，形成人才培养输送的固定渠道来源。对已经引进的旅游从业人员要进行课程培训，聘请专业人员进行授课、现场指导，以帮助提高现有人员的服务技能和专业知识。景区方面主要是加强对导游人员的培训，推广导游在线学习，构建导游在线培训平台，根据本地区的旅游发展状况与旅游资源禀赋设计具有地方特色的县域文化旅游培训大纲、教材以及课件。同时落实相关从业人员年审培训，提供年审合格证明，要求未合格员工再次参加培训等制度。

---

① 余晓燕：《全域旅游背景下职业院校人才培养供需求分析与改革路径》，《中国职业技术教育》2022 年第 16 期。
② 刘治彦：《文旅融合发展：理论、实践与未来方向》，《人民论坛·学术前沿》2019 年第 16 期。

# 第五章
# 生态文明视域下县域旅游发展研究

尊重自然，热爱自然，坚持人与自然和谐共生，推动生态文明建设是关系中华民族永续发展的根本大计。与工业、制造业等产业相比，旅游业具有能耗低、排放少、环境友好等特点，契合了生态文明的绿色发展理念，是生态文明建设的重要产业。[①] 县域作为新时代下旅游发展的重要地域单元，在促进生态文明建设和实现旅游业可持续发展方面具有重要价值。本章主要围绕生态文明建设背景下县域旅游发展状况进行分析，在对生态文明概念内涵与特征、习近平生态文明思想梳理的基础上，明晰生态文明建设与县域旅游发展的互动关系，针对目前县域旅游发展状况分析生态文明视域下县域旅游发展模式，提出县域旅游发展路径与建议。

## 第一节　生态文明对县域旅游发展提出了新要求

生态文明是继工业文明之后人类文明发展的新形态，是人类对传统工业文明进行理性反思的产物。党的十八大把生态文明建设纳入中国特色社会主义事业"五位一体"总体布局，明确提出要大力推进生态文明建设，努力建设美丽中国，实现中华民族永续发展。以习近平同志为核心的党中央站在战略全局的高度，对生态文明建设和生态环境保护提出了一系列新

---

① 龙志、曾绍伦：《生态文明视角下旅游发展质量评估及高质量发展路径实证研究》，《生态经济》2020 年第 4 期。

思想、新论断和新要求，为努力建设美丽中国、实现中华民族永续发展指明了方向和路径。① 本小节在对生态文明内涵系统梳理的基础上明确生态文明的主要特征，归纳总结习近平生态文明思想内容，并在此基础上剖析生态文明与县域旅游的辩证关系。

## 一 生态文明的概念内涵与基本特征

### （一）生态文明的概念内涵

气候、水文、植被、地形、土壤等自然地理环境构成了人类及自然界所有生物赖以生存的基础。人类社会发展与自然环境的关系是不同社会阶段都必须面对和思考的问题。在封建社会，生产方式和生产力相对低下，人类活动对自然资源的消耗和污染还未达到破坏的程度；伴随着生产方式的进步和生产技术的飞跃发展，尤其是近现代科学技术的突破性进步，人类物质生活得到极大满足的同时，人类活动造成的环境污染问题也逐渐显现，人类与自然间失衡的情况日益凸显。气候变暖、酸雨蔓延、土地荒漠化、水资源匮乏、大气污染、水污染等环境问题与日俱增，干旱、洪涝、地震等自然灾害和极端天气发生的频率和强度不断增加，造成的危害与影响不容忽视，甚至已危及人类未来的生存与发展，保护生态环境成为全球面临的共同挑战和共同责任。

生态作为一种自然存在，与人类生产生活不可分割。生态文明概念的提出是近三四十年的事情，但是关于生态文明思想的论述却历史久远。比如中国古代"天人合一"的思想，古希腊时期产生并形成的自然有机论、大宇宙与小宇宙论及天人感应论等生态概念。近代以来，马尔萨斯的《人口论》是第一本涉及生态概念的著作，马克思和恩格斯的著作中也包含了许多有关生态的论述。20世纪以来，资本主义生产方式导致的资源枯竭、环境污染和生态恶化等问题引发了关于生态文明、可持续发展的诸多讨论，

---

① 尹海涛：《新时代生态文明治理体系的主要特征和发展方向》，《上海交通大学学报》（哲学社会科学版）2022年第5期。

相关著作也随之增多，比如《寂静的春天》《增长的极限》等。①

生态文明作为工业文明之后产生的人类文明形态，标志着人类文明发展到一个新阶段。狭义的生态文明强调人与自然的和谐关系，要求实现人与自然的和谐共生。随着生态文明概念的不断挖掘与深入，其概念外延得到了深化与拓展，学者们强调对生态文明概念的理解要超越狭义的人与自然关系的认知，应从遵循人、自然和社会统一整体的思想来认识生态文明概念，将人与自然背后所蕴含的社会因素（包括人与人、人与社会的关系）纳入生态文明认知，并由此形成广义的生态文明概念，即"人类遵循人、自然、社会和谐发展这一客观规律而取得的物质与精神成果的总和，是以人与自然、人与人、人与社会和谐共生、良性循环、全面发展、持续繁荣为基本宗旨的社会形态"。②

（二）生态文明的基本特征

生态文明包含三个重要的特征，即较高的环保意识、可持续的经济发展模式和更加公正合理的社会制度。具体来说，生态文明蕴含着人类文明发展史上璀璨的智慧结晶，是人类共同的价值取向和最终的发展归宿，所以生态文明具有以下几个鲜明的特点：一是遵循"道法自然"，摒弃极端人类中心主义的发展观，强调发展必须遵从自然规律；二是生态理念教育，注重对人类公众尊重自然、保护环境意识的培养和引导；三是和谐共生发展，在发展过程中不必非友即敌、荣损互斥，不能如工业文明时代那样一味追求经济的高增长而漠视对生态环境的破坏，而是强调人与自然、经济与生态、保护与发展的和谐共存、共同发展；四是效益的高度统一，即强调经济社会发展不以破坏自然资源和牺牲生态环境为前提，要在维护好子孙后代赖以生存的生态权益的基础上实现经济社会的永续发展；五是生态经济基于建设资源节约型、环境友好型社会，致力于环境优先、污染最少、能耗最低的绿色发展，逐步形成生态农业、生态工业、生态服务业尤其是

---

① 赵异：《生态文明的基本内涵与历史地位》，《延边党校学报》2020 年第 3 期。
② 张华丽：《生态文明概念的历史考察与发展趋向探讨》，《中共天津市委党校学报》2018 年第 4 期。

生态旅游业占据主导地位的经济结构；六是建立健全完备的生态治理机制，包括建立健全维护环境正义、保障生物多样性、倡导绿色消费、生态红线治理等的法律法规和管理机制。①

## 二　习近平关于生态文明建设的重要论述

建设生态文明关系人民福祉、关乎民族未来。党的十八大以来，以习近平同志为核心的党中央以前所未有的力度抓生态文明建设，以全新的视野深化了对生态文明的认知和了解，将马克思主义基本原理同中国生态文明建设实践相结合、同中华民族优秀传统生态文化相结合，形成了习近平生态文明思想。② 习近平生态文明思想是标志性、创新性、战略性的重大理论成果，在吸收中国古代生态哲学思想的基础上，立足现实、心怀世界，阐释了人与自然和谐共生的基本方略。③ 其主要内容如下。④

其一，人与自然和谐共生理论。强调人与自然的关系是人类社会最基本的关系，自然是生命之母，人与自然是生命共同体，生态兴则文明兴，生态衰则文明衰。

其二，绿水青山就是金山银山理论。强调绿水青山的重要价值，保护生态环境就是保护生产力，改善生态环境就是发展生产力。

其三，良好的生态环境是最普惠的民生福祉理论。认为环境就是民生，青山就是美丽，蓝天也是幸福。要坚持生态惠民、生态利民、生态为民，不断满足人民日益增长的对优美生态环境的需要。

其四，山水林田湖草沙是生命共同体理论。认为人的命脉在田，田的命脉在水，水的命脉在山，山的命脉在土，土的命脉在林和草，这个生命

---

① 上官龙辉：《基于生态文明视角下的泰顺县生态旅游发展研究》，吉林大学硕士学位论文，2015，第 10 页。

② 孙金龙：《深入学习贯彻习近平生态文明思想 努力建设人与自然和谐共生的现代化》，《光明日报》2022 年 12 月 27 日。

③ 陆继霞：《从"天人合一"到"绿水青山"：中国生态观的发展历程》，《人民论坛》2022 年 4 月 27 日。

④ 尹海涛：《新时代生态文明治理体系的主要特征和发展方向》，《上海交通大学学报》（哲学社会科学版）2022 年第 5 期。

共同体是人类生存发展的物质基础，人与自然生命共同体组成了相互依存、不可或缺的共生共荣关系。

其五，用最严格的制度、最严密的法治保护生态环境。强调只有实施最严格的制度、最严密的法治，才能为生态文明建设提供可靠保障。

其六，关于共建地球生命共同体理论。认为地球是人类共同生活和守护的家园，面对生态环境挑战，世界各国是一荣俱荣、一损俱损的命运共同体，任何一国都无法置身事外、独善其身。中国是负责任的大国，秉承人类命运共同体的理念，坚定维护多边主义，积极参与全球生态文明建设合作，推动构建公平合理、合作共赢的全球环境治理体系，为实现全球可持续发展贡献中国智慧和中国方案。

中国式现代化是人与自然和谐共生的现代化。习近平总书记在党的二十大报告中全面系统地总结了新时代十年生态文明建设取得的重大成就，深刻阐述了人与自然和谐共生是中国式现代化的重要特征。尊重自然、顺应自然、保护自然是全面建设社会主义现代化国家的内在要求。

习近平生态文明思想开辟了马克思主义人与自然关系理论的新境界，指出了在新时代开展生态文明建设的主要思路。尤其是"两山理论"蕴含了对生态保护的革命性认识，指出了生态环境本身就是生产力，破坏生态环境就是破坏生产力的重要思想。纵观现代化发展实践，可以看到很多资源型城市和发展重污染行业的城市逐渐出现发展乏力、发展滞后的现象，究其原因在于发展过程中只顾向自然索取而忽视了保护。在资源和环境被破坏之后，物质资本和人力资本外迁到其他地区，本地区就陷入了发展的"泥淖"。正如"两山理论"强调的："我们既要绿水青山，也要金山银山。宁要绿水青山，不要金山银山，而且绿水青山就是金山银山。"① 因此，生态文明建设是关系民生的重大社会问题，关系中华民族永续发展的根本大计。建设生态文明、建成美丽中国，是推动经济高质量发展、解决我国新

———————

① 《习近平关于全面建成小康社会论述摘编》，中央文献出版社，2016，第171页。

时代社会主要矛盾、构建人类命运共同体的内在需要。[1]

生态文明以尊重和维护自然为前提，以人与人、人与自然、人与社会和谐共生为宗旨，以建立可持续的生产方式和消费方式为内涵，以引导人们走上持续、和谐的发展道路为着眼点。生态文明建设本着为当代人和后代人均衡负责的宗旨，转变生产方式、生活方式和消费模式，节约和合理地利用自然资源、保护和改善自然环境、修复和建设生态系统，为国家和民族的永续生存和发展保留和创造坚实的自然物质基础。[2]

## 三 县域旅游与生态文明的辩证关系

旅游是衡量人们生活质量的重要指标之一，是小康社会生活的重要方式，旅游业也逐渐成为国民经济的战略性支柱产业，也是推动生态文明建设的重要支撑产业。伴随经济社会的快速发展和国民收入水平的不断提高，我国社会的主要矛盾发生了变化，不断满足人民日益增长的美好生活需要成为社会的主要期盼，这对作为现代服务业重要组成部分的旅游业的发展提出了新要求。推动旅游业高质量发展，满足人民的美好生活需求，提高人民群众的获得感、幸福感、安全感等，是新时代赋予旅游业发展的重要使命。旅游业发展与生态文明建设相互影响、相互交融、相互协同，在生态文明建设背景下，县域旅游业的高质量发展需要与生态环境相协调，实现旅游生态化、生态旅游化。[3]

（一）生态文明是县域旅游可持续发展的客观需要和战略选择

旅游发展方式与人类文明发展程度息息相关。人类文明包括物质文明、精神文明和生态文明，以及基于发展阶段属性的农耕文明、工业文明与生态文明的分异，生态文明是当今人类文明发展的最高形态。农耕文明孕育

---

① 尹海涛：《新时代生态文明治理体系的主要特征和发展方向》，《上海交通大学学报》（哲学社会科学版）2022 年第 5 期。

② 唐承财、周悦月、钟林生、何玉春：《生态文明建设视角下北京乡村生态旅游发展模式探讨》，《生态经济》2017 年第 4 期。

③ 龙志、曾绍伦：《生态文明视角下旅游发展质量评估及高质量发展路径实证研究》，《生态经济》2020 年第 4 期。

了桃花源式的乡村田园生活；工业文明时代伴随着大规模化石能源的投入与使用，资源消耗与环境污染逐渐凸显，带来了环境质量退化等问题；生态文明唤醒了人类对自然敬畏与呵护的意识，生态文明强调人与自然、人与人、人与社会和谐共生，是人类与自然界相互协调共同发展的新文明。生态文明的价值导向也正在建构与形成旅游发展方式转型与升级的新风向标。① 生态文明追求绿色发展，不以牺牲子孙后代的生存环境和幸福生活为代价，强调多"种树"、长"绿荫"、让后人"乘凉"。生态文明揭示了作为社会经济重要表现形式的旅游业的发展灵魂和实质内涵，是旅游业发展必须遵循的基础和前提。② 对于县域旅游而言，其旅游业发展取决于拥有旅游者所需要并愿意为之支付的当地优秀的自然和人文资源状况。充满自然情趣的未被污染的风景、原生态的田园自然景观、风光绮丽的城镇和村庄及其他数不胜数的自然资源构成了县域旅游的基本条件。县域内各地区旅游开发的基本类型更是依赖于该地区环境资源的特殊性质和结构。此外，环境的净化能力对县域旅游产业的生存和发展具有决定性的意义。③ 总体而言，生态文明是县域旅游发展的先导灵魂和根本遵循，在旅游发展过程中要将生态文明理念和建设要求体现和落实到县域旅游的规划、保护、开发、建设、运营、管理、宣传、教育的各个环节和"吃住行游购娱"六要素中，指引县域旅游产业实现绿色发展、永续经营、和谐共生。④

（二）县域旅游是生态文明建设的重要现实路径

旅游产业注重生态环境保护、人与自然和谐发展，且具有生态教育功能，是生态文明建设的重要载体。随着社会进步以及消费水平的提高，人们更加追求高品质的生活方式，其中旅游是满足现代人们高品质生活需求

① 汪宇明、吴文佳、钱磊、蔡萌：《生态文明导向的旅游发展方式转型——基于崇明岛案例》，《旅游科学》2010年第4期。
② 上官龙辉：《基于生态文明视角下的泰顺县生态旅游发展研究》，吉林大学硕士学位论文，2015。
③ 谢彦君：《基础旅游学》，商务印书馆，2015，第297页。
④ 上官龙辉：《基于生态文明视角下的泰顺县生态旅游发展研究》，吉林大学硕士学位论文，2015。

的重要环节。许多人通过旅游来寻求身体和心灵的放松，同时开阔眼界，丰富知识，陶冶情操，这也间接地带动了地区间的交流，拉动了消费，最终推动社会经济发展以及社会文明的进步。旅游业的发展包含众多因素，其中旅游资源、设施设备以及服务是旅游业发展的重要方面。相对于其他产业，旅游业造成的环境污染较少、能源消耗也较低，还可以适当解决当地的就业问题，符合绿色发展理念，是生态文明建设的重要载体和现实路径。① 乡村休闲、生态观光、旅居康养等县域旅游产品体现了传统的"天人合一"思想，本身就是生态文明成果的体现。县域旅游发展在优化人居环境、保障生态系统安全的前提下，能够增加地方的财税收入，促进地区居民增收、扶贫惠民，这有效地反哺了地方生态文明建设，为生态文明建设提供坚实的物质保障和经济支持，是地区实现生态文明发展目标的重要途径。以乡村旅游为例，土地利用的生态效益是平衡土地生态系统的重要内容，乡村旅游发展对生态环境有很高的要求，优美的生态环境是吸引游客前往的重要因素，这成为当地改善生态环境的重要动力，乡村旅游发展有助于提高土地利用的生态效益，优化乡村土地利用布局。② 因而旅游发展是县域生态文明建设的重要现实路径，其兼具的环境保护、旅游观光、生态教育和促进地区发展等功效将成为探索生态文明、践行生态文明、传承生态文明的现实选项和有效路径。

旅游产业作为国民经济重要的战略性支柱产业，在改善基础设施、发展国民经济、促进社会就业、加强文化交流，尤其是促进区域生态文明建设方面发挥着重要作用，而生态文明建设对促进旅游产业健康发展、建设"美丽中国"具有重要意义。加强生态文明建设、构建绿色低碳循环发展的产业体系是实现"美丽中国"的必然要求，更是实现旅游产业可持续发展

---

① 刘江海、李艳：《生态文明视角下江西旅游特色小镇发展模式研究——以瓷都景德镇为例》，《太原城市职业技术学院学报》2020 年第 8 期。
② 李志飞、朱永乐、喻珍、曹珍珠：《乡村旅游发展对土地利用变化的影响——基于四个县域的多案例研究》，《华中师范大学学报》（自然科学版）2022 年第 1 期。

的重要动力。[1] 生态文明建设与县域旅游发展是辩证统一的，县域旅游发展是促进地区生态文明建设的重要支撑，良好的生态环境是实现县域内旅游可持续发展的有力保障。建设生态文明，实质是寻求绿色发展、永续发展，为县域旅游可持续发展提供理论精髓和养分；而基于生态文明视域的县域旅游发展是在注重自然生态环境保护的前提下，将践行绿色发展、可持续发展、传播生态文明贯穿于地区旅游产业发展的全过程。秉持并践行生态文明是县域旅游产业发展的先导灵魂，只有依靠生态文明理论的指引，县域旅游产业才能实现可持续发展；绿色、环保、生态的旅游产业发展是县域生态文明建设的重要现实路径，县域的生态文明建设离开旅游产业的支撑就会变成无源之水、无本之木，二者是互为条件、相辅相成、互相促进的关系。[2]

## 第二节　生态文明视域下县域旅游发展模式

"绿水青山就是金山银山"，绿水青山的实现，需要以生态环境为基础的绿色产业、生态产业的大力支撑。以田园观光、乡村休闲等为代表的县域旅游绿色创新发展，成为推进生态产业发展、促进生态文明建设的重要抓手。生态文明建设导向下的县域旅游发展，有利于带动第三产业发展和优化产业结构，突破县域传统的纯农业生产经营模式，使得县域内第一产业、第二产业、第三产业更加协调发展。同时这种绿色的、可持续的发展模式也促进了县域生态环境的保护性开发利用，有助于"生态宜居"建设。[3] 以生态文明建设为导向的县域旅游发展模式较为多样，本文主要归纳了三种类型并对其进行分析，即"生态＋农业＋旅游"的发展模式、"生

---

[1]　陆保一、明庆忠、郭向阳、刘萌萌：《云南省旅游产业与生态文明建设耦合协调度时空差异研究》，《资源开发与市场》2018 年第 3 期。

[2]　上官龙辉：《基于生态文明视角下的泰顺县生态旅游发展研究》，吉林大学硕士学位论文，2015。

[3]　张钰瑜：《供给侧视域下乡村生态旅游创新模式探析——以广东佛山为例》，《云南民族大学学报》（哲学社会科学版）2018 年第 2 期。

态 + 文化 + 旅游"的发展模式和"乡村 + 生态 + 旅居"的发展模式。需要指出的是，这三种模式并非完全对立，实际上同一地区的旅游发展可能对这三种模式均有涉猎，本文主要根据该区域旅游发展的资源优势与旅游特色对其进行分析。

## 一　"生态 + 农业 + 旅游"的发展模式

"十二五"规划明确将"转变方式、开创科学发展新局面"作为我国国民经济和社会发展的主旋律，并把建设资源节约、环境友好型社会作为加快转变经济发展方式的重要着力点。生态产业的发展是中国可持续发展的根基，发展绿色经济是解决资源短缺和减少生态破坏的突破口。与此同时，国民的绿色消费、生态意识、健康理念等也在逐渐提高，以休闲农业为核心的生态农业旅游开始进入人们的视野，成为城乡居民日常休闲生活的重要组成部分，农业生态旅游与产业链建设已成为当今社会的热点。根据不同地域之间农业类型的差异，以农业为核心开展的相关休闲与旅游形式包括观光型农业园、开放式农业种植园区，让游客真正参与农业生产过程；游客可住宿在宁静、独特的乡村农家民宿，体会古朴的乡村文化；农业公园是集观光区、服务区和活动区等多个区域于一体的综合性场所，将农作物生产、农产品交易和休闲娱乐融为一体。[①]

（一）发展背景

休闲农业成为激发乡村经济活力、全面推进乡村振兴的新动能。2020年中国完成了全面消除绝对贫困的任务，开启了走向全面推进乡村振兴的新征程。乡村产业发展注重的不再只是农民增收的问题，而是产业本身的发展和乡村建设问题。2021 年中央发布《中共中央国务院关于全面推进乡村振兴加快农业农村现代化的意见》，文件专门指出：要构建现代乡村产业体系，开发休闲农业和乡村旅游精品线路，完善配套设施。该文件为乡村旅游进一步发展明确了方向和实施路径。"生态 + 农业 + 旅游"的发展模式能够集约高效地利用资金、技术、土地等生产要素，推动区域优势主导产

---

[①]　李雪静：《浅析我国农业生态旅游的特性、现状与发展》，《新农业》2022 年第 19 期。

业规模的扩张和相关产业的发展，有利于缓解农业资源变化带来的矛盾。

随着城镇化进程的加快，城市问题愈加明显，乡村提供农业景观的功能逐渐凸显，越来越多的城镇居民在周末或假期到郊区农村休闲旅游，亲近自然，享受宜人的田园风光。党的十八大以来，我国经济发展由原来主要依靠数量增长转变为注重质量和效益的提高，将更加注重改善民生、生态平衡和社会进步，这对旅游业而言无疑是一个重要的发展契机。原生态乡村旅游成为兼顾游客生命健康和旅游消费效用最大化的最佳选择之一。[①]

近年来，"绿水青山就是金山银山""绿色生态""可持续发展"等一系列生态文明发展理念已深入人心，经济的发展以保护生态环境为依托，进而实现经济高质量发展和生态环境高水平保护。在这一总基调下，生态农业和农业生态旅游作为一种新型的农业生产经营模式和旅游类型从无到有、从单一到多元，开始受到广大受众群体，尤其是城市居民的青睐，而且，通过发展农业生态旅游，国民的生态保护意识明显提高。同时作为一种城市反哺农村的新型旅游活动，乡村旅游显著提高了当地居民的经济收益，对建设社会主义新农村起到重要的促进作用。[②]

（二）发展基础

1. 地方特色农业为生态农业旅游发展提供了资源优势

农业是利用动植物的生长发育规律，通过人工培育来获得产品的产业。农业地域类型是集某些自然条件和社会经济条件于一体的农业地理区域。世界主要的农业地域类型有六种：水稻种植业、商品谷物农业、大牧场放牧业、混合农业、乳畜业、种植园农业。特色农业就是将区域内独特的农业资源开发成区域内特有的名优产品、转化为特色商品的现代化农业。发展特色农业是我国农业结构战略调整的要求，是提高我国农业国际竞争力的要求，也是增加农民收入的有效途径，一定程度上也带动了农业采摘、观光休闲等农旅融合发展。我国地域辽阔，不同区域具有明显的地域和气候

---

① 田威孔、徐杰、孔祥荣、臧荣新：《三产融合视角下现代休闲农业园发展规划探析——以广饶县千乘园为例》，《南方农机》2022 年第 19 期。

② 李雪静：《浅析我国农业生态旅游的特性、现状与发展》，《新农业》2022 年第 19 期。

差异，农业类型迥异，农业资源丰富，为"生态＋农业＋旅游"等发展模式创新提供了重要资源优势。比如，以"绿色＋现代服务＋现代农业"模式整合我国不同乡村的特色农产品资源，提供诸如无公害粮食、蔬菜、水果、奶制品、禽畜产品、蜂蜜、水产品等具有不同地域特色的农业产品；同时推动农业与乡村旅游业有机融合，通过休闲、观光、亲子活动、采摘等系列农旅活动提高农产品价值、增加农民收入，不断延伸"农产品＋旅游业"的产业链。

2. 市场需求为休闲农业发展提供了广阔前景

伴随着我国经济的飞速发展，城乡居民收入水平有了明显提高，人们生活水平和生活质量日益改善，对优质、放心、品牌农产品的需求逐渐增多，更加关注绿色饮食和健康饮食，这也带动了绿色消费、健康消费的发展，绿色食品消费需求持续增长。智研咨询发布的《2022～2028 年中国绿色食品行业市场前景分析及发展趋势预测报告》指出，2021 年中国绿色食品行业销售额达 5218.63 亿元，与 2020 年相比增加了 142.98 亿元，同比增长 2.82%。① 与此同时，随着城市化进程的快速推进，节奏快、压力大、忙碌而喧嚣的都市生活让人们迫切需要短暂的逃离。乡村地区优美、宜人、宁静的自然环境与恬静、舒适、惬意的田园生活对城市居民有较大的吸引力，成为城市居民向往的休闲场域。人们渴望到户外近亲自然、纾解情绪、陶冶情操，由此乡村游、采摘游、近郊游等成为旅游者热衷的选择，拥有田园美景又有现代生机的休闲农业园或基地作为乡村旅游新业态逐渐受到市场欢迎。

（三）实践探索："两山"理论与安吉县生态文明建设之路

作为"绿水青山就是金山银山"理念的发源地，浙江省安吉县始终坚持走绿色生态发展之路，把风景变成产业，将美丽转化为生产力，在绿色山水间打造美好人居环境。安吉作为一个极具发展特色的生态县，是中国唯一获得联合国人居奖的县，也是中国首个生态县、全国首批休闲农业与

---

① 《2021 年中国绿色食品行业发展现状及未来发展机遇分析》，产业信息网，https://www.chyxx.com。

乡村旅游示范县，拥有中国白茶之乡、中国第一竹乡等美誉。安吉县立足于自身优势资源的生态发展模式，使其成为中国乡村发展学习的典范。安吉县的生态发展模式始于20世纪90年代，在浙江省第十一次党代会"绿色浙江"战略目标的引领下，安吉县于1999年成立了"绿色工程建设领导小组"；2001年安吉县委县政府提出打造"生态经济强县、生态文化大县、生态人居名县"口号，实施生态立县战略；2003年安吉县人大通过了《关于生态县建设的决议》。此后，经过十几年的努力，安吉"生态+农业+旅游"的发展模式进展突出，成绩骄人。安吉县的生态发展模式能够取得成功，主要可以归结为以下几点。

1. 立足当地特色农产品，大力发展生态农业

大力推进农业标准化示范区、无公害农产品生产基地、绿色有机食品基地的建设，培育了安吉白茶、高山蔬菜、富硒米等特色农产品品牌，并开办了1000多家农产品加工企业，加工的绿色产品远销国际国内市场，扩大了安吉生态农业的市场影响力。与生态农业发展联系密切的是以农家乐为主的安吉乡村旅游，还成立了"故里炊烟"农家乐联合社，开通了上海、杭州至安吉"农家乐"的直通车，在上海、苏州设立联络部，由专职工作人员驻守。

2. 根植资源文化禀赋，发掘和开发生态文化

安吉依据自身资源禀赋开发竹文化产业链、茶文化产业链，赢得了"中国竹乡"和"中国白茶之乡"的美誉。安吉的竹产业、白茶产业已经实现了一、二、三产业的联动，形成了一批生产、加工、销售一条龙的专业大户和龙头企业。对唐古城遗址的挖掘修复、对递铺街道古驿文化及其景观的整理保护、对画家吴昌硕故里文化的搜集整理都是在为营建生态安吉、文化安吉而努力。安吉生态文化产业发展的经济效益日益凸显，成为安吉经济发展的重要支撑之一。

3. 营建"美丽乡村"，打造生态宜居环境

安吉县通过科学规划，着力打造"一村一景""一村一品"的特色小镇，如"天目慢谷、幸福上墅""万顷竹海——唐舍村"等极具地方特色的

乡村旅游景点。"美丽乡村"建设顺应了国家美丽中国建设的发展主题，安吉也因此被评为中国最美城镇。2016年1月29日，安吉天使小镇成功入围浙江省特色小镇第二批创建名单。为确保天使小镇的顺利建设，安吉地方政府成立了天使小镇建设领导小组，对天使小镇规划设计工作进行指导，明确各主体工作职责，并对天使小镇建设工作进行动态监督，确保工作有序推进。同时加强政策保障，研究制定配套扶持政策，保障土地供给，多渠道筹措建设资金并严格资金管理以提高资金的使用效率，为特色小镇建设创造了良好的制度环境。①

## 二 "生态+文化+旅游"的发展模式

文化、生态、旅游三者相互影响、关系密切，共同构成一个开放的复合系统。首先，文化和旅游之间是相互影响的。旅游业的发展依托丰富的文化资源，文化元素融入旅游产业能够深化旅游产品文化内涵，满足旅游者的文化消费需求，推动旅游高质量发展；旅游业的发展能够促进文化高效能传播，丰富文化产品供给，为文化资源保护与开发提供资金支持，当然，过度的旅游开发会对文化带来冲击和破坏。其次，生态和旅游之间是双向影响的。生态环境为旅游发展提供物质基础和资源支撑，同时生态环境的质量是吸引旅游者的关键；旅游的发展能够提升绿化水平，为改善生态环境和治理污染提供支持，但旅游的发展若超过环境承载力，就会破坏生态环境，造成较大环境压力，制约旅游业的可持续发展。最后，文化和生态之间是相互影响的。文化的形成与发展必然受到生态环境的影响，区域环境的差异导致区域文化的不同特质；文化的发展有利于生态文明建设，生态文化是生态文明建设的核心和灵魂，追求人与自然协调发展，其价值追求与生态文明相适应。② 鉴于生态、文化、旅游的互动关系，推动生态文

---

① 童珊、周建荣：《安吉"生态发展模式"对绩溪实施"文旅强县"战略的启示》，《安徽农学通报》2017年第10期。

② 厉建梅、单梦琦、齐佳：《大运河文化带沿线城市文化—生态—旅游耦合协调发展》，《经济地理》2022年第10期。

旅发展也成为践行生态文明建设和推动县域旅游发展的重要方式。

（一）发展背景

1. 文化与旅游融合为传统文化发展提供新路径

党的十九大以来，坚定文化自信、实现文化复兴成为中国社会的普遍共识。为更好地适应和服务人民群众持续增长的文化需要，文化产业顺势而为，创新发展，砥砺前行，使得包括文化旅游在内的许多细分领域都获得可喜业绩。仅以 2018 年上半年为例，国内旅游人数达 28.26 亿人次，比上年同期增长 11.4%；入出境旅游人数 1.41 亿人次，同比增长 6.9%；国内旅游消费规模达 2.45 万亿元，同比增长 12.5%。2017 年 1 月，中共中央办公厅、国务院办公厅印发了《关于实施中华优秀传统文化传承发展工程的意见》，肯定了传统文化的地位。传统文化再度成为市场热词，文化与旅游的有机结合有利于传播和弘扬传统文化，带动传统文化的发展，激活传统文化发展路径。

2. 践行生态文明是旅游业发展的题中之义和应有担当

与此同时，"绿水青山就是金山银山""像保护眼睛一样保护生态环境，像对待生命一样对待生态环境"等生态文明思想和绿色发展理念为我国建设生态文明、努力促进人与自然和谐共生指明了方向，提供了遵循。旅游业快速发展带来巨大经济效益的同时，其对环境造成的一系列影响也逐渐被社会所关注与重视。绿色、低碳、环保等生态问题一直与旅游业相生相息，生态可持续观念的践行也是旅游业发展的题中之义和应有担当。① 在文化与旅游融合发展过程中也强调对自然景观和生态环境的保护，强调对自然景观和自然环境的改造要遵循人与自然和谐共生的生态法则。在乡村振兴战略和乡村旅游扶贫方案的推动和引领下，乡村主题类文化旅游成为创新业态，特色小镇建设、民宿文化旅游以及民俗文化村落游都获得积极的发展，深受社会资本和社会大众的青睐，对文化旅游综合指数的提升发挥了不可忽视的作用，也塑造并改善了乡村生态环境。《全国乡村产

① 原卢凡、王钰霖、张欣：《秉持"全域旅游"的理念 梳理文旅产业的思路——"全域旅游"对苏北生态文旅模式发展的可行性研究》，《中国集体经济》2021 年第 13 期。

业发展规划（2020～2025 年）》预测，到 2025 年，全国乡村年接待游客人数将超过 40 亿人次，经营收入将超过 1.2 万亿元，乡村旅游年均复合增速将达到 3.8%。国务院发布的《"十四五"推进农业农村现代化规划》（以下简称《规划》）提出，要优化乡村休闲旅游业，深入挖掘乡村的在地文化、多元文化，加强历史文化名村名镇、传统村落、少数民族特色村寨、传统民居、农村文物、地名文化遗产和古树名木保护，继承发扬优秀传统乡土文化，建设乡村非物质文化遗产传习所（点）。[①]

（二）发展基础

我国民俗文化、传统文化和乡土文化丰富多彩，深受市场青睐。我国地域广袤，地理单元和气候类型的差异造就了各地区不同的生活习俗和历史文化，正所谓"百里而异习，千里而殊俗"。原生态保护良好的乡村地区具有生态环境多样性和文化多元性的自然特征，有很大的旅游开发潜力。一些山区村落仍保持着近乎原始的农业生产和耕作方式，民俗风情源远流长，历史文化积淀深厚。丰富多彩的民俗文化、传统文化和乡土文化为游客寻找"乡愁""记忆"，以及逃离惯常生活进行休闲放松提供了多样化的选择，能够满足不同群体深层次、多样化、特色鲜明的体验需求。此外，随着经济快速发展和城乡居民收入增加，我国迎来了全域旅游时代，旅游业逐步开始成了寻常百姓常态化的生活方式。中国人口基数大，旅游需求量也很大，游客相当充足。随着旅游业供给侧改革的推进，带有"乡愁""乡土文化"韵味的旅游项目受到热烈欢迎。[②]

发展生态文旅产品是贯彻落实我国旅游扶贫战略的重要内容，具有广阔的发展前景。开发以乡村旅游为主要形式的生态文旅产品，在保护当地自然环境的前提下发展经济、传承乡土文化、促进就业、增进对外交流是提高当地居民生活水平的有效模式。利用多民族聚居区和边疆地区丰富的人文自然资源，发展生态观光农业，实现新时代农业生产转型，在此基础

---

① 《从"一号文件"中看"乡村休闲旅游"》，https://baijiahao.baidu.com/s? id = 1725993441 098390096&wfr = spider&for = pc。

② 李雪静：《浅析我国农业生态旅游的特性、现状与发展》，《新农业》2022 年第 19 期。

上对生态文化资源进行整合，是适合我国国情的扶贫战略重要内容。截至2016年，生态旅游扶贫战略的实施已使全国12.8万个贫困村脱贫致富。贵州省黎平县以政府购买服务的方式开展文化旅游扶贫，利用丰富的旅游资源，以建设社区共识、完善社区治理、支持社区公共生活、开展以保护环境与文化传承为内容的社区行动，鼓励村民参与，成功造就了文化旅游扶贫的"郎德模式"。

生态文化旅游是人与自然双向影响在旅游活动中的生动体现，是强调环境保护与促进经济发展相互协调的产物。我国旅游业在早期生态保护区旅游、乡村旅游的基础上逐渐呈现"生态文化旅游"的特征，一些有广阔发展前景的生态文旅项目，比如矿山遗留资源利用和灾后重建特色文化旅游为生态文旅带来新的契机和发展空间。在进一步优化现有发展模式的同时，特色小镇、田园综合体等文旅形式以及将多个项目的资源、运营、经营整合的复合型模式将成为今后生态文旅发展的重要方向。以建设生态文明为导向、保护生态环境为首任、创新生态文化为核心、提高旅游效益为愿景，确保生态、生产、生活的协调融合，共同创造生态文化旅游发展的美好未来。①

（三）实践探索：根植绿色基因的长城国际文化村

长城国际文化村位于北京怀柔区渤海镇慕田峪长城脚下，总面积17.8平方公里，涉及北沟、田仙峪、辛营、慕田峪4个村，共有770户、1800余人。优越的地理位置、悠久的地域文化、优美的自然资源、当地丰富的物产带来丰富的旅游资源。长城国际文化村以中国传统文化为基础，加入国际文化元素，实现了中西合璧、优势互补。目前，入住长城国际文化村的国际友人有80多名，涉及7个国家和地区。自2010年5月以来，长城国际文化村已接待国内外游客220万人次。长城国际文化村的"生态＋文化＋旅游"模式主要可以归结为以下几点。

1. 科学编制乡村规划，合理布局空间，建设国际乡村生态文化集聚区

借助慕田峪长城景区优势，提出打造慕田峪长城脚下长城国际文化村

---

① 李弘：《当代中国生态文旅发展模式与前景探析》，《上海城市管理》2018年第4期。

的设想。将环绕慕田峪长城脚下的慕田峪、辛营、北沟和田仙峪4个行政村及部分怀黄路路段有机组合起来，形成了"游在慕田峪，吃在田仙峪，住在北沟村，购物在辛营"的乡村生态旅游空间格局。慕田峪以长城景观而出名，田仙峪以养殖和品尝虹鳟鱼而闻名，北沟村以四美（生产美、生活美、环境美、人文美）被评为2010年度"北京最美的乡村"，辛营村以当地地道的土特产而出名。

2. 以本土文化为基础，引入西方工艺文化，打造长城国际文化体系

在长城国际文化村居住着来自加拿大、法国、丹麦和意大利等9个国家的200多位外国人，村中22户从事艺术文化行业，带动了这里的经济发展和中西文化的交流。2006年，慕田峪长城国际文化村与美国Shelburn Fall村签订建立姊妹村协议，双方相互交流，积极探讨国际文化村的建设和发展。截至2012年，外国人在这里改建了30余处院落，涵盖9个国家和地区的风土人情，雄伟的慕田峪长城、秀美的京北水乡、中西合璧的新式民居构成了长城国际文化村的美丽画卷。随着长城国际文化村建设的逐步完成，在渤海镇东部形成了以长城文化、板栗文化、虹鳟鱼美食文化和国际文化等相融合的长城国际文化体系。

3. 坚持国际化与生态化特色，重塑传统村落，共建新农村

外国人租住慕田峪闲置房屋，依托古老建筑的特点，在不改变传统房屋结构基础上融入西方建筑风格，使原本破旧的乡村老屋旧貌换新颜，极大地改善了当地的村容村貌。"洋村民"的投资有效地盘活了闲置和废弃的农村资产，带动了生态旅游消费，一方面解决了村民就业问题，另一方面很多村民靠出租房屋、办民俗接待富了起来。当地居民的生活得到极大改善，很多外出打工的年轻人纷纷回村工作。在潜移默化的影响下，村民积极建设新农村，许多村民开始有意识地整治自家房前屋后的小环境，努力提高个人素质，主动学习英语，村民素质教育使全村治安状况更好，形成了良好的生态新农村建设氛围。

4. 加大生态治理力度，营造良好的乡村公共环境

首先，怀柔区委、区政府加大投资力度，在长城国际文化村内实施河

道生态治理，筑截流坝，修建河道木栈道；对污水、垃圾进行统一处理；使用太阳能等洁净环保能源。其次，改善乡村文化环境。建设文化、体育活动中心等公共服务设施，建造富有文化内涵的雕塑；硬化街坊路，粉饰民居，加强村庄环境整治、绿化美化环境；集中供排水。最后，改善乡村生态旅游设施。建设标准化的生态旅游厕所、公园建设景观、观景亭、停车场；改造乡村旅游道路，新建山间生态游步道，统一制作安装标识牌等。[①]

## 三 "乡村＋生态＋旅居"的发展模式

旅居是人类社会发展到一定程度出现的社会现象，反映了人们对美好生活质量的一种追求。早期相关研究将旅居视为一种跨国现象，对旅居者的定义是"在一个国家生活很多年但仍然未被同化的陌生人"。近年来，与人口老龄化进程相伴随的社会养老问题及养老产业发展在一定程度上催生了一种新的旅居现象，即国内旅居。在此背景下，学者们对旅居者的研究已不再仅局限于传统的跨国情境，认为旅居也表现为国家内部区域之间发生的一种独特现象。[②]

乡村旅游在我国新农村建设过程中扮演着十分重要的角色，经过 30 多年发展，乡村旅游成了乡村振兴的重要组成部分，发展模式也从最初的"农家乐""渔家乐"及民俗村等快速过渡到乡村度假综合体，尤其是在主客共享的乡村旅居时代，围绕旅居者个性化、多元化需求开发的深度、全方位的乡村旅居产品备受市场青睐。近年来，在乡村地区开始出现以文化遗产资源，如文物建筑、文化景观、自然遗产等保护利用为核心，以提供当地文化与生产生活方式体验为特色的住宿类项目，它们以满足当下人们深度体验乡村生活的需求为核心，对所在地社区文化传承和可持续发展具

① 唐承财、周悦月、钟林生、何玉春：《生态文明建设视角下北京乡村生态旅游发展模式探讨》，《生态经济》2017 年第 4 期。
② 邓勇勇：《从"旅居者"到"旅居社会"：社会学研究新思考》，《中国社会科学报》2022 年 8 月 17 日。

有积极引导作用，符合国家乡村振兴战略和文化强国建设战略的核心要求，因此，这一模式已迅速成为乡村旅居时代的新宠。①

（一）发展背景

1. 人口老龄化问题下养老模式新需求

人口老龄化已成为全球共同面对的重要社会议题之一。随着物质生活的提升和医疗保健的发展，我国人口的平均预期寿命有了很大提高，老年人口的规模和占比呈现持续增长的态势。第七次全国人口普查结果显示，60岁及以上人口为26402万，占比为18.70%，其中65岁及以上人口为19064万，占比达13.50%。与2010年相比，我国60岁及以上人口的比重上升5.44个百分点，人口老龄化程度进一步加深，未来一段时期我国将持续面临老龄人口增长的压力。② 中国社会科学院发布的《积极应对人口老龄化战略研究报告2021》指出，中国人口老龄化呈现一些显著特点，包括：在社会老龄化程度持续提高的同时，老年人口的内部结构发生了快速变化，人口高龄化趋势明显；2010～2020年，我国60岁及以上人口比重与65岁及以上人口比重分别上升了5.44个百分点和4.63个百分点，与上个十年相比上升幅度均有所提高，人口老龄化速度明显加快；人口老龄化的城乡差异和地区差异进一步加大，进一步反映了我国应对人口老龄化的复杂性与严峻性。随着老年人口的显著增加，我国人口结构组成也发生了巨大的变化——青壮年人口正在急剧减少。家庭人口结构也发生了转变，通常两位成年人需要承担四位老年人的养老义务，且由于成年人的生活压力和工作压力较大，对老年人的生活往往无暇顾及，使得老年人的生活水平逐步下降。③ 如何使老年人"老有所养、老有所依、老有所为、老有所乐"，不断提高其生活幸福感，享受高品质养老生活，是我国当前乃至未来一段时期

---

① 王瑞雪、黎筱筱：《文化旅游驱动下乡村旅居探索——以文化遗产为特色的乡村住宿类项目》，《世界建筑》2021年第8期。

② 《第七次全国人口普查结果公布 这些数据事关"老"话题》，https://www.mca.gov.cn/article/xw/mtbd/202105/20210500033740.shtml。

③ 陈文哲：《基于旅居模式下乡村养老公共空间设计研究——以宜昌市猇亭区福善场村为例》，华中师范大学硕士学位论文，2022。

内需要迫切思考和解决的问题。随着政府对养老行业的扶持力度日益加大，越来越多的民营资本、社会力量加入养老行业，繁荣了养老市场、创新了养老产品。随着生活水平的不断提高，越来越多的城市老年人选择到农村进行康养，享受远离城市的宁静，为自己剩余的人生换一种有意义的活法。

改革开放使人们的视野更加开阔，消费能力、消费观念和消费方式也发生巨大的变化，老年人群体也不例外。日趋完善的社会养老制度为老年生活提供了完备的保障，也驱使他们追求更加丰富多彩的养老生活。当前60岁以上的老年人大多出生于20世纪五六十年代，他们经历了从物质贫乏到物产丰富的时代，兼有传统与开放的时代特征，当从繁忙的工作和家庭事务中解脱出来后，心理上会产生一定的补偿需求，开始从传统节衣缩食的消费观念，向"享受式、社会化、高层次、多元化"方向发展，花钱买健康的观念如今越来越被老年人所认同，且大部分老年人开始有更多精力享受退休生活。当代老年人更注重养老方式的多样性和养老生活的品质感，在满足基本生活需求后，更加追求精神层面的充实。因此，传统、单一的养老模式和相对冷漠的居住生活，已难以满足老年人群日益增加的高层次需求，这一转变也促使养老市场的进一步细分和养老模式的多元化转变。

随着老年人生活质量的提升和旅游业的发展，外出旅游已逐渐成为养老生活的重要组成部分。老年人愿意到气候更加宜人的地方去旅游或疗养。作为一种新兴的养老模式，旅居养老正成为近年来养老行业的热点。旅居养老模式有利于促进医疗服务、旅游与养老产业的有机融合，能在满足老年人需求的同时减轻年轻人的家庭抚养负担。[1] 随着年龄的增长，老年人身体机能水平下降，难以支撑远途旅行，因此更愿意选择城郊的乡村旅居来提高养老生活水平。

2. 乡村生态旅居养老模式的政策优势

近年来，我国出台多项政策推动养老产业的发展。2014年《国务院关于促进旅游业改革发展的若干意见》明确指出，我国应大力发展老年人相

---

① 冯镇涛：《积极老龄化视角下旅居养老综合体规划设计研究——以蛇蟠岛康养项目为例》，苏州科技大学硕士学位论文，2021。

关产业，结合养老服务业发展带动老年旅游的发展模式，打造多元化、个性化的老年服务产品。旅居养老对形成多样化的旅游服务业也有着重要作用。2016 年，中共中央、国务院印发的《"健康中国 2030"规划纲要》指出，健康是促进人全面发展的必然要求，是经济社会发展的基础条件，是民族昌盛和国家富强的重要标志，也是人民群众的共同追求。与此同时，我国老年人对于高品质健康养老的需求日益增长。党的十八届五中全会提出"推进健康中国建设"的要求，从"五位一体"和"四个全面"的战略布局角度，为保障人民健康做出了制度性保障设计。2022 年，国务院印发的《"十四五"国家老龄事业发展和养老服务体系规划》进一步明确指出："把积极老龄观、健康老龄化理念融入经济社会发展全过程，促进养老和旅游融合发展……鼓励企业开发老年特色旅游产品，拓展老年医疗旅游、老年观光旅游、老年乡村旅游等新业态……打造旅居养老旅游市场。"这些政策无疑为国内各地对老年人旅居康养的探索发展提供了政策动力。

当下我国正在推行乡村振兴战略。乡村振兴战略的主要发展目标是带动乡村经济发展、提升乡村经济活力，将乡村发展与城市发展相结合，生态旅居养老模式可以推动农村的经营模式发生转变，处于乡村振兴发展战略下的旅居养老可以借助乡村特色发展特色旅居养老模式，例如山地康养、农耕体验、乡村文化展览等养老服务业态。[1] 乡村振兴战略是在党的十九大报告中提出的，并被视为今后解决"三农"问题与全面激活农村发展新活力的重要抓手。党的十九届五中全会审议通过《中共中央关于制定国民经济和社会发展第十四个五年规划和二〇三五年远景目标的建议》，对"优先发展农业农村，全面推进乡村振兴"做出了具体部署。2022 年中央一号文件《中共中央国务院关于做好 2022 年全面推进乡村振兴重点工作的意见》明确指出，要持续推进农村一二三产业融合发展；鼓励各地拓展农业多种功能、挖掘乡村多元价值，重点发展乡村休闲旅游产业，提出实施乡村休闲旅游提升计划。支持农民直接经营或参与经营的乡村民宿、农家乐特色

---

[1] 陈文哲：《基于旅居模式下乡村养老公共空间设计研究——以宜昌市猇亭区福善场村为例》，华中师范大学硕士学位论文，2022。

村（点）发展。将符合要求的乡村休闲旅游项目纳入科普基地和中小学学农劳动实践基地范围。同时，近几年国家政策还倡导通过农村产业深度融合来激活农村发展的内生活力。如2018年中共中央国务院印发的《乡村振兴战略规划（2018～2022年）》就指出："要顺应城乡居民消费拓展升级趋势，结合各地资源禀赋，深入发掘农业农村的生态涵养、休闲观光、文化体验、健康养老等多种功能和多重价值。"2021年国务院《关于印发"十四五"推进农业农村现代化规划的通知》再次强调："推动农业与旅游、教育、康养等产业融合，发展田园养生、研学科普、农耕体验、休闲垂钓、民宿康养等休闲农业新业态。"在新的历史背景下，发展乡村旅居康养是国家政策支持的重要领域，对于探索乡村新产业新业态具有重要现实意义。

（二）发展基础

新时代背景下，通过产业融合发展的方式，农业所蕴含的粮食生产、经济保障、就业吸纳、教化人心、文化传统等多种功能不断得到开发利用，农业多种功能和乡村多元价值得到不断挖掘，农旅融合发展的趋势非常明显。与此同时，乡村在优质绿色农产品、优美生态环境、优秀传统文化产品供给方面的能力不断得到彰显，部分地区农业农村的发展越来越接近于后生产主义的发展阶段，农村不再是进行单纯农业生产活动的场所，更成为现代人进行康复疗养、亲近自然、探求生命价值的重要场所。此外，农村旅居康养模式为城镇和农村老年人提供了安享晚年的新选择，符合党的十九大提出的"建立健全城乡融合发展体制机制和政策体系"要求，对推进城乡融合大有裨益，是重塑新型城乡关系的实践探索。①

旅居者选择旅居地受到多方面因素的影响，并不是所有的区域都具有成为旅居地的潜力。一般而言，气候与环境对于旅居地的形成起着决定性作用。依托良好的生态资源及自然环境，乡村成为旅居者选择旅居的重要目的地。作为旅居养老的一种载体，乡村具有宜居、宜业、宜游的发展优势，其乡村性更是乡村旅居的重要驱动力。此外，社会经济条件也是制约

---

① 成威：《乡村振兴背景下农村旅居康养模式的实践创新研究——以河南省TS村为例》，江南大学硕士学位论文，2022。

旅居地选择的因素之一，这不仅关系到旅居者在旅居地的生活质量，而且对旅居地的建设同样具有重要影响。依托良好的旅游经济条件，一些海滨城市在城市化发展中具有明显的优势，为旅居生活创造了优越条件。除了气候、环境和经济等因素，文化也是旅居者选择的考量因素。例如，依托传统的原生态文化，一些少数民族地区适宜精神心灵的回归，也成为重要的旅居地。通过研究旅居者对旅居地的选择可以发现一些共同的社会现象：一是外来人群在旅居地购房或租房越来越普遍；二是旅居目的偏向于健康和养老目的，期望获得身体和心灵的健康，或者追求一种新型的养老生活；三是旅居地重视发展老年产业，依托传统的旅游产业建设养老目的地，并致力于相关产业之间的融合。①

（三）实践探索：江西省中源乡让绿水青山生出金山银山

乡村不仅是农民的居住地，是生产粮食、瓜果蔬菜的地方，还是一个离大自然最近、可以医治现代工业文明创伤的地方，许多难以治愈的城市病在乡村生活中得以康复。江西省靖安县中源乡立足生态优势发展乡村旅游，先后获评江西省 5A 级乡村旅游点、全国乡村旅游重点村、江西避暑旅游目的地等荣誉称号，成为生态旅游胜地。据统计，每年在中源吃住 2 个月以上的游客多达 3600 余人，5 月至 10 月每天居住在中源的避暑养生游客达 1 万人以上。2018 年，中源乡人均旅游收入 4.6 万元。旺盛的旅居需求和快速增长的收入极大地推动了中源乡风民风建设，同时也推高了地产和房价，2019 年，中源乡拍卖的土地已达到 165 万元/亩，房价 6500 元/平方米，追平了县城的土地拍卖价和商品房售价，带动了地方的综合性收益。中源乡以其优势吸引了以省内南昌市、九江市以及湖南长沙、湖北武汉、上海、浙江等众多城市客人来此旅居。CCTV－2 消费主张栏目曾对中源乡村旅游发展现象专门制作了一期专题片——《城市"候鸟人"》，并向全国展播。中源乡乡村旅居得以较好发展，主要得益于良好的自然条件和强有力的相关措施。

---

① 邓勇勇：《从"旅居者"到"旅居社会"：社会学研究新思考》，《中国社会科学报》2022 年 8 月 17 日。

1. 依托良好的生态环境大力发展乡村旅居产业

中源乡实施"生态立乡"战略，立足于本地优美的自然环境和宜人的气候条件，以及优越的自然、人文景观和深厚的养生文化底蕴，大力发展乡村旅居产业。中源乡生态环境优势明显：一是区域内山清水秀，层峦叠嶂，空气质量好，森林覆盖率高，夏季平均气温在 20℃～22℃，空气负氧离子每立方厘米含量最高达 10 万个，是一个天然氧吧和理想避暑休闲场所；[①] 二是自然和人文景观丰富，有西岭梯田、红枫、白沙坪雾凇、大杞山瀑布等自然景观，以及烽火瞭望台遗址、船湾清代民居九门楼、洞下云阳寺、僧人摩崖石刻等人文景观；三是动植物种类繁多，有红豆杉、中华秋沙鸭、白颈长尾雉、娃娃鱼等众多珍稀动植物；四是独具地方特色的农产品，包括白茶（国家地理标志产品）、绿茶、红茶，各类客家果脯点心、有机大米、高山蔬菜等也深受游客喜爱；五是历史文化底蕴深厚，道教养生文化源远流长，中源还是著名的"农民书画之乡"，诗词文化、书法文化氛围极为浓郁，远近闻名，此外，中源乡属唐朝道教七十二福地之一，道教养生文化厚重。

2. 政府给予强有力的政策支持，加强相关配套设施供给

中源乡党委和政府积极引导当地乡村旅居产业的发展，出台了一系列的政策规范。比如，在旅居服务方面，强化对乡村旅居产业的引导管理，规范完善旅居服务体系，对自愿进行提升改造的旅居商家给予相应的政策扶持与引导。与此同时，不断加强相关旅居服务配套设施的供给，通过特色小镇建设优化相关服务设施项目：一是道路排水绿化、水渠堤岸整治以及雨污分流等基础设施配套工程建设项目；二是勘探及开发利用温泉地热资源项目；三是避暑山庄、温泉养生酒店、临水商业街及休闲康养公共基础设施建设项目。依托特色小镇辐射各村，全乡旅游公路网系发达、通畅，水、电、环保、旅游公厕等设施完备，带动了乡村旅居的发展。

---

① 熊文暄：《乡村振兴背景下乡村旅居服务模式发展研究——以江西省宜春市靖安县中源乡为例》，微信公众号：试点论坛。

3. 编制统一的长远规划，落实"五个一"文化工程

中源乡编制了《中源乡旅游发展规划》《中源客家避暑小镇建设专项规划》《靖安·中源客家避暑小镇建设产业研究专题专项规划》等一系列规划，差异化、主题化发展各村旅居产业。实施了以"一个农民剧团、一个农民书画院、一个民间工艺美术协会、一所农民技校、一个农民诗社"为内容的"五个一"文化工程。中源诗社经常组织诗词爱好者开展诗词创作、咏吟诗活动，活跃了当地居民与旅居者的文化生活。

4. 发挥中源乡的示范作用，带动靖安县脱贫致富与乡村振兴

中源乡乡村旅居直接带活了全县一批乡村，不少山区贫困村由此脱贫致富。全县共有乡村旅游接待床位 15000 余个，旅游从业人员 3000 多人，常住游客按 2000～3000 元/月包吃包住收取费用，散客按 150～500 元/天包吃包住收取费用，2018 年实现旅游综合收入 2.56 亿元。发展起了 500 多亩的高山绿色有机蔬菜种植、100 多亩高山葡萄种植、300 多亩灵芝种植、100 多亩铁皮石斛种植，产品供不应求，也为农民增收增加了新的渠道。①

## 第三节　生态文明视域下县域旅游发展路径与建议

良好的生态环境是人类文明形成和发展的基础与条件，人类文明的发展史就是人与自然的关系史，"生态兴则文明兴，生态衰则文明衰"。② 生态文明建设是生产力发展的客观要求，在推动经济社会发展方面具有重要作用。旅游业作为我国经济社会发展的重要组成部分，是推动生态文明建设、践行新发展理念、构建新发展格局的先锋力量。③ "郡县治，天下安"。县域旅游作为旅游发展的基础地域单元，其发展状况直接关系国家生态文明建设成效。然而现阶段县域旅游仍处于起步阶段，旅游产业发展不充分、产品体系不健全、产品特色不鲜明、基础设施与旅游活动相对单一等使其与生态文

---

① 马牧青：《乡村旅居的缘起、背景与实践》，凤凰网，https://ishare.ifeng.com/c/s/7ousENcK8a2。
② 冯文雅：《生态兴则文明兴 生态衰则文明衰》，《光明日报》2015 年 5 月 8 日。
③ 王昆欣：《旅游业要在绿色发展中发挥重要作用》，《中国旅游报》2020 年 11 月 17 日。

明建设的要求仍存在一定差距。因此，有必要推进理论与实践创新，探寻具有新时代特征的人与生态和谐的县域旅游发展之路。①

## 一 牢固树立生态文明理念，正确处理县域旅游发展与生态保护的关系

独特的生态环境是县域旅游发展的资源基础，旅游发展又为县域生态环境保护提供物质保障和技术支撑。鉴于生态环境保护与县域旅游发展休戚相关，在县域旅游发展过程中，必须严守生态保护红线，牢固树立生态文明理念，正确处理好县域旅游发展与生态环境的关系。在生态保护优先的前提下，积极探索县域旅游发展的道路，通过生态环境保护促进旅游产业发展，通过发展旅游产业更好地保护和改善生态环境，实现旅游社会、经济和生态效益相统一。② 生态是旅游发展的生命线，绝不能以牺牲生态环境为代价换取经济发展。坚持"生态立县"的浙江淳安为县域旅游经济与生态环境协调发展树立了典范。生态是淳安旅游的生命和核心竞争力，为了创造良好的生态环境，其先后实施了一系列环保工程，把一个曾经水土流失、荒山秃岭的库区变成了青山秀水、环境一流的旅游目的地。20 世纪90 年代开始，淳安县就开始着手治理生态环境，关停并转移了一批污染企业；2009 年开展网箱养殖、采砂、垂钓、船舶污水、违章建筑"五大整治"行动；2018 年推进临湖地带综合整治；等等。一系列严格的环境保护措施使得淳安在旅游业快速发展的同时生态环境也得到了明显改善，茂密的森林成了"摇钱树"，清澈的湖水成了"聚宝盆"，千岛湖水体始终保持在国家地表水 I 类水质标准，为国内水质最好的大型湖泊之一。③

---

① 陈白璧、柯涌晖、李宝银：《生态文明视域下都市圈旅游业协同发展研究——以福州都市圈为例》，《福建师范大学学报》（哲学社会科学版）2022 年第 5 期。

② 《省文化和旅游厅提出五条措施推进全省文化旅游行业生态环境保护工作》，搜狐网，https://www.sohu.com/a/488108374_121106869。

③ 邓勇勇：《从"旅居者"到"旅居社会"：社会学研究新思考》，《中国社会科学报》2022 年 8 月 17 日。

## 二 统筹区域布局,推动县域内旅游产业协调发展

要实现生态环境保护与县域旅游发展的有机结合,需要因地制宜,统筹布局,确保县域内旅游产业的协调发展。一方面,盘点摸底县域内各类旅游资源及其旅游开发情况,对区域整体旅游发展做出规划,统筹协调全域旅游发展布局,通过以点带线、以线带面的方式形成生态环境优美、文化氛围浓郁、旅游要素集聚、服务功能完善、内部协作紧密的县域旅游发展空间布局。另一方面,强化协同治理理念,跳出只有政府"单打独斗"的旅游发展模式,吸引行业协会、旅游企业、社区居民等利益相关者共同参与,建立统筹协调的生态环境治理机制,加强域内自然生态与人文环境的系统性保护,实现区域文旅资源数据库共享共用,在旅游开发全过程中落实生态环保责任,保护地方生态文化的完整性。① 清远英德地处广东中北部,生态观光、水域风光、喀斯特地貌等自然旅游资源独特,依托丰富的旅游资源和良好的生态环境,清远英德进行了全域范围内的旅游发展统筹与谋划。为了拓展发展空间,增强发展后劲,其以创建全域旅游示范区和谋划发展大旅游大产业为抓手,大力推进旅游产业的发展,高起点、高标准完善全域旅游总体规划编制,统筹城市、景区、乡村旅游资源,推动形成布局合理、业态多元、协调发展的全域生态型旅游产业体系。作为广东省全域旅游示范区,清远英德连续三年以全省第一的成绩入选"全国县域旅游发展潜力百佳县",成为广东省乃至全国全域旅游的"英德标杆"。②

## 三 推动产业融合,丰富县域优质旅游产品供给

旅游是综合性产业,是拉动经济发展的重要动力。县域应在立足本地资源优势的基础上,充分发挥旅游业的拉动作用与催化作用,推动"旅

---

① 李广斌:《青海实现生态环境保护和生态旅游发展有机结合的路径探析》,《青海日报》2022 年 4 月 12 日。

② 陈白璧、柯涌晖、李宝银:《生态文明视域下都市圈旅游业协同发展研究——以福州都市圈为例》,《福建师范大学学报》(哲学社会科学版) 2022 年第 5 期。

游＋多产业"的融合发展，不断丰富旅游产品供给体系，实现域内文旅产业的优化升级。长寿之乡广西昭平县立足县域内的生态资源优势，创新"旅游＋"发展模式，以农村田园景观、农业生产活动和特色农产品为载体，推动旅游、康养、文化和现代特色农业深度融合。比如，结合长寿康养文化，整合疗养康复、美容保健、药食产业资源，形成集医学观光、中医药养生、中医药体验等为一体的特色医药康疗保健养生群落，打造康养旅游新业态。同时，依靠县域内的瑶族"盘王节"、黄姚古镇"柚子灯节"等丰富的民俗文化资源，通过非遗表演等游客喜闻乐见的形式，推进乡村旅游与文化的融合发展，使游客能更好地融入当地文化和生活，不断提升游客的旅游体验质量。[①] 此外，推出骑行、长寿马拉松等赛事活动，开展龙舟、游艇、摩托艇、皮划艇及沿岸露营等体育旅游活动，积极申办、举办或引进"中国龙舟公开赛""铁人三项"等国际知名体育赛事，推动旅游与体育的融合，打造集运动休闲、观光旅游为一体的桂江体育旅游示范基地。[②]

## 四　坚持创新驱动，自觉承担旅游企业生态责任

作为经济与物质基础和自然资源的主要利用者、自然物质资源转化的主要参与者，企业承担了利用外部环境发展社会生产力的重任，在其生产经营活动过程中不可避免地会对自然环境产生一定的影响。在生态文明建设背景下，企业要重新审视自身发展与生态环境的关系，在创新驱动发展中主动承担起生态责任，才能确保企业的可持续发展。一方面，旅游企业要以"绿水青山就是金山银山"理论引领企业具体实践，自觉遵循绿色、循环、低碳的发展路径，绝不走"先污染后治理"的路子。在开发利用自然资源和开展旅游活动时，要遵循生态系统的内在规律，将"两山"理论

---

[①] 昭平县：《深耕农文旅融合　赋能乡村振兴》，人民网，http://gx.people.com.cn/n2/2022/1026/c406333-40170674.html。

[②] 夏晓云：《昭平县推进"旅游＋"跨界融合　一业带动百业兴》，《广西日报》2022年8月25日。

所蕴含的科学内涵贯穿旅游发展的全过程，从而为县域旅游业的可持续发展、绿色发展、循环发展打下坚实的生态基础。[①] 另一方面，旅游企业要坚持创新驱动，将县域内的绿色资源、生态资源、文化资源等关联起来，培育和引导康养旅游、文化旅游、生态旅游等绿色旅游消费，积极开发绿色旅游产品与服务，使用绿色技术进行绿色营销，引导人们感受自然、热爱自然、主动保护自然。良好的生态环境是农业观光旅游企业可持续发展的先决条件，山东乐惠生态农业发展有限公司始终坚持"保护环境与企业发展并重"，通过改善生态环境带动了企业的发展壮大。如通过河道整治、水土保持、环境治理、园林景观建设等方式对当地乡村生态进行综合治理；投入4000余万元用于农业设施、生态治理、观光旅游等项目建设，依托优美的环境，建成生态观光基地、科研培训基地等；定期处理和清理流域内村落生产和生活污水、固体废弃物。优美的人居环境带动了乐惠农业的产业发展，其生态种植业已成规模，生态旅游业也成为其新品牌。[②]

## 五 加强生态文明教育，增强公众生态文明旅游发展意识

积极引导公众参与县域生态文明旅游发展规划、政策法规的制定与执行，这不仅体现我国以人为本的民主思想，也有助于实现社会公平正义，有利于公众更好地参与生态文明建设。同时县域旅游可持续发展的实现也要通过多样化的手段与方式，进行生态文明宣传教育，提高公众生态文明意识，进而推动生态文明建设指引下的县域旅游绿色可持续发展。一是要加大生态文明理念与可持续发展方式的宣传教育。通过互联网、自媒体、电视、广播等各种新闻媒介普及生态文明知识；制作生态文明公益广告、宣传标语、微电影、微视频等推广生态文明思想，提高大众的生态文明意识；举办生态文化节、生态宣传日、生态建设论坛等内容丰富、形式多样的宣传活动，推广生态文明理念，营造生态文明社会氛围。二是加大生态

---

① 黄晓晔、易文彬：《生态文明视域下企业生态责任研究》，《企业经济》2022年第10期。
② 岳郁巍：《山东乐惠农业：践行社会责任 助力经济发展》，大众网，http://taian. dzwww. com/xinwen/taqx/dy/202204/t20220411_10083638. html。

文明教育，注重培养旅游从业者的生态文明意识。旅游从业者是旅游生态文明建设的重要主体，其生态文明意识直接决定其旅游经营方式和资源节约减排成效，因此，要注重提升旅游从业者的生态文明素养，改变传统高耗能旅游发展模式，控制旅游活动过程中的碳排放强度，开发低碳旅游接待设施和低碳旅游产品等。三是要注重游客生态文明素质的培养，提高游客环境责任意识。游客的消费方式将直接影响生态文明旅游能否实现，因此对游客进行生态教育、提高游客的生态消费观念是实现生态文明旅游的决定性因素。[1] 已有研究也证实了环境教育对游客环境责任行为的影响，认为人们对环境及其议题有更多认知就会更多地表现出负责任的环保行为。[2]

---

[1] 郑群明、王留成、游小艳：《生态文明旅游：特征、模式与路径》，《四川旅游学院学报》2017 年第 2 期。

[2] 朱学同、张蓓蓓、刘锐、雷若欣：《生态文明视阈下乡村旅游者环境责任行为研究》，《中国农业资源与区划》2020 年第 2 期。

# 第六章
# 新冠疫情防控常态化背景下
# 县域旅游韧性体系建设

2020 年新冠疫情在全球范围内蔓延。新冠疫情具有广泛传播、快速传播、症状多变、防控难度大等特点，成为近百年来危害人类健康和影响社会稳定的重大公共卫生事件，对全球的经济发展、国民的高品质生活、社会的有序高效运转等产生了空前的影响，全球各个国家和地区均采取了限制人员流动、限制访问等一系列疫情应对措施。由于旅游业所特有的流动性特征，其在这场疫情中遭受了极为严重的影响，整个行业几乎进入停摆状态。新冠疫情给全球的旅游业带来了巨大冲击和挑战，故深入探讨新冠疫情防控常态化背景下的县域旅游韧性体系建设与优化措施成为各界关注的重点。

## 第一节　新冠疫情防控常态化对县域旅游的影响

新冠疫情的流行对旅游业带来了空前的影响，几乎所有的旅游景区和旅游企业都遭受了极大的损失。然而，随着防控措施的逐步放宽和旅游市场的恢复，县域旅游也迎来了新的发展机遇。

### 一　新冠疫情防控常态化背景下县域旅游出游变化

2020～2021 年，国家各部委相继出台了多项政策措施限制和规范旅游

经营场所的开放和旅游业务的运营管理（见表6-1）。一是多部门出台限制出入境旅游的政策。国内疫情初步得到有效控制后，国际疫情的蔓延带来输入性风险。通过采取"限行""限流"、取消部分旅行社出入境旅游业务等措施严格限制出、入境旅游业务。二是多部门出台跨省旅游、团队旅游管控政策，主要采取"熔断"机制，根据旅游目的地的风险等级决定暂停或恢复旅游业务。

表6-1　新冠疫情时期有关旅游的部分政策

| 时间 | 政策名称 | 发布机关 | 重要内容 |
| --- | --- | --- | --- |
| 2020年1月26日 | 《关于全力做好新型冠状病毒感染的肺炎疫情防控工作 暂停旅游企业经营活动的紧急通知》 | 文化和旅游部办公厅 | 暂停旅游企业经营活动有关事项 |
| 2020年2月25日 | 《旅游景区恢复开放疫情防控措施指南》 | 文化和旅游部资源开发司 | 疫情高风险地区旅游景区暂缓开放 |
| 2020年4月13日 | 《关于做好旅游景区疫情防控和安全有序开放工作的通知》 | 文化和旅游部、国家卫生健康委 | 旅游景区接待游客量不得超过核定最大承载量的30% |
| 2020年7月27日 | 《关于推进旅游企业扩大复工复业有关事项的通知》 | 文化和旅游部办公厅 | 恢复跨省（区市）团队旅游；接待游客量由不得超过最大承载量的30%调至50% |
| 2020年9月18日 | 《关于做好2020年国庆节、中秋节假期旅游景区开放管理工作的通知》 | 文化和旅游部资源开发司 | 接待游客量不得超过最大承载量的75% |
| 2021年3月17日 | 《旅游景区恢复开放疫情防控措施指南（2021年3月修订版）》 | 文化和旅游部资源开发司 | 旅游景区游客接待上限由各省（区市）党委、政府根据当地疫情防控形势确定 |
| 2021年8月3日 | 《关于全面加强当前疫情防控工作的紧急通知》 | 文化和旅游部办公厅 | 加强旅行社业务监管，不组团前往高中风险地区旅游，不承接高中风险地区旅游团队，不组织高中风险地区游客外出旅游 |
| 2021年8月5日 | 《关于积极应对新冠肺炎疫情进一步加强跨省旅游管理工作的通知》 | 文化和旅游部办公厅 | 严格根据各地疫情风险等级暂停或恢复旅行社在线旅游企业经营该省（区市）跨省团队旅游及"机票+酒店"业务 |
| 2021年10月23日 | 《关于从严从紧抓好文化和旅游行业疫情防控工作的紧急通知》 | 文化和旅游部办公厅 | 从严从紧落实旅行社疫情防控要求、A级旅游景区疫情防控要求、星级饭店疫情防控要求等 |

续表

| 时间 | 政策名称 | 发布机关 | 重要内容 |
|---|---|---|---|
| 2021年12月27日 | 《加强2022年元旦春节期间旅游团队疫情防控工作的通知》 | 文化和旅游部办公厅 | 严格执行"熔断"机制；暂停进出陆地边境口岸城市（与香港、澳门有口岸相连的除外）的跨省团队旅游及"机票+酒店"业务 |

资料来源：笔者根据有关文献整理。

疫情防控常态化下，人们的旅游行为发生了转变，消费者的需求由出境游和长途游转向了短途游、周边游和就近游，这为县域旅游的复苏注入了新的活力。

（一）近程自驾游

出游呈现以近地为主、远程较少的整体趋势。短程游和短期游成为主力，近郊游尤其受到青睐。特别是在周末，休闲和短途旅游的需求很高，其中自驾游是最主要的出行方式。并且，新的旅游方式如房车旅游也在迅速发展。

出行动机方面，以探亲访友、家人团聚为目的的散客自驾游占据主流，其中"回老家、探亲友、住老宅、吃农家饭"成为一大特色，越来越多的返乡游客喜欢入住民宿，品尝农家美食，感受乡土年味。

（二）定制旅游

当前国内旅游中小众目的地的定制游正在崛起。由于新冠疫情的影响，游客对于大型旅游团的需求减少，而对私密性和高品质的要求增加，游客越来越重视旅行的质量和体验，定制游正在成为一种新的旅游风尚。

"预约旅游"方式不仅是新冠疫情防控的必要措施，也是未来智慧旅游发展的趋势。预约限流已成为新常态，"无预约不出游"已成为许多游客的共识，游客对旅行变得更有计划性。为了科学防控，景区、星级酒店、旅行社和公共文化场馆都在施行"预约一码通"。在新冠疫情防控常态化背景下，文化和旅游业必须负起责任，严格执行疫情防控措施和限量、预约、错峰等要求，以保障游客的假日文旅活动安全。预约限流的方式在确保疫情防控的同时也发展了定制旅游。

（三）家庭亲子游

随着国家二胎、三胎政策的实施，亲子旅游和研学旅游的需求不断增加。根据统计数据，亲子旅游市场逐年扩大，2022 年是二胎家庭出游的高峰，未来将保持每年 30% 左右的增速。[①] 在 2021 年上半年，二胎家庭出游占比增加到 25%，未来将成为亲子旅游市场的主要消费群体。[②] 同时，在年龄分布方面，31～35 岁的亲子游客占了游客总数的 39.8%，24～30 岁和 36～40 岁的游客分别占 20.1% 和 18.9%。[③] 同时，"85 后""90 后""95 后"成为亲子旅游市场中越来越重要的消费群体。而在旅游规划上，女性在决策中的参与程度明显高于男性，占比高达 76%，她们更注重科学育儿，关注最新信息而且更加理性。[④] 女性游客更喜欢从产品性价比、品牌、口碑、服务专业性和产品个性化等多方面来评估亲子游产品。

## 二　新冠疫情防控常态化背景下县域旅游产品升级

在新冠疫情防控常态化背景下，县域旅游的体验消费和定制消费增加，新型消费模式正在取代传统模式，促使旅游产业不断升级转型，推出更多个性化、多元化、体验化的文旅产品，进而拉动经济发展。

（一）在线云旅游

线上云旅游不仅带动了线上景观体验和线下预订，也为旅游产业链上的旅行社、餐饮、景区和演艺等企业吸引了用户。文化 IP 变得非常热门，并且成了云旅游的重要组成部分。以河南卫视春节晚会节目《唐宫夜宴》为代表的文旅演艺 IP，通过新的艺术形式向观众展示了中国传统文化的内涵。该视频播放量超过 20 亿次，相关话题阅读量超过 10 亿，直接推动郑州

---

① 《"二孩家庭出游"今年迎"爆点"》，中国经济网，http://bgimg. ce. cn/cysc/newmain/yc/jsxw/202107/12/t20210712_36710852. shtml。
② 《"二孩家庭出游"今年迎"爆点"》，中国经济网，http://bgimg. ce. cn/cysc/newmain/yc/jsxw/202107/12/t20210712_36710852. shtml。
③ 《国内亲子游市场逐年扩大，二孩家庭出游成"爆点"》，https://baijiahao. baidu. com/s? id = 1704590115379659223&wfr = spider&for = pc。
④ 《国内亲子游市场逐年扩大，二孩家庭出游成"爆点"》，https://baijiahao. baidu. com/s? id = 1704590115379659223&wfr = spider&for = pc。

进入 2021 年黄金周前十热门旅游目的地，并带动了相关周边文创产品消费。云旅游为旅游产业带来了新的机遇，旅游直播能将景区和景点带到线上，通过短视频和直播平台展示文旅资源，提高用户体验并吸引用户互动，成为旅游消费新趋势。

（二）新文娱潮玩

新时代消费市场的主力军是 Z 世代①。将带着流量的 IP 和优质产品与娱乐性玩法相结合的产品成为年轻人追逐潮流的重要载体。县域旅游主题文化空间的兴起也推动了县域文旅业的发展，强调在地文化的挖掘，以国风创意、街头艺术、主题街区、假日集市等形式满足年轻消费群体对文化认同感和归属感的需求。沉浸式文化旅游综合体是一种将旅游与主题文化相结合的旅游模式。在这种场景中，服务人员着装、环境调整、技术手段等都被用来创造沉浸式的场景和服务，以便在旅游和购物中实现文化和商业价值的兼容发展。简而言之，就是通过将文化和商业相结合创造出一种沉浸式的体验，增强消费者的社交频次和黏性，如"文和友"的实践等。②

（三）慢节奏休闲

"露营+"或者"+露营"旅游产品以微型度假的形式为游客提供绿色、舒适的旅行体验，深受欢迎。它不仅让人与自然亲密接触，还能保证在露营过程中的社交安全距离。总之，其结合了露营与其他元素的旅游产品，让人能够在享受自然之美的同时享有舒适且安全的社交体验。

---

① "Z 世代"（Generation Z）意指在 1995~2009 年出生的一代。他们一出生就与网络信息时代无缝对接，受数字信息技术、即时通信设备、智能手机产品等影响比较大，所以又被称为"网生代""互联网世代""二次元世代""数媒土著"等。全球"Z 世代"群体人数众多，国家统计局 2018 年数据显示，中国大陆在 1995~2009 年出生的人口总数约为 2.6 亿，约占 2018 年总人口的 19%。其中"95 后"约为 9945 万人，"00 后"约为 8312 万人，"05 后"约为 7995 万人。陈杰：《洞察"Z 世代"消费趋势》，《知识经济》2019 年第 9 期。

② "文和友"是湖南文和友文化产业发展集团有限公司旗下的品牌，从餐饮起步，以门店为载体，致力于研究传统民俗餐饮文化，挖掘民间小吃，坚持文化传承，形成了"文和友餐饮模式"。该品牌拥有文和友老长沙油炸社、文和友老长沙龙虾馆、文和友臭豆腐、文和友老长沙外卖等系列。黎阳：《数字化转型下的餐饮企业文化营销创新路径研究》，《现代经济信息》2021 年第 22 期。

自然健康的户外拓展旅游在当前也越来越受到欢迎，类型多样的户外景点，如森林公园、地质公园、湿地公园、森林步道、冰雪大道等成为热门。根据数据统计，2021年，中国各类自然保护地、园林类景区、国有林场等区域接待游客总人次超过20.83亿，超过国内旅游总人次的50%。① 这些地区的健康运动旅游产品，如徒步体验、运动登山、林下漫步等，以及教育类旅游产品，如自然科普、植物辨认、野地花卉鉴赏等都非常受欢迎。简而言之，慢节奏休闲户外拓展类旅游产品逐渐被越来越多的人所喜爱。

## 三 新冠疫情防控常态化背景下县域旅游发展举措创新

在新冠疫情防控常态化背景下，县域旅游发展不仅可以促进文旅文创融合战略的实施，提高文化创意和科技创新的水平，还能推动县域文化旅游的转型升级。

（一）增强带动作用，促进项目建设

积极促进项目建设，组织招商活动，吸引大型投资集团和顶级经营团队，完善县域旅游重点项目库。进行文化和旅游资源调查，深入开发文化和旅游资源，重点培育和打造国际级旅游景区和度假区、国家级全域旅游示范区、5A级旅游景区等文旅品牌，增强龙头企业的带动作用。引入大型投资集团和顶级经营团队，培育并打造一批具有国际影响力的文旅项目。

（二）促进文旅消费，激发市场活力

围绕国家级文化和旅游消费示范城市、国家级文化产业和旅游产业融合发展示范区、国家级夜间文旅消费集聚区、国家级旅游休闲特色街区等创建行动，进一步巩固县域旅游文化和旅游产业发展基础，促进文旅融合发展，形成良性发展态势。大力推进夜间消费，鼓励旅游景区和文博场馆开展夜间游览项目，优化夜间餐饮、购物、演艺、娱乐等服务，推动建设

---

① 《2021年我国生态旅游游客量超20亿人次》，中国新闻网，https://baijiahao.baidu.com/s?id=1722189430684884954&wfr=spider&for=pc。

深夜食堂、夜间休闲街区、夜间剧场等业态，推出一批夜游明星项目。

（三）关注数字转型，发展智能文旅

全面推进传统产业数字化转型工程，建设一些数字景区、数字度假村、数字酒店和数字旅行社，实现传统产业数字化运营。探索建立县域旅游文旅产教联盟，开展线上文旅行业员工技能培训。加强与科技公司，如腾讯、华为等的合作，建立文旅资源数据库、文旅文创数字中心、文旅文创数字实验室等。

# 第二节　县域旅游韧性体系建设内容

新冠疫情的出现给县域旅游业带来了巨大冲击，为了应对疫情对旅游业的影响，县域旅游韧性体系建设就显得尤为重要，以便应对未来各种不确定因素的冲击。

## 一　韧性体系概述

韧性体系是指一种能够适应环境变化并保持其稳定性的系统，通常由多个相互关联的部分组成，其中每个部分都能适应环境变化并保持系统稳定性。韧性体系可以应对各种类型的环境变化，包括自然灾害、社会变革、经济危机等，具有高度的适应性和弹性，能够保证系统的长期稳定性和可持续发展。

（一）韧性的概念

"Resilience"一词起源于拉丁语"Resillo/Resiliere"，意思是"跳回"，之后被广泛定义为"回到最初状态"。① 对韧性"Resilience"的研究最早起源于19世纪50年代。韧性概念最初被物理学家用来表述材料在不被破坏的情况下能承受外力并产生形变，同时也能在受力后恢复到原有状态或平衡点的能力。从机械力学的角度来看，这是材料在没有被破坏的情况

---

① 汪辉、徐蕴雪、卢思琪等：《恢复力、弹性或韧性？——社会—生态系统及其相关研究领域中"Resilience"一词翻译之辨析》，《国际城市规划》2017年第4期。

下，能够承受外力并在受力后产生形变并储存恢复势能的能力。最初，韧性研究主要集中在建筑业、材料业、机械制造业等领域，直到 1973 年，生态学家 Holling 将韧性引入系统生态学研究，强调系统受到扰动后，重新恢复到原状态的能力。[①] 韧性的强弱程度由恢复到初始状态的速度所决定，恢复时间越短、速度越快，则韧性越强；恢复时间越长、速度越慢，则韧性越弱。

受生态系统运行规律影响，生态韧性研究不仅关注系统在受到扰动后恢复至原有状态的能力，还关注系统能否在承受一定程度的干扰后达到新的平衡状态。Holling 提出，生态韧性不仅要考虑系统恢复平衡所需的时间，还应该考虑系统能承受的干扰量级和维持稳定的阈域。[②] 21 世纪初，韧性理念开始被应用于生态系统和生态—社会系统的研究，并逐渐拓展至社会系统、经济系统和社会—经济系统。在中国，这方面的研究主要关注心理韧性、城市韧性、社区韧性等。近年来，我国旅游研究逐渐开始将韧性理论作为研究的基础或视角，从系统的角度来看待旅游目的地这一空间区域，并认为这些主要用于旅游功能的空间区域可以被视作不同的系统。因此，作为一个系统的旅游目的地，在遭受危险时，应具备抵抗、吸收、适应外部冲击并恢复的能力，也就是旅游韧性。

旅游业韧性是指旅游产业在面对突发事件冲击时所表现出来的适应性、恢复能力和创新发展能力。它不仅关注产业的恢复水平，更注重产业的动态调整和创新发展。一般来说，韧性越强，恢复原有水平所需的时间、成本和代价就越少，适应性和创新发展能力也就越强，抵抗外部风险、保护产业安全和实现可持续发展的能力更强。

（二）韧性的特征

韧性特征是受到广泛关注的研究课题，不同的学者对于韧性特征的界

---

[①] Holling C. S., "Resilience and Stability of Ecological Systems," *Annual Review of Ecology and Systematics*, 1 (1973): 1 – 23.

[②] Holling C. S., *Engineering Resilience versus Ecological Resilience: Engineering Within Ecological Constraints* (National Academies Press, 1996), pp. 31 – 44.

定有所差异。Bruneau 提出 "4R – TOSE" 特征，用稳健性、冗余性、智慧性和快速性来衡量社区的抗震韧性；[1] Walker 则认为韧性特征应包含系统多样性、生态变异性、模块化、承认缓慢变化、反馈度等九个层面；[2] 邓位总结了英国韧性城市的五个基本特征，即冗余度、强度、多样性和灵活性、反应性、合作性。[3]

总的来说，韧性突出的特征包括冗余性、多样性和鲁棒性，其他重要的表征还包括学习性、模块化、迅速性和自组织性等（见表 6 - 2）。

表 6 - 2　韧性特征的含义

| 冗余性 | 系统受到干扰部分功能中断或丧失时，存在可替代的元素，能够满足功能要求并重新恢复系统的基础运作 |
| --- | --- |
| 多样性 | 系统运行体系有多种运行路径，或具有丰富的功能和灵活的空间布局 |
| 鲁棒性 | 系统能够承受一定的干扰冲击作用，有一定缓冲能力，保证其基本功能不会完全失去作用 |
| 学习性 | 能够主动适应外部干扰和环境的变化，并能通过新的学习与调整，使其恢复并超越原状态 |
| 模块化 | 系统构成要素之间相互作用、相互影响，具有多个功能相似的单元 |
| 迅速性 | 系统遭到破坏后，通过自动监控机制能够及时进行信息反馈，第一时间做出应对策略恢复损失的能力 |
| 自组织性 | 系统自身能够通过完善社会网络、促进有效领导、建立地方信任、加强各方合作等途径重新对自身进行组织 |

资料来源：笔者根据有关文献整理。

## 二　旅游韧性体系特点

旅游韧性发展是一种理念，也是一种路径和模式。基于新经济地理学者马丁（Martin R）、桑尼（Sunley P）对区域经济韧性的论述，参考韧性系统及其他相关研究成果，旅游韧性的特点表现为可抵抗、可恢复、可持续

[1]　Bruneau M., Chang S.E., Eguchi R.T., et al., "A Framework to Quantitatively Assess and Enhance the Seismic Resilience of Communities," *Earthquake Spectra*, 4（2012）：733 – 752.

[2]　Walker B., Salt D., *Resilience Practice: Building Capacity to Absorb Disturbance and Maintain Function*（Washington: Island Press, 2012）.

[3]　邓位：《化危机为机遇：英国曼彻斯特韧性城市建设策略》，《城市与减灾》2017 年第 4 期。

和可拓展。正是这四种特点为面临不确定性挑战的旅游业保持稳定性、适应性以及创新性提供了保障。

（一）可抵抗

抵抗力指旅游业在面对冲击扰动（如疫情，自然灾害等）时，能够维持生产与供给体系的稳定，并尽快恢复正常运营的能力。这种能力可以通过旅游业人才、资金、设备流失程度和接待场所（设施）闲置程度来衡量。旅游专业人才、资金、设备流失越多，接待场所（设施）闲置程度越严重，说明该地区旅游业的抵抗力越差。抵抗力取决于地区经济发展水平、人口数量、旅游吸引物影响力以及旅游产业在当地经济体系中的地位、从业人员的产业认同感和旅游企业的投资结构和战略规划。

（二）可恢复

恢复力指的是在发生危机或突发事件后，旅游业能够迅速、多样化地采取措施，恢复到原有接待水平的能力。这种能力可以用旅游人次或收入恢复的时间来衡量，时间越短则恢复力越强。恢复力的基础是基础设施网络和公共服务体系，也受旅游品牌影响力、危机管理能力、促销投入、区域文化和制度弹性等因素影响，其中旅游品牌影响力起着重要作用。

（三）可持续

可持续指的是对旅游业发展模式进行反思，通过调整项目、产品、业态、营利渠道等进行变革，达到新的可持续均衡状态，保护环境、社会文化和经济发展之间的平衡。突发性公共事件或随机性冲击虽然会破坏旅游业的生产力、影响市场秩序，但同时也是一种机会。这种破坏或许可以带来产业结构的优化（经济学家 Joseph Alois Schumpeter 的 "创造性破坏" 原理）和旅游业的转型升级，使旅游业能够摆脱路径依赖。具备可持续能力的企业能够适应环境的变化，主动抓住新机遇，不断研发新产品，满足新需求，培育新优势。疫情期间，部分县域旅游目的地和头部企业就通过主动拥抱市场、创新求变，实现了产品、业态和营利模式的演变。

（四）可拓展

韧性体系能够根据需要拓展资源，应对更大的负载。以旅游资源为基础，开发多功能、无边界、可拓展性特征的旅游产品，通过共享经济、价值工程、循环利用的理念，依靠现有的资源、设施和产业，推进休闲农业、旅游村镇、观光工厂、旅游休闲街区、旅游度假区、文化休闲空间等项目的建设，策划深度游、微度假、创意游、亲子游、毕业游、研学游等多种产品。探索多种发展模式，如轻资产运营型、活动主导型、社区依托型等，推动企业灵活生产、定制服务、价值共创，降低生产成本和经营风险。

## 三　旅游韧性体系构成

韧性体系是在危机环境中推动旅游系统发展的基础和保障：具有灵活性，能够协调各要素之间的关系；具有缓冲性，能够承受并应对危机和不确定性；具有可持续性，能够长期保障旅游系统的安全和稳定发展。旅游韧性涉及组织内部能力和外部关系，是一个多层面和多维度的问题。它不仅需要组织内部的协作，还需要外部利益相关者的配合。组织的背景、发展阶段、危机程度以及危机中所处阶段都会对组织韧性的需求产生不同影响。

（一）高素质的旅游人才

旅游业是一种高技能、高素质人才密集型产业，高素质的旅游人才是保障旅游业可持续发展的重要基础。因此，有针对性地培养技能型、知识型和创新型的旅游人才，是县域旅游韧性体系建设中的重要组成部分。在疫情影响下，培养高素质旅游人才梯队有助于保证旅游人力资本的持续供给，为保证旅游业的高质量发展奠定基础。

（二）完善的信息技术

信息技术是推进旅游产业模式创新的重要驱动力。通过加强旅游业信息化和数字化建设，优化信息处理和管理流程，开发适应游客新需求的数字产品和体验，可以提升旅游企业的工作效率和产品发展的创新能力。

（三）多样的旅游市场

市场需求是驱动旅游业发展的关键因素，在县域旅游韧性体系建设中，需要按照市场需求来调整旅游资源和产品。在疫情危机下，随着市场需求

变化，旅游政策和经营理念需要进行适应性调整，通过改革创新、培育新型旅游业态等方式来提升市场竞争力，最终实现县域旅游高效发展。

（四）优质的地域文化

文化要素是推动旅游产业发展的重要因素，将韧性发展的理念贯穿在旅游目的地的文化内涵中，能够帮助旅游目的地企业在逆境中更好地抵抗风险和应对挑战，提高企业应对危机的文化软实力。

（五）可持续性的资源

具有可持续性的资源，是指在不过度消耗的情况下能够长期提供给韧性体系使用的资源。这些资源也包括人力、财力、物力等。人力是具有知识、技能、经验和能力的人员，以及通过培训、教育、技能提升等方式培养出来的人才。可持续的人力资源可以帮助韧性体系应对外部环境的变化，并维持韧性体系的正常运转；财力是支撑旅游企业持续发展的关键因素，通过出台合理的金融政策和拓宽金融服务的范围，可以解除旅游企业的资金压力，并促进旅游生产要素的高效配置；而物力是旅游企业生产的基础，通过完善旅游物资供应链系统和协调区域旅游资源流通，可以优化旅游生产链条，为旅游企业提供物质保障。

（六）完善的管理体系

完善的管理体系与监管机制是指在县域旅游发展过程中，通过建立和完善各级政府部门、旅游组织、企业和公众之间的协调配合机制，确保旅游产品和服务质量、旅游环境卫生安全、旅游资源保护、社会文化保护等方面的合理发展。同时通过监管机制来监管各级政府部门、旅游组织、企业和公众在旅游业发展过程中的责任履行情况，以确保县域旅游业的可持续发展。

（七）高质量的配套设施

旅游基础设施和配套设施是指为满足旅游活动的需求而建设的基本设施和设备，包括住宿、餐饮、交通、娱乐、文化、医疗等服务设施，以及公共设施如道路、水电、通信等。旅游基础设施包括住宿设施，如酒店、招待所、民宿等；餐饮设施，如餐厅、酒吧、咖啡馆等；交通设施，如公路、机场、码头、铁路等；娱乐设施，如游乐场、剧院、电影院等；文化设施，如博物馆、图书馆、文化馆等。而配套设施就是针对旅游基础设施的补充，方便旅游者的出行和居住，保障旅游活动的顺利进行。总之，建设高质量的旅游基础设施和配套设施，是保障县域旅游可持续发展的重要因素，是建设县域旅游韧性体系的重要组成因素。

## 四　旅游韧性体系构建

在新冠疫情防控常态化的背景下，游客对旅游目的地的安全性和质量要求会更高。如果县域旅游业能够建立起完善的韧性体系，就可以为游客提供更加安全、更高质量的旅游产品和服务，从而吸引更多的游客前来旅游，提升旅游目的地的竞争力。可以通过提升旅游产品的安全性和质量、加强旅游企业的管理能力和服务水平、拓展旅游资源的多元化、提高旅游人员的专业素质和服务意识等措施，使县域旅游体系更加稳健、更有韧性。

（一）健全疫情防控体系

在新冠疫情防控背景下的县域旅游韧性体系建设中，健全疫情防控体系指的是通过建立和完善各级政府部门、旅游组织、企业和公众之间的协调配合机制来确保在旅游活动中能有效防控疫情的传播。这包括设置和实施健全的防疫措施，如体温检测、杀菌消毒、健康申报、保持社交距离等；建立疫情监测和应对机制，如疫情预警和应急处置机制、专门的医疗救治机构、疫情防控人员培训等；同时通过宣传和教育工作让公众了解疫情防控的正确方法和措施。

（二）推进产业结构优化

通过县域旅游来促进当地经济的发展，使当地经济结构更加多元化和优化。经济结构指的是某个地方或国家的经济构成情况，包括产业结构、产业分工、消费结构、投资结构等。县域旅游的发展可以为当地经济增加新的产业来源，例如旅游业、酒店业、餐饮业等，这些产业都能为当地增加新的收入来源。县域旅游的发展也可以促进当地产业的转型升级，例如农业转型为农业旅游、工业转型为工业园区旅游等。

（三）优化整合旅游资源

整合资源指的是将旅游资源进行优化配置，包括自然资源、人文资源、产业资源等。通过资源整合，可以在保护和利用旅游资源的基础上提高旅游资源的利用效率，使旅游业可持续发展。"优化"则是指在原有资源基础上，通过合理调整和协调来提升其质量和效益。在保护原有资源的基础上通过投入人力、财力、技术等其他资源来提升资源的品质、效率。新冠疫情防控常态化背景下，加强资源整合和优化将会有利于旅游企业灵活应对市场变化，更好地规避疫情影响，确保旅游业的稳定发展。

（四）塑造旅游品牌形象

提升品牌形象指通过多种途径来提高旅游目的地的知名度和美誉度，使其成为具有竞争力和吸引力的旅游目的地。提升品牌形象需要做到以下几点：一是推广旅游目的地的特色和优势，如历史文化、自然风光、特色民俗等；二是强化旅游目的地的卫生安全保障体系，如疫情防控、卫生保健等；三是提升旅游服务质量，如景区管理、导游服务、住宿餐饮等；四是利用新型技术工具，如互联网、社交媒体等来扩大品牌影响力。总之，提升品牌形象是县域旅游韧性体系建设的重要组成部分，它不仅能够增强消费者对旅游目的地的信任和向往，还能够提高旅游业的整体竞争力。

（五）提高旅游服务质量

加强旅游服务质量管理，提高旅游服务水平，满足游客需求。受疫情影响，人们对人流密集的场所比较抗拒，游客出行会更多选择自助自驾，就餐会更愿意选择无接触的、卫生有保障的餐厅，住宿会选择安全卫生有保障的酒店或民宿，这就对旅游的服务质量提出了更高要求。一是要提高旅游服务人员的素质，培养具备专业知识和技能的旅游服务人员，以提高服务水平；二是完善服务标准，通过制定行业标准和规范来确保旅游服务质量；三是建立服务保障机制，通过政府监管、消费者投诉、行业协会等机制来提高旅游服务质量；四是强化卫生安全管理，为游客提供卫生安全的旅游环境，特别是在疫情防控期间，尤其要重视保障旅游者的健康安全；五是加强社会责任意识，确保旅游服务符合法律法规和社会公德，维护社会公共利益。

（六）加强旅游安全保障

通过各种措施提高旅游活动的安全保障水平，加强旅游安全保障措施，保障游客人身安全和财产安全。首先，政府可以通过加强景区安保力量、完善旅游交通安全保障措施等方式来保证游客的安全。其次，建立完善的旅游安全保障体系，包括旅游安全指南、旅游安全规定、旅游安全监管机构等，提升旅游安全保障能力。该体系应包括旅游安全预警、旅游安全监管、旅游安全应急处置等内容，使游客能够安全顺利地享受旅游活动。最后，旅游企业可以通过建立安全管理制度、强化安全培训、提高安全意识等方式来确保游客的安全。

# 第三节　新冠疫情防控常态化背景下县域旅游韧性体系建设路径

在旅游研究中，旅游目的地的韧性是指受到外力干扰和冲击后，旅游目的地自身的恢复能力和恢复过程，是一个由社会、经济、生态和文化等多个维度构成的复杂系统。[①] 韧性理论是分析新冠疫情对旅游目的地影响过程、理解旅游目的地恢复与重建策略的重要理论视角。韧性资源要素是在新冠疫情防控常态化背景下，推动旅游系统安全、稳定有序发展的能量，它具有灵活性、协调性和可持续性等特征，可以帮助县域旅游在危机中更好地适应和恢复，提高其卫生和安全水平，满足游客的需求。

## 一　县域旅游韧性发展目的

建立完善的韧性体系可以使旅游目的地有效地应对各种外部环境的挑战，更好地保护和提升旅游目的地的发展潜力。新冠疫情防控常态化背景下，县域旅游韧性体系建设是促进旅游目的地持续发展的必要措施。

---

① 陆林、李磊、侯颖：《疫情危机下旅游地韧性与高质量发展》，《旅游学刊》2022 年第 9 期。

（一）优化结构升级

县域旅游韧性体系建设应该从系统性和长远性的角度出发，加强旅游规划、管理，包括旅游目的地的发展规划、旅游产品的创新设计、旅游服务的质量提升等，为旅游目的地的发展奠定坚实的基础。加强旅游韧性体系建设能够保证旅游目的地的发展方向和质量，使旅游目的地更好地适应外部环境的变化；推动产业内部资源有机整合、加速行业重组，驱使县域旅游产业结构由低附加值向高附加值转变，这有助于县域旅游产业结构的优化升级和竞争力提升。

（二）提升产业效能

县域旅游韧性表现为在风险冲击下县域旅游产业能迅速做出调整，能有效协调产业内部各要素，使各要素企业迅速恢复生产、提高增长效能，以弥补因疫情导致的发展停滞。新冠疫情的蔓延折射出县域旅游产业发展中的供需矛盾，同时也暴露了县域旅游系统受到风险冲击后恢复迟滞的不足。通过县域旅游韧性体系建设强化产业要素的协调与配合能力，有助于有效增强旅游产业在危机冲击后的回弹力。

（三）加强技术创新

提高旅游业信息化、数字化水平，优化信息处理业务流程和管理流程，打造适应游客新行为、新需求的数字化产品和体验，可推动县域旅游企业工作效能提升和产品发展模式创新；不断提高旅游目的地的信息化水平和技术水平，可以进一步提升旅游目的地的竞争力和韧性。

（四）注重资源保护

县域旅游韧性体系建设应该注重环境保护、资源保护，保护旅游目的地的自然环境和文化遗产，包括自然资源的保护和合理利用、人文资源的保护和挖掘、社会资源的保护和整合等。对这些资源的保护和利用措施能够提升旅游目的地的独特性和优势，为旅游目的地可持续发展提供支持和保障。

（五）扩大宣传推广

宣传是提高旅游目的地知名度并扩大其市场影响力的重要方法。游客是旅游业发展的重要组成部分，吸引大量游客是县域旅游高质量发展的关键条件。通过宣传旅游目的地优质的资源、新颖和舒适的体验项目，建立旅游目的地与游客之间的信息桥梁，提升人们对旅游目的地的形象感知，实现县域旅游"品牌走出去，游客引进来"的目标。

## 二　县域旅游韧性发展路径

在新冠疫情影响下，增强县域旅游的韧性有助于推动旅游产业发展的变革与创新，实现危机下的复苏与可持续发展。

### （一）模式创新

旅游业容易受外界因素影响，因此韧性成为保障其可持续发展的关键。韧性表现为通过创新发展来提高抵御风险的能力。这符合事物螺旋式上升的普遍规律，也符合新时期统筹发展与安全的方针。在疫情期间，旅游需求发生变化，县域旅游必须应对这种变化，以保持竞争力和可持续性。模式创新是提升县域旅游韧性发展的重要一环，可以帮助县域旅游业更好地应对旅游需求的变化，并在国内日益庞大的客源市场、日益健全的产业体系、弥足珍贵的危机管理经验等基础条件下使县域旅游获得更好的发展。

### （二）政策保障

建立县域旅游目的地之间的合作网络是提升县域旅游目的地韧性、增强旅游目的地抗风险能力的重要途径。新冠疫情为政府、区域、企业之间加强合作提供了一次契机，通过增强旅游目的地之间的合作关系，实现旅游发展的互利共赢。从政府层面来看，应重新思考县域旅游之间的空间关系，不断优化区域旅游空间格局，继续探索建立国家文化公园、国家旅游风景道、跨区域特色旅游功能区等，建立更加广泛、深入的合作机制。

### （三）技术创新

当前，以信息技术及数据为关键要素的数字经济蓬勃发展，推动我国成为数字经济大国。中国信息通信研究院数据显示，2020 年我国数字经济规模达到 39.2 万亿元人民币，2025 年将突破 80 万亿元人民币。[①] 可见，数

---

① 中国信息通信研究院：《中国数字经济发展白皮书》，http://www.caict.ac.cn/kxyj/qwfb/bps/202104/t20210423_374626.htm.

字经济加速腾飞有效地支撑了疫情防控，推进了经济社会发展。[①] 在疫情影响下，远程办公、无接触配送、云旅游和网上博物馆等服务新业态快速扩张。具体来说，加强信息和技术创新包括以下几方面：一是构建完善的信息系统，包括旅游信息的收集、处理、发布等，使游客能够更好地了解旅游目的地的信息和服务；二是应用先进的技术手段，包括旅游目的地的智慧建设、旅游目的地的数字化改造等，这些技术手段能够提高旅游目的地的智慧化水平和数字化水平，能使旅游目的地更好地适应外部环境的变化；三是推广旅游信息技术应用，使旅游目的地的信息和技术成果得到广泛应用和推广，从而更好地促进旅游目的地的发展。

（四）有效宣传

在县域旅游韧性体系建设过程中要重视通过宣传和推广来提高旅游目的地的知名度和美誉度，从而吸引更多的游客前来旅游，促进旅游目的地的持续发展。在县域旅游韧性体系建设过程中，加强旅游目的地的有效宣传与深度推广是其重要组成部分。具体可以通过以下几种方式实现：一是规划和组织旅游宣传活动，包括举办旅游展会、景区开放日、旅游推广活动等，这些活动能够通过多种方式向游客宣传旅游目的地的独特性和魅力，提高旅游目的地的知名度和吸引力；二是发布旅游宣传片，通过视频等形式向游客展示旅游目的地的美景和风光；三是发表旅游宣传文章，向游客介绍旅游目的地的历史、文化、风土人情等；四是通过互联网等现代媒体进行旅游宣传，通过官方网站、微信公众号、社交媒体等向游客推送旅游目的地的最新消息。

（五）环境友好

新冠疫情流行之前，全球旅游业保持了十余年的高速增长，旅游业所带来的环境污染和文化冲突等问题越来越显著。大量研究表明，现代旅游业并不完全是一项环境友好型产业。因此，必须秉持更加中立的态度去看待旅游业所造成的环境影响，以批判性视角审视旅游业发展所带来的问题，

---

① 汤铎铎、刘学良、倪红福等：《全球经济大变局、中国潜在增长率与后疫情时期高质量发展》，《经济研究》2020 年第 55 期。

推行更加负责任的旅游方式。当前，迫切需要关注的问题：一是旅游对气候变化的影响，必须按照"双碳"目标与要求重新思考和制定旅游业未来的发展规划；二是明确旅游业对县域生态环境的影响，应加快全面落实重点生态旅游区的补偿机制；三是着力限制资本在旅游领域内的无序扩张，推动旅游业的稳健增长。

## 三 县域旅游韧性发展模式

建立韧性体系可以帮助县域旅游业更好地应对疫情导致的旅游收入下降和市场萧条。通过制定应对措施和落实支持政策缓解疫情对县域旅游业的冲击，避免旅游收入暴跌和市场崩溃。多种发展模式可以帮助县域旅游业发展，以更好地适应需求变化，在各种条件下保持旅游业的运营和发展。

（一）"横向合作＋创新"联动发展模式

联动发展模式是指在一定的地域范围内，根据旅游资源的内在关联性和地理空间的邻近性，在县域统筹下建立联动发展机制，不同的发展个体进行联合与协作，在凸显各自特色优势的同时，将其整合为统一的旅游品牌形象参与竞争，进而增强县域旅游整体的吸引力，实现各旅游个体的可持续发展。[①] 在县域内旅游目的地之间的竞争关系中，许多地方的旅游产品呈现相似性和相互替代性，品牌特色较为模糊。县域旅游联动发展模式通过在县域范围内的联合与协作，可以发挥各自的资源优势，实现互补、共赢和共同发展。

创新是常态化疫情防控时期提升旅游目的地韧性的重要路径，主要包含两个方面：一是旅游业制度创新，政府和企业应在管理体制、机制和模式创新方面进行更多探索，可在一些重点领域、重点区域内先行先试，为旅游业转型发展提供制度保障；二是旅游业技术创新。技术创新被视为全球旅游业加快走出疫情阴霾的重要路径，应以更大力度支持创新、创业型旅游企业发展，加强人工智能、虚拟现实和服务机器人等新技术与新方法在旅游领域内的应用，促进旅游业的智慧转型与发展。

---

① 余伶莲：《区域旅游联动战略的理论与实践研究》，安徽师范大学硕士学位论文，2005。

横向合作指的是县域间的合作，通过发挥各自的资源优势实现优势互补，增强县域旅游的吸引力与竞争力。具体来说，横向合作指的是在县域内部或者与周边地区的横向合作，包括联合推广旅游资源、协调旅游服务、共同参与旅游建设等。通过推广新颖的旅游项目、打造独特的旅游品牌，吸引更多的游客。将横向合作与创新相结合，可以在保障县域旅游竞争力的同时，提升旅游目的地的创新能力，推动县域内的文旅融合及与产业间的融合。深入开发县域旅游资源，建立以高质量景区为核心，市场共享、设施共享、信息共享，其他旅游资源联动发展的县域旅游模式，推动县域旅游的高质量发展。

（二）"春+夏+秋+冬"全季旅游模式

由于气候、资源、空闲时间等因素的限制，旅游业一直存在季节性与时间性波动的问题，这也是县域旅游发展中需要面对的一个重要问题，尤其在北方地区，一年中只有半年的时间是旅游黄金季节，其他时间均为淡季。这意味着所有的资源只能在半年内使用，回报率低、资源使用不均衡，造成成本回收期延长、可持续经营困难等问题，也影响了投资的收益和旅游目的地的发展前景。

探讨"春+夏+秋+冬"全季旅游的意义在于，通过开发各季度的旅游产品扩大旅游的消费基础，使旅游消费需求更加均衡和稳定，减少旅游业季节性波动。同时，县域全季旅游也能够使游客在新冠疫情防控常态化背景下有更多选择，满足不同消费者的需求，提高旅游目的地的竞争力。此外，县域全季旅游还能够促进县域内游客的再分配，使各个旅游目的地的客流分布更加均衡，避免客流集中在某一时期对县域内生态环境造成过大压力。

1. "春+夏+秋+冬"全季旅游的意义

"春+夏+秋+冬"全季旅游是指在所有季节都为旅游提供机会，打造全年、全天候的旅游体验。这意味着所有季节都能在旅游方面提供一些特色，同时也鼓励旅游者在非旺季期间前来旅游。在新冠疫情背景下，推广县域全季旅游不仅能提高资源利用效益，而且还可以帮助完善公共服务体系，提升服务质量，创新旅游营销和管理方式。总之，在新冠疫情防控常态化背景下，全季旅游有助于打造新的旅游时空，构建旅游发展的新格局，为人们提供全新的旅游体验。

2. 发展"春＋夏＋秋＋冬"全季旅游的具体对策

第一，通过制度政策调节出游时间，以实现在旅游时间上的均衡发展，包括带薪休假制度、错峰休假、学生的寒暑假、职工春游和秋游等政策，让人们在出游时间上有更多的选择。例如，推进两天半的周末休息日工作制度，就可以更好地促进全季旅游的发展。通过调节人们的出游时间，引导大众旅游的消费行为，为全季旅游的发展提供支持。

第二，举办多样化的节庆活动，调整产业和产品结构，整合资源和创意设计，组织全季旅游节庆活动。举办全季节事活动时，需要打造现代节庆，同时也要继承传统的节事活动，把二十四节气与当地旅游资源相结合。春季可以通过植物配置、大地景观和创意农业等方式进行观光游览，以及节庆、节事、庙会等主题活动来增强吸引力。夏季可以大力开展水上活动，并结合本土元素，如横渡长江游泳比赛、龙舟竞赛等。秋天则可以利用独特的景观和参与体验，举办庙会、创意集市、特色餐饮等活动，并销售创意农业产品。冬季是旅游淡季，可以利用冰雪、民俗、温泉等特有资源，并将其与休闲运动结合，提供有个性化的新产品，以"冰雪嘉年华＋冰雪庙会＋温室＋温泉"为框架创建产品，提升冬季旅游的影响力。此外，应加大推介地方特色节庆活动、热点文化活动的力度，拓展全季旅游市场。

第三，加强对景区的宣传和促销活动，并增加资金投入。同时，应当加强与各方的协作，运用网络和社交媒体等现代传播渠道开发具有个性化特色的新产品，并利用互联网精准营销来激活"非黄金周"和"非周末"时期的全季产品市场需求。此外，还应当加大推广地方特色节庆活动和热门文化活动的营销力度，扩大全季旅游市场的覆盖范围。

第四，会展旅游。会展旅游是一种综合性旅游形式，利用展览会、招商会等来增进交流。会展对季节要求不高，可以用来弥补淡季旅游产品的

不足，促进交通、餐饮、住宿等的均衡发展，是发展全季旅游的优先选择。

第五，研学旅行。在 2016 年全国旅游工作会议上提到了发展旅游新业态和推进研学旅游的重要性。① 县域景区通常拥有丰富的气候、生物、地貌和历史文化资源等，很适合开展研学旅行。在政府政策的支持下，随着家长对子女教育的重视程度和经济水平的提高，这个市场有着巨大的发展潜力，将成为中国旅游业创新的新增长点。

（三）"白天 + 夜晚"全时旅游模式

在新冠疫情防控常态化背景下，县域旅游面临新的挑战，旅游消费模式呈现新变化、新趋势，空间上全域化、时间上全天候等特征越发明显，尤其是夜游得到了前所未有的重视。可通过夜间造景、民俗活动、商街夜市、演艺活动等打造和亮化夜间旅游，完成"白天 + 夜晚"全时旅游的转变。开展"白天 + 夜晚"全时旅游能够增加游客的停留时间，为县域带来经济效益，提升县域的旅游产值。此外"白天 + 夜晚"全时游还可以为县域的景观和文化资源创造更多的展示机会，提升县域的文化形象。总的来说，"白天 + 夜晚"全时旅游，对于提升县域旅游的韧性和推动县域旅游发展具有重要意义。

1. 优化产品类型，打造特色夜游产品

为了满足旅游者个性化的需求，应着力增加夜游产品。夜游产品通常更加休闲、娱乐，而且更有助于参与者互动和放松。为了满足游客需求，应着重打造具有特色的夜游产品体系，并优化产品类型。应当主要提供夜景、夜演、夜宴、夜购、夜娱、夜宿等产品，以节事庆典引流，还应注重夜游市场的细分，使各个夜游业态相互联动。提供具有特色的美食和文化活动，打造夜间的文化品牌和演艺盛宴；还可以通过设置灯光艺术点亮城市，借助文旅资源来提升旅游目的地夜间的吸引力。为了实现夜游的创新和品牌化发展，应使夜游项目常态化。

2. 引导联动布局，构建合理的夜游空间格局

一是打造夜游经济集聚区。夜游是指在夜间时段内利用各种资源，包

---

① 李金早：《全域旅游大有可为》，大众网，http://m.dzwww.com/d/news/13988753.html。

括娱乐、餐饮、住宿、购物、文化展示等丰富游客的旅游内容，延长游客的停留时间。为了促进县域旅游的夜游发展，建议全力打造夜游经济带，带动全域夜间旅游的发展。

二是建设近郊夜间游憩带，扩展夜游产品网络格局。夜游是县域旅游目的地的重要载体，可以依托山水资源，结合文化要素，开发夜间生态体验旅游和高层次的休闲度假旅游产品。

三是为促进夜游市场发展，建议建立景区联动发展模式，通过夜间专用交通工具，突破传统功能区划分模式，根据人流量节点规划半径范围，打造以不同特征内容为核心的灯光景观、景点，在匹配餐饮业的同时，适时引入演艺业态，使游客体验完整的旅游产品，并以住宿业态结束整个旅游体验。

3. 完善和整合夜游产品要素

为了避免产品要素不均衡导致的浪费，应当调整各要素的比例，使其符合休闲娱乐的消费需求和科学合理配置。

一是增加夜间景区可进入性。建立完善的夜间交通服务体系，包括提供夜间旅游线路图和开通夜间旅游专线，或者建立专门的夜间旅游集散中心。同时，为了解决夜间停车泊位的问题，需要适当增加道路限时停放车位，为夜间旅游提供出行便利。

二是规范服务标准，面向夜间旅游市场优化酒店布局。在夜间旅游活跃地区，布局品牌连锁酒店，加强酒店行业管理，合理配置高、中、低档酒店设施，规范服务标准。

三是提升旅行社夜游产品的开发与销售能力。为了满足夜间旅游市场的需求，旅行社应该提升夜游产品的开发和销售能力，并在全域形成适合旅行社夜间接待的网络。

4. 加强政策保障，营造夜游发展的宏观环境

发展夜游涉及旅游、文化、商业、餐饮、交通、通信、公安等多个政府部门，需要各部门密切配合和支持。

一是要建立健全夜间旅游服务体系。需要建立夜间旅游服务中心，负

责组织开展夜游产品开发、经营、管理和服务工作，保障旅游者夜游安全和舒适。同时还要建立夜间旅游信息平台，提供有关夜游产品和服务的信息。

二是要切实转变政府职能，建立科学合理的管理新体制。夜游发展需要政府各部门的支持和协调，主管部门应主导研究制定具体方案并组织实施。各部门应在项目审批、土地利用、招商引资等方面支持夜游项目，并在税费、用水、用电等方面给予夜游经营企业相应的优惠。政府应建立科学合理的新体制，转变职能，加强对夜游业的管理。

三是要加强夜间社会治安管理等综合配套措施。安全是顺利开展夜游的主要因素，应建立夜间旅游安全防范机制，加强治安维护和突发事件应急处理能力，保障旅游者夜间出行的安全。建立夜间旅游发展的社会支持系统需要各部门密切配合和支持。应调整和加强夜间巡控警力，建立夜间旅游活动风险评估机制，制定应急预案并组织演练，营造安全有序的夜游经济发展环境。

四是加大政策扶持力度。为了提升"白天＋夜晚"全时旅游发展质量，县域需要发挥政府的主导作用，加大政策扶持力度，积极培育旅游产业，鼓励民间资本参与旅游产业的发展。为此，县域应聘请相关专家学者根据实际情况制定"白天＋夜晚"全时旅游产业发展规划。同时，应加强旅游资源的开发挖掘，增加旅游产品的供给，以满足当地和周边居民的休闲需求。

要想进一步提升旅游发展质量，需要整合县域内的资源，引入新的发展理念，扩大"白天＋夜晚"全时旅游产品的供给，延长游客的旅游线路。同时，应当利用新的营销手段，加大对周边省份市场的宣传力度，使更多人了解县域的旅游资源。为了保证旅游服务质量，还需要完善旅游服务、交通等配套设施。这些措施不仅能够带动属地人员就业，还能提升旅游市场竞争力，让县域的旅游业更加繁荣发展。

（四）"康养＋旅游"全民旅游模式

随着养老业和旅游业的融合，老年人旅游迎来一个崭新的发展局面。将"康养＋旅游"融合在一起，以老年人旅游为切入点，完善养老产业，并推动旅游产业与康养产业的融合，是提升县域旅游韧性和促进县域旅游发展的有效解决方案，也是大众度假时代迫切需要的。"健康中国"战略的提出使得康养旅游产业迎来了新的发展机遇。新冠疫情的发生，对人们的身心健康造成了影响，康养旅游则成了缓解这一困扰的重要途径。

1. 康养的内涵

康养是近期持续上升的健康观念，即通过养老、养生、医疗、休闲、文化、度假、农业、村落、运动、健身、膳食等多方面的供给，帮助人们保持身心健康的生活状态。随着人们对健康和养生的需求不断提升，康养已成为新时代的新需求，许多房产、保险、金融、投资、医药等企业已进入该行业，为康养旅游理论研究提供了更多可研究和可观察的案例。

最初，人们提及"康养"一词时，仅针对"养老"而言。而目前从供给角度看，需要建立康养旅游业的赋能模式；从需求角度看，需要明确康养旅游市场的客群细分和定位，使康养旅游业模式真正创新、赋能和可持续发展。近年来，政府出台了一系列政策，旨在促进大健康产业和老龄产业的发展，促使这两个产业进入快速发展阶段。同时，随着我国家庭经济收入水平和健康理念的提高，人们对健康消费的需求也逐年增加，亚健康、慢性病、城市病等问题的出现将人们对健康的需求上升到一个新的层次。为满足人们对健康生活、健康生理和健康精神的需求，大健康产业必须细分，并形成新的专业化产业和市场。

表 6－3 显示，康养旅游是指将康养和旅游两个行业融合在一起，以康养为基础，以旅游为载体，让游客在享受旅游的同时提升健康水平。这一过程需要规划者、管理者、服务者和企业家的共同参与。为了避免康养旅游项目出现只注重硬件投入、忽视软件提升、资源利用效果不佳等情况，应当给予论证和系统规划，促进县域旅游产业的协同发展。

表 6 - 3　康养旅游产业赋能模式及场景形态

| 内容 | 康养旅游产业融合、跨界、转型、创新模式及涵括场景应用 | |
|---|---|---|
| 康养旅游产业<br>赋能模式构建 | 康养＋旅游＋ | 医疗（医疗管理、康复保健、中西医治疗等） |
| | | 养老（养老机构、养老公寓、智慧养老等） |
| | | 养生（医养康养、食养康养、美容康养等） |
| | | 运动（运动休闲、康体养生、体育竞赛等） |
| | | 文旅（文化休闲、主题康养、文旅小镇等） |
| | | 生态（生态旅游、生态康养、森林康养等） |
| | | 农业（绿色农业、田园康养、农业基地等） |
| | | 乡村（乡村休闲、乡村康养、村落文化等） |
| | | 教育（研学教育、老年教育、教育培训等） |
| | | 科技（智慧康养、科技体验、智能社区等） |

资料来源：笔者自制。

2. "康养＋旅游"产业创新发展策略

（1）营造良好外部环境

康养旅游是一个集养老、养生、医疗、休闲、文化、度假、运动、健身、膳食等多方面服务于一体的产业，涉及的行业和产业链相对比较复杂。在经济环境方面，应确立服务业的新兴战略支柱产业地位，并推进共享经济、互联网经济、服务经济和康养旅游的融合发展；在社会文化环境方面，应加强康养旅游消费理念和共享消费理念的宣传教育；在科技环境方面，康养旅游产业发展的技术环境应拓展对高科技的应用，如移动互联网、物联网、大数据、人工智能，以促进康养旅游产业的创新发展；在政策环境方面，应完善康养旅游产业的政策体系，提供更多支持和优惠政策，以帮助康养旅游企业发展。

（2）挖掘市场需求潜力

要扩大康养旅游市场规模必须拓展青少年体育旅游市场、中年养生保健旅游市场、老年养老旅游市场。可以共享经济模式来推广康养旅游，通过降低成本来提高旅游者的购买能力，并通过创新促销方式来鼓励旅游者购买高品质的康养旅游产品和服务，从而优化市场的消费结构。对于青少年体育旅游市场，可以与学校、体育场馆合作，建立研学旅游基地；对于中年养生保健旅游市场，可以与疗养院或医疗机构合作经营；对于老年养老旅游市场，可以与养老院、相关企业合作，创新旅游养老产品，如"景区＋养老旅游""酒店和度假村＋养老旅游""城镇＋养老旅游""旅游地产＋养老旅游"等多元产品业态。

（3）优化产业供给体系

培育以适应共享经济为特征的生态圈，即以康养旅游核心产业为中心、由相关产业和衍生产业支撑的多维产业供给网络体系。优化产业供给网络体系的内部联系机制，通过共享实现共赢，提升产业网络整体的生产率和效益。重点建设康养旅游共享经济平台，跨越行业、地区和所有制，汇集康养旅游企业集团、旅游集群、旅游综合体和旅游联盟等。依托共享经济平台建立一个利益分配机制，使共享能够达到共赢的效果。通过使用平台的互联网技术，可以实现联盟成员之间的信息透明和交易公开，在统一平台规则下协调成员之间的分工合作和利益共享。对于违反规则的成员，可以通过惩戒措施进行约束，以营造良好的产业生态环境。

（4）完善基础设施建设

要建设国际知名的康养旅游目的地应重点提升医疗机构、公共交通、体育场馆等公共基础设施的质量。同时，为了促进共享经济的发展，政府部门应尝试使用创新方式来建造这些设施，如通过购买、合资建设、租赁等方式。此外，为了吸引社会资本参与建设康养旅游基础设施，政府部门还可以考虑通过外包服务、"建造—运营—移交"模式以及奖励制度等，吸引社会资本参与建设康养旅游基础设施。基础设施建设的目标是提升康养旅游的服务水平和设施设备，使康养旅游的消费者能够获得更加优质的康养服务体验。为此，基础设施建设应当从康养旅游设施、无障碍设施和康养旅游信息系统三个方面入手。一是建立专门的康养旅游设施，如旅游养老院、旅游疗养院、养生保健会馆等，并在景区、星级酒店内设置医疗、保健、养生、休闲设施，为康养旅游者提供优质的服务体验。二是全面提升无障碍设施的建造，特别是在星级酒店、旅游交通车辆、公共卫生间等关键设施中提升无障碍设施的水平。三是建立康养旅游信息系统，提供信息检索与咨询、预订支付、电子门票、分享评论、投诉、客户服务等多种服务，具有手机 App 版、网络版和针对老年人的信息系统简易版等多种版本。

## 第四节　新冠疫情防控常态化背景下县域旅游韧性体系优化措施

随着新冠疫情的常态化，县域旅游面临许多挑战。消费者的需求由出境游和长途游转向了短途游、周边游和就近游，为县域旅游的复苏注入了新的活力。在不确定性时代，建立高韧性的产业体系并实现旅游业韧性发展，是实现旅游业高质量发展的必要条件。

### 一　优化交通网络，完善交通体系

在旅游业的发展过程中，交通是非常重要的，是旅游活动开展的前提条件，同时也是连接游客居住地和旅游目的地的纽带，便捷舒适的交通环境是吸引旅游者的重要因素之一。一方面，发达的交通系统和多样化的交通方式是游客选择旅游目的地的前提条件，能够使游客轻松地更改旅游线路，同时节省旅游者在交通上花费的时间。另一方面，县域发达的交通体系可以支撑旅游线路的设计，便捷的交通网络可以设计出更多的旅游线路，帮助推动县域旅游资源的共享。

第一，完善旅游公共交通体系，在高速路出入口处建立旅游公共交通中转站，提供旅游大巴车。在旅游旺季加强旅游公共交通的供应，以减少私家车的拥堵问题。

第二，加强交通设施的建设和维护，改善县域内的道路质量，合理规划新的交通线路，设立旅游专线，实行车辆分流。

第三，完善旅游交通标识系统，在县域内的道路上设立游客指示牌，让游客少走弯路。

第四，建立县域旅游智慧交通体系，通过新媒体、官网和互联网旅游销售终端等与监管部门和地图导航等相关机构和运营商合作，为游客提供实时的目标景区人流量和交通状况信息，帮助游客合理规划旅游线。

## 二 加强政策扶持，促进持续发展

政府政策对县域旅游业发展具有重要的指导作用。旅游业对交通、公共设施、城市绿化等的需求大多需要由政府提供投资完成，如交通线路和交通站点的规划建设，生态环境的保护和提升，公厕、停车场等公共设施的布局，等等。政府可以通过宏观政策调节，促进旅游业的可持续发展。根据"两山"理论制定一系列政策，指导旅游业在发展过程中保护生态环境，促进可持续发展。政府政策还可引导和支持传统旅游转向全域旅游、文旅融合、产业融合、研学旅游、特色小镇等新型旅游业态。

第六，各地政府应该分享助企纾困的经验做法，提倡"一地一策""一企一策"的方式，不断提高政策的预见性、灵敏度和精准度，在危机时期为坚定行业信心、推进企业复工和产业升级创造条件。政府应推出促进旅游业发展的政策，如助力宣传旅游目的地、建立旅游基础设施、扩大旅游市场等。通过加强相关政策的支持，可以帮助县域旅游业渡过难关，提高旅游业的竞争力，为未来的发展打下良好的基础。具体政策可包括以下几个方面。

第一，财政补贴。财政补贴是指政府向企业提供直接资金支持，旨在帮助企业度过困难时期并推动行业发展。为了帮助县域旅游企业度过疫情困难时期，政府可以考虑提供直接财政补贴的支持。

第二，减免税收。通过减免县域旅游企业的税收，可以使企业有更多的资金用于投资和发展。

第三，市场营销支持。政府可以考虑为县域旅游企业提供市场营销支持，帮助企业推广产品和服务。

第四，人才培养支持。为了培养县域旅游业的人才，政府可以考虑提供培训资助或举办专业培训班。

第五，基础设施建设支持。为了吸引更多游客前来旅游，政府可以考虑提供基础设施建设支持，例如修建道路、桥梁、公共设施等。

第六，政府还可以通过设立投资基金、提供保险补贴、支持贷款或信贷等方式促进县域旅游业的发展，为未来县域旅游的发展奠定坚实的基础。

### 三　强化安全卫生，降低疾病风险

在疫情危机背景下，保护旅游者的健康和安全是非常重要的。旅游业是人员密集的行业，强化安全与卫生措施可以降低旅游者感染疾病的风险，同时也能保护旅游行业工作人员的安全。这些措施包括如下几个方面。

第一，在旅游景点、酒店、交通工具等公共场所放置消毒液和洗手液供旅游者使用，定期对公共场所进行消毒和清洁。

第二，通过标识、新媒体宣传和现场服务人员劝导的方式，劝导游客保护环境，避免不文明行为，如乱扔垃圾、乱刻乱画和随地吐痰等。

第三，在旅游景点、酒店等公共场所张贴防疫宣传海报和公告。

第四，为了方便游客保护环境，应合理布局垃圾桶、卫生间和引导标识等环境设施，并定时清理垃圾。

第五，对工作人员进行体温检测，向旅游者提供口罩，并要求他们在旅游景点、酒店、交通工具等公共场所和空间佩戴口罩。

在疫情危机背景下，保证县域旅游场所的卫生和卫生措施的贯彻执行至关重要，这不仅可以有效地降低疾病的传播风险、维护旅游者的健康和安全，同时还可以给游客带来安全感和放心感，从而提升旅游体验。同时，游客在享有游览权利的同时，也应自觉履行保护旅游资源和生态环境的义务，避免对资源和环境造成损害。当地居民也应具有明确的责任感，意识到保护家园环境的重要性，既能为自己创造良好的生活环境，也能使景区持续发展并保证收益的可持续性。

### 四　改善服务态度，提升服务质量

在疫情危机背景下，许多旅游景区和旅游企业面临生存和发展的挑战。

在这种情况下，县域旅游需要加强旅游文创产品与服务的提升，以吸引更多游客，使旅游业更加繁荣。旅游业是一个服务性行业，工作人员是游客旅游消费的媒介，他们的服务态度和服务质量会对游客的旅游消费产生很大的影响，同时，旅游服务质量是衡量旅游目的地旅游发展质量和发展潜力的关键因素。随着人们生活水平的提高，人们对服务质量的要求越来越高，好的服务能使消费者享受愉快的消费体验。旅游作为大众性服务行业，服务质量的好坏直接关系旅游目的地产业的存亡。因此，应该注重游客在旅游过程中的饮食、住宿、交通、游览、购物和娱乐等环节的服务质量。

第一，建立员工培训机制。通过培训员工来提高服务质量，培训内容包括服务态度、服务技巧、沟通技巧等。同时，还可以通过提高服务水平来提升游客体验，如提供更多的服务、更快的服务等。

第二，建立服务管理机制。在县域旅游消费过程中，应该制定完善的景区服务管理标准，规范工作人员的服务行为和态度，满足游客的合理要求。通过提升旅游服务质量来吸引游客，通过提高服务水平来提升游客体验。例如，提供线路指导和一些基本的户外急救设备药品，提供更加专业的导游服务和更好的交通服务，提供更佳的住宿和餐饮服务等。

第三，建立服务考核机制。建立考核机制是保证服务质量稳定性和提升服务质量的重要手段，它能够有效地评估员工的服务水平，帮助旅游企业发现存在的问题并采取措施进行改进。通过考核机制调整服务策略，提高员工的服务能力和满意度。旅游企业可以确定员工的服务质量标准，并对员工的服务表现进行评估。总之，考核机制应有助于提高服务质量，提升客户满意度。

第四，建立投诉处理机制。应该与政府有关部门和当地村委会合作，明确管理职责，为游客提供良好的旅游消费环境。通过建立投诉处理机制，及时处理游客的投诉，并建立常态化的调查机制，了解游客对景区服务的满意程度和意见，以期提升县域旅游服务质量。

总的来说，县域旅游改善服务态度与提升服务质量是为了应对旅游业的挑战，使旅游业更好地发展，为游客提供更好的旅游体验。

### 五　重视产品开发，塑造文旅品牌

县域旅游是指以县域为单位的旅游活动，其吸引物包括当地的文化民俗、自然风光、人文景观等。必须重视文化传统与自然资源的保护，在开发和运营县域旅游业时，要加强对当地文化遗产和自然环境的保护，以便为游客提供独特的文化体验和自然风光，促进县域旅游的可持续发展。

当前县域旅游文创产品的开发存在同质化、无内涵和粗制滥造的问题，不同地方文创产品的外观和用途都没有特色，缺乏地方文化的代表性、独特性和体验性。为了解决这个问题，县域旅游文创产品的开发应从文化挖掘、文化活化和产品设计到文创产品的营销构成完整的产业链。文化挖掘要关注县域的历史文化、民间风俗和地方人物精神等；产品设计应体现独特的地方文化内涵，无论是外观设计还是内涵表达都应是独一无二的；文化活化方面，可以把县域的文化故事和文化精神融入文创产品的设计和开发中，使旅游文创产品充满生命内涵；在文创产品营销方面，可以举办多样的文化活动，创造话题，促使游客参与文化场景的讨论和体验，加深对县域文化的认同感，促进文创产品的消费。总之要通过各种手段打造具有地方特色且受市场欢迎的旅游形象，推动县域旅游品牌走向成功。

品牌影响力是提升县域旅游发展质量的关键因素，旅游业的发展能够对社会经济产生带动作用，推动县域经济结构调整。旅游的发展既可促进当地就业、收入增加和民生改善，又可推动社会精神文明建设，宣扬地方精神文化，促进旅游目的地社会和谐发展。

第一，保护文化传统。县域旅游应当保护当地的文化传统，比如古建筑、传统艺术、民间手工艺、当地饮食文化等，这样可以吸引更多的游客来访，为当地居民带来更多的就业机会和收入。

第二，开发文化旅游产品。县域旅游应当开发本地文化旅游产品，比如民俗文化旅游、艺术文化旅游、历史文化旅游等，这样可以丰富游客的旅游体验，增加旅游收益。

第三，保护自然资源。县域旅游应当保护当地的自然资源，比如湿地、森林、野生动物等，在保护当地生态环境的同时为游客提供观赏和享受大自然的旅游体验。

第四，开发自然旅游产品。县域旅游应当开发自然旅游产品，比如自然景观旅游、野外旅游、森林旅游等。

## 六　加强国际合作，扩大国际市场

公共卫生危机是流行病的出现引起的全球性危机，这种危机会对经济、社会和文化造成严重的影响。疫情危机背景下，发展县域旅游还应加强国际合作，扩大县域旅游的国际市场具有以下重要意义。

第一，促进经济复苏。县域旅游是一种可持续的经济发展方式，能够带来持久的经济效益。在疫情危机背景下，发展县域旅游，能够有效促进当地经济复苏，为经济发展做出贡献。

第二，拓展国际市场。国际合作可以为县域旅游带来更多的机会，扩大县域旅游的国际市场范围。通过建立友好的国际合作关系，可以获得更多的资源支持，为县域旅游的发展奠定良好的基础。

第三，提升旅游形象。国际合作有助于提升县域旅游的国际形象，让更多的国外游客了解县域旅游的独特魅力。

第四，促进文化交流。县域旅游是一种有助于促进文化交流的方式，能够让游客了解当地的文化传统。

# 第七章
# 新冠疫情背景下的县域旅游发展

当前，我国已进入高质量发展阶段，高质量成为国家发展的鲜明主题和基本特征。县域是落实执行高质量发展的基础区划单元，也是推进高质量发展实现国家现代化的难点所在。自 2020 年以来，新冠疫情给全球旅游业带来了前所未有的影响，也给我国县域旅游发展带来了极大的挑战。

疫情的冲击进一步凸显国内旅游需求的重要性，并带来三大市场格局的变革，也带来国际关系的深层次变化。由于出入境旅游市场需要更长时间才能恢复，我国旅游业在相当长的时间内需要依靠国内市场，这给旅游业带来挑战的同时也带来机遇，可以将出境需求转化为国内旅游需求，从而使国内旅游得到快速发展。应抓住这一时期加快发展国内旅游，并在促进开放中增强我国旅游业新的吸引力和优势，此举还可以进一步提升我国旅游业的国际竞争力，统筹国内和国际两个市场、两种资源，构建国内国际双循环相互促进的旅游发展新格局。[①]

疫情给旅游业的发展造成了损失，它也在一定程度上倒逼人们重新审视旅游业的价值，挖掘中国旅游业发展的结构性潜力。[②] 在大众日益重视休闲的背景下，旅游将更多地聚焦周边游、本地游等领域，此举将有助于推

---

① 石培华、陆明明：《疫情常态化防控与旅游业健康保障能力建设研究——新冠肺炎疫情对旅游业影响与对策研究的健康新视角与新变革》，《新疆师范大学学报》（哲学社会科学版）2020 年第 6 期。

② 王少华、王璐、王梦茵、王伟：《新冠肺炎疫情对河南省旅游业的冲击表征及影响机理研究》，《地域研究与开发》2020 年第 9 期。

动形成以内循环为主的城市旅游新模式。本章剖析新冠疫情对我国旅游业的影响，深入分析疫情时代旅游业的发展趋势，提出后疫情时代我国旅游产业可持续发展的策略。

# 第一节　新冠疫情防控常态化时期县域旅游现状及对策

现阶段我国发展正处于提高全球竞争力的关键时期，而县域竞争力不仅体现为经济影响力，更涉及文化影响力和社会影响力。新冠疫情给全球旅游业造成重大冲击，县域旅游更是首当其冲。县城因其人口密度大、人口流动性强等特点成为疫情防控的重点区域。新冠疫情流行期间，大部分县域均不同程度地采取区域封锁、旅行限制、保持社交距离等措施，使得高度依赖人口流动和社会互动的县域旅游陷入困境。

旅游业是凸显地域文化、促进地方振兴、提升区域竞争力的重要支撑。新冠疫情背景下，旅游业的短暂停滞给旅游目的地带来了久违的"宁静"，旅游目的地社区居民对解决旅游业长期发展引起的社会性、经济性和环境问题的诉求更加强烈。[1][2] 管理者也意识到，旅游业重启之后不应该也不可能再回到疫情前的发展轨道，必须探寻新的发展路径。

## 一　新冠疫情防控常态化背景下国内旅游市场分析

2022 年，国内疫情多点频发、持续不断，疫情防控政策力度加大，人们旅游出行受限，严重影响了旅游市场的正常经营与恢复。多家旅游上市公司发布业绩预亏公告，亏损成为过去一年旅游业的主旋律。2022 年是疫情三年以来旅游业受影响最深、行业景气度最差的一年，全年国内旅游市场整体疲软，以同比下降、负增长为主基调。国内旅游总人次为 25.30 亿人次，同比下降约两成；国内旅游总收入 2.04 万亿元，同比下降 30.0%，创

---

① 党红艳：《重大疫情中旅游危机的演化机理及应对策略》，《宏观经济管理》2020 年第 5 期。

② 程励、赵晨月：《新冠肺炎疫情背景下游客户外景区心理承载力影响研究——基于可视化行为实验的实证》，《旅游学刊》2021 年第 8 期。

疫情三年以来最低；人均每次旅游消费806.32元，比上年同期下降92.96元，降幅10.34%；旅游业对GDP的综合贡献度跌破2%；各节假日旅游人次和旅游收入同比均为负增长。[①]

（一）国内旅游市场总体状况

1. 国内旅游人数同比下降约两成

2022年，旅游业持续受到新冠疫情的全面重创，经历了自2020年以来最艰难也是最煎熬的一年，全行业经历了发展的低谷与"至暗时刻"。从2020年至2022年的国内旅游人次具体数据分析可知：2020"新冠元年"，国内旅游总人次为28.79亿人次，呈断崖式下滑，同比下降52.1%；2021年疫情缓解，旅游行业有所恢复，国内旅游总人次为32.46亿人次，比上年同期增加3.67亿人次，同比增长12.8%，恢复至2019年的54.0%；2022年疫情多点散发、持续不断，人们旅游出行受限、跨省游"熔断"，国内旅游总人次25.30亿人次，比上年同期减少7.16亿人次，同比下降22.1%，只为2019年的42.12%。由此可见，2022年国内旅游总人次为新冠疫情三年以来最低。[②]

从各季度国内旅游人次来看，与2021年相比，2022年各季度国内旅游人次均有所下降，其中：一季度表现最好，平稳开局；二季度国内多地出现疫情，扰乱旅游市场复苏节奏，旅游人次骤降；三季度为旅游旺季，受暑期游、中秋小长假的助推，相比二季度有所回暖，但仍弱于2021年同期；四季度冬季旅游淡季影响明显，国内旅游人数为各季度中最低。

从城乡划分来看，城镇居民是国内旅游的主要客源市场。2022年城镇居民国内旅游人次19.28亿，占旅游总人次的76.2%，比上年减少4.14亿人次，同比下降17.7%；农村居民国内旅游人次6.01亿，占旅游总人次的23.8%，比上年减少3.03亿人次，同比下降33.5%。[③] 2016～2022年，以

---

① 《各地旅游市场持续升温 2023旅游市场现状及前景分析》，中研网，https://www.chinairn.com/news/20230221/164751612.shtml。

② 张宇希等：《后疫情时代旅游产品消费状况研究》，《现代商业》2023年第3期。

③ 刘馨阳、张春萍：《后疫情时代下中国旅游业发展路径及未来展望》，《经济师》2022年第8期。

2019 年为分界点，城镇居民和农村居民国内旅游人次均大幅下降，且 2022 年农村居民旅游人次下降幅度高于城市居民。

2. 国内旅游收入同比下降三成

2022 年，国内旅游收入 2.04 万亿元，比上年减少 0.87 万亿元，同比下降 30.0%。从 2020 年至 2022 年横向对比可知，2022 年国内旅游收入为新冠疫情三年以来最低，仅恢复至 2019 年国内旅游收入的 35.6%。

从城镇和农村居民旅游消费看，2022 年城镇居民旅游消费 1.69 万亿元，同比下降 28.6%，占旅游总收入的 82.4%；农村居民出游消费 0.36 万亿元，同比下降 35.8%，占旅游总收入的 17.6%。从 2016 年至 2022 年的旅游消费数据可知，城镇居民依然是旅游消费的主力军和旅游收入的主要来源，且城镇居民与农村居民旅游消费差距整体呈缩小趋势。

3. 人均旅游消费小幅减少

2022 年人均每次旅游消费 806.32 元，比上年同期下降 92.96 元，降幅为 10.34%。其中城镇居民人均每次旅游消费 876.56 元，下降 13.17%；农村居民人均旅游消费 599 元，下降 2.37%。[①] 对比 2019 年至 2022 年数据可知，2020 年人均每次旅游消费大幅下降，2021 年有所回温，2022 年又小幅下滑。

从具体的城镇和农村居民细分情况看，同 2020 年相比，2021 年城镇及农村居民人均每次旅游消费有所增长，且城镇同比增幅稍高于农村；同 2021 年相比，2022 年城镇及农村居民人均每次旅游消费均有下降，且城镇同比降幅高于农村，二者相差约 11 个百分点。

4. 国内旅游人次及收入同比均为负增长

2019 年以前，国内旅游收入同比增速高于国内旅游人次同比增速，以 2020 年为转折点，出现旅游收入同比增速低于旅游人次同比增速的"反转"现象；伴随新冠疫情影响减弱、居民旅行需求得以释放，2021 年国内旅游收入同比增速重回高于国内旅游人次同比增速的状态；2022 年，疫情持续不断，全国经济下行、失业裁员现象频发，人们收入大幅下降，旅游消费支出缩减，

---

① 《2022 年度国内旅游业数据分析》，中商情报网，https://www.askci.com/news/chanye/20230403/09310726804854678157 7847.shtml。

国内旅游收入同比增速低于国内旅游人次同比增速，二者相差约 8 个百分点。

5. 旅游业对 GDP 的综合贡献度跌破 2%

随着社会的发展，旅游业已成为全球经济发展中势头最强劲和规模最大的产业之一，旅游业作为国民经济战略性支柱产业的地位更加巩固。2016～2019 年国内旅游业对 GDP 的贡献率呈现稳步增长态势。自 2020 年疫情以来，国内旅游出现很大波动，出入境旅游停滞，但总体来说，在国民经济结构中旅游业的支柱性地位并没有发生改变。

2022 年，国内旅游收入占全年 GDP 比重为 1.69%，跌破 2%，较 2021 年降低 0.85 个百分点，为新冠疫情三年来最低。未来，伴随新冠疫情管控的全面解除、出境游重启，在各级政府及文旅部门一系列的纾困、帮扶及促消费政策作用推动下，旅游业将逐步加快恢复，为满足人民群众美好生活的需要和经济社会发展做出新的更大贡献。

（二）国内节假日旅游市场状况

2022 年元旦全国旅游市场整体呈现平稳态势。"非必要不出行"带动"本地人游本地"，旅游市场近程化特征明显。受新冠疫情影响，多地发布非必要不离省（市）等从严从紧通知，"就地过节"促使居民出行范围以短途、近郊、省内游为主。受近程化、本地游影响，居民出游距离和出游时间进一步缩短，据中国旅游研究院专项调查结果显示，选择 300 公里内出游的游客达 90% 以上，较上年同期上升了 3.75 个百分点。

2022 年春节假期，探亲访友、都市休闲、乡村度假、冰雪休闲成为市场主流。春节假期 7 天，全国国内旅游出游 2.51 亿人次，同比减少 2.0%，按可比口径恢复至 2019 年春节假日同期的 73.9%；实现国内旅游收入 2891.98 亿元人民币，同比减少 3.9%，恢复至 2019 年春节假日同期的 56.3%。春节假期，自驾旅游、家庭出游、小团定制、"研学＋非遗"成为假日出游的主流模式。此外，在北京冬奥会热情持续高涨的带动下，以冰雪项目为主的冰雪游成为春节假期的时尚新潮旅游。①

---

① 张树民：《青山依旧在，整旅再攀登——关于疫情对中国旅游业影响的几点看法》，《旅游学刊》2023 年第 2 期。

2022 年清明假期新冠受疫情影响较小的重庆、西安、昆明、乌鲁木齐、贵阳等西部地区出游热度增长较快，成为一大亮点。清明节假期 3 天，全国国内旅游出游 7541.9 万人次，同比减少 26.2%，按可比口径恢复至 2019 年同期的 68.0%；实现国内旅游收入 187.8 亿元，同比减少 30.9%，恢复至 2019 年同期的 39.2%。2022 年清明小长假期间，西部旅游恢复领先东部 20%，东西部旅游目的地的差距大幅缩小。旅游产品业态方面，城市微旅游热度不减，周边乡村旅游持续升温，户外露营成为新风潮。[①]

2022 年"五一"小长假，"微旅游""微度假"成为主流，"云展演""云演艺"线上活动丰富多彩。文旅部数据显示，"五一"假期国内旅游出游 1.6 亿人次，同比减少 30.2%；实现国内旅游收入 646.8 亿元，较上年同比减少 42.9%。从出游特征层面看，城乡居民出游的空间距离、停留时间和消费活跃度进一步收缩；乡村旅游热度走高，本地游客成为城郊民宿、露营地的消费主力。

2022 年端午假期，以短时间、近距离、高频次为特点的"轻旅游""微度假""宅酒店"受到游客青睐。受新冠疫情影响，消费者决策周期和出游半径缩短，城市近郊的度假型酒店、高品质乡村民宿及主题乐园周边酒店预订火热。文化和旅游部数据中心测算，2022 年端午节假期，国内出游 7961.0 万人次，同比下降 10.7%，按可比口径恢复至 2019 年同期的 86.8%；实现国内旅游收入 258.2 亿元，同比下降 12.2%，恢复至 2019 年同期的 65.6%，市场总体安全平稳有序。[②]

2022 中秋假期表现平淡，恢复不及 2021 年同期水平。处于暑期和国庆节假期中间的中秋节加周末的三天假期受旅游消费需求"前收后移"影响而显得相对平静。文化和旅游部数据中心测算，2022 年中秋节假期，国内出游 7340.9 万人次，同比下降 16.7%，按可比口径恢复至 2019 年同期的

---

① 《2022 年中国旅游市场分析报告》，网易，https：//m. 163. com/dy/article/HT7ATCOI0518DD7D. html。

② 《2022 年端午节假期国内旅游出游 7961.0 万人次，国内旅游收入 258.2 亿元》，文化和旅游部网站，http：//www. gov. cn/xinwen/2022－06/06/content_5694175. htm。

72.6%；实现国内旅游收入 286.8 亿元，同比下降 22.8%，恢复至 2019 年同期的 60.6%。中秋节假期的游客平均出游半径 117.4 公里，同比下降 5.0%；游客旅游目的地平均半径 7.8 公里，同比下降 20.6%。值得一提的是，夜游、露营、主题公园成为中秋游的焦点。①

2022 年国庆，受新冠疫情形势及各地防控政策变化的影响，国内旅游市场主要指标进一步回落，全国国内旅游出游 4.22 亿人次，同比减少 18.2%，按可比口径恢复至疫前同期的 60.7%；实现国内旅游收入 2872.1 亿元，同比减少 26.2%，恢复至新冠疫情前同期的 44.2%。从数据上看，此次国庆黄金周无论是出游人次还是行业总收入均为新冠疫情后三年同期最低。

2022 年各节假日旅游人次和旅游收入同比均为负增长，其中"五一"假期的旅游收入同比下降最高，为 -42.9%，主要是受各省市疫情防控力度加大的影响。与 2019 年同期水平相比，旅游人次的恢复程度整体高于旅游收入，其中端午假期的旅游人次恢复水平最高，为 86.8%，这与端午期间各省市恢复跨省团队游密切相关。

以国庆假期为例，从已公布数据的 12 个省（直辖市）表现来看②：旅游接待人次层面，湖北省国庆假期旅游接待人次最多，为 4384.54 万人次，以省内游为主；其次是四川省，国庆假期累计接待游客 4326.33 万人次，同比下降 35.54%；其余达 2000 万人次以上的省包括河南省、浙江省、福建省、辽宁省。排名前十的省份合计接待游客约 2.69 亿人次，占全国的 63.74%。旅游收入层面，浙江收入位列第一，为 361.5 亿元，同比增长 28.88%，在一众同比下跌的省市中表现优异；湖北收入 239.03 亿元，排名第二；收入达百亿元以上的省还有福建、河南、四川、云南、湖南和辽宁。

（三）部分省市旅游市场表现

截至 2023 年 4 月，全国部分省市已召开文化和旅游工作会议，并先后

---

① 《2022 年中秋假期文化和旅游市场情况》，文化和旅游部网站，https://www.mct.gov.cn/whzx/whyw/202209/t20220912_935902.htm。

② 《2022 年国庆假期旅游市场简评》，搜狐网，http://news.sohu.com/a/591986985_114984。

公布 2022 年全年旅游"成绩单",根据公开数据,具体表现如下。

湖南省:2022 年接待国内外游客 4.35 亿人次,同比增长 0.97%,恢复到 2019 年的 90.0%,好于全国 23 个百分点;实现旅游收入 6487.96 亿元,同比下降 0.85%,恢复到 2019 年的 85.4%,降幅好于全国 30.8 个百分点。

江苏省:2022 年接待境内外游客 5.34 亿人次,实现旅游总收入 9263.82 亿元,按可比口径分别达 2021 年的 75.5% 和 79.4%。其中,前三季度接待国内游客人次和国内旅游收入恢复到 2019 年的六成左右,恢复程度分别高于全国 14.6 个、13.2 个百分点。

宁夏回族自治区:2022 年累计接待国内游客 3172.76 万人次,实现旅游收入 280 亿元,较 2021 年同期分别增长 4.58%、13.40%,总体好于全国平均水平。

安徽省:2022 年安徽省多措并举推动旅游经济恢复增长,全省接待国内游客 4.96 亿人次,实现国内旅游收入 4640 亿元,分别恢复至 2019 年的 60.5% 和 55.9%,高于全国平均水平。

常州市:2022 年接待游客 6371.5 万人次,旅游总收入 938.9 亿元,分别恢复至 2019 年的 80.1% 和 79.5%,恢复率全省第三、苏南第二。2022 年,常州文旅在政策扶持、业态创新、产品更新、节事复兴等方面交出了近年来最优成绩单。

荆州市:2022 年接待游客 5800 万人次,实现旅游综合收入 380 亿元,实现了新冠疫情影响下文旅产业平稳发展。

柳州市:2022 年成功打造了紫荆花城、柳州螺蛳粉、工业旅游等独具特色的文化旅游名片,旅游业高质量发展工作取得一定成绩,接待游客 5688.11 万人次,实现旅游消费 649.70 亿元。[①]

## 二 新冠疫情防控常态化背景下全球旅游业发展举措

在疫情防控常态化背景下,旅游目的地作为全球旅游活动的主要载体和新冠疫情防控的主要单元,在疫情防控和旅游发展方面的政策导向和应

---

① 王春丽:《后疫情时代湖南省全域旅游示范区建设研究》,《经济师》2023 年第 3 期。

对举措更具针对性和灵活性。

（一）树立安全的旅游目的地形象

随着新冠疫情趋于减缓，部分地区和国家逐步开放了跨区域和跨境旅游，但旅游消费者群体对安全因素的考量较新冠疫情流行前更为突出，从而出游意愿不及疫情之前。因此，树立安全旅游目的地的形象成为这一时期全球旅游业的工作重点。在这方面，旅游业普遍关注安全认证、宣传营销、数字工具和疫苗服务等四个问题。一是开展安全认证，包括开发和建立本地的安全检验和认证体系以及获得其他权威组织的安全检验认证等。例如，北美酒店行业在业内推广了旅游酒店行业检验体系，确保酒店行业卫生的高标准和透明度。二是调整营销重点。例如，西班牙马德里通过打造"安全城市"品牌进行旅游目的地形象营销；阿联酋迪拜将"安全游"和"实惠购物"两个元素作为主要卖点，而不再突出"奢侈豪华游"。三是利用数字工具。例如，首尔市为游客提供可查看市内各地实时拥挤度的"观光安全指数"服务；法国巴黎和日本京都推出多个应用程序，帮助游客避免排队和拥挤。四是提供疫苗服务。美国纽约为热门景点的旅游者提供免费疫苗接种服务，使旅游者安心开展旅游活动。

（二）加强区域之间内部协作互动

为了更快恢复跨区域旅游，各国家和地区广泛开展合作共渡难关，谋求共同发展。其中，既有城市之间的合作，也涉及城市内部不同部门之间的合作。为应对新冠疫情，以往具有竞争关系的城市积极寻求旅游合作，期望在遏制新冠疫情传播的同时拓展客源市场。例如，中国香港与多个城市推出"旅行走廊"或"旅游泡泡"（即在全球新冠疫情封锁的大环境下，部分国家或地区之间互相开放出入境的绿色通道，减少检疫隔离的限制）。伦敦与柏林、纽约和巴黎等联手推进创新，成立全球创新合作组织，启动创意城市挑战赛，旨在开发创新解决方案，以加快文化和创意领域经济复苏。除城市之间的合作，城市系统内部也积极尝试建立跨部门协作以促进旅游业发展。例如，迪拜推出公私合作模式，迪拜旅游和商业营销部（迪拜旅游局）与阿联酋航空、迪拜航空、迪拜机场和其他行业利益相关者开展合作；捷克旅游局、布拉格机场和布拉格城市旅游局联合签署关于恢复和扩大入境旅游的长期联合发展方案等。

（三）打造社区场景升级旅游模式

伴随旅游的发展和旅游者需求的升级，传统的区域旅游逐步向新旅游区域过渡。新旅游之"新"主要体现在三个方面：一是将日常生活本身视为旅游吸引物；二是将旅游场景转移到居民区或者避开热门传统旅游区；三是旅游者不再被视为环境的被动消费者，而是与所有在此停留和生活的人一起（重新）再造到访街区。发展新旅游区域的关键是打造社区旅游场景，为游客营造"后台"，以满足其对"真实性"的追求。新冠疫情使人们更加关注周边的日常生活，旅游业通过不同方式积极打造社区旅游场景，其具体行动可大体归纳为三方面。首先，重新规划和开发城市社区旅游路线。例如，中国澳门推出"乐享澳门——智慧出行计划"和"走出去，体验澳门社区"徒步旅游路线。其次，借助社区居民力量，打造社区旅游场景。例如，爱尔兰都柏林突出宣传当地人的友善和欢乐，把本地人当作旅游资源来吸引游客。最后，将整个城市打造为"后台"。荷兰鹿特丹鼓励旅游者更好地认识当地社区并体验当地的日常生活。

（四）长短期并重以实现平衡发展

新冠疫情放大了城市旅游长期所面临的正负外部性失衡问题，促使城市采取一系列短期调整措施，并更加关注长远的方向调整和战略规划。短期来看，诸多城市正在积极发展本地游，以促进旅游生产和消费的正外部性。在旅游生产方面，重新挖掘本地文化并创新城市旅游线路，鼓励本地居民重新探索和认识城市，增强居民对本地社区的归属感和对城市发展旅游业的认同感。在旅游消费方面，以发放优惠券等方式鼓励居民参与本地旅游消费。例如，中国香港通过开展并补贴"你好香港——在家度假""香港邻里"等活动吸引居民从新角度认识旅游活动，推动本地旅游业发展。

发展本地游在中短期内有助于区域旅游复苏，但要使其具备适应未来的弹性和灵活性，更需要重视社会、经济、文化和生态等方面的可持续发展。在这方面，旅游业更加关注以下四个方面。一是缓解居民和旅游者之间的摩擦，以实现社会可持续发展。斯洛文尼亚卢布尔雅那旅游局通过宣传自行车公园、节庆活动设施和其他基础设施均是用旅游业收入建造的，让当地居民切实感受到旅游对城市发展的带动作用。二是通过吸引高经济附加值的旅游者（例如可以远程工作的高收入数字技术工作者），促进经济可持续发展。三是旅游地区更加重视文化可持续发展，重塑旅游文化形象。四是重视环境可持续发展。例如，比利时布鲁塞尔旅游局颁布了一项针对旅游企业的国际可持续旅游标签，鼓励当地旅游企业采取行动以获得绿色标签。

## 三　新冠疫情防控常态化背景下县域旅游业的措施应对

根据民政部数据，我国有 1864 个县（含县级市、自治县、旗和自治旗），占我国县级区划单位的 64.5%。我国县域国土面积为 845 万平方公里，占国土总面积的 88%；户籍人口总量为 8.88 亿人，占全国人口总量的62.93%；第七次人口普查数据显示县域常住人口总量为 7.45 亿，占全国总人口的 52.80%。[①] 县域是国家治理的基础，也是推进高质量发展实现国家现代化的重点。当前，我国城市旅游已进入追求发展质量和可持续性的新阶段，可充分借鉴国外旅游业在新冠疫情下发展的经验和教训，长短兼顾、多措并举，在促进旅游业短期复苏的同时实现长期高质量发展。

（一）应用技术工具保证旅游出行安全

保障安全是新冠疫情背景下恢复旅游的先决条件。各县域应充分利用技术工具以确保安全旅游。一方面，旅游目的地可借助技术工具提高旅游信息管理水平，提供更安全的旅游体验；另一方面，旅游者可借助技术工具自主安全开展旅游活动，突破时空限制，体验不同城市的旅游场景。为此，需要做好以下两方面的工作。

1. 应用技术工具安全服务旅游者

在旅游者未到达目的地之前，可通过人工智能技术和虚拟现实技术丰

---

[①] 《第七次全国人口普查结果公布这些数据事关"老"话题》，民政部网站，https://www.mca.gov.cn/article/xw/mtbd/202105/20210500033740.shtml。

富和创新旅游者体验，跨越时空限制，将旅游目的地形象生动地呈现在旅游者面前，使其在安全的环境中增强对目的地的认知和熟悉程度。在旅游者到达旅游目的地之后，可通过生物识别、机器人和物联网等技术提供更加无缝、非接触和高效的服务。

2. 应用技术工具安全管理旅游者

旅游目的地的管理者可利用大数据收集和分析技术更高效、准确地运营旅游业务，协助管理目的地的游客流通。旅游部门要与城市交通等部门合作，获取开放数据，开发应用程序，实时监控博物馆、商店、景区等旅游区域的人员流量，帮助旅游者了解旅游区域的实时拥挤度，引导其前往人员较少的旅游区域，尽量避免排队和拥挤。也可利用在线技术，为游客提供城市实用信息服务（如帮助游客找到公共交通工具上的空位），以减少旅游过程中与他人的直接接触。

（二）探索旅游目的地合作新模式

县域旅游涉及面广，其可持续发展离不开内外部的紧密合作。在这方面要特别关注以下三个问题。

1. 与其他旅游目的地开展交流合作，提升旅游影响力

政府应积极利用友好城市、行业协会等资源搭建交流平台；鼓励当地企业运用线上带货、虚拟旅游等传播新业态，参与旅游展览展销活动，与旅游者建立并保持长久联系；深化与旅游媒体合作，加大旅游目的地的宣传和市场推广力度。

2. 加强与周边旅游县域的合作，实现协同发展

在机制合作方面，可成立旅游一体化发展专项小组，建立常态化高层互访机制，简化旅游合作区域内旅游活动审批程序；在文化合作方面，通过互办文化周等方式，推进资源共享、品牌共创、人才共育；在信息合作方面，建立多赢的数据合作伙伴关系，以互相开放数据或合作建立旅游数据库等方式向旅游者提供一致、清晰和及时更新的旅游信息，提升智慧旅游体验。

3. 优化与内部不同部门的合作，提升服务效率和水平

旅游部门要与政府其他部门积极合作，推动旅游部门与相关部门实现

数据共享，及时协调解决旅游发展问题，有效推进各项工作落实；充分发挥各类文化和旅游行业协（商、学）会、产业联盟的作用；积极与城市当地不同类型企业合作，实现共赢发展。例如，支持企业和知名网络营销平台合作，通过短视频等媒介发挥拓宽产业营销渠道的作用，逐渐通过互联网建立新的营销框架模式。

（三）社区旅游提升旅游目的地吸引力

新冠疫情使以数量为导向的传统旅游模式加速式微，旅游目的地要注重鼓励社区居民和外来旅游者共同参与旅游活动，享受旅游服务，共同构建目的地旅游场景。具体而言，要特别关注如下两个问题。

1. 再造社区场景，将居民转变为旅游者

旅游目的地可从以下三方面打造社区旅游场景，以鼓励本地居民积极参与社区旅游建设。第一，在发展社区旅游过程中广泛吸引社区居民参与。支持社区居民和当地企业合作共同打造社区旅游场景、开展旅游项目。第二，重视社区旅游基础设施的日常实用功能。社区旅游基础设施不仅要关注外来旅游者的需求，更要注重满足当地居民的需求。第三，推出本地游等推广活动，鼓励当地居民了解区域内其他社区。大力宣传不同社区文化特色，使旅游目的地居民重新发现当地社区的美好，发现以往被忽略的生活细节，为居民提供新的角度，重新发现和认识旅游业。

2. 发展社区旅游，为外来旅游者打造城市旅游"后台"

其重点涉及两个方面。第一，重点关注传统旅游区域以外的社区。让旅游者关注以往被忽视的区域，发掘新的社区场景，为旅游者创造全新的旅游体验。第二，提升社区文化资本，引入免费公共艺术，提升社区文化氛围，将艺术文化与当地真实的生活融合在一起。例如，邀请艺术家在特定社区开展限定艺术活动，创建社区文化长廊和展览馆等。

3. 利用数字技术深化社区旅游体验

例如引入线上程序，为旅游者提供旅游目的地社区旅游地图，载入线上语音导游 3D 导游服务，根据旅游者需求智能定制社区旅游线路等，帮助旅游者根据个人兴趣深入探索城市各个社区。

（四）高度重视县域旅游的可持续发展

县域旅游在发展过程中要平衡好正负外部性，就需要在社会、经济、文化和环境四方面坚持可持续发展方式，以实现高质量发展。

在社会可持续发展方面，要注重构建更公平的旅游发展模式。在旅游政策的制定、执行和监督过程中，政府、旅游企业和社区居民等相关利益者应保持平等沟通，并通过将旅游业纳入城市经济发展战略规划，保障当地社区获得更加公平的利益分配。

在经济可持续发展方面，应摒弃数量驱动的传统思路，更加关注旅游者的价值创造能力，吸引具有更长旅游时间、更高日均消费的高质量旅游者，在增加县域旅游经济收益的同时，缓解旅游季节性问题。

在文化可持续发展方面，要强调旅游目的地特有的文化属性，提高旅游产品和服务的文化品位、文化特色，支持引导企业自主开展文创产品的孵化研发，并鼓励旅游者深入体验地区创意和文化旅游资源。

在环境可持续发展方面，要将环境发展目标纳入旅游政策和旅游规划，构建环境影响和绩效指标，完善旅游企业的绿色标准，为其提供环境管理方面的指导和技能培训，以经济激励和财政援助等措施鼓励和支持其向绿色模式转变。

## 第二节　新冠疫情防控常态化时期县域旅游发展亮点

习近平总书记指出，"要坚持用全面、辩证、长远的眼光分析当前经济形势，努力在危机中育新机、于变局中开新局"。[1] 新冠疫情虽然给我国旅游业发展带来巨大冲击，但不会改变我国旅游业发展仍处于黄金发展期的总体态势，中国经济长期向好的基本面不会改变，我国旅游业黄金发展期的阶段性特征不会改变，人民群众对美好生活的追求不会改变，旅游业发展的支撑条件不断向好不会改变。中国正处于调整发展方式和结构性变化的关键时期，人口结构、消费结构、城乡结构、区域结构、产业结构、经

---

[1]　《习近平谈治国理政》第 4 卷，外文出版社，2022，第 183 页。

济结构等结构的调整孕育着旅游业发展的强大动能。新时代，粤港澳大湾区建设、京津冀协同发展、长江经济带发展、黄河流域高质量发展、海南国际自贸港建设等一系列区域重大战略的实施，以及推进交通强国、美丽中国、健康中国等重大战略及都市圈快速发展和乡村振兴等，为旅游业的发展蓄积了能量。同时，交通基础设施、信息化、数字化、智能化科技等日新月异，为我国旅游业整合释放巨大能量创造了条件。[1]

中国旅游研究院线上发布了《2021 年全国旅游服务质量调查报告》。该报告认为，2021 年国内旅游服务质量稳步提升，游客满意度达 82.47%，同比增长 1.88%，达到历史最高水平，成为新冠疫情防控常态化背景下旅游经济高质量发展的最大亮点。[2] 该报告建议，2022 年，要推进更加精准化的新冠疫情防控政策，全面保障本地、近程、散客、自驾游等需求的品质，加快释放观光、休闲和度假等弹性需求；要不断深化本地休闲和异地旅游的文化参与度，释放文化赋能、旅游带动的新动能；继续加大乡村文化和旅游惠民政策出台力度，促进城乡居民均等化。在艰难的旅游复苏形势下，国内游客满意度依然稳中有升，这得益于现代化旅游治理体系的逐步完善，得益于各地文化和旅游主管部门在文化和旅游丰度上的不懈努力，得益于旅游企业的积极创新，得益于疫情之下游客对安全、品质的更高追求。[3]

新冠疫情防控常态化背景下国内县域旅游发展逐步呈现新的发展态势，不断呈现新的亮点，"智能化＋数字化"的应用、"集团化＋联盟化"的推进、文化内核的助推等都使得旅游业在新冠疫情防控常态化阶段不断稳步前进。

---

[1] 石培华、陆明明：《疫情常态化防控与旅游业健康保障能力建设研究——新冠肺炎疫情对旅游业影响与对策研究的健康新视角与新变革》，《新疆师范大学学报》（哲学社会科学版）2020 年第 6 期。

[2] 《2021 年哪些城市旅游满意度靠前？看看全国旅游服务质量调查报告》，封面新闻，https://baijiahao.baidu.com/s? id = 1721715203487759921&wfr = spider&for = pc。

[3] 崔凤军：《新冠肺炎疫情对文旅产业的冲击与对策——兼论文旅产业的敏感性与脆弱性》，《台州学院学报》2020 年第 1 期。

## 一　"智能化＋数字化"应用为旅游高质量发展提供了新动能

在此次新冠疫情防控过程中，互联网、物联网、大数据、人工智能、VR技术、5G信息技术等新兴技术在疫情监测、防控、物流运输、医疗救助和居民日常生活等方面发挥了重要作用。在旅游领域，云会议、云展览、云旅游、云直播、云签约等形式为旅游企业提高办公效率、减少运营成本、拓宽宣传渠道、丰富游客体验、创新合作模式等提供了新契机与新动能，推动旅游产业不断向数字化、智能化和非接触式等方向转型升级。例如，自2020年10月1日起，多个视频平台开启了长达10天的栾川县"老君山"网络直播活动，5G通信无人机等新兴技术的应用，更是提升了游客的观赏体验，网络直播当天，有超百万名在线游客参与，极大地满足了游客的观赏需求。

## 二　危机事件为旅游业改革创新和高质量发展提供了新契机

新冠疫情公共卫生事件对全球经济社会有序健康发展产生了严重冲击，也加速推动了旅游业等产业"优胜劣汰""转型升级""迭代更新"的改革创新进程，倒逼旅游管理部门和旅游企业积极探索后疫情时代旅游管理新方法和旅游发展新模式，创新旅游服务新理念和旅游营销新思维，推动旅游业发展格局态势的再塑造与重构，为实现旅游业健康有序高质量发展提供了新契机。公共卫生事件、自然灾害、社会冲突等危机性和风险性因素促使旅游管理部门与公共卫生、应急救援等部门联合办公，形成"全域联防联控、全域健康管理"的旅游风险防控新体系；有效推动落实带薪休假制度、两天半休假制度等假日制度的完善；有效推动以5G信息技术为代表的"数字文旅""文化旅游新基建"等系列深层次业态变革；有效丰富"旅游直播带货"等旅游宣传营销推介方式渠道；有效推动生态旅游产品、康养旅游产品和运动旅游等产品的迭代更新与创新升级；有效推动旅游管理部门和旅游企业树立"危机意识""安全意识""风险意识""创新意识"，多措并举不断提高转危为机的应变能力。

### 三 "集团化 + 联盟化"推进将成为旅游业应对危机的新趋势

此次新冠疫情的流行对规模较小、实力较弱、抗风险能力较差的中小型旅游企业产生的冲击尤为巨大，一些难以维系的中小型旅游企业大概率会被迫退出市场，间接推动旅游企业发展模式的重新塑造。而大型旅游企业集团因其产业链长、综合实力强和资本实力雄厚等特性，具有更为强劲的应对突发事件的抗风险能力和抗危机能力而得以维持的中小型旅游企业需要持续开展"延链""补链""强链"等工作，在增强规模实力、拓宽业务范围、提升自身抗风险能力的基础上，不断加强行业上下游间合作，构筑"风险共担、利益共享"的"旅游企业共同体""文旅产业发展共同体""文旅产业振兴联盟"等企业互救互助组织，谋划和采取风险缓释消解、资源优化配置、产业恢复振兴等措施，共同警惕、有效防范和科学应对公共卫生事件、自然灾害、社会冲突、经济危机等风险因素导致的产业链震荡和行业发展低迷等问题，通过集团化链条协同、联盟化体系构建维护好旅游产业健康有序高质量发展的生态体系。

### 四 挖掘文化内核助推县域旅游高质量发展具有重要现实意义

近年来，经过新冠疫情的冲击，人们对健康和安全的认知已提升到前所未有的高度，对旅游的期望也从"走马观花"的粗放型向主体化、度假型的深度游转变，尤其是在旅游体验中更注重获取文化体验。世界文化和自然遗产等是人类文明发展和自然演进的重要成果，也是促进不同文明交流互鉴的重要载体，保护好、传承好、利用好这些宝贵财富是我们共同的责任，是文明赓续和可持续发展的必然要求。以文化历史为内核的深度旅游正成为广大群众更高层次的需求所在，让更多群体了解承载厚重历史和文化的旅游目的地、线路，发挥文化的教育作用对于旅游行业发展非常重要。[①]

旅游文化是一种以精神文化为核心、通过制度化和行为化的方式、借助物质文化来表现的一种独立的文化形态。家园识别、人文记忆、集聚效

---

① 贺友桂：《深度发掘文化内涵　促进旅游产业可持续发展》，《知识经济》2013 年第 13 期。

用、场所价值、文化交流的主题融通显得格外重要。所以在推进社会发展时，更需要着力发掘文化多重价值。旅游文化是以旅游目的地各种风土人情形成的一种综合性文化，旅游者可以通过旅游了解当地的人文面貌，使旅游者从一个地方到另一个地方的行为变得更有意义和价值。旅游文化支撑着整个旅游业的发展，也给它赋予了灵魂，使整个旅游活动变得更加生动活泼和有意义。①

## 第三节　后疫情时代县域旅游业发展展望

高质量发展已成为我国"十四五"时期经济社会发展的主旋律。2016年，习近平总书记在宁夏调研时指出，要大力发展旅游产业，加强旅游人才队伍建设，提高旅游创新能力，要坚持走下去。② 总书记的这一重要指示，为开启新时代旅游业发展新征程指明了前进方向，为推动旅游业高质量发展提供了根本遵循，成为新时代解决我国旅游业发展不平衡不充分矛盾、满足人民对美好生活需求的战略选择。

2022 年以来，中央与地方也出台一系列政策，从金融支持、税收优惠、刺激消费等多方面推动旅游业复苏，这意味着我国的旅游业进入了全面复苏的阶段。国家针对新冠疫情防控不断提出新的要求和工作重点。例如，2022 年 11 月 15 日，文旅部正式发布《文化和旅游部关于进一步优化新冠肺炎疫情防控措施　科学精准做好文化和旅游行业防控工作的通知》，从国家层面对跨省区域流动做出新的指示，各个行业的交流和人员流动政策进一步放宽。跨省旅游经营活动不再与风险区实施联动管理，跨省游客凭 48小时核酸证明乘车，按照面向跨省流动人员开展"落地检"要求，积极引导游客主动进行核酸检测。

2022 年 11 月 17 日文化和旅游部资源开发司印发关于《旅游景区疫情防

---

控措施指南》（2022 年 11 月修订版）。2022 年 11 月 18 日文旅部印发《公共图书馆、文化馆（站）疫情防控措施指南》（2022 年 11 月版）。这两个文件分别指出要进一步提升防控的科学性、精准性，最大限度地保护人民生命安全和身体健康，最大限度地减少疫情对经济社会发展的影响，以实际行动贯彻落实党的二十大精神。2022 年 12 月 9 日，文化和旅游部资源开发司印发关于《旅游景区疫情防控措施指南》（2022 年 12 月修订版），针对当前疫情防控形势，在《旅游景区疫情防控措施指南》（2022 年 11 月修订版）基础上修订了一些内容，以适应旅游消费需求的反弹。

在新冠新增病例减少时，消费者的旅游需求触底反弹，旅游业迎来触底回暖期。消费者旅游需求增加有两方面原因：一方面，国民收入不断增加，人们对精神文化的要求相应提高，外出旅游成为大部分人的休闲选择，旅游市场需求巨大，旅游消费群体范围拓宽，为旅游市场不断注入新的活力；另一方面，随着新冠疫情态势的缓和，各地景区基本解封，已做好防疫、消毒工作，做好了迎接游客的准备。长时间静默过后，消费者对外出的向往和欲望空前高涨，国民在新冠疫情后对旅游的巨大需求促进旅游业迎来"回暖期"。

## 一　后疫情时代中国旅游业的发展

为深入贯彻落实总书记系列重要讲话精神，后疫情时代，县域要立足经济社会发展实际，正视县域旅游建设现状，比照快速优质发展的建设典型，找准问题精准发力，全面推进县域旅游高质量发展。

（一）新冠疫情带来的负面影响普遍而深远

1. 新冠疫情抑制旅游业的直接产出

对"以人的移动为基础产生经济增量"的旅游业而言，新冠疫情带来的空间隔断直接掐断了行业安身立命的市场源泉。毋庸讳言，新冠疫情对旅游业的直接影响是巨大的，最直接的体现就是各类旅游上市公司的数据。新冠疫情期间，多数旅游公司利润普遍下降，有的甚至出现亏损，乃至一度濒临借贷度日的边缘。资本市场上，旅游资产的交易量也大幅下降。多方面数据表明，旅游业在疫情中受到的直接影响是巨大的，旅游业拉动的相关产业也受到了很大的冲击。

2. 新冠疫情暴露了旅游业发展的短板

很多旅游从业者表示，早知道新冠疫情的影响是这样广的范围、这么长的时间、这么乱的节奏、这么多的不确定，还不如不折腾，把成本压到最低，等到疫情过后运势重来之时，再重新振作大干一场。这种心态折射出几个深层次的背景。一是从改革开放之后的40多年中，中国旅游业始终都在高歌猛进、势如破竹地发展，旅游从业者从来没有想过会有这么长时期的阻断。二是在过去多年的发展中，旅游企业和泛旅游相关方都养成了面向未来、努力拼搏、积极进取的思维与行为习惯，所以在疫情3年中曾一次再次地希望"暂停键"早点换成"启动键"。三是旅游业的基础性理论体系和发展思维框架不扎实、不稳固、未探源，在行业遭受巨大风浪时，原来的过度赞颂的言论与表面繁华迅速潮落，甚至出现180度转弯的过度否定和质疑"产业真实性"的极端观点，而原本就有的极少数冷静、深刻的声音被较低的行业言论门槛所冲击，也因"不合时宜"而从未登上过主流论坛，更无从谈及发挥其振聋发聩、拨云见日、指点迷津的作用了。四是由于中国旅游业发展时间短、市场化程度高、需求变化快、参与主体杂，大家都在霞光中陶醉、在幻影中追逐、在泡沫中跳舞，市场却一直没有形成稳固的供给层级链条和默契分工，一旦市场遇到冲击，除了几个大企业靠原来的元气能苦苦支撑，行业间"抱团取暖"几乎成了一句空话。总之，这次新冠疫情除了给旅游行业带来了经济效益上的打击，还充分暴露了旅游业在过去发展中的两个致命弱点，即过度乐观和底盘不稳。

3. 新冠疫情阻断了旅游业创新的势头

总结起来，中国旅游业发展大体经历过三次创新。第一次创新是改革开放之初，外国人涌入之后，倒逼加快接待供给、酒店、交通等领域的发展，从国外直接引进品牌和设备设施，并滚动形成创汇能力和购买可能，这种创新是直接引进硬件的被动式创新。第二次创新是2000年前后，随着国内旅游的启动与互联网发展，一些有过留学经历、具备国际视野的创业者参考国际上的一些先进经验，搭建起线上预订渠道，并逐步演化为互联网旅游信息平台。第三次创新也是在国内旅游兴起之后，随着国内旅游投资的火热，一些景区建设者不断借鉴国外各类观光、度假、娱乐等目的地的建设经验，在2010年前后出现了景区建设的创新高峰。从以上三次创新基本可以看出，我们的创新基本属于"拿来"式的创新。新冠疫情阻隔了国际交流，同时也给创新带来了一定困扰。更关键的是，新冠疫情逐渐消磨了一些旅游企业的创新动力，这方面的影响在未来会逐渐浮出水面。

4. 新冠疫情影响了旅游业的产业地位

新冠疫情前，在很多年的政府工作报告中，旅游业作为重要发展领域都会被浓墨重彩地提及。无论是中央政府"幸福产业"的定位，还是"全域旅游"的推动，抑或是各地政府"支柱产业""龙头产业""先导产业"的表述，都代表着全社会对旅游产业的认知与预期。3年疫情期间，由于旅游业受到最直接、最明显、最大面积的冲击，其在经济领域的表现从原来的领跑者沦为被救济的对象，对政治、社会、文化、环境等领域的拉动性、促进性、提升性更是无从谈起。从某种程度上说，旅游业产业功能的重新集聚和释放需要一定的时间，其在国民经济中地位的恢复也需要一个过程。

（二）旅游业自身发展的韧性

前文述及，我们原来对旅游业的预期过高，忽略了旅游业本身的脆弱性。其实在旅游教科书中，向来都有旅游业会受到"战争、公共卫生、社会冲突事件等"不确定性影响的表述。只有深刻认识旅游业的本质规律，才能够在未来市场回暖和大力发展阶段行稳致远。

1. 旅游业的根本拉动力是社会需求

从托马斯·库克组织第一次旅游开始，旅游业就一直随着社会需求的扩大而不断进步。这种需求一是体现在有旅游行为的人口规模逐步扩大；二是体现在形成旅游习惯的人群在出游频次上的不断增加；三是体现在整个社会旅游消费的螺旋式上升。因此，只要人口基数足够大，只要旅游已经成为社会习惯，只要整个社会的消费还处于上升预期空间，旅游业未来的光明前景就毋庸置疑。

2. 旅游业的特殊增长力是发展速度

短短 40 年左右时间，我国旅游业的成绩就令世界瞩目，这足以体现出旅游业独特的增长力。国内旅游业的发展只用了 20 年左右的时间就形成了相当大的经济规模。即使新冠疫情期间，只要疫情状况稍有好转、防疫政策稍缓，旅游业就像雨后春笋般郁郁而生、勃勃而兴。这种恢复力是旅游业特有的生机活力，凸显旅游业的独特魅力。

3. 旅游业的独特发展力是融合带动

当下文化和旅游的融合已经成为时代的主题，党的二十大明确提出"以文塑旅，以旅彰文，促进文化和旅游的深度融合发展"。从大的维度来看，文化与经济并行。把旅游和文化相提并论不但体现了旅游业的独特作用，而且从侧面体现出旅游业除本身所具有的经济性，还对整个社会进步具有辐射性、融合性和拉动性。

4. 旅游业的长期持续力是精神提升

人的本质是由肉体和精神两个方面共同构成的，人类社会也由物质文明和精神文明共同搭建。人的精神追求没有界限，人类社会精神的提升也永无止境。旅游业是满足旅游者精神需求的产业，精神需求的不断延展无疑会让旅游业长久地焕发活力。

（三）后疫情时代旅游业的发展方向

2022 年 12 月以来，新冠疫情防控政策不断优化调整，旅游出行限制全面解除，旅游业复苏拉开帷幕。2022 年 12 月 26 日，国家卫生健康委员会发布公告，将新型冠状病毒性肺炎更名为新型冠状病毒感染。同时，国务院应对新型冠状病毒感染疫情联防联控机制综合组要求，自 2023 年 1 月 8 日起，对新型冠状病毒感染实施"乙类乙管"。公告称，自 2023 年 1 月 8 日起，解除对新型冠状病毒感染采取的《中华人民共和国传染病防治法》规定的甲类传染病预防、控制措施；新型冠状病毒感染不再被纳入《中华人民共和国国境卫生检疫法》规定的检疫传染病管理范围。同时，对新型冠状病毒感染实施"乙类乙管"。依据传染病防治法，对新冠病毒感染者不再实行隔离措施，不再判定密切接触者；不再划定高低风险区；对新冠病毒感染者实施分级分类收治并适时调整医疗保障政策；检测策略调整为"愿检尽检"；调整疫情信息发布频次和内容。依据国境卫生检疫法，不再对入境人员和货物等采取检疫传染病的管理措施。

由于新冠病毒仍然没有完全消除，"疫后"这个概念主要是针对长期共存、放松限制"这个防疫阶段而言。这个阶段，人的流动重新开启，旅游业将从源头上恢复市场的活力。但毕竟时过境迁，市场已经发生了变化，认清形势、选准道路、调整姿态、重新出发是旅游从业者必须要做的准备。

1. 需求变化要把握

疫情给社会节奏带来了很大的变化，这种潜移默化的影响也带来了旅游需求的渐变。例如，《2022 年国庆出游总结报告》显示，从 2022 年国庆节全国人气热门景区前 50 名来看，地处三四线城市且往年国庆非热门旅游目的地的景区打卡人次占比较 2021 年增加了 23%；越来越多的人选择郊区游、短途游、微度假旅行，这种状况在一定时期内不会延续；同时，具有相当规模"有闲又有钱"的老年团在疫情期间出行大受影响，疫情之后也会受到一定的限制。①

2. 守正创新要发力

总体来说，即使没有疫情影响，我国旅游业也到了需要自主创新的阶段。疫情的大浪淘沙使许多创新产品经受了市场的最终考验。之所以谈守正创新，是创新需要一定的基因和相当的基础才能够具有更多成功的概率。只有那些以终端需求、普遍需求、可重复需求为基础的创新，才能够在市场上长期可持续发展。

3. 资源整合要深化

我国旅游业的资源整合远远不够。无论是政府掌握的土地资源、自然资源、人文风景资源、政策资源，还是各类企业掌握的资本资源、市场运营人才资源、模式研发资源等，都没有得到最大化利用。整体上我国旅游业的发展还处在政府招商、企业苦撑、消费者享受低价低质服务阶段，进

---

① 《驴妈妈（2022 年国庆出游总结报告）：小众景区受青睐》，中华网，https://baijiahao.baidu.com/s？id=1746027089119813275&wfr=spider&for=pc。

一步促进资源的合理高效配置，是未来旅游业高质量发展的最重要课题。

4. 模式优化要突围

企业是推动产业发展的活力所在，现在我国旅游业发展的一大困扰是资金问题，政府施政、企业建设都遇到过类似的资金瓶颈。应该创造新的"投资—运营—回报—再投资"的更优更广更可持续的发展模式，这是疫后旅游业发展必须面对的一个重大课题。

## 二　后疫情时代县域旅游发展展望

新冠疫情对全球经济发展、民众高品质生活、社会有序高效率运行产生了前所未有的影响和重创，尤其对行业关联度强、自身敏感性高的旅游业带来更为沉重的冲击与考验，迫使政府管理部门、旅游企业、行业协会以及消费者等多维主体科学理性地审视疫情带来的巨大影响，并且通过优化顶层设计、强化合作意识、细化组织协调、深化宣传教育等应急纾困举措来提升旅游业应对公共卫生事件的应变力、凝聚力、协同力和自觉力，把握好后疫情时期旅游业发展态势，共同加快旅游业高质量发展进程。

从国内旅游行业的出游半径来看，2021 年及 2022 年前三季度，在新冠疫情防控常态化背景下，安全成为居民出游的重要考虑因素，考虑到便利性和可控性，一两天的本地游和周边游占比迅速升高，根据携程旅行数据，2021 年传统节假日期间，本地酒店订单占比超过五成，在携程购买 2 小时以内高铁火车票的游客人次同比增长近三成。数据显示，2022 年省际旅游流动只占到国内旅游流动的 18.76%，而 81.24% 的国内旅游流动表现为省内旅游流动。[①] 此外，从旅游形式来看，受疫情防控政策以及居民消费心理影响，以家庭为主的、具有体验性和参与度的休闲度假游更符合人们的出游心理，"轻旅游""微度假""宅酒店"等新的旅游形式成为市场热点。

（一）后疫情时代旅游业发展趋势

受新冠疫情影响，旅游业持续承压，恢复缓慢。文旅部发布的 2021

---

① 《2022 年国内旅游收入预计降幅近两成，本地游和周边游成重要形式》，新浪财经，https://baijiahao.baidu.com/s? id = 1751987155148368015&wfr = spider&for = pc。

年国内旅游数据显示，2021 年全年国内旅游总人次约为 32.46 亿，恢复至 2019 年同期的 54.05%，旅游收入恢复至疫前 51.00%，略低于旅游人次恢复进程；2020 年全年出境旅游人次为 2033 万，同比减少 86.9%，2021 年出境旅游人次为 2562 万，恢复到 2019 年的 17%，总体上恢复发展并不乐观。[①] 在 2022 年疫情防控政策不断优化调整的背景下，旅游业呈现较强的复苏态势，目前国际旅游业已经迎来强劲反弹，前三季度全国国际游客量同比增长 133%；而中国作为人口大国，国内旅游业发展势头也在政策端有效举措推出的背景下稳定向好。

1. 后疫情时代旅游产业变化趋势

疫情的发生对旅游业产生了巨大的冲击，旅游业发展面临近乎重新洗牌的发展困境，但此次疫情冲击也为旅游业未来发展提供了重要机遇，特别是在对新技术的运用方面，为未来旅游业转型升级指明了新方向。危机处理能力的提升促使各地旅游企业积极探索未来发展新模式；疫情也促使新一代旅游消费者树立旅游新理念；疫情过后旅游者对于健康生活方式的追求有利于旅游业加快探索和开发旅游新产品。

在宏观层面，新冠疫情的发生对各国旅游市场均产生了巨大冲击，对全球各地经济社会正常有序运行产生了系列连锁反应。新冠疫情冲击面广，国内旅游业受创深重，近乎停摆，与旅游业相关的农副产品生产销售、手工艺制作销售等也受到影响。但旅游业也极具韧性地呈现快速复苏势头。在微观层面，由于大量订单取消的同时又面临租金和人力成本的压力，严重威胁了行业内中小企业的生存。疫情影响消费者出游意愿的同时加速了旅游行业洗牌，并催生出满足个性化需求、精细化运营、技术和商业创新、跨界融合等新型旅游模式，从而推动我国旅游业转型。疫情期间大众出行受限，使得线上旅游成为新选择，推动了新型旅游形式出现。线上旅游产品成为旅游景区需要注重经营的板块。智能化、数字化也将成为旅游产品发展的驱动力，利用 VR、5G 信息技术将线下旅游景点以线上方式呈现给消

---

① 《2021 年文化和旅游发展统计公报》，文化和旅游部网站，http://www.gov.cn/guoqing/2023 - 03/17/content_5747149.htm。

费者，使其足不出户便能进行"云游览"，不仅在疫情期间能够保证消费者在疫情防控背景下的观赏需求，还能在疫情得到遏制后将线上宣传展览转化为线下收益，吸引曾经在线上参观的消费者来到景点进行实地游览。同时，运用大数据对景区客流量、环境承载能力进行分析，有助于景区在后疫情时代为游客提供高质量旅游产品，增强消费者的体验感。

### 2. 后疫情时代旅游产业消费变化趋势

由于偏好的不同，人们对旅游产品的选择有着明显的个人色彩差异。但是总体来说，影响用户对旅游产品偏好的因素也有迹可循。马晓婷[1]认为，影响用户选择的主要有以下三点：质量、价格以及安全性。质量代表消费者的利得；价格代表消费者的利失；而旅游产品的安全性是消费风险的体现，风险在可承受的范围内时，人们会有购买旅游产品的偏好。

后疫情时代，影响用户购买旅游产品的因素也发生了变化，安全性、质量及价格的内涵都得到进一步扩展。因此对于后疫情时代的旅游产品，适当降低旅游成本是增加消费者旅游偏好的选择。消费者需求的变动也为进一步分析后疫情时代旅游业的发展拓展了思路，在理性分析下抓住疫情催生的改革机制，化危为机。夏杰长、丰晓旭[2]认为，虽然疫情给旅游业带来的冲击是巨大的，但是旅游业本身韧劲十足，暂时的困难改变不了其蓬勃向上的大趋势。政府应引导各方力量积极应对，企业自救要有针对性，做好复苏后的工作计划和准备，更要重视这次疫情催生的改革机遇，上下通力合作，促进旅游业大发展。

"低密度＋高品质"理念将成为旅游消费者的新追求。此次新冠疫情的流行暴露出部分消费群体在日常生活习惯中的弊病、陋习和恶习，引发了民众对当前生活理念、生命价值、生产方式、生态环境的深刻思考，更加确定了"健康中国"等战略的重要性、科学性和指导性，对广大民众重塑健康、绿色、生态、环保、可持续发展的旅游消费新理念产生了重大影响。[3]

---

① 马晓婷：《影响自由行用户选择旅游产品因素研究》，《现代商贸工业》2017 年第 9 期。
② 夏杰长、丰晓旭：《新冠肺炎疫情对旅游业的冲击与对策》，《中国流通经济》2020 年第 3 期。
③ 金立刚：《后疫情时代，人们的旅游观念发生了哪些改变?》，《中国商界》2020 年第 10 期。

第一，疫情的发生迫使广大民众长时间被"限行""限流""居家隔离""静态管控"，客观上会使少数居民产生心理问题，引发民众对生态观光、康体疗养、时尚运动等健康型旅游产品及项目的想往。第二，疫情引发民众对保护野生动物、生态环境的重视，引发民众对健康礼仪、饮食卫生等个人生活习惯的重新审视和规范重构。第三，旅游因具有鲜明的空间流动性和群体集聚性特征，往往会在遭受重大疫情、自然灾害、社会冲突等事件打击中首当其冲，尤其是作为高密度型旅游方式的邮轮旅游，在此次新冠疫情中受打击最为严重，以日本"钻石公主"号邮轮、美国"至尊公主"号邮轮为代表的重大群体感染事件使得民众更加向往和青睐旅游人次密度低、旅游体验品质高的"小团体""定制化""私享型"旅游产品和项目。

"康养型＋生态型"产品将成为旅游消费的新热点。旅游业是受重大突发公共卫生事件影响冲击最直接、最明显的行业，也是需要重点支持振兴的行业。疫情后旅游业振兴的根本靠需求、基础靠企业、保障靠政府、助力靠高新科技，旅游企业要形成协同共生、多元发力、合力推进的振兴动力系统。经受疫情冲击的旅游业发展需要推进健康变革和数字化变革，提升旅游的健康价值和健康水平。一是引导提升健康旅游方式，使旅游与生命健康相互赋能；二是优化构建健康科学的旅游行业结构和工作经营方式，使旅游业发展降耗节能；三是优化构建健康科学的旅游发展方式，全面提升旅游业的效率效能。[1] 此次新冠疫情的流行，促使民众重新审视生命的价值意义，重新审视个人的生活方式，重新评估个人的生活质量，引发民众对自然生态、康体养生、体育运动等旅游消费内容的向往与追求，使康养型、生态型相关主题旅游产品迎来发展机遇期。[2] 此次疫情中，以八段锦、按摩为代表的传统保健方法，以连花清瘟、藿香正气等为代表的传统中医药品等对轻症患者的康复起到了帮助作用，极大地提升了中医在应对公共

---

[1] 石培华、陆明明：《疫情常态化防控与旅游业健康保障能力建设研究——新冠肺炎疫情对旅游业影响与对策研究的健康新视角与新变革》，《新疆师范大学学报》（哲学社会科学版）2020年第6期。

[2] 李莉、陈雪钧：《基于共享经济的康养旅游产业生态圈构建》，《学术交流》2020年第6期。

卫生事件中的影响力，也引发了民众对康养旅游向往，为相关旅游企业指明了未来旅游市场消费的发展方向。

（二）后疫情时代旅游业振兴的方向和重点

重大突发事件对旅游业的影响是旅游研究领域的一个典型问题。疫情对旅游业的影响既包括众多旅游企业及相关从业人员实实在在的直接损失，也包括旅游业各关联行业的间接损失。在积极配合并主动参与疫情防控的同时，积极应对疫情冲击下面临的现实困难，认真研判其影响与形势，理性寻找疫情影响的应对之策，是旅游业界和研究者无法回避的重要课题。疫情后旅游业的发展不应只是简单的恢复发展，而是需要重新审视旅游新价值，探索旅游发展新模式，构建现代旅游新体系，加快推进旅游业的振兴，实现旅游业高质量发展。

1. 更加注重发展国内旅游，激活巨大动能

这次疫情对全球经济发展和国家关系带来巨大冲击，出境旅游和入境旅游的恢复发展还需要相当长一段时间。同时，这也正是将出境旅游转变为国内旅游、加快国内旅游业发展的机会。未来的旅游发展需要更加重视国内旅游发展，开发国内高端旅游。我国旅游发展的基石是内需，需要采取一系列重大举措，进一步加快国内旅游发展，激活巨大发展动能。[①] 发挥我国大规模市场优势和旅游内需潜力，以国内旅游大循环为主体，促进国内国际双循环，构建发展新格局。一是进一步深度对接融合国家重大区域发展战略，培育新的增长极、增长带；二是结合都市圈发展和乡村振兴战略，加快释放都市圈能量和乡村潜力；三是大力发展健康旅游产品业态，释放健康旅游价值，使健康旅游相互赋能；四是在西部地区加快开发高端旅游产品，建设一批国际一流的高品质旅游目的地，努力将出境旅游消费转换为国内旅游消费，抓住海南自贸港建设等机遇，通过进一步扩大开放，引导出境旅游购物消费、医疗消费等转向在国内消费。通过提升国内旅游，增强入境旅游吸引力，构建内外两个大循环。

---

① 庄志民：《复合生态系统理论视角下的文化与旅游融合实践探索——以上海为例》，《旅游科学》2020 年第 4 期。

**2. 加快转变旅游发展方式，全面提升效能**

我国旅游业已步入黄金发展期、结构调整期和矛盾凸显期，正面临许多新情况、新问题。此次疫情也凸显了我国旅游发展方式上存在的不足，原有的主要依靠要素投入、投资拉动、规模扩张的速度增长模式受到越来越明显的制约。旅游企业要加快转变旅游发展方式，走内涵式发展道路，提升旅游的价值内涵、文化内涵、科技内涵，注重产品的品质和品牌，改变实力建设重硬轻软、重投入轻管理、重物质投入轻人力投入等传统思维，提升旅游标准化、特色化、个性化水平，实现从浅层旅游向深层旅游、从粗放型旅游向集约型旅游的转变，从而提高企业的效能效益，为游客提供更优质的服务。① 以新发展理念引领旅游发展方式转变，破除制约旅游业健康发展的深层次矛盾，加快产品创新、技术创新和商业模式创新，努力构建价值共生的生态系统，加强协同创新，从规模增长转为价值增长，从投资驱动转为创新驱动，满足多样化、多层次的旅游消费需求，全面提升旅游业竞争力。

**3. 加快推进旅游数字化革命，创新科技赋能**

疫情改变了很多人的生活习惯和消费习惯，在线消费已成为一种趋势。在抗击新冠疫情过程中，全社会包括旅游行业都经历了一次数字化生活、工作和学习的巨大考验。为迎接场景化、主题化旅游消费新趋势，旅游行业必须将抗疫应急状态的举措变成一种促进长期变革的动力，大力推进数字化变革，推进发展模式变革、工作方式变革，全面提升旅游企业的数字化能力，加快基于现代信息技术的旅游公共服务体系建设，提高服务效能。发挥教育科技支撑引领作用，赋能文化旅游产业，促进教育、科技、文化、旅游融合发展，激发文化旅游改革发展新活力。充分发挥协同创新中心、重点实验室、技术创新中心、工程技术研究中心等平台的作用，加强对文旅产业的科技支持，实施一批文旅科技新项目，研发一批文创技术，为文旅事业的发展提供新动能。加快培育科技创新型企业和高新技术企业，创

---

① 张红喜、魏卫、刘琼、范莉娜：《多主体参与旅游价值共创 研究综述：基于微观、中观、宏观视角》，《管理现代化》2019 年第 3 期。

建文旅科技基地，打造数字文创平台，打造文化旅游产教协同创新平台和机制，全面推进科技赋能旅游。

4. 旅游企业要精准运营，共享增效节能

疫情的激烈冲击虽然是暂时性的，但旅游企业需要适应大众旅游消费特点却是长期的，旅游企业必须做好充分准备，习惯过"紧日子"，需要精准运营，精打细算，降低成本，努力节能。同时，还需要积极探索共享经济新模式，因地制宜地探索供应链共享、设备共享、流量共享、产能共享、员工共享等方式，推进构建旅游企业命运共同体，推进各类旅游企业合作，共同应对疫情冲击，谋求旅游业振兴和重塑。旅游协会应发挥统筹协调作用，引导旅游企业构建发展生态圈。[①]

5. "双加"推进全域旅游，释放旅游产能

疫情后县域旅游的"旅游+""+旅游"、新旅游六要素（商养学闲情奇）等的价值得以凸显，也凸显了旅游企业需要释放消费引流能力、推进跨界融合、释放综合产能的必要性。针对旅游经营季节性强、消费频次低等特点，各旅游企业要充分发挥自身能力优势，开辟多元化经营渠道，挖掘新需求、开发新产品、发展新业务、培育新业态、探索新模式，将旅游服务拓展到生活服务中，这不仅能帮助企业在困难时期进行自救，还能拓展企业未来发展新空间。一些餐饮企业选择跨界合作模式，利用大数据平台、物流优势缓解危机。有条件的企业要从旅游服务商转为美好生活服务商，释放综合产能，实现综合效益。早在 2007 年 8 月，世界卫生组织发布的年度报告中就指出，全球正处在史上疾病传播速度最快、范围最广的时期。自 20 世纪 70 年代始，新传染病即以空前的、每年新增一种或多种的速度出现。[②] 多年来至少出现过 40 种新发传染病，最近 5 年经世界卫生组织证实的疫情超过 1100 种。鉴于疫情对世界旅游业的巨大冲击，健康旅游将

---

① 徐海、翟立强、张硕鹏：《中国旅游业发展的现状、问题及建议》，《对外经贸》2020 年第 6 期。

② 张彩玲、谭勇、郭枫、陆建新：《口岸传染病防控要前伸后延》，《中国口岸科学技术》2017 年第 5 期。

持续成为全球性的热点话题，广泛开展相关研究能够促进我国在世界健康旅游领域的引领作用。

全球旅游业因疫情冲击而停摆，也将以健康振兴而重塑。旅游业要努力成为全社会健康安全观念和健康生活方式的引领者、践行者、传播者，成为"健康中国"建设的重要载体和先行领域。研究旅游业如何应对疫情常态化防控、如何提升旅游业健康保障能力，无疑是一个内容丰富且极为重要的课题，未来将成为一个重要的研究领域，也是一个具有实用价值、值得持续系统研究的领域。

（三）后疫情时代县域旅游发展展望

1. 后疫情时代县域旅游发展趋势

自 2022 年末以来，疫情防控政策不断优化调整，旅游出行限制全面解除，旅游业复苏拉开帷幕，但游客的心理转变仍需要一定过渡期。中国旅游研究院综合数据显示，2023 年元旦假期旅游市场中城市周边游仍是旅游消费者的首选，不过随着游客跨区域出游需求逐步释放，旅游业将开始有序恢复。

其一，2022 年底国内旅游市场恢复增长，奠定了下一年旅游经济"高开稳增，持续回暖"的市场基础。元旦假期全国国内旅游出游 3.08 亿人次，同比增长 23.1%，国内旅游收入 3758.43 亿元，同比增长 30%，实现了出游人次与旅游收入"双增长"的喜人成果。各地消费者的出行需求大幅上升，旅游热情加速释放，中长线休闲度假游快速回升，旅游市场强劲复苏。

其二，出境团队旅游重新启程，必将为我国旅游市场复苏再鼓一把劲、再加一脚油。据文化和旅游部通知，自 2023 年初起，试点恢复全国旅行社及在线旅游企业经营中国公民赴有关国家出境团队旅游和定购"机票＋酒店"业务，这标志着受疫情影响，从 2020 年 1 月 24 日起暂停的出境团队旅游业务将有序恢复。

其三，2023 年开年伊始，全国各地政府及旅游部门纷纷出台利好政策以加快旅游业的全面恢复振兴。2023 年是全面贯彻党的二十大精神的开局之年，"全力拼经济"成为各地年度工作任务的重中之重，重振旅游经济亦成为各地稳增长、扩内需、强信心的必选动作。海南、云南、江西、江苏等 20 多个省份的政府工作报告中明确提出要着力推动文旅消费新热点、促进服务业提质扩容和消费回暖升级。

行业的寒冷期即将过去，我国旅游业复苏振兴的步伐正在加速，旅游行业恢复发展的信心持续提振，旅游行业进入新阶段。在新冠疫情的打击下，争取"活下来"曾是旅游企业的主旋律，这也促使我国国内旅游企业纷纷反思自己在发展中的不足，寻找新的发展点，改变模式以应对新冠疫情冲击。新冠疫情加速了行业洗牌，给我国旅游企业带来了管控现金流、谋求行业整合的最佳时机；给企业创新、打破传统壁垒、探索新业务模式提供了机会。

新冠疫情给世界旅游业带来了巨大冲击，而在中国，农村和县域旅游业更是经受了巨大打击。然而，疫情也给这些地方带来了新的机遇和挑战，进一步推动了县域旅游业的发展。以下是一些可能对县域旅游业发展有重要作用的因素。一是政府扶持。随着疫情的流行，各地政府采取了多项措施来帮助餐饮、旅游和文化产业，包括财政补贴、减税和减免社保缴费。二是旅游业的数字化。数字化可以让旅游企业更好地满足游客的需求并提高服务质量。如今已被广泛应用的在线支付、在线预订以及不断增长的虚拟现实技术为县域旅游业提供了更多的可能性。三是旅游目的地的选择。在疫情期间，旅游者更愿意选择偏远的、人口密度较低的旅游目的地，从而避免高风险传播。这种趋势推动了县域旅游的发展，激发了县域的经济活力，促进了县域旅游业和商业活动的发展。四是网红打卡点的推广。随着社交媒体和网络的发展，一些旅游目的地迅速成为网红打卡点，这为县域旅游业提供了更多的机会。这些网红景点的推广会吸引更多的游客前来，促进当地的旅游业发展。

总之，政府的扶持、数字化技术、旅游目的地选择和网红打卡点的推广都将有助于县域旅游业的发展。展望 2023 年，"重振和复苏"将是国内旅游市场发展的主旨，中远程的旅游及出境游、商务会议游等需求也将逐

步回归，家庭度假、养生健康、近郊休闲、户外露营、亲子研学等旅游需求持续增加。各文旅企业应修炼内功、做好准备，加大和创新品质度假游、城市休闲游、亲子研学游、户外自驾游、商务考察游、运动康养游等文旅产品供给，抓住清明、端午、中秋、国庆等假日旅游市场机会及 7～8 月避暑旅游和研学旅游窗口期，争取推动国内旅游市场尽快全面恢复，实现旅游业更高质量的发展。

2. 后疫情时代县域旅游发展展望

后疫情时代县域旅游也将面临新的发展机遇和挑战。

一是旅游市场逐步恢复，县域旅游将成为热门选择。鉴于国际旅游暂时仍受到一些限制，国内旅游市场逐渐得到恢复，县域旅游在距离近、价格低、资源丰富等方面具有优势，将成为人们出行旅游的热门选择。二是旅游消费结构升级，县域旅游需要注重品质和个性化服务。尽管后疫情时代可能会有一些游客对价格敏感，但更多的游客将更为注重旅游品质和个性化服务。县域旅游需要加强旅游产品创新、提升景区品质以及提供个性化的旅游服务。三是坚持可持续发展理念，实现旅游与生态相融合。在后疫情时代，人们对于健康和环保的关注度将会进一步提高。县域旅游需要坚持可持续发展理念，实现旅游与生态保护的相互融合。四是加强旅游业态升级，发展文化旅游和创意旅游。随着人们对文化艺术的需求逐渐提高，文化旅游和创意旅游将成为热门选择。县域旅游需要加强旅游业态升级，发展具有地域特色和文化内涵的旅游产品。

总的来说，后疫情时代县域旅游发展的关键在于品质、个性化、可持续发展和业态升级。只有充分发挥县域旅游的优势，推动旅游与文化、生态、农业等产业融合，才能实现县域旅游的长期稳健发展。

# 第八章
# 县域旅游发展格局及演化

党的二十大报告指出："高质量发展是全面建设社会主义现代化国家的首要任务。"[①] 根据国家行政区划划分，县域是落实国家各项行政政策的基本单元，是"十四五"时期高质量发展的重点对象，只有实现了县域主体的高质量发展，才能促进第二个百年奋斗目标——建成富强民主文明和谐美丽的社会主义现代化强国——的实现。因此，县域是"十四五"时期国家高质量发展的重点所在，理应得到重点关注。

"十三五"时期，发展县域旅游业、培育县域旅游特色品牌在县域发展中取得了很好的实践成效。厘清我国县域旅游发展的时空差异和格局演化特点，对于促进县域旅游产业发展十分重要。

## 第一节 我国县域旅游发展格局及演化综述

第七次全国人口普查数据显示，我国目前有 1472 个县、394 个县级市，共计 1866 个县市。在当前深入推进城镇化进程、持续强化乡村振兴的新时代，县域旅游得到了重视，尤其在全域旅游发展和乡村旅游促进乡村振兴的新时代，旅游促进经济发展的作用被普遍认可。21 世纪初期，学界有关县域旅游发展格局、时空演化及县域旅游效率等方面的研究开始出现，并

---

[①] 《〈党的二十大报告学习辅导百问〉第二十六期：为什么说高质量发展是全面建设社会主义现代化国家的首要任务?》，新华在线，https://mp.weixin.qq.com/s/S_Ocg6Vq-n4zFbPtwpAe3Q。

不断深化。本文通过中国知网获取学术界关于县域旅游格局及演化的研究成果，重点分析我国县域旅游发展相关研究的主要成就。

## 一　数据来源及研究方法

### （一）数据来源

选取国内刊载学术研究成果数量最多、覆盖面最广的中国知网（CNKI）为数据来源，采用文献资料法和数理分析法，围绕县域旅游发展格局和演化，系统搜集整理了我国相关文献研究成果，并进行分析。本研究以"县域 + 旅游 + 时空""县域 + 旅游 + 格局""县域 + 旅游 + 演化"三组主题为关键词，从 CNKI 数据库中获取相关研究成果 273 个，整理发现我国关于县域旅游格局及演化的相关研究集中于近 10 年，刊文主要发表时期为 2011 ~ 2022 年。

### （二）研究方法

关于我国县域旅游发展格局及演化的研究进展描述主要采用由就职于美国德雷塞尔大学的华人学者陈超美先生提出的可视化信息处理工具——CiteSpace——展开综述分析。

CiteSpace 因其科学性、简便性且富有美的艺术性特征而深受学界喜爱，最早见于《美国科学院院刊》（PNAS）2004 年刊本，主要是将理论化的引文文本资料通过计算机 Java 语言进行处理，使文本资料变为可量化又可凝练简洁呈现的信息可视化处理软件。即将收集好的文本资料交由 CiteSpace 进行关键词、作者、研究机构等命令的调取处理，之后其通过连接点大小、连接线粗细、联结状态等直观且清晰地呈现，所要研究领域的研究现状、研究者、研究关注点和研究趋势等信息，使研究者轻快、便捷地掌握所需要了解领域的研究状况。目前被广泛应用于管理学、社会学、医学、经济学、图书情报学等学科。基于此，本研究采用 CiteSpace 6.1.4 msi 软件，选取参数为 Top 50 per slice，通过对文章作者、作者就职机构、关键词、发文时间等进行分析，清晰直观地展现国内县域旅游格局演化研究进展、热点及未来潜在研究趋势。

## 二　统计与分析

（一）核心作者与作者之间合作关系分析

以作者为计算口径，了解、分析我国当前就县域旅游发展格局及其演化领域做深入研究的核心作者及作者间的合作关系。分析中，遵循赖普斯定律，以作者为关键计算口径进行处理来确定我国关于县域旅游格局及演化研究的核心作者人员，公式如下：

$$(1/2) x(1, Nmax) = x(M, Nmax) = x(1, M)$$

进一步进行分解为：

$$M \approx 0.749 (Nmax\ 1/2)$$

式中，论文篇数用 M 表示，研究期间作者论文数量用 N 代表，对于确定为县域旅游时空格局演化领域的核心作者，其发文数须不小于 M 值。

如表 8－1 所示，有作者发文 3 篇，为研究者中发文最多的，故 N 取值为 3，计算可得 M≈1.29，取整数得 2，研究对象中作者发文不少于 2 的人即为县域旅游格局演化领域的核心作者，统计可知，共有 8 位作者满足这一条件，正是他们近 10 年来孜孜不倦的付出，为我国县域旅游的发展奠定了较为良好的研究基础。这 8 位作者发文数量占发文总数的 36.7%，远小于赖普斯定律中关于高产学者群的定义（占比应不小于 50%），这说明目前我国在该领域的研究尚处于起步阶段，研究人员比较分散。

发文量 2 篇以上的共有 2 位作者，分别为戴玲丽、黄震方。戴玲丽发文时间在 2014 年，是该领域研究发文相对较早的作者，其 3 篇文章中有 1 篇为硕士毕业论文，1 篇期刊论文由硕士论文提取而成；黄震方 3 篇文章均刊发在 CSSCI 来源期刊，由此说明 2016～2022 年黄震方是该领域研究前沿最重要的学者。其中，黄震方 2018 年发表的《浙江省县域旅游效率空间格局演变及其影响因素》共被引 111 次、被下载 3627 次，是该领域研究总发文被引和单篇论文被引最高的作者。黄震方的研究以浙江省为例，选取 65 个县域单元 2003～2015 年相关数据指标，采用 Bootstrap-DEA、空间变差函数和马尔科夫链等方法，从旅游效率角度探究县域旅游空间格局演变特征。可以说黄震方教授是该领域基础研究最具影响力的作者之一。

表 8-1 县域旅游格局及演化研究发文较多作者（2014~2021 年）

| 发文数量 | 最早发文时间 | 作者 | 发文单位 |
|---|---|---|---|
| 3 | 2014 年 | 戴玲丽 | 浙江大学地球科学系 |
| 3 | 2016 年 | 黄震方 | 南京师范大学地理科学学院 |
| 2 | 2016 年 | 曹芳东 | 南京师范大学地理科学学院 |
| 2 | 2020 年 | 明庆忠 | 云南财经大学 |
| 2 | 2020 年 | 简子菡 | 河南大学环境与规划学院/区域发展与规划研究中心/黄河中下游数字地理技术教育部重点实验室 |
| 2 | 2019 年 | 曹开军 | 新疆大学旅游学院/新疆历史文化旅游可持续发展重点实验室 |
| 2 | 2020 年 | 孟怡伟 | 河南大学环境与规划学院/区域发展与规划研究中心/黄河中下游数字地理技术教育部重点实验室 |
| 2 | 2021 年 | 宋玉强 | 西安外国语大学 |

资料来源：笔者检索后自制。

作者合作网络图谱中作者名字节点数量和大小反映共现频次、连线数量和粗细代表作者合作关系和强度情况，通过观察发现共有 92 个节点、112 条连线，网络密度为 0.0268，说明该领域研究人员间合作关系较为紧密。其中发文数量相对较多、合作突出的有 9 组关系，即黄震方、曹芳东、徐冬、陈晓艳、黄睿、张子昂、吕龙等；孟怡伟、简子菡；明庆忠、刘安乐、白慧鑫、穆学青、郭向阳；曹开军、唐金稳、白洋、陈乐；宋玉强、潘秋玲、潘志奎等；许小红、覃爽姿、阮柱、甘永萍；禹真、卢德彬、白彬、王祖静；熊建新、王文辉、贺赛花、尹妍、唐朝凤、潘思妍；丁陈颖、郑陶、纪烨楠、唐根年。作者合作一般可分为"学缘"和"地缘"关系："学缘"关系是指导师与学生之间、同事之间和同学之间的关系；"地缘"关系指项目驱动下的跨区域、跨学校之间的合作关系。经分析，以上 9 组合作者之间均系师生或者同门，属于"学缘"关系的范畴。可知，学缘关系是我国县域旅游格局及演化研究作者合作的主体，而跨学科、跨区域的研究合作则很少，未来应该鼓励跨区域、跨学科的交流与合作。[1]

（二）核心机构与分布特征

从发文机构来看，高等院校在有关县域旅游格局及演化的发文中占绝大多数，且主要集中在旅游学科在高校的所属二级学院，即高校的旅游类和经济管理类学院。[2] 从地理分布来看，县域旅游格局及演化研究机构以长三角地区高校居多，整体上东中西南等全国大部分高校和地区均有参与县域旅游的相关研究。

从机构合作来看，发现共有 56 个节点、31 条节点间连线，网络密度为 0.0201，由此可见，研究机构间的合作强度和紧密性都比较一般，较为紧密和广泛的合作网络还没有形成。

进一步对发文机构进行梳理，只看一级机构，如表 8 - 2 所示，发现机构最高发文量为 4 篇，计算可得 M 值约为 1.49，取整数 2，即发文量达到 2 篇及以上的 12 家机构为有关县域旅游格局及演化研究的核心发文机构。4 篇文章作者的单位系南京师范大学，远高于其他研究机构，其中 CSSCI 来源期刊 3 篇、硕士毕业论文 1 篇，这在一定程度上说明该领域研究最为突出的机构为南京师范大学。分析发现，9 项国家自然科学基金和 7 项省部级科研项目资助是南京师范大学这些文章得以发表的依托，2016 ~ 2022 年有 10 人参与该领域研究，成果显著。

表 8 - 2　县域旅游格局及演化研究发文量较多的机构

| 频次 | 最早发文时间 | 发文机构 |
| --- | --- | --- |
| 4 | 2016 年 | 南京师范大学 |
| 3 | 2016 年 | 云南师范大学 |
| 3 | 2019 年 | 新疆大学 |
| 3 | 2014 年 | 浙江大学 |

---

[1] 田里、田媛、钟晖：《基于 CiteSpace 的国内高铁旅游研究可视化分析》，《资源开发与市场》2018 年第 5 期。

[2] 李先跃：《中国文化产业与旅游产业融合研究进展及趋势——基于 CitesPace 计量分析》，《经济地理》2019 年第 12 期。

| 频次 | 最早发文时间 | 发文机构 |
|---|---|---|
| 3 | 2021 年 | 南宁师范大学 |
| 2 | 2021 年 | 中国科学院大学 |
| 2 | 2021 年 | 重庆师范大学 |
| 2 | 2012 年 | 北京师范大学 |
| 2 | 2021 年 | 湖南师范大学 |
| 2 | 2020 年 | 浙江工业大学 |
| 2 | 2021 年 | 西安外国语大学 |
| 2 | 2020 年 | 河南大学环境与规划学院/区域发展与规划研究中心/黄河中下游数字地理技术教育部重点实验室 |

资料来源：笔者搜索后自制。

从研究内容来看，这 12 家核心机构研究主要集中在对所属区域县域旅游格局及演化的研究：南京师范大学研究主要聚焦浙江省及江苏省县域旅游国内游与入境游发展情况；云南师范大学研究对云南省边境 25 个县、高原山区——香格里拉、滇西边境集中连片特困区进行研究；新疆大学研究主要集中在新疆地区；浙江大学研究主要关注浙江省及杭州都市圈；南宁师范大学研究主要关注广西地区；中国科学院大学则根据立足机构所在地进行研究，如中国科学院大学与中国科学院广州地球化学研究所跨区域合作关注广西地区，中国科学院大学（中国科学院水利部成都山地灾害与环境研究所）研究主要关注四川省；重庆师范大学研究主要关注三峡库区；北京师范大学研究主要关注京津冀和黔东南苗族侗族自治州地区；湖南师范大学研究主要关注湘赣边区、罗霄山片区；浙江工业大学研究主要关注绍兴市；西安外国语大学研究主要关注山西省；河南大学环境与规划学院/区域发展与规划研究中心/黄河中下游数字地理技术教育部重点实验室研究主要关注黄河经济带及秦巴山区等。这些研究立足县域实际，对县域旅游发展格局及演化提出了有针对性的措施和建议。

（三）研究文献关键词分析

在研究中，可以通过高度凝练、概括的关键词来了解文章的主要聚焦点，因而通过 CiteSpace 分析，了解某领域关键词的频次、关联度等，对关键词进行量化统计分析形成示意表，一方面，有助于研究者快速掌握该领域现有研究的知识架构和学者关注的热点问题、具体研究主体和研究趋势；另一方面，有助于直观解读该研究领域的主要研究聚焦点、聚焦关系及关系的紧密程度。其中，CiteSpace 中反映这一关系的指标体系主要有四个：频率、聚类、中心性和突现性。关注度越高，则关键词频率越多、表示关键词的圆点越大；某一研究越重要，则关键词的中心性值就越大；关键词聚类则反映了研究期间研究者主要的研究方向；研究期间内，相关突出的研究点则主要通过关键词突现性进行反映。

1. 基础研究领域分析

分析中，通过关键词发现节点 92 个、连线 188 条，网络密度为 0.0449。节点和字号越大，表示关键词频次越高；连线越粗，表示两个关键词联系程度越强。县域旅游格局及演化研究关键词频次出现大于等于 2 的关键词共24 个，如表 8 - 3 所示，分别为：影响因素、旅游经济、县域、空间格局、驱动机制、时空演变、时空差异、浙江省、旅游资源、旅游效率、县域尺度、全域旅游、驱动因素、旅游扶贫、空间结构、旅游、时空演化、旅游业、三峡库区、发展模式、旅游产业、时空格局、时空分布、多维贫困。

表 8 - 3　县域旅游格局及演化发文中高频词及其中心性分析

| 频次 | 中心性 | 年份 | 关键词 |
| --- | --- | --- | --- |
| 9 | 0.66 | 2014 | 影响因素 |
| 9 | 0.13 | 2015 | 旅游经济 |
| 8 | 0.15 | 2014 | 县域 |
| 5 | 0.23 | 2014 | 空间格局 |
| 4 | 0.1 | 2014 | 驱动机制 |
| 4 | 0.23 | 2020 | 时空演变 |
| 3 | 0.07 | 2019 | 时空差异 |
| 3 | 0.01 | 2015 | 浙江省 |
| 3 | 0.21 | 2019 | 旅游资源 |
| 3 | 0.05 | 2018 | 旅游效率 |

续表

| 频次 | 中心性 | 年份 | 关键词 |
|---|---|---|---|
| 3 | 0.1 | 2016 | 县域尺度 |
| 3 | 0.31 | 2019 | 全域旅游 |
| 2 | 0 | 2021 | 驱动因素 |
| 2 | 0.06 | 2019 | 旅游扶贫 |
| 2 | 0.03 | 2020 | 空间结构 |
| 2 | 0.13 | 2017 | 旅游 |
| 2 | 0.21 | 2020 | 时空演化 |
| 2 | 0 | 2020 | 旅游业 |
| 2 | 0 | 2021 | 三峡库区 |
| 2 | 0.17 | 2014 | 发展模式 |
| 2 | 0.1 | 2020 | 旅游产业 |
| 2 | 0.01 | 2018 | 时空格局 |
| 2 | 0.06 | 2017 | 时空分布 |
| 2 | 0 | 2020 | 多维贫困 |

资料来源：笔者自制。

综合分析关键词聚类可知，关于县域旅游格局与演化的研究在 2014 年开始受到学界关注，发展至今，研究重点主要为县域旅游的时空差异、影响因素、时空演变、空间格局、产业时空演变及驱动机制。从地域范围来看，研究较早且成果较多的为浙江省县域旅游经济的时空变化研究和对西南贫困区及三峡库区的研究。同时，相关研究受政策影响较大，在近些年全域旅游发展政策引导下，关于县域的全域旅游研究演化自 2019 年起也在逐步增多。

2. 研究发展阶段及主要研究方法分析

通过 CiteSpace 关键词聚类的时序变化，可以探讨该领域研究主题演变过程；结合频次、中心性等功能，可以判断不同时期的研究特征。运行 CiteSpace 进行关键词聚类生成 Time line 图谱，可以将相同年份热点按时间顺序进行排列并集合在相同区域。通过对县域旅游格局及演化研究关键词聚类，发现有节点 92 个、连线 188 条、网络密度为 0.0449，网络模块化评价指标 Modularity Q = 0.7285（Q > 0.3，表示聚类很好），网络同质性平均值 Mean Silhouette = 0.9625（平均值大于 0.5，表示同质性非常高），说明这一聚类合理。

结合实际，探讨县域旅游格局及演化研究发展阶段和研究主题方向。

（1）研究发展阶段

如图 8 - 1 所示，国内关于县域旅游时空格局的研究起步时期为 2010 ~ 2011 年，早期发展较缓慢，后期呈现快速上升的趋势，特别是 2012 ~ 2019 年增幅较大，说明该阶段为国内县域旅游研究繁荣期。2020 年，我国县域旅游研究迎来高峰期，当年在中文核心期刊和 CSSCI 期刊共发表 11 篇。根据刊文量，可以将我国县域旅游研究分为 1.0、2.0、3.0 模式。在 2010 年以前的 1.0 萌芽阶段，县域旅游的概念刚被引入中国，国内学者仅对其进行了概念性的探索，于 2011 年形成标志性成果。而 2.0 的兴起阶段（2012 ~ 2019 年），旅游已融入人们生活，学者选择典型县域地区，从县域旅游经济、县域旅游效率、县域旅游产业、县域旅游资源等要素入手研究县域旅游时空格局演化及其差异。自 2020 年至今，进入县域旅游研究 3.0 阶段，中央出台多项有关促进乡村振兴、全域旅游、县域发展等政策，推动我国县域旅游相关研究的快速发展。

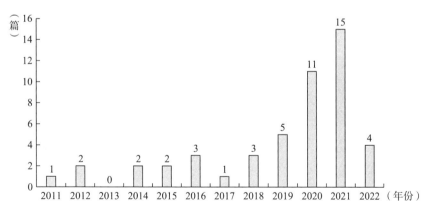

图 8 - 1　2011 ~ 2022 年县域旅游格局演化年发文数量一览

资料来源：笔者自制。

（2）主要研究视角与方法

通过对文献的整理与分析，发现国内学者早期主要从定性的视角进行分析，如赵磊等对县域旅游目的地的演化进行分析，他的团队从旅游产业链延伸视角出发展开，结果表明只有系统化开发旅游活动，才能让县域旅游发展从理想落为现实，没有系统化的发展，县域旅游目的地延伸旅游产业链就只能是静态化的集聚；演化模式的耦合性表明在县域旅游发展到一定程度时，会出现一种新的空间形态。[①] 崔长彬等以河北为例，通过卢卡斯内生增长模型和贝叶斯地理加权回归方法，对县域经济的空间差异和影响因素进行了分析，研究中发现使用该方法不能有效克服多维空间数据中存在的空间飞地效应和数据缺乏问题。[②]

因此，2012 年以后，地理空间技术手段开始被引入县域旅游格局演化发展研究中，定性与定量相结合研究县域旅游时空格局的文章开始增多，如奚宁泉利用 ARC-GIS、FRAGSTAS 等多种软件平台，采用定性与定量相结合的方法，系统分析新津县县域旅游景观生态系统格局变化；[③] 张莉等以山西省县域旅游为对象，结合其县域发展特点，通过时序多指标模型的建立和探索性空间数据分析（ESDA）的运用，计算全局 Moran'$I$、Moran 散点图和 LISA 集聚图，对 2004～2013 年 10 年间山西县域旅游经济发展的时间和空间变化特征进行了分析。[④] 这种方法很好地克服了早期的研究缺点，成为当前主流研究方法。

（四）研究主题内容分析

"十四五"时期，旅游已成为拉动县域经济发展的强有力抓手，发展县域旅游有助于县域经济转型和结构优化。因此，县域旅游发展的时空特征

① 赵磊、夏鑫、全华：《基于旅游产业链延伸视角的县域旅游地演化研究》，《经济地理》2011 年第 5 期。
② 崔长彬、姜石良、张正河：《河北县域经济影响因素的空间差异分析——基于贝叶斯地理加权回归方法》，《经济地理》2012 年第 2 期。
③ 奚宁泉：《GIS 与 RS 技术支持下新津县域旅游景观生态系统格局优化研究》，四川农业大学硕士学位论文，2012。
④ 张莉、张克勇、王润飞：《基于 ESDA 的山西省县域旅游经济空间差异分析》，《林业经济》2016 年第 9 期。

与分异规律研究备受学术界的关注，诸多学者从多个空间尺度对县域旅游经济、县域旅游效率等方面的时空分异、空间结构、演化过程、演化机理进行研究，目的是厘清县域旅游带动经济发展的内在逻辑。

1. 县域旅游发展时空差异与空间效应的研究

关于县域旅游的研究，多以单个省级行政单元为研究对象，探讨县域旅游经济时空格局特征与驱动机制，如李瑞、吴殿廷等选取黔东南苗族侗族自治州所辖民族县域 2011 年截面数据，运用 REE 模型研究了典型民族县域旅游发展空间格局及其策略响应情况。① 戴玲丽研究了杭州都市圈县域旅游竞争力的空间格局。② 张子昂、黄震方等从入境旅游的角度出发，研究了浙江省县域旅游时空跃迁特征及驱动机制。③ 禹真、卢德彬等使用 GIS 方法研究了我国的县域旅游场强空间格局演变及驱动力。④

龙祖坤、李绪茂以湖南省国家级贫困县为研究对象，构建湖南省 20 个研究单元 2011~2015 年旅游发展水平测度体系，通过引力模型和社会网络分析法对其旅游发展空间变化格局和演化特点进行分析，指出县域旅游发展效应正逐年增强，已出现溢出效应。⑤ 董婷婷、方世明以武汉市黄陂区为例，对黄陂区县域旅游发展的时空变化特征和主要影响因素进行了分析。⑥ 邓世成基于主成分分析和聚类分析方法，研究测度了重庆县域旅游目的地

---

① 李瑞、吴殿廷等：《基于 REE 模型的典型民族县域旅游发展空间格局及其策略响应——黔东南苗族侗族自治州所辖民族县域 2011 年截面数据的实证分析》，中国地理学会 2012 年学术年会学术论文摘要集，2012 年。

② 戴玲丽：《杭州都市圈县域旅游竞争力的空间格局分析》，《国土与自然资源研究》2014 年第 3 期。

③ 张子昂、黄震方、曹芳东等：《浙江省县域入境旅游时空跃迁特征及驱动机制》，《地理研究》2016 年第 6 期。

④ 禹真、卢德彬、白彬、王祖静：《基于 GIS 的县域旅游场强空间格局演变及驱动力研究》，《水土保持研究》2016 年第 3 期。

⑤ 龙祖坤、李绪茂：《县域旅游经济结构演变与发展模式研究——以湖南省 20 个贫困县为例》，《中南林业科技大学学报》（社会科学版）2017 年第 3 期。

⑥ 董婷婷、方世明：《县域旅游发展的时空分布特征及其影响因素分析——以武汉市黄陂区为例》，《湖北大学学报》（自然科学版）2017 年第 1 期。

竞争力及空间分布格局。① 蒲丽以三峡库区为对象，研究了其县域旅游业高质量发展时空格局及影响因素。② 王茜茜基于县域尺度研究了广西旅游流时空特征。③ 黄睿、黄震方等以江苏省县域尺度为例，立足国内大循环背景，研究国内旅游发展的时空格局演化与影响因素。④

此外，李长凤立足高原山区县域，研究了高原地区县域交通与旅游空间结构演进机制。⑤ 孟怡伟、简子菡、张改素从线性旅游带出发，基于虚实经济对比研究了黄河经济带县域旅游空间格局及影响因素。⑥ 李东和、李雨轩、孟红以黄山市黟县为例，研究了县域旅游目的地旅游投资模式的演化。⑦

2. 县域旅游经济发展效率的时空差异与空间效应研究

关于县域旅游经济及效率的研究，也多是从我国地理行政区划入手，选择典型县域进行展开。程玉申、戴玲丽以浙江省县域为对象，建立县域单元 2004～2013 年经济发展指标体系，通过古典统计方法和探索性空间技术分析等方法的辅助，发现马太效应在浙江省县域旅游经济中明显存在，县域旅游经济整体发展水平提高的同时，绝对差异与相对差异出现相反的演化趋势。⑧ 张莉、张克勇、王润飞以山西省县域为对象，运用探索性空间相关性分析等方法，发现集聚性是其县域旅游经济发展的主要趋势，围绕

① 邓世成：《重庆县域旅游目的地竞争力测度及空间分布格局——基于主成分分析和聚类分析方法的研究》，《新疆财经大学学报》2020 年第 2 期。
② 蒲丽：《三峡库区县域旅游业高质量发展时空格局及影响因素分析》，重庆师范大学硕士学位论文，2021。
③ 王茜茜：《县域尺度下的广西旅游流时空特征研究》，南宁师范大学硕士学位论文，2021。
④ 黄睿、黄震方、靳诚、徐菁：《国内大循环背景下国内旅游发展的时空格局演化与影响因素——以江苏省县域尺度为例》，《自然资源学报》2022 年第 2 期。
⑤ 李长凤：《高原山区县域交通与旅游空间结构演进机制研究——以云南省香格里拉市为例》，云南师范大学硕士学位论文，2016。
⑥ 孟怡伟、简子菡、张改素：《基于虚实经济对比的黄河经济带县域旅游空间格局及影响因素研究》，《河南大学学报》（自然科学版）2020 年第 2 期。
⑦ 李东和、李雨轩、孟红：《县域旅游目的地旅游投资模式演化研究——以黄山市黟县为例》，《黄山学院学报》2020 年第 2 期。
⑧ 程玉申、戴玲丽：《浙江省县域旅游经济差异的时空演变分析》，《北京第二外国语学院学报》2015 年第 3 期。

大同、太原、运城形成了三大旅游核心发展区。① 这标志着县域旅游经济双核式发展已成过去,未来点轴式空间格局、中高水平集聚区是县域旅游发展的主战场。

　　之后,陈燕、张杰以甘南藏族自治州为例,基于县域尺度研究了西南边区旅游经济时空差异特征。② 徐冬、黄震方、胡小海等通过效率测算和地理探测空间分析,对浙江省县域旅游效率的时空变化和分布特征进行了分析。③ 李岩选取江苏省为对象,研究了该地区县域旅游经济时空差异与空间效应。④ 彭默然、侯霞以林芝市为例,研究了该市县域旅游经济时空差异及影响因素。⑤ 朱怡婷、熊黑钢、白洋等以新疆为研究对象,研究边疆旅游地区县域旅游经济时空变迁及驱动机制。⑥ 申鹏鹏⑦、刘曙光等⑧分别以扬子江城市群、海岛型县域为对象,测算了我国典型县域旅游效率的时序演变特征。陶维荣⑨、李晓刚等⑩、刘娟⑪、刘安乐等⑫分别以湖南武陵山片区、

---

① 张莉、张克勇、王润飞:《基于 ESDA 的山西省县域旅游经济空间差异分析》,《林业经济》2016 年第 9 期。

② 陈燕、张杰:《基于县域尺度的旅游经济时空差异特征——以甘南藏族自治州为例》,《中国农学通报》2018 年第 31 期。

③ 徐冬、黄震方、胡小海、吕龙、曹芳东:《浙江省县域旅游效率空间格局演变及其影响因素》,《经济地理》2018 年第 5 期。

④ 李岩:《江苏县域旅游经济时空差异与空间效应研究》,厦门大学硕士学位论文,2019。

⑤ 彭默然、侯霞:《林芝市县域旅游经济时空差异及影响因素分析》,《西藏科技》2019 年第 12 期。

⑥ 朱怡婷、熊黑钢、白洋等:《边疆旅游地县域旅游经济时空变迁及驱动机制研究——新疆案例》,《干旱区地理》2019 年第 2 期。

⑦ 申鹏鹏:《基于县域尺度的扬子江城市群旅游产业效率的时空演变特征研究》,南京师范大学硕士学位论文,2018。

⑧ 刘曙光、尚英仕、尹鹏:《中国海岛县旅游效率与经济增长耦合协调的实证研究》,《中国渔业经济》2020 年第 3 期。

⑨ 陶维荣:《武陵山片区湖南县域旅游经济网络结构演化与空间发展模式》,《经济地理》2020 年第 12 期。

⑩ 李晓刚、李婵:《基于县域尺度的秦岭山区城市旅游经济时空差异分析》,《微型电脑应用》2020 年第 1 期。

⑪ 刘娟:《长沙县域旅游经济差异及其机理研究》,《长沙大学学报》2021 年第 1 期。

⑫ 刘安乐、白慧鑫、明庆忠:《黔东南县域旅游经济时空格局演化及驱动因素》,《中共云南省委党校学报》2021 年第 3 期。

秦岭山区、长沙、黔东南为例，研究县域旅游经济的结构演化与分异特征。孟怡伟等①、潘秋玲等②分别以秦巴山区、陕西省为例，研究了县域旅游业发展效率的空间格局特征及其影响因素。赵珂③以黑龙江为研究对象，研究了边境口岸旅游产业与县（市）经济协调时空演变与溢出效应。

部分学者因政利势，立足脱贫攻坚实际，研究县域旅游减贫扶贫的效率。如廖洪亮立足效率演化视角，研究了滇西边境集中连片特困区县域旅游减贫效应。④穆学青、郭向阳、明庆忠以云南25个边境县（市）为研究对象，立足多维贫困视角，研究县域旅游扶贫效率时空演化及影响机理。⑤刘康、储玖琳等以贵州88个县为例，运用全局莫兰指数，研究了该地区县域旅游扶贫效率特征。⑥黄爱莲、朱俊蓉以西南民族地区贫困县为对象，研究了旅游扶贫效率测度及时空分异情况。⑦张颖等基于夜间灯光数据，研究了西南地区县域旅游多维减贫效应时空变化。⑧

3. 县域旅游资源利用保护及其他方面时空差异与空间效应研究

随着"绿水青山就是金山银山"的生态保护理念逐渐深入人心以及文旅公共文化服务融合等美好家园建设的深入推进，除了上述研究较多的县域旅游发展、县域旅游经济及其扶贫效率的时空格局与演化，部分学者开

① 孟怡伟、简子菡、丁志伟：《秦巴山区县域旅游业发展效率的空间格局特征及其影响因素分析》，《旅游论坛》2021年第4期。

② 潘秋玲、宋玉强、陈乐、潘志奎：《陕西省县域旅游效率的空间格局及影响因素》，《自然资源学报》2021年第4期。

③ 赵珂：《边境口岸旅游产业与县（市）经济协调时空演变与溢出效应：基于黑龙江实证》，《商业经济》2021年第9期。

④ 廖洪亮：《效率演化视角下滇西边境集中连片特困区县域旅游减贫效应研究》，云南师范大学硕士学位论文，2019。

⑤ 穆学青、郭向阳、明庆忠：《多维贫困视角下县域旅游扶贫效率时空演化及影响机理——以云南25个边境县（市）为例》，《经济地理》2020年第12期。

⑥ 刘康、储玖琳、王坤等：《贵州省旅游减贫效率格局演化及其影响因素》，《西南大学学报》（自然科学版）2021年第10期。

⑦ 黄爱莲、朱俊蓉：《西南民族地区贫困县旅游扶贫效率测度及时空分异研究》，《信阳师范学院学报》（自然科学版）2021年第3期。

⑧ 张颖、汪侠、闫艺涵、史舒悦、海少琪：《基于夜间灯光数据的西南地区县域旅游多维减贫效应时空变化研究》，《地球信息科学学报》2022年第8期。

始关注县域旅游资源、县域旅游生态安全、县域旅游公共服务空间等的时空演化状况。

在县域旅游资源时空演变方面，奚宁泉利用 GIS 与 RS 技术支持，研究了新津县域旅游景观生态系统格局优化相关内容。[①] 徐仕强、杨建、刘雨婧以江口县为研究对象，研究了西部民族地区县域旅游资源特征及空间分布格局。[②] 牛童以东平县为例，进行了旅游景观格局演变与动态模拟研究。[③] 许小红等以广西为例，研究了县域休闲农业旅游资源开发格局及优化策略。[④]

县域旅游生态安全演化方面，杨良健、曹开军选取新疆为研究对象，研究了新疆 85 个县市旅游生态安全时空格局演变及驱动机制。[⑤] 涂俊以三峡库区为例，研究了县域旅游地社会－生态系统脆弱性时空演变与影响因素。[⑥]

县域旅游公共服务空间演化方面，李嵘以四川省 183 个县域为研究对象，通过网络爬取数据，运用空间自相关模型、多元线性回归、地理加权回归模型等方法，从山区/非山区、五大经济区等多个视角对四川省县域旅游公共服务水平及其空间格局进行了分析与评价。[⑦]

利用 CiteSpace 软件对国内县域旅游发展进行可视化分析，发现国内县域旅游格局演化研究起步较晚，发展周期较短，理论成果在早期较少，

---

① 奚宁泉：《GIS 与 RS 技术支持下新津县域旅游景观生态系统格局优化研究》，四川农业大学硕士学位论文，2012。

② 徐仕强、杨建、刘雨婧：《西部民族地区县域旅游资源特征及空间分布格局——以江口县为例》，《经济地理》2019 年第 8 期。

③ 牛童：《东平县旅游景观格局演变与动态模拟研究》，山东农业大学硕士学位论文，2020。

④ 许小红、覃爽姿、阮柱、甘永萍：《县域休闲农业旅游资源开发格局及优化策略研究——以广西为例》，《南宁师范大学学报》（自然科学版）2021 年第 3 期。

⑤ 杨良健、曹开军：《新疆 85 个县市旅游生态安全时空格局演变及驱动机制》，《生态学报》2021 年第 23 期。

⑥ 涂俊：《三峡库区县域旅游地社会－生态系统脆弱性时空演变与影响因素》，重庆师范大学硕士学位论文，2021。

⑦ 李嵘：《四川省县域旅游公共服务空间格局与影响因素研究》，中国科学院大学（中国科学院水利部成都山地灾害与环境研究所）硕士学位论文，2020。

后期在国家宏观政策的扶持下得到快速发展，取得一定的研究成果。学者主要从县域旅游发展、县域旅游经济、县域旅游扶贫效率、县域旅游资源等四个领域对县域旅游格局演化与时空差异进行相关研究探索，较少关注旅游者行为、目的地形象、旅游公共服务、市场营销等领域。同时，在共同富裕背景下，现有研究较少关注县域间的相互带动和影响，忽略了地理空间范围中区域的相互促进或者抑制作用，以及旅游活动中旅游者的流动性和旅游活动的综合性。因此，探讨未来中国县域旅游发展模式的新思路还有很大发展空间，未来需要打破固定县域范围，从地理空间联动性角度研究县域旅游演化和时空差异变化，不断调整与优化县域间的空间结构，更加科学合理地布局县域内及县域间的旅游产业及配套产业，合理调配资源实现资源共建共享，从而促进我国县域旅游的高质量发展。

## 第二节　东部沿海典型县域旅游发展格局及演化

在幅员辽阔的祖国大地上，各地地形地貌特征的不同，区域间旅游资源丰富程度和特色也有很大差异，加之各地经济发展程度不同、区域间人口聚集有差异等，使得南北东西的县域间旅游发展各具特色、县域间旅游发展水平迥异，县域内旅游发展时间变化和空间差异的影响因素和作用机制也是多种多样。考虑到不同县域间旅游发展的附加和屏蔽效应及经济发展的外部性，不同县域间、县域内不同村镇间等区域旅游经济的溢出效应，从微观尺度研究县域内、县域间旅游发展时空差异及演化还有许多可为之处。本章接下来分东部沿海、中部地区和典型地带三个部分对目前国内典型县域旅游发展格局研究成果进行总结概括。

关于东部沿海典型县域旅游发展的样本是参照赛迪公司 2022 年发布的百强县结果（见图 8－2）选择所示。其中，在 GDP 千亿元级以上的县域中，35 个县分布于东部沿海、5 个县分布于中西部地区、3 个县分布于西部，地区间分布不平衡现象严重。这也说明城市群、都市圈的发展确实带动了周边城市、县城的发展，尤其是成熟的都市圈，带动经济产业的发展更为明显。[①] 研究关于东部沿海典型县域旅游发展格局及演化主要以江苏省和浙江省为例展开调查。

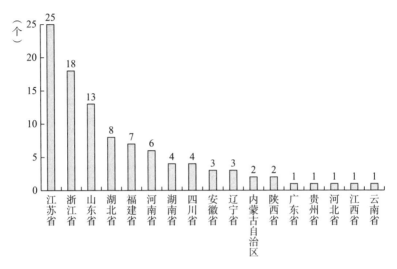

**图 8-2 2022 年赛迪百强县所在省（区）数量分布情况**

资料来源：根据赛迪发布《2022 中国县域经济百强研究》整理所得。

## 一 江苏省县域旅游发展格局及其演化

（一）江苏省县域基本情况介绍

江苏省简称"苏"，省会为南京市，是我国东部沿海区域重要经济省份，属于长江三角洲地区，东部毗邻上海市，南部毗邻浙江省，西部毗邻安徽省，北部毗邻山东省。东临黄海，长江、淮河两大水系流经省域内，省域地势较为平坦，众多湖泊河流分布其间，典型地貌特征为低山丘陵、平原。地跨北纬 30°45′~35°08′，东经 116°21′~121°56′，处于南北交界处，区内植被、动物等兼具南北属种特征。省域总面积 10.72 万平方公里，截至 2021 年底，省域常住人口为 8505.4 万人。

在全国百强区、县、镇等众多排名中，江苏省下辖县区镇数据均名列

---

① 《中国城市发展大变局，这些城市即将崛起！》，https://mp.weixin.qq.com/s/_Rv-DdC63 mkuqsuYbZ-F4g。

前茅，综合实力强。如表 8 - 4 所示，江苏省下辖地级市 13 个，下含区县级行政区 95 个（市辖区 55 个、县级市 21 个、县 19 个）。良好的区位条件、丰富的动植物资源、舒适的气候条件、富裕的经济基础等因素造就了江苏省旅游经济发展良好，省域旅游发展规模和水平处于全国头位，是我国旅游者出行的热门目的地和重要的旅游客源地。同样，江苏省内部旅游经济发展也存在区域发展不平衡、不均等的情况。良好的旅游经济发展土壤和显著的地区域旅游经济发展差异，使得选取江苏省为实证案例地，能够在一定程度上很好地代表东部县域旅游发展特点，具有典型性，有助于更好地揭示我国县域旅游发展的时空格局演化与影响因素。

表 8 - 4　江苏省行政区划一览

| 区划名称 | 市辖区、县、县级市 |
|---|---|
| 南京市 | 玄武区、秦淮区、建邺区、鼓楼区、浦口区、栖霞区、雨花台区、江宁区、六合区、溧水区、高淳区 |
| 无锡市 | 滨湖区、梁溪区、新吴区、锡山区、惠山区、江阴市、宜兴市 |
| 徐州市 | 云龙区、鼓楼区、贾汪区、泉山区、铜山区、邳州市、新沂市、丰县、沛县、睢宁县 |
| 常州市 | 天宁区、钟楼区、新北区、武进区、金坛区、溧阳市 |
| 苏州市 | 姑苏区、虎丘区、吴中区、相城区、吴江区、昆山市、常熟市、张家港市、太仓市 |
| 南通市 | 崇川区、通州区、海门区、启东市、海安市、如皋市、如东县 |
| 连云港市 | 海州区、连云区、赣榆区、东海县、灌云县、灌南县 |
| 淮安市 | 清江浦区、淮安区、淮阴区、洪泽区、涟水县、盱眙县、金湖县 |
| 盐城市 | 亭湖区、盐都区、大丰区、东台市、响水县、滨海县、阜宁县、射阳县、建湖县 |
| 扬州市 | 广陵区、邗江区、江都区、仪征市、高邮市、宝应县 |
| 镇江市 | 京口区、润州区、丹徒区、丹阳市、扬中市、句容市 |
| 泰州市 | 海陵区、高港区、姜堰区、兴化市、靖江市、泰兴市 |
| 宿迁市 | 宿城区、宿豫区、沭阳县、泗阳县、泗洪县 |

数据来源：笔者根据有关资料整理。

（二）江苏省县域旅游发展格局及其演化

关于江苏省县域旅游发展格局及其演化情况，本研究主要参照了厦门大学毕业生李岩的硕士学位论文，以江苏省县域尺度为研究对象，并总结国内旅游发展时空格局演化与影响因素的其他相关成果。[①]

1. 指标选取

考虑到数据获取的可得性、准确性和连续性，研究基本遵循空间行政区划划分标准，保留 55 个市辖区独立的空间单元，研究中将其视为 55 个空间单元；对 21 个县级市、19 个县在沿用行政区划划分的基本原则下，对部分县级市和县进行合并处理为 17 个单元，最后整理得出空间单元 72 个。

以处理后的 72 个行政区划单元为研究对象，通过查阅《中国统计年鉴》《中国统计公报》《江苏省统计年鉴》、江苏省文化和旅游厅、各地市统计年鉴及其政府官网数据，依托 72 个研究对象 2007~2016 年共计 10 年的统计数据开展江苏省县域旅游经济发展的时空差异分析。

在变量选取方面，参考国内外相关研究指标构建体系，选取地区旅游收入来衡量空间单元的旅游经济发展水平，即选取江苏省 72 个县域单元的年度旅游总收入作为被解释变量，单位记为亿元。

如表 8 – 5 所示，在解释变量中，选取县域经济发展水平、旅游资源禀赋和区域人口规模作为主要变量。其中，县域经济发展状况的测度主要选取 72 个县域空间单元的国内生产总值，用以衡量研究对象的经济发展水平；对县域旅游资源禀赋的度量则主要选取各个单元的 4A 级及以上景区数量之和，要特别说明的是，为了避免计算中零的无效性，将诸如 ln（0）的权重人为赋值为 0.5，以规避出现计算误差；人口规模的解释是选取各个县域单

表 8 – 5 主要指标量

| 类别 | 变量名称 | 变量赋值 |
| --- | --- | --- |
| 主要变量 | 旅游经济发展水平 | 旅游总收入/亿元 |
| 解释变量 | 经济发展水平 | 国内生产总值/亿元 |
| | 旅游资源禀赋 | 旅游资源加权得分 |
| | 区域人口规模 | 人口密度/人数/平方公里 |

资料来源：笔者自制。

① 李岩：《江苏县域旅游经济时空差异与空间效应研究》，厦门大学硕士学位论文，2019。

元的人口密度作为统计数据，主要是以各个单元常住人口数除以地区总面积来计算。

2. 研究方法

研究主要采用定性和定量相结合的方法展开，除文献综述确定指标和研究开展思路，具体使用了以下方法。

（1）定量分析法

选取探索性（ESDA）和确认性（空间计量模型）空间数据分析两种方法展开研究。在探索性（ESDA）空间数据分析中，首先，通过计算全局 Moran'I 指数、局部 Moran'I 指数、Getis-OrdGi 热点分析法等数值，从代表整体的全局和代表部分的局部两方面着手分析 72 个县域空间单元的经济发展水平。其次，根据全局和局部计算结果，运用地理信息分析工具 Arc-GIS 等绘制出江苏省县域旅游经济的时空差异及演化。[1] 最后，基于空间数据分析基本理论，建构江苏省 72 个县域空间单元的旅游经济发展空间计量模型，用于量化解释县域旅游经济的发展状况、时空分异状况、演化趋势和空间溢出效应，从而直观化描述江苏省县域旅游发展状况及其变化规律。

（2）比较分析法

为了避免一次检验自相关性及其他计算误差，在探索性（ESDA）空间数据分析中，李岩严谨地选取了先验修正思想，分前后两次计算修正前后全局自相关检验中空间权重矩阵。之后，比较前后两次全局 Moran'I 指数。结果显示，通过先验检验后的修正空间结果解释力更强，更能解释江苏省县域旅游经济发展的时间和空间演化。

3. 研究结论

与当前的旅游发展与地区经济增长相辅相成的认知一致，李岩的分析结果表明，江苏省县域经济发展水平高的地区，对其县域旅游也会有一定的促进和带动作用，这在一定程度上也加剧了县域区划间的资源争夺和竞争。为了最大化争夺有限的资源，人力、资本和技术成为县域各级政府吸引有限资源的三大法宝，人才引进、资本汇聚和技术更新成为在县域竞争

---

① 李岩：《江苏县域旅游经济时空差异与空间效应研究》，厦门大学硕士学位论文，2019。

中脱颖而出的重要因素。反过来人力、资本和技术的集聚又提升了县域经济的竞争力，使其能够持续保持竞争优势并吸引更多人才、资金和技术。同时，这种经济集聚优势也会拉动地区旅游业的发展，使得地区旅游经济发展同样处于领先水平。

从总体格局来看县域旅游经济发展，2007～2016年这10年，空间依赖性是江苏省县域旅游经济发展的最大特点。地理空间距离越相近、经济发展水平越相当的县域地区，旅游经济发展就越好，呈现明显的集聚性，且这一趋势越来越强劲。

从空间差异性来看县域旅游经济发展，苏南地区特别是长江以南的县域旅游经济发展空间差异更为显著，且强经济地区带动周边地区经济发展的外溢效应明显；而一江之隔的苏北地区县域旅游经济发展则比较迟缓，缺乏核心带动地区和特色县域旅游产业。综合江苏全省来看，隔江相邻的苏南、苏北两地区的县域旅游经济发展差异有明显继续分化的趋向。

从时空机理来看县域旅游经济发展，总体上，江苏省县域旅游经济发展具有很强的内生动力和稳定性，空间自相关结果表明，江苏省县域空间结构分异明显且空间分异随机性越来越低。隔江相邻的苏南、苏北两地区县域旅游经济发展的空间差异性，随时间而不断增大，具有明显的二元发展格局特点。

具体的县域时空分异特点如下。

第一，江苏省全域出现"高－高""低－低"不同的县域旅游发展集聚区。其中"高－高"水平集聚区主要分布于长江以南，为环太湖旅游区和宁镇沿江地区；"低－低"水平集聚区则分布于长江以北的区域，为泰安北部、淮安、宿迁、盐城等组成的区域。

第二，"高－高"水平的旅游发展集聚热点区域也有各自不同的发展特点。环太湖旅游区主要形成了包含苏州市和无锡市的苏锡县域旅游发展核心区，向外辐射带动环太湖的江阴市和武进区（隶属常州市）。宁镇沿江地区县域旅游发展核心则围绕南京、镇江市区向南沿长江扩散至江宁、句容，之后跨过长江向北部延伸至浦口、六合，表现出以南京为核心沿江后又跨

江的独特发展特征。

第三，"低－低"水平县域旅游发展区的发展水平在10年间稳定居于低值象限，象限聚类中没有明显跃迁的空间单元，且一直包含泰安北部、淮安、宿迁、盐城四地。"低－低"水平聚类象限主要稳定地由大运河、骆马湖、新沂河南部、洪泽湖、高邮湖北部组成，据考证，历史上淮河下游水患严重区以及夺淮入海的黄河侵蚀区主要分布于这一区域。

从时空差异指标构建体系看江苏县域旅游发展，对比分析修正前后空间权重矩阵结果和空间面板计量模型结果可知，影响江苏省县域旅游经济发展的主要因素为资本、资源和人口，即国内生产总值、旅游资源禀赋及县域人口密度，之后的研究可以选取这三个变量作为解释变量分析县域经济时空演化特征。同时，先富带后富可以被深入推行，由江苏省县域旅游经济发展的实证结果可知，空间溢出效应明显存在于江苏省县域旅游经济的发展中，空间相关性也显著地存在于与江苏省相邻的县域旅游经济发展中。

其中，旅游资源禀赋对县域旅游经济发展有正向作用。结果表明，县域旅游资源禀赋不仅可以直接促进所在县域旅游经济的发展，而且会间接影响临近周边区域县域旅游经济的发展水平，根据变换的空间权重矩阵得分可知，县域旅游资源禀赋的溢出效应具有差异性。县域旅游资源吸引力和影响力提升的同时，当地政府的投入也相应增加，从而提升了当地县域旅游的接待水平和服务满意度，带动地区县域旅游的经济增长。对于周边县域来讲，为了提升自身区域竞争力，也会因时因势而动，根据旅游资源禀赋提升县域旅游投入，并建构相应的机制，强化自身竞争优势。因为地理空间近、交通畅达性好，大大增加了旅游者兼而游之的可能性，实现客源共享和区域旅游发展的带动作用，使旅游经济的外溢成为必然。这也在一定程度上提升了区域旅游经济的发展，实现了正向循环。

人口密度对县域旅游经济发展有负向作用，对周边县域的作用则是正向的。结果表明，县域旅游经济的发展水平会随着县域人口密度的增加而递减，而周边临近县域在保持其他因素不变的情况下，则随着临近县域人口密度的增加，而提升县域旅游经济的发展水平。究其原因，江苏省整体经济发展水平居全国头位、常住人口众多、人口密度较大，在此情况下，某一县域的人口密度加大，则人均可获得的空间、服务等会相应减少，居游舒适度降低，旅游者会相应转向其他可替代的旅游目的地。旅游活动具有高度敏感性，周边县域旅游目的地是很好的替代品，从而人口密度增加的县域无形中提升了临近县域旅游经济的水平。

## 二 浙江省县域旅游发展效率空间格局及演化研究

### （一）浙江省县域基本情况介绍

浙江省简称"浙"，因钱塘江贯穿整个省域而以江为名。杭州是其省会，是我国东部沿海地区重要城市之一。浙江位于长江三角洲地区，东面紧邻东海，福建位于其南部，西面紧邻安徽与江西，北面接壤江苏、上海、安徽。

浙江省总面积10.55万平方公里，如表8-6所示，下辖地级市11个，下辖区37个、县级市20个、县33个（包括1个自治县）。截至2021年末，浙江省常住人口为6540万人，省内国民生产总值（GDP）为7.3516万亿元。浙江省位于东经118°01′~123°10′、北纬27°02′~31°11′之间。省域内有三条山脉，有钱塘江、甬江、瓯江、苕溪、鳌江、飞云江、曹娥江、灵江八大水系，地质地貌丰富，呈现西南地势高、东北地势低的西南向东北斜倾之地势，平原、盆地、岛屿、丘陵、山地分布其中，旅游资源丰富，气候宜人，深受旅游者的喜爱。

表 8 - 6 浙江省行政区划一览

| 行政区名称 | 下辖行政区 |
| --- | --- |
| 杭州 | 上城区、拱墅区、西湖区、滨江区、余杭区、临平区、钱塘区、萧山区、富阳区、临安区、建德市、桐庐县、淳安县 |
| 宁波 | 海曙区、江北区、北仑区、镇海区、鄞州区、奉化区、余姚市、慈溪市、象山县、宁海县 |
| 温州 | 鹿城区、龙湾区、瓯海区、洞头区、瑞安市、乐清市、龙港市、永嘉县、平阳县、苍南县、文成县、泰顺县 |
| 绍兴 | 越城区、柯桥区、上虞区、诸暨市、嵊州市、新昌县 |

续表

| 行政区名称 | 下辖行政区 |
| --- | --- |
| 湖州 | 吴兴区、南浔区、德清县、长兴县、安吉县 |
| 嘉兴 | 南湖区、秀洲区、海宁市、平湖市、桐乡市、嘉善县、海盐县 |
| 金华 | 婺城区、金东区、兰溪市、东阳市、永康市、义乌市、武义县、浦江县、磐安县 |
| 衢州 | 柯城区、衢江区、江山市、常山县、开化县、龙游县 |
| 台州 | 椒江区、黄岩区、路桥区、临海市、温岭市、玉环市、三门县、天台县、仙居县 |
| 丽水 | 莲都区、龙泉市、青田县、缙云县、遂昌县、松阳县、云和县、庆元县、景宁畲族自治县 |
| 舟山 | 定海区、普陀区、岱山县、嵊泗县 |

数据来源：笔者根据有关资料整理。

（二）浙江省县域旅游发展效率空间格局及其演化

关于浙江省县域旅游发展格局及其演化情况，主要从县域旅游效率的角度出发，参照徐冬、黄震方等的研究①，总结提炼其关于浙江省县域旅游发展时空格局演化的成果。

1. 指标选取

徐冬、黄震方等的研究以浙江省 65 个县区为空间分析单元，以这 65 个计量单元 2003～2015 年的数据为基础，选取 Bootstrap-DEA 模型对浙江省县域旅游效率进行度量。同时，将研究期间内区划调整的县域数据相应地并入调整后的市辖区。

在指标选取中，遵循投入和产出的效率测量思路。在投入指标选取方面，从吸引力要素出发选取反映服务水平指标的相关产业从业人数、旅行社数量和反映资源禀赋要素的景区数量作为主要衡量指标。其中，依据国家关于相关行业的评级标准分别对旅行社、景区和酒店的数量进行一定的赋值后加总求和得出。根据现有统计方法很难找到 65 个计量单元 2003～2015 年 13 年间旅游行业从业人员数据，考虑到数据的连续性和可获取性，采用统计年鉴中第三产业从业人数代替。

---

① 徐冬、黄震方、胡小海、吕龙、曹芳东：《浙江省县域旅游效率空间格局演变及其影响因素》，《经济地理》2018 年第 5 期。

产出指标方面，则选取统计公报中可获得的也是目前衡量区域旅游发展的主要指标，即县域旅游收入和旅游人次。根据 DEA 模型测度的特点和时间维度数据的可比性考虑，在 DEA 分析中，基期数据为 2003 年数据，通过平减法对 65 个县域单元旅游收入数据进行梳理，以此保障研究的科学性。

2. 研究方法

（1）Bootstrap-DEA 效率测度方法

DEA 模型是一种使用非参数分析效率的研究方法，被广泛应用于各个行业投入产出效率的分析中。传统的 DEA 效率评价模型测量经过实践，被指出存在样本偏差误差率，且这一误差率具有随机性和不稳定性。为了克服这一偏差，Bootstrap-DEA 效率测度方法应运而生，其通过反复多次对样本抽样进行数据模拟的过程[①]，提升了研究结果的可信度，近些年深受学界效率研究者的喜爱。

（2）空间变差函数法

空间变差函数又名空间半变异函数，是通过变异函数数值、方向和距离来解释变量空间相关性强弱、变异特征方向的方法。[②] 在满足检验假设条件下，变异函数数值得分与相关性呈负相关，值越大相关性越弱；方向和距离则主要是解释同性和异性变化特征的主要指标。

（3）马尔可夫链

马尔可夫链方法通过将连续的数据进行马尔可夫链处理，得到多种类型的离散化数据分类（一般为 W 种类型），以离散化数据在每一种分类中出现的概率情况和时间演化特点来量化描述研究对象随时间演化的特点，是一种有效的方法。[③]

---

① 曹芳东、黄震方、徐敏、王坤：《风景名胜区旅游效率及其分解效率的时空格局与影响因素——基于 Bootstrap-DEA 模型的分析方法》，《地理研究》2015 年第 12 期。

② 张子昂、黄震方、曹芳东等：《浙江省县域入境旅游时空跃迁特征及驱动机制》，《地理研究》2016 年第 6 期。

③ 马志飞、李在军、张雅倩等：《非均衡发展条件下地级市经济差距时空特征》，《经济地理》2017 年第 2 期。

（4）地理探测器分析法（Geographical Detector）

该方法由王劲峰等2012年提出，即用较少的制约条件分析区域多因素变化特征和趋势。① 这是目前研究时空变化差异和演化特征的地理研究主流方法。

3. 研究结论

整体上来讲，研究结果表明，浙江省县域旅游发展效率一直保持较高水平的增长，且呈现"双M"型空间演化规律。研究期内，从时间维度看，浙江省县域旅游效率均衡性较高、连续变化较为稳定，县域离散程度低。但是，其空间尺度上的区域间县域旅游效率存在逐步分化且分化程度越来越高的非均衡性状况，能挤入效率最优区的县域越来越少。县域旅游效率最优区发展还出现"逆市区化"现象，杭州市区、嘉兴市区、宁波市区等陆续被挤出效率最优区。② 与效率最优区数量逐步减少相反的是效率低值区的变化，整体看来，浙西南在研究期内一直稳定地占据效率低值区榜单。正向的空间自相关性存在于浙江省县域旅游发展中，空间集聚性在逐步减弱。

从空间格局变异来讲，延续性和规律性是浙江省县域旅游效率格局和演化的主要特征。浙江省范围内县域间的外溢效应明显，且随时间的推移有不断增强的趋势，外溢效应的辐射范围也有从临近周边向次周边辐射扩大的趋势，整体上保持较好的均质化程度，但是各个方向出现明显的差异，其中，均质化程度最差的是西南向东北的方向。

从时间演化变异来讲，稳定依赖性最能说明浙江省县域旅游效率的格局和演化。研究期内，各个县域单元始终保持稳定的渐变，没有比较明显的跃迁式突变。旅游效率发展疲软、存在惰性等情况出现在高水平的旅游效率等级中，具体表现为经济高发展区旅游效率有缓步向下的趋势，即杭州市区、宁波市区、嘉兴市区和温州市区；与此相反，后发展县域旅游效

① 王劲峰、胡艺：《基于地理探测器的环境健康探测》，《环境建模与软件》2012年第7期。
② 徐冬、黄震方、胡小海、吕龙、曹芳东：《浙江省县域旅游效率空间格局演变及其影响因素》，《经济地理》2018年第5期。

率有缓步向上的趋势，如武义等。俱乐部趋同特征被徐冬等[1]用来形容浙江省县域旅游效率时间演化特征：下降是大范围趋势，但在小范围内存在缓慢增长的特点。

县域旅游效率发展的影响因素很多，各因素间发挥的作用也有强弱差异。在县域旅游发展中，政府要发挥好宏观调控力度，谋篇布局区位交通，把控县域市场规模，实现县域经济发展水平稳步提升。经济主导型、区域中心型、交通主导型和资源主导型是徐冬等得出的浙江省县域旅游效率的演进类型。

## 第三节　中部地区典型县域旅游发展格局及演化

### 一　山西省县域旅游经济空间格局及演化研究

（一）山西省县域基本情况介绍

山西省简称"晋"，位于我国华北平原地区，北连内蒙古，南接河南，西望陕西，东邻河北，总面积 15.67 万平方公里，其中约 80% 为山地，太原市为其省会城市。

山西省介于中纬度地带的北纬 34°34′~40°44′、东经 110°14′~114°33′之间，属温带大陆性季风气候，是我国典型的山地高原，黄土是土壤主要成分。东北高西南低的平行四边形是其典型的地势特点。省域内黄河和海河流经其间，起伏的高原、纵横的河谷使得山地、平原、丘陵、台地成为其主要地貌特征。如表 8-7 所示，截至 2020 年山西省共辖地级市 11 个，下辖 26 个市区、11 个县级市、80 个县，地区国民生产总值（GDP）约 1.703 万亿元。

"中国古代建筑艺术博物馆"是对山西的形象概括，省域内保存完好的地面古建筑较多，涵括了我国 70% 以上的地面古建筑，这些古建筑主要是

---

①　徐冬、黄震方、胡小海、吕龙、曹芳东：《浙江省县域旅游效率空间格局演变及其影响因素》，《经济地理》2018 年第 5 期。

表 8-7　山西省行政区划一览

| 区划名称 | 市辖区、县、县级市 |
|---|---|
| 太原市 | 小店区、迎泽区、杏花岭区、尖草坪区、万柏林区、晋源区、清徐县、阳曲县、娄烦县、古交市 |
| 大同市 | 新荣区、平城区、云冈区、云州区、阳高县、天镇县、广灵县、灵丘县、浑源县、左云县 |
| 朔州市 | 朔城区、平鲁区、山阴县、应县、右玉县、怀仁市 |
| 忻州市 | 忻府区、定襄县、五台县、代县、繁峙县、宁武县、静乐县、神池县、五寨县、岢岚县、河曲县、保德县、偏关县、原平市 |
| 阳泉市 | 城区、矿区、郊区、平定县、盂县 |
| 吕梁市 | 离石区、文水县、交城县、兴县、临县、柳林县、石楼县、岚县、方山县、中阳县、交口县、孝义市、汾阳市 |
| 晋中市 | 榆次区、太谷区、榆社县、左权县、和顺县、昔阳县、寿阳县、祁县、平遥县、灵石县、介休市 |
| 长治市 | 潞州区、上党区、屯留区、潞城区、襄垣县、平顺县、黎城县、壶关县、长子县、武乡县、沁县、沁源县 |
| 晋城市 | 城区、沁水县、阳城县、陵川县、泽州县、高平市 |
| 临汾市 | 尧都区、曲沃县、翼城县、襄汾县、洪洞县、古县、安泽县、浮山县、吉县、乡宁县、大宁县、隰县、永和县、蒲县、汾西县、侯马市、霍州市 |
| 运城市 | 盐湖区、临猗县、万荣县、闻喜县、稷山县、新绛县、绛县、垣曲县、夏县、平陆县、芮城县、永济市、河津市 |

数据来源：笔者根据有关资料整理。

宋代和金代之前的遗存。山西省有 4 处世界文化遗产、6 座国家历史文化名城、5 个中国优秀旅游城市。省域内还有 8 处国家 5A 级旅游景区、452 处全国重点文物保护单位。其中，我国多项著名文化旅游项目分布其中，如四大佛教圣地之一——忻州五台山；三大佛教石窟之一——大同云冈石窟；中国五岳之一——北岳恒山；国内仅存的"儒、释、道"三教合一寺庙——悬空寺；现存完整的三座古城之一——晋中平遥古城；规模最大的武庙——运城解州关帝庙。此外，还有丰富的、民众耳熟能详的山西代表性民居，如皇城相府、乔家大院、孔祥熙故居、太谷三多堂、渠家大院、孟门古镇、王家大院、李家大院、常家庄园、申家大院等。山西省的旅游资源十分丰富。

（二）山西省县域旅游经济空间格局及演化

关于山西省县域旅游发展格局及其演化情况，本节主要参照了张莉等[①]的文章，以山西省县域尺度为研究对象，总结其县域旅游发展的时空格局演化。

1. 指标选取与处理

以山西省所辖县域为研究对象，共计选取 108 个县域空间单元，通过国家和地市各级统计年鉴获取研究所需的统计数据，通过国家基础地理信息中心数据库获取空间数据进行分析。其中，为了保持数据的连贯性、考虑数据的可获取性等因素，在数据处理过程中，张莉等将迎泽区、尖草坪区、万柏林区合并至所属辖区太原市区；将长治市郊区数据计算入长治市区；将泽州县计算入晋城市区；将阳泉矿区、阳泉市城区和郊区数据一并计算入阳泉市区；将大同矿区、南郊区、新荣区和大同城区数据一并计算入大同市区。

选取 2004～2013 年山西省县域旅游经济相关数据，构建了三个指标，即人均旅游外汇收入占人均国内生产总值的比重、人均国内旅游收入占人均国内生产总值的比重、第三产业的比重，由此组成县域旅游经济发展水平评价指标体系。[②] 其中，为了排除数据统计间量纲化带来的研究误差，张莉等对研究数据进行了加权和无量纲化处理。即选取基底数据，对数据进行单位无量纲化，使所有数据都成为 0－1 区间的无量纲化数据；根据各个指标蕴含意义的不同，参照相应指标的国家标准进行加权赋值计算；之后加总计算 108 个县域空间单元的年度旅游经济发展水平值。

2. 研究方法

全局空间自相关分析（ESDA）是基于调查、观测获取的一些初步无规律的空间数据，通过制表、绘图等形式和方程进行拟合处理，挖掘空间数据结构和规律的一种数据处理方法。[③] 根据计算得出的全局 Moran'$I$ 指数来

① 张莉、张克勇、王润飞：《基于 ESDA 的山西省县域旅游经济空间差异分析》，《林业经济》2016 年第 9 期。

② 赵娇、彭芳梅：《我国区域旅游竞争力评价体系研究》，《中州学刊》2010 年第 4 期。

③ David C Hoaglin, Frederick Mosteller, John W Tukey., *Understanding Robust and Exploratory Data Analysis*, (*Wiley Classics Library Edition Published*, 1983) .

度量样本空间相关性，进而量化判断不同样本间关联性和差异性程度的数据。全局空间自相关分析是指通过引入度量空间自相关全局指标，从整体上来衡量不同区域间空间差异与关联程度的一种空间数据分析方法。

局部空间自相关分析，在 ESDA 全局分析的基础上引入时间序列指标指征数据，通过时间序列模型的引入重新确定样本指标数据权重，并结合全局 Moran'I 指数、Moran 散点图和 LISA 集聚图等，从细颗粒的角度具化分析各个样本量与周边临近样本量之间的关联性、差异性和时间变化特点，从而实现对研究对象从时间尺度和空间尺度进行综合量化分析其时空格局演化的目标。

3. 研究结论

与东部沿海区域的江苏省、浙江省等经济发展水平很高的县域旅游发展不同。处于我国经济发展中等水平地区的山西省，空间集聚现象非常明显地展现了其县域旅游发展特征，空间正向相关性关系紧密。随着时间的推移，县域间的旅游经济发展差异在保持稳定中出现差距逐步缩小的现象，如处于"低－低"发展水平的中南部临汾、长治、晋城交界处以及西北部吕梁、忻州交界处，这两处的县域旅游发展水平稳定地处于"低－低"集聚区，集聚范围呈现逐年缩小的态势。而与此相反的是，处于"高－高"集聚区的县域经济发展在保持稳定的基础上有逐步增强的态势，"高－高"集聚区围绕着最先发展起来的省会太原市和旅游资源禀赋异常的大同市这两个核心发展区逐渐向周边南部和北部溢出扩张，凝聚形成了山西县域旅游发展三个有代表性的"高－高"集聚区，即以大同为中心的晋北宗教旅游区、以太原为中心的中部晋商文化旅游区、以运城为中心的晋南特色旅游区。研究表明在我国全域旅游发展和"一县一品"政策的推进下，经济发展中等的地区能够通过旅游业实现跨越式的县域旅游经济飞跃。

## 二 陕西省县域旅游发展效率空间格局及演化研究

（一）陕西省县域基本情况介绍

陕西省简称"陕"或"秦"，地处中原腹地、黄河中游区域，省会为十三朝古都西安市，东西南北分别与山西和河南、宁夏和甘肃、四川重庆和湖北、内蒙古毗连。如表 8-8 所示，截至 2021 年末，陕西省下辖地级市10 个（其中省会西安为副省级市），下辖市区 31 个、县级市 7 个、县69 个。

表 8-8　陕西省行政区划一览

| 区划名称 | 市辖区、县、县级市 |
|---|---|
| 西安市 | 新城区、碑林区、莲湖区、雁塔区、灞桥区、未央区、阎良区、临潼区、长安区、高陵区、鄠邑区、蓝田县、周至县 |
| 宝鸡市 | 渭滨区、金台区、陈仓区、凤翔区、岐山县、扶风县、眉县、陇县、千阳县、麟游县、凤县、太白县 |
| 咸阳市 | 秦都区、杨陵区、渭城区、三原县、泾阳县、乾县、礼泉县、永寿县、长武县、旬邑县、淳化县、武功县、兴平市、郴州市 |
| 铜川市 | 王益区、印台区、耀州区、宜君县 |
| 渭南市 | 临渭区、华州区、潼关县、大荔县、合阳县、澄城县、蒲城县、白水县、富平县、韩城市、华阴市 |
| 延安市 | 宝塔区、安塞区、延长县、延川县、子长市、志丹县、吴起县、甘泉县、富县、洛川县、宜川县、黄龙县、黄陵县 |
| 榆林市 | 榆阳区、横山区、神木市、府谷县、靖边县、定边县、绥德县、米脂县、佳县、吴堡县、清涧县、子洲县 |
| 汉中市 | 汉台区、南郑区、城固县、洋县、西乡县、勉县、宁强县、略阳县、镇巴县、留坝县、佛坪县 |
| 安康市 | 汉滨区、汉阴县、石泉县、宁陕县、紫阳县、岚皋县、平利县、镇坪县、旬阳市、白河县 |
| 商洛市 | 商州区、洛南县、丹凤县、商南县、山阳县、镇安县、柞水县 |

数据来源：笔者根据有关资料整理。

陕西省为外高内低的南北高、中间低地势，高原、山地、平原和盆地等分布其间，省域内拥有我国典型的黄土高原地貌，占比全省面积达 40%之多。陕西是历代兵家必争之地和皇城所在地，据考证，在陕西建都的朝代先后有西周、秦、汉、唐等 14 个政权。陕西省是中华民族及华夏文化的重要发祥地之一，拥有 9 处世界遗产，257 个 A 级旅游景区，其中，有 8 个国家 5A 级旅游景区、70 个国家 4A 级旅游景区。

（二）陕西省县域旅游发展效率空间格局及演化

关于陕西省县域旅游发展格局及其演化情况，主要从县域旅游效率的角度出发，参照西安外国语大学宋玉强的研究成果[①]，总结提炼陕西省县域旅游发展效率的时空格局演化与影响因素。

1. 指标选取及处理

在参照现有关于效率的文献研究资料基础上确定投入和产出两大衡量指标体系。

如表8-9所示，在投入方面，选取旅游吸引物资源、旅游接待能力和旅游运营投入三大指标。其中，旅游吸引物资源主要选取县域内高星级旅游景区数量进行表征，在计算高星级旅游景区数量时，遵循现行国家标准《旅游景区质量等级的划分与评定（GB/T17775-2003）》，对陕西省县域高星级旅游景区进行赋值，之后加权求和计算出陕西省县域旅游资源吸引力水平。旅游接待能力主要由服务提供者和服务接待设施两部分构成：旅游服务提供者方面，考虑到县域尺度数据的可获得性和可参考价值，宋玉强选用了研究案例地县域第三产业从业人数为主要指标；服务接待设施方面，与旅游资源吸引力类似，依据现行国家标准《旅游饭店星级的划分与评定（GB/T 14308-2010）》进行赋值，之后加权求和计算出陕西省县域旅游服务设施实际情况。

表8-9 指标体系一览

| 指标类型 | 一级指标 | 二级指标 |
| --- | --- | --- |
| 投入指标 | 旅游吸引物资源 | 高星级旅游景区 |
| | 旅游接待能力 | 第三产业从业人数 |
| | | 星级饭店加权得分 |
| | 旅游运营投入 | 商业服务业等支出 |
| 产出指标 | 旅游经济产出 | 旅游综合收入 |
| | 旅游吸引力产出 | 旅游接待人次 |

资料来源：笔者自制。

---

[①] 宋玉强：《陕西省县域旅游效率时空演变及分异机制研究》，西安外国语大学硕士学位论文，2021。

在现有旅游发展评价研究文献中，常见的用来反映和衡量区域旅游发展的指标是区域固定资产投资额，而这些用区域固定资产投资额作为衡量发展的研究，主要是对旅游景区发展的研究。而立足实际研究县域旅游发展的时候，则需要考虑县域财政对固定资产的投资不会全部用于县域旅游基础设施的建设，县级固定资产投资更多会用于县域民生发展的建设，使用该指标不能准确反映县域旅游投入情况。基于此，宋玉强立足县域发展实际情况，考虑到数据反映研究目标的准确性，选取县域财政中商业服务业支出来反映县域旅游发展的投入。一方面，基于统计年鉴中就商业服务业统计口径的研究，该指标主要是就县域政府财政用于县域商务流通、三产旅游业服务管理等的支出，在一定程度上能够贴切地反映县域旅游投入实际；另一方面，随着乡村旅游促进乡村振兴的社会认可度的增强，发现商务服务业支出高的县域对于第三产业特别是旅游业的投入也会大比例增加，使用该指标反映县域旅游发展投入具有可行性。

产出方面指标的确定则使用目前各级政府统计年鉴、统计公报中旅游总收入和旅游接待人次进行表征。根据现有统计口径，旅游总收入在很大程度上能够较为全面地反映县域旅游综合投入后的产出目标，旅游接待人次的多寡也是从旅游者需求角度衡量县域旅游产业吸引力的指标。

基于以上县域旅游指标的选定和研究，本研究立足陕西省县域尺度，以陕西省 107 个县域统计单位为研究单元，建立 2014 年、2016 年、2018 年这三年的县域旅游投入产出面板数据库；之后，选用 Super-SBM 模型、Arc-GIS 地理信息统计可视化计算，通过 Malmquist 指数、标准差椭圆值、空间插值等来研究陕西省县域旅游综合效率的影响因素与分异机制。

2. 研究方法

（1）Super-SBM 静态评价模型

基于传统数据包络分析（DEA）模型的研究思路，Tone（2001）创新性地将松弛性变量引入该模型，提出 SBM（Slacks-based Model）模型，该模型创造性地解决了传统 DEA 模型在运算中出现的角度和路径偏差性松弛问题，深受生态学、旅游学界研究者喜爱。与此同时，考虑到在实际计算中有 107 个计算单元，在研究过程中，需要对这 107 个县域单元进行旅游效率有效性比较，而 SBM 在解决多个计算单元有效性上存在缺陷，所以宋玉强使用了 Super-SBM 静态评价模型，以此克服传统数据包络分析的松弛性问题和 SBM 模型的多个计算单元有效性问题，对陕西省 107 个县域旅游计算单元的旅游效率格局分布和时空演化进行分析研究。[①]

（2）Malmquist 动态指数分析

Malmquist 模型顾名思义最早由学者 Malmquist 于 20 世纪中期提出，随后学者 Caves、Fare 等人在 Malmquist 提出的基础上创造性地将其引入传统数据包络分析中，从动态分析的角度，通过对研究对象 Malmquist 动态指数的计算，以此量化分析时空维度上的投入产出效率问题，被广泛应用于研究追求效益的各个行业。

（3）GIS 空间分析方法

借助 Arc-GIS 空间数据分析，对 107 个县域空间单元投入产出效率进行数据计算分析，通过对"组内差距最小、组间差距最大"原理的自然断裂分级法核心思想的运用，通过计算空间插值、标准差椭圆、重心偏移等关键数据，绘制空间分析地图，研究陕西省县域旅游发展效率空间分异情况和实际演化规律。

3. 研究结论

宋玉强的研究结果显示，总体上，研究期内陕西省县域旅游效率发展水平较低，且有很强的波动性，县域旅游效率呈现东北向西南演化的带状分布，且发展重心有向北倾斜的趋势。模型分解效率分析结果显示，县域旅游投入的增加会促进县域地区总体旅游经济效率和纯技术效率的提升；空间分布中，关中脱颖而出为陕西县域旅游高效率集聚区，其中，尤以西安市市辖区为高投入高产出核心区。同时，县域旅游要素投入、服务提升、产品优化等都在不同程度上影响县域旅游发展效率的空间变化，且这一影响具有较长的持续性。

---

① TONE K., "A slacks-based measure of efficiency in data development analysis," *European Journal of Operational Research*, 3 (2001): 498 – 509.

从时间维度来讲，研究期内陕西省县域旅游效率发展水平还比较低，且有很强的波动性，县域旅游效率存在明显的不均衡性，县域单元旅游综合效率差距还非常大。从地理行政区划范围来看，县域地区经济发展好的地区旅游经济效率也非常高，例如，西安市与宝鸡市县域旅游效率普遍高于其他 105 个县域研究单元，且从时间长度看此高效率还具有时间上的稳定性，而榆林市县域旅游效率则处于底部。从区域角度来看，关中地区县域旅游综合效率明显高于其他地区，其次是陕南地区，最后是县域旅游效率最低的陕北地区。从分解效率来看，总体上规模效率结果偏高，纯技术效率较规模效率对陕西省县域旅游总体效率影响更大，因此，目前陕西省县域旅游投入规模化成绩较为突出，未来应该强化内生动力，进一步提升技术效率。

从空间维度来讲，陕西省县域旅游发展存在明显的不平衡性，这种不均衡在发生微小的改善，出现向陕中/关中地区进行集聚的小范围波动变化趋势。结果显示，县域旅游集聚化程度分布出现，由分散化的 2014 年过渡至"H"型的 2016 年，达到 2018 年的"T"型聚集，T 型的核心为陕西省中部地区。从投入—产出结果来看，陕西县域旅游发展出现了以西安市市辖区为核心的关中"高－高"分布区，以神木市、韩城市、镇安县为代表的高投入、低产出的县域和以西安市市辖区周边为代表的低投入、较高产出的县域旅游分布极核，[①] 其他地区为"低－低"分布区。究其发展原因可知，政策保障对旅游发展具有正向影响，比如"高－高"分布区形成了沿凤县—碑林区—潼关县的陕西省旅游发展黄金轴线，这也是政府近些年来主打的陕西旅游名片；而"低－低"分布区则主要受制于旅游基础设施不完善、交通畅达性不足等，这些问题严重影响了其旅游业的发展进步。

从指标选取角度来看，测度县域旅游效率的时候，人、财、物实力很重要，旅游业从业者人数和对旅游公共服务设施、配套设施的投入，以及科技的进步和产业的融合发展等都会影响县域旅游发展的结果，且这一影

---

① 宋玉强：《陕西省县域旅游效率时空演变及分异机制研究》，西安外国语大学硕士学位论文，2021。

响具有时间和空间上的持续性和稳定性。

## 第四节　典型地带县域旅游发展格局及演化

### 一　黄河经济带县域旅游空间格局及影响因素研究

黄河一直被誉为中华民族的母亲河，是中华文明重要的发源地。黄河沿线不仅有河流、湖泊、平原、山地等多姿多彩的山岳风貌，更有红、黄、蓝、绿等多彩的自然风景。几千年来，千千万万中华儿女生于斯长于斯，人类文明活动足迹在这里留下了璀璨的河湟文化、关中文化、河洛文化、仰韶文化、二里头文化、龙山文化、大汶口文化、马家窑文化及齐鲁文化等人类文明。2019 年 9 月，习近平总书记走访河南郑州时，就黄河流域生态保护和高质量发展做出重要指示，指出发展黄河文化旅游带大有可为。

本研究选取孟怡伟等[①]的研究成果，从流域型角度总结提炼黄河文化经济带县域旅游发展的时空格局演化。

考虑数据的可获得性和流域地带行政区划的完整性，孟怡伟等选取黄河流域的内蒙古、青海、甘肃、宁夏、陕西、山西、河南、山东八个省区为黄河流域县域旅游研究的主要对象。从县域旅游角度出发，共计筛选出县域尺度研究对象 667 个，采用虚实结合的方式创造性地将互联网搜索数据引入县域经济发展空间格局研究中，具体为选用实际的旅游收入和虚拟的百度搜索指数两个指标，通过空间数据分析、地理探测器模型、核密度估计方法等进行对比分析，分析黄河经济带旅游经济的空间差异和空间分布特征及其影响因素。

（一）数据选取

一方面，研究沿用关于旅游经济格局演化分析比较成熟的指标体系，选取县域旅游收入作为重要衡量指标，通过查阅各县市统计年鉴、统计公

①　孟怡伟、简子菡、张改素：《基于虚实经济对比的黄河经济带县域旅游空间格局及影响因素研究》，《河南大学学报》（自然科学版）2020 年第 2 期。

报、政府新闻、政府工作报告等获取 667 个县域研究对象的旅游收入数据，用以说明县域地区旅游经济发展的情况；另一方面，充分考虑经济数据的统计口径限制、旅游影响滞后性等因素，结合当前互联网经济发展的实际情况，通过网络搜索来反映县域旅游宣传情况、网络关注度和潜在旅游者对县域旅游经济的发展影响，在收集数据中选取百度搜索作为虚拟数据获取主要渠道，获取逐年数据后通过逐年累计加总得到指标数据。

（二）研究方法

1. 空间分类法

参照目前比较成熟的等值划分法、Jenks 自然断点分级法、几何间隔分类法等几种代表性空间分类方法，以获取的 667 个地理空间单元县域数据平均值为基准，遵循分类思想，采用实际值除以平均值的倍数法，对研究对象的虚实经济分别进行空间分级，以此对比分析黄河经济带县域旅游虚实经济发展情况及变化特征。

2. 探索性空间数据分析方法

在一般空间分析的基础上引入探索性空间数据分析方法，通过 Moran's $I$ 指数、Moran's $I$ 散点图、LISA 集聚分布图和分布地图的计算绘制，定量化、直观性分析黄河经济带县域旅游发展分布实际和空间关联情况。

3. 核密度估计方法

基于探索性空间数据分析方法得出的分析结果，采用核密度估计法对数据进行再分析，得出黄河经济带县域旅游发展的空间分布情况和集散程度，进而厘定沿黄经济带县域旅游发展分布规律，同时，比较分析虚拟搜索数据和实际旅游收入数据之间的异同点，丰富研究结果。

4. 地理探测器模型

采用因子探测器，通过 q 值计算，探测地理空间分异实际。

（三）研究结论

从总体空间分布的格局来看，沿黄县域旅游发展水平整体较低，区域间县域旅游发展与区域经济发展保持一致性，存在十分明显的经济发展不均衡现象，具有"一超三核"的多核聚集空间分布形态，其中，"一超"核心分布于靠近沿海的山东近海区域，"三核"核心区域主要是沿黄河向西部、中西部延伸的河南西北部、关中平原地区和山西省中部地区。旅游经济溢出效应在沿黄带状区域存在，均比较临近"一超三核"四大县域旅游发展核心区域，并且呈现随着离核心区距离的增加，县域旅游发展水平逐步降低的"中心—边缘"模式。整体发展呈现自东南沿海向西北山地逐步降低的趋势，沿黄"低－低"县域旅游发展集聚区大部分分布于欠发达的西北地区，而沿黄"高－高"县域旅游发展集聚区也基本都分布于东南沿海等经济发展水平较高的地区。

从空间相关性分析结果来看，"高－高""低－低"是沿黄县域旅游发展的主要特征，即沿黄县域旅游发展集聚效应十分明显。从 Moran's $I$ 散点图结果来看，沿黄县域旅游发展情况主要占据四象限之二："高－高"集聚区和"低－低"集聚区。对比分析沿黄虚实经济发现，从局部 LISA 图结果来看，沿黄实际经济和虚拟经济的县域旅游经济分析结果和空间分布特征具有一致性，即空间分布具有集聚特征，且主要分布为"高－高"区、"低－低"区。当然具化来看，虚实经济比较中也存在特定小范围空间的差异性。从实际经济县域旅游空间分布结果看，东南部山东区域是"高－高"区的主要分布地域，青海东部沿黄连片区是"低－低"区主要分布区域，其中内蒙古区域内，沿黄县域旅游发展具有"V"字形和两两组团发展的趋势。从虚拟经济县域旅游空间分布结果看，"高－高"区范围显著大于实际经济中的山东东南部区域，在西北地区也出现了"高－高"集聚区，主要为内蒙古片区和宁夏零星分布区，"低－低"集聚区分布也显著缩小。这说明：出行永远在路上。现实基础条件虽然限制了旅游者诗与远方出行的脚步，但是随着互联网技术的发展，这种遗憾也可以通过一定的形式进行弥补，即靠虚拟旅游来实现。

从空间核密度估计结果来看，层次性明显是沿黄县域旅游经济发展空间演化的另一重要特征，根据对比分析结果看，这一层次性在虚拟和实际经济中保持了较大程度的一致性。具体来说，沿黄县域旅游层次性受到了近些年国家中部崛起战略的影响，畅达的交通网络在其中扮演了重要的角色，以"米"字形河南郑州高铁为核心，向西北和东北延伸，形成了西北部河南和中部山东两个核密度"高－高"区。与实际经济分析结果相比，虚拟分析核密度数据显示，得益于互联网经济辐射带动速度更快、成本更低、获取信息更加便捷等特点，虚拟经济分析除了具有上述结果的一致性外，"高－高"密度的核心集聚区范围明显扩大，还形成了第三个以陕西关中为代表的"高－高"密度沿黄县域旅游发展集聚区。对于经济有限的县域来讲，发力互联网无疑为县域旅游发展提供了快车道。

综合空间相关分析、核密度比较分析和地理探测器分析后，对沿黄县域旅游发展影响因素及影响力度情况进行排名。在实际经济测度中旅游资源丰裕度、旅游资源品质、互联网用户数、GDP、移动电话数、海拔高度、人均 GDP、第三产业从业人员、网商指数、第三产业所占比重表明，县域旅游经济发展主要受旅游资源丰裕度、旅游资源品质、互联网用户数以及县域地区国民生产总值 GDP 等要素的影响，其中，旅游资源丰裕度在沿黄县域实际旅游经济发展的空间分异中起主导作用；而在虚拟经济测度中，移动电话数、GDP、互联网用户数、网商指数、第三产业从业人员、海拔高度、人均 GDP、旅游资源丰裕度、旅游资源品质、第三产业所占比重表明，虚拟旅游经济发展离不开便捷化的通信工具，特别是移动终端设备，其中移动电话数、县域地区国民生产总值 GDP、互联网用户数以及网商指数是虚拟县域旅游发展的主要影响因素，信息化水平高低决定着沿黄虚拟县域旅游经济发展空间分异。[①]

## 二　西南地区县域旅游多维减贫效应时空变化

截至 2020 年底，832 个国家级贫困县全部脱贫摘帽，脱贫攻坚战的阶段性目标如期完成。[②] 从此，我国脱贫工作任务从消除绝对贫困人口转为巩

---

① 孟怡伟、简子菡、张改素：《基于虚实经济对比的黄河经济带县域旅游空间格局及影响因素研究》，《河南大学学报》（自然科学版）2020 年第 2 期。

② 《832 个贫困县全部脱贫摘帽》，光明网，https://m.gmw.cn/baijia/2021－04/30/1302264725.html。

固和强化脱贫攻坚成果，"十四五"时期，贫困的主要状态为相对贫困、多维贫困，巩固脱贫攻坚成果依然任重道远。旅游发展是消除贫困的重要途径之一，从多维贫困视角对旅游减贫效应进行研究意义重大。

西南地区涵盖了云、贵、川三省和重庆市，西南地区地质地貌特征丰富，主要由山地、丘陵和高原构成。复杂的地形地貌、特殊的地理位置使得该地区生态环境比较脆弱，自然灾害如洪涝、冰雹、旱灾等频繁发生。区内富饶与贫瘠的土地并存、频发的自然灾害、不便的交通条件等使得该区域经济发展水平差异很大，整体发展水平处于国家平均水平之下，据不完全统计，我国约50%以上的特困县分布在西南地区。对全国第七次人口普查数据加总可得，西南地区现有常住人口1.99亿，其中约46%的人口分布于农村地区；西南地区人均国民生产总值约达全国人均GDP水平的78%，区内人均可自由支配收入约3万元，约为全国平均水平的90%。但贫瘠的土地、变化多姿的地形地貌也孕育了丰富多彩、独具特色的旅游景区，在西南地区分布有世界级遗产地14处，旅游资源禀赋非常丰裕，为国内外旅游者所向往。与此同时，在国家大力推进脱贫攻坚战中，西南地区贫困县近三年经济收入明显好转，旅游收入贡献了全区经济收入的约40%，发展县域旅游实现经济增长是西南地区实现脱贫攻坚的重要方式。

关于西南地区县域旅游发展格局及其演化情况，主要从县域旅游减贫的角度出发，参照张颖、汪侠等发表在《地球信息科学学报》上的《基于夜间灯光数据的西南地区县域旅游多维减贫效应时空变化研究》，总结提炼西南地区县域旅游发展减贫效率的时空格局演化与影响因素。

张颖、汪侠等以西南地区贫困县为研究案例地，引入夜间灯光数据，探究西南地区县域旅游发展对多维贫困的影响。其中，统计分析了国家级173个贫困县基本情况和数据，最后选取98个贫困县域作为主要研究对象，选取这98个县域统计单元2012～2019年旅游发展数据展开西南地区县域旅游减贫效应的研究。①

---

① 张颖、汪侠、闫艺涵、史舒悦、海少琪：《基于夜间灯光数据的西南地区县域旅游多维减贫效应时空变化研究》，《地球信息科学学报》2022年第8期。

（一）指标选取

张颖、汪侠等构建了三大类指标体系，基于旅游发展数据、夜间灯光数据、社会民生保障数据（经济、教育、医疗和社会保障）展开研究，考虑到数据收集的可得性，研究期首年以 2012 年为起始，末年以 2019 年为结尾，进行多维贫困效率影响因素测度。

其中，旅游发展数据、社会民生保障数据主要从贵州、重庆、云南、四川四省市的统计年鉴、统计公报、政府官网、政府工作报告、辖区各个地市统计年鉴中查阅获取；夜间灯光数据主要是从美国国家地球物理数据中心（https://www.ngdc.noaa.gov/）上获取。

在分析之前，运用 Arc GIS 10.2 软件对在美国国家地球物理数据中心获取的所有夜间灯光影像进行处理。具体操作如下：首先，变换获取数据的坐标系表示方式，参照兰伯特等处理方式，采用最临近法空间重采样，设置 0.5 公里为空间分辨率，将原始的月度影像数据投影的坐标系更改为面积投影坐标系；[①] 其次，建立年度数据库，在美国国家地球物理数据中心获取的数据为全国数据，比照四省市行政区划单元大小裁剪获取夜间影像数据，裁剪后的数据输入栅格计算器计算，由此获得研究期内每年的月度夜间灯光数据及其平均值，加总其月度平均值，组成年度数据库；最后，遵循潘竟虎等人的研究思想，对所获取的夜间灯光年度数据库数据进行可量化处理，并剔除异常值，从而保障后续研究工作的顺畅开展。

夜间灯光数据选取夜间灯光强度进行测量。区域灯光强度的测量主要是由灯光数量和强度来表征的，故而研究区夜间灯光亮度的表征依然使用灯光的夜间总量和夜间的平均灯光强度。灯光的夜间总量主要是加总获取数据的所有亮度值；夜间的平均灯光强度则以单位尺度的夜间灯光总量进行表示，此数据主要从处理后的年度夜间灯光库调取。

民生需求已经从温饱需求向美好生活需求发生质的转变，因此，在判定贫困的时候不能单一从经济角度进行考量，应该综合性地考虑对民生生

---

① 曹子阳、吴志峰、匡耀求等：《DMSP/OLS 夜间灯光影像中国区域的校正及应用》，《地球信息科学学报》2015 年第 9 期。

活影响比较大的健康、教育、医疗社会保障等，这些指标体系也是我国脱贫攻坚中脱贫考量的重要标准。在数据采集中则需要处理数据共线性问题，因此，需要对所获取数据进行量化赋值处理后计算得出综合发展指数。其中，经济指标体系中，主要有地区人均国民生产总值，权重0.21，单位为元；地方人均财政收入，权重0.29，单位为元；农村居民人均纯收入，权重0.1，单位为元；医疗指标体系中，使用人均可得的医院/卫生院床位数，权重0.12，单位为床/万人；教育指标体系中，使用人均中小学在校生人数，权重分别为0.01、0.07，单位为人/万人；社会民生保障指标体系中，使用社会收养性单位人均个数和床位数进行表征，权重分别为0.11、0.08，单位分别为个/万人、床/万人。

（二）研究方法

1. 变异系数和泰尔指数

计算中考虑诸如人口等数据的变化，对于民生需求方面的叠加影响效应，计算泰尔指数数值时通过赋值消除影响，进而更为真实和准确地通过变异系数和泰尔指数来确定西南地区贫困县县域旅游发展水平和多维贫困的区域差异及其时空变化特征。其中，变异系数和泰尔指数与其他发展呈负相关，即两个指数结果值越大，代表县域空间旅游发展减贫的差异越大。

2. 地理加权回归

通过回归方程的建立，引入GWR计算方法分析指标体系中各个指标间的互动影响关系，从而实现对西南地区县域旅游发展波动的影响因素判定，并对时间维度的空间演变规律进行总结。

（三）研究结论

研究期间即2012～2019年，旅游促进脱贫的效应在西南地区得到很好的诠释，西南地区县域旅游发展水平保持稳定持续上升的走势，形成了"东高西低"的空间演化格局形态，且空间维度的县域间贫困差距在逐步减小。其中，西南地区旅游发展减贫效应最好的县域主要集中在重庆，这与重庆近些年成为旅游者喜爱的网红打卡地有很大的关系。

通过区域间贫困层次比较可得，旅游脱贫成效明显，区域间贫困差距缩小进程呈现自西向东逐步放缓的趋势，这与东部地区本身贫困化水平就低有很大关系。研究期内，贫困化程度较高的县域主要分布在云南省，需要国家重点关注。通过区域间差异大小比较可知，重庆市县域旅游多维脱贫成效最好、县域间差异化程度最低，其次为云南和贵州，县域间差异化程度最高的是四川省。

旅游在一定程度上缓解了区域贫困化程度，但是，从西南地区旅游减贫来看，达到一定程度后这种减贫的作用有逐步缩小的趋势，即随着时间的推移，西南地区县域旅游促进经济发展的作用在逐步缩小。分析此原因发现，旅游对经济的促进作用呈现边际效应递减的特征，在兰海霞[①]等团队的研究成果中，也就这一现象做出过说明。"十四五"时期，贫困县域在巩固脱贫成果的新阶段进一步提升旅游资源配置的优化十分必要。在优化配置中，要强化旅游与民生保障类公共服务的融合发展，持续推动"旅游+教育"研学旅游、"旅游+医疗"康养度假游等特色化旅游模式，可将新发展模式带来的旅游收入更多地用于保障民生福祉，通过发展旅游产业畅联县域内和县域间交通、通信等基础设施，强化旅游减贫的效应。

从省域角度看，空间异质性在西南地区旅游减贫效度研究中存在明显差异。结果显示，县域旅游减贫效度最小的区域大部分分布在贵州，重庆、云南，四川贫困县域旅游减贫成效强度则最大。川东、川北和滇东南是"高－高"发展区的主要集聚地，滇西、渝东南和黔西地区是"低－低"发展区的主要集聚地。未来在旅游发展中，"高－高"发展集聚区应该不断强化旅游资源禀赋和区位交通优势，通过"旅游+"的融合发展，实现县域旅游经济的进一步突破。"低－低"发展集聚区则需要不断提升自身内生动力，通过科技、人才的引入，实现新的旅游资源的开发和挖掘，并通过交通便捷性的提升，促进旅游脱贫效能的进一步提升。

---

① 兰海霞、赵雪雁：《基于面板门槛模型的中国旅游发展减贫效应研究》，《干旱区地理》2020年第1期。

# 第九章
# 县域旅游竞争力与新型城镇化
# 互动机制与协同发展
## ——以黄河流域为例

当前，我国经济发展正进入改革快车道，经济发展逐渐由只注重经济规模向绿色型和集约型的高质量发展方向转变。城镇作为我国经济发展的载体，城镇化发展由注重城镇规模逐渐向高质量的新型城镇化方向转变。新型城镇化强调在产业支撑、人居环境、社会保障、生活方式等方面实现从乡到城的转变，实现城乡统筹和可持续发展，其中产业支撑是新型城镇化发展的核心与根基。随着大众休闲时代的到来，旅游产业已成为国民经济支柱性产业，而县域旅游产业发展对县域经济发展、产业转型升级及资源整合起着重要的作用。因此，旅游竞争力与新型城镇化的发展理念不谋而合，旅游竞争力的提升不仅为区域旅游业可持续发展提供了重大机遇，而且为新型城镇化的推进提供强大带动力；反过来，新型城镇化为旅游业发展和旅游竞争力的提升提供支撑，二者相辅相成，可以协同推动区域高质量发展。

黄河流域横跨东中西三大地形阶梯，拥有丰富的旅游资源，为旅游业发展提供了基础条件，但旅游业整体开发程度较低，同时黄河流域整体的经济发展水平和城镇化发展质量均较低，亟须推进新型城镇化建设。鉴于此，本文选取黄河流域县域作为研究对象，基于多源数据科学评估县域旅游竞争力水平与新型城镇化水平，探讨县域旅游竞争力与新型城镇化的空间耦合关系、互动机制及协同发展路径，为推动县域新型城镇化与旅游业的协同发展提供思路，也为黄河流域经济高质量发展提供理论依据。

## 第一节 研究区域概况和数据来源

### 一 研究区域概况

本文以黄河流域所有县域作为研究区域。参考已有研究成果[①]，研究区域边界以黄河干流流经的省区为主体，包含山东省、河南省、山西省、陕西省、宁夏回族自治区、内蒙古自治区（不含赤峰市、通辽市、兴安盟和呼伦贝尔市）、甘肃省以及青海省等8个省级行政单元、91个市级行政单元和734个区县行政单元（以2021年行政区划为标准），总面积为255万平方公里。黄河流域横跨东中西三大地形阶梯，包含青藏高原、内蒙古高原、黄土高原、华北平原、山东丘陵等多种地形，地势西高东低；多年平均气温和降雨量均由东南部向西北部递减，荒漠和草地占比较大；包含山东、河南和内蒙古3个粮食主产区，是中国重要的粮食生产带。黄河流域地域辽阔，拥有丰富的旅游资源，但旅游业整体开发程度较低；同时，区域经济发展水平和城镇化水平均较低，城镇发展差异较大。在此背景下，探讨黄河流域县域旅游竞争力与新型城镇化的协同关系、相互作用机制和协同发展路径，可以有效推动县域新型城镇化与旅游业的协同发展以及经济高质量发展，对黄河流域经济高质量发展和可持续发展具有重要意义。

### 二 数据来源

本章以2020年作为研究年份。数据类型主要包括四个方面。一是行政区划数据。黄河流域省级、市级和县级行政单元区划数据是中国科学院资源环境科学数据中心提供的1∶25万全国基础地理公开数据，共包含8个省级行政单元、91个市级行政单元和734个区县行政单元。二是POI数据

---

① 张佰发、苗长虹：《黄河流域土地利用时空格局演变及驱动力》，《资源科学》2020年第3期。

（POI 是 points of interest 的英文简称，可以翻译为"兴趣点"）。针对本文研究需求，主要以星级景区、星级酒店、旅行社、公厕、大学/学院为关键词通过 Python 网络采集器采集相应点位的经纬度数据。另外，根据乡村旅游重点镇村名称、历史文化名城名镇名村名称、特色小镇名称、国家级非物质文化遗产名称、全国重点文保单位名称、传统村落名称、中华老字号名称作为采集词通过 Python 网络采集器采集相应点位的经纬度数据。三是遥感数据。土地利用栅格数据来自中国科学院资源环境科学数据中心。该数据以 LandsatMSS、Landsat TM/ETM 和 Landsat 8 为主要信息源解译完成，分辨率为 30 米。其土地利用分类系统为两级：6 个一级土地利用类型，分别为耕地、林地、草地、水域、未利用土地及城乡、工矿、居民用地；25 个二级土地利用类型。年度 PM2.5 浓度栅格数据来自 Global Annual PM2.5 Grids from MODIS，MISR and Sea WiFS Aerosol Optical Depth with GWR，数据获取于美国国家航空航天局地球数据网站（NASA's Earth Data website），该数据剔除了灰尘和海盐的地面细颗粒物，经交叉验证显示验证点处的估算值和实测值高度一致（$R^2 = 0.81$），精度良好。[1] 四是县域社会经济统计数据。县域社会经济统计数据来自中国县域统计年鉴和各县域社会经济发展统计公报。

## 第二节　县域旅游竞争力定量测度

### 一　县域旅游和县域旅游竞争力的定义

（一）县域旅游的概念

自 20 世纪 90 年代以来，旅游业逐渐成为我国县域经济社会发展的支柱产业之一，县域旅游研究也逐渐受到我国学者的广泛关注。随着 20 多年的发展，我国县域旅游研究取得了一定的研究成果，初步形成了县域旅游研

---

[1]　Zhang Y L and Cao F，"Fine particulate matter（PM2.5）in China at a city level，" *Scientific Reports*，Rep 5（2015）：14884.

究的理论框架。县域旅游属于区域旅游范畴，而县域作为一个具有相对独立性的市场调控主体，具有涉及范围广泛、内容复杂的特点，同时由于学者们对县域旅游的认识角度不同，至今对县域旅游概念尚无统一的定义。国内学者关于县域旅游的概念界定主要有以下几种：原梅生[1]认为县域旅游是一种和传统农业截然不同的新型产业，体现了农业、旅游业和其他产业之间的交汇融合；刘立勇[2]认为县域旅游是以县级行政区划为地理空间，以县级政权为调控主体，以县城为中心，以乡镇为网络，具有地域特色和功能完备的旅游区；张河清[3]等指出，县域旅游是指以县域为区域范围，由县域政府以及旅游部门、企业等参与，以地方特色旅游资源为依托，以市场为导向，以旅游产品为核心，以向旅游者提供高质量而完整的旅游体验为目的，集"食住行游购娱"六大要素为一体的经济系统。

以上学者从不同角度对县域旅游的定义提出了自己的见解，为后续县域旅游的研究提供了参考借鉴。首先，县域旅游具有一个特定的地理空间，是以县级行政区划为地理空间，具有明确的区域界线；其次，该地理空间拥有一个县级政权作为市场调控主体，具有一定的相对独立性和能动性，其中政府起到关键性的调控作用；最后，县域旅游是有地域特色的，这种地域特色与县域所在地理区位、历史人文、特定资源相关联。结合上述县域旅游的研究成果，本研究认为县域旅游是指以县级行政区划为地理空间，由县域政府以及旅游部门、企业等参与，以地方特色旅游资源为依托，以市场为导向，以旅游产品为核心展开的具有地域特色的旅游活动。

（二）县域旅游竞争力的概念

国外学者在 20 世纪 60 年代就开始关注旅游竞争的问题，最初的研究主要集中在旅游地之间对旅游资源的竞争，之后逐渐转向对旅游需求及旅游形象竞争力等的研究。国内学者对旅游竞争力的研究主要集中在旅游目

---

① 原梅生：《中国休闲农业发展研究》，中国财政经济出版社，2008，第 100 页。
② 刘立勇：《县域旅游开发模式研究——以湖南省茶陵县为例》，《经济地理》2009 年第 12 期。
③ 张河清、何奕霏、田晓辉：《广东省县域旅游竞争力评价体系研究》，《经济地理》2012 年第 9 期。

地竞争力和旅游产业竞争力两个方面。从旅游目的地竞争力研究现状来看，一部分学者从满足游客市场需求的角度提出旅游竞争力是能够持续为游客提供旅游产品与服务并保持竞争优势的能力。[①] 也有学者从县域旅游目的地的角度来认识县域旅游竞争力，提出县域旅游融入区域旅游，其目的是通过区域旅游一体化，将局部对立变成更大空间范围的共存，最终在加强区域旅游整体竞争力的同时，提高县域旅游自身竞争力。[②] 此外，旅游目的地竞争力应该具有可持续性，即旅游开发和发展必须在经济、生态、社会文化、政治等方面是可持续的。从旅游产业竞争力研究现状来看，县域旅游竞争力的核心是旅游产业的竞争力。[③] 旅游产业的竞争力体现在一个区域的旅游产业（旅游产品、旅游企业、旅游服务及旅游功能）能够比其他地区更有效地向旅游消费者提供产品或者服务，同时又能使自身得以发展。这种能力包括现实的和潜在的两种能力，且均是一种动态的能力。[④] 从国际旅游市场的视角来看，旅游竞争力包括价格的差异加上汇率变动、旅游业各组成部分的生产力水平和影响旅游目的地吸引力或其他方面的定性因素。本文认为县域旅游竞争力是指一个县域为实现自身旅游目的地及旅游产业发展的持续性，由县域政府、旅游部门、企业等利用当地资源优势和各种机遇营造的县域过去、现在与未来旅游市场地位与发展的能力。

## 二 县域旅游竞争力评价指标体系构建

在深刻理解县域旅游竞争力概念和内涵的基础上，遵循将科学性、系统性、针对性与地域性相结合的原则和指标数据的可获取性等原则，进行县域旅游竞争力具体评价指标的选择和评价指标体系的构建，最终构建了

---

① 时雨晴、钟林生、陈田：《中国陆地边境县域旅游竞争力评价》，《资源科学》2014年第6期。

② 徐飞雄、刘韵琴：《论永州市县域旅游经济合作》，《热带地理》2006年第1期。

③ 张河清、何奕霏、田晓辉：《广东省县域旅游竞争力评价体系研究》，《经济地理》2012年第9期。

④ 冯学钢、杨勇、于秋阳：《中国旅游产业潜力和竞争力研究》，上海交通大学出版社，2012，第50页。

由三个准则层、八个细分准则层、二十三个具体指标所组成的县域旅游综合竞争力评价指标体系[①]（见表9-1）。县域旅游业竞争力的大小是对其特定时期内旅游业整体实力的全面评价，反映了一个县域过去、现在与未来的旅游市场地位与发展能力，主要通过旅游现实竞争力、旅游潜在竞争力和旅游竞争影响力三方面来体现。[②] 其中，旅游现实竞争力通过市场竞争力和服务竞争力等两个方面共七个具体指标来反映；旅游潜在竞争力通过资源竞争力、区位竞争力、基础设施竞争力、人力竞争力等四个方面共十个具体指标来反映；旅游竞争影响力通过经济影响力和环境影响力等两个方面共六项具体指标来反映。[③]

**表9-1　县域旅游竞争力综合评价指标体系**

| 目标层 | 准则层 | 细分准则层 | 指标层 | 数据来源 |
|---|---|---|---|---|
| 县域旅游综合竞争力 | 旅游现实竞争力 | 市场竞争力 | A~5A级景区数量 | 爬虫点位数据 |
| | | | 乡村旅游重点镇村数量 | 爬虫点位数据 |
| | | | 历史文化名城名镇名村数量 | 爬虫点位数据 |
| | | | 特色小镇数量 | 爬虫点位数据 |
| | | 服务竞争力 | 星级酒店数量 | 爬虫点位数据 |
| | | | 旅行社数量 | 爬虫点位数据 |
| | | | 公厕数量 | 爬虫点位数据 |
| | | 资源竞争力 | 国家级非物质文化遗产数量 | 爬虫点位数据 |
| | | | 全国重点文保单位数量 | 爬虫点位数据 |
| | | | 传统村落数量 | 爬虫点位数据 |
| | | | 中华老字号数量 | 爬虫点位数据 |
| | | 区位竞争力 | 距中心城市距离 | 交通矢量数据 |

---

① 陆颖颀：《苏锡常都市圈县域旅游竞争力评价》，上海师范大学硕士学位论文，2018。

② 付智、刘慧芝、梁龙武：《全域视角下县域旅游竞争力评价体系构建》，《统计与决策》2018年第22期。

③ 何志明、张秀美、杨前进、李月臣、肖禾：《空间数据与GIS技术支撑的重庆市县域旅游竞争力研究》，《西南师范大学学报》（自然科学版）2018年第6期。

续表

| 目标层 | 准则层 | 细分准则层 | 指标层 | 数据来源 |
|---|---|---|---|---|
| 县域旅游综合竞争力 | 旅游潜在竞争力 | 基础设施竞争力 | 距高铁站点距离 | 交通矢量数据 |
| | | | 距机场站点距离 | 交通矢量数据 |
| | | | 公路网密度 | 交通矢量数据 |
| | | 人才竞争力 | 大中专院校数量 | 爬虫点位数据 |
| | | | 第三产业从业人数占比 | 县域统计年鉴数据 |
| | 旅游竞争影响力 | 经济影响力 | 人均 GDP | 县域统计年鉴数据 |
| | | | 第三产业增加值比重 | 县域统计年鉴数据 |
| | | | 全社会固定资产投资占 GDP 比重 | 县域统计年鉴数据 |
| | | 环境影响力 | 森林覆盖率 | 遥感数据 - 土地利用 |
| | | | 草地覆盖率 | 遥感数据 - 土地利用 |
| | | | PM2.5 浓度 | 遥感数据 |

资料来源：笔者根据有关资料整理。

## 三 权重确定方法

在信息论中，熵是对不确定性的一种度量：信息量越大，不确定性越小，熵就越小；相反，熵就越大。[①] 熵值法是一种客观赋权的方法，在新型城镇化评价指标体系权重的确定中使用熵值法，能够避免人为主观因素的干扰，使评价结果具有客观性和较高的可信度。该方法的具体计算过程如下。

其一，指标数据的标准化处理。由于所选取指标的数据差异大，单位不统一，正负取向不同，需要对数据进行标准化处理，即无量纲化。选取最大值、最小值标准化处理方法。正向指标和逆向指标的标准化计算公式为：

$$\alpha_{ij} = \frac{\chi_{ij} - Min_{ij}}{Max_{ij} - Min_{ij}}$$

---

[①] 沈威、杜巧艳、雷龙涛、鲁丰先：《安徽省健康城镇化时空特征研究》，《河南科学》2016年第6期。

$$\alpha_{ij} = \frac{Max_{ij} - \chi_{ij}}{Max_{ij} - Min_{ij}}$$

式中，$\alpha_{ij}$ 为指标隶属度，取值范围是（0，1）；$\chi_{ij}$ 为指标的属性值；$i$ 表示其所在指标区域；$j$ 表示第 $i$ 个区域的第 $j$ 个指标；$Max_{ij}$ 和 $Min_{ij}$ 分别表示不同指标区域间各指标属性值的最大值和最小值。[①]

其二，计算灰色关联系数。对标准化的数据进行归一化求和处理后，求第 $j$ 项指标占总和的比重，即

$$P_{ij} = \frac{\alpha_{ij}}{\sum_{i=1}^{m} \alpha_{ij}}$$

式中，$P_{ij}$ 是灰色关联系数。根据正逆项指标选择参考数列，主成分序列值设为 1，进行差序列绝对值处理，得到二次极大值为 1，极小值为 0。所以关联系数 $\xi(\chi_{ij})$ 的公式为：

$$\xi(\chi_{ij}) = \frac{\Delta(min) + \rho \cdot \Delta(max)}{\chi_{ij+\rho \cdot \Delta(max)}}$$

式中，$\rho$ 为分辨系数，一般为 0～1，通常取 0.5。

其三，计算权重。首先，计算各项指标的熵值，即

$$E_j = -W \times \sum_{i=1}^{m} [P_{ij} \cdot ln(P_{ij})], W = \frac{1}{ln\ m}$$

式中，$E_j$ 是第 $j$ 个指标的熵值。然后，计算第 $j$ 项指标的变异系数和权重，即

$$G_j = 1 - E_j$$
$$A_j = \frac{G_j}{\sum_{j=1}^{n} G_j}$$

式中，$G_j$ 为第 $j$ 项指标的变异系数；$A_j$ 为第 $j$ 项指标的权重。

---

[①] 刘静玉、刘玉振、邵宁宁、郭海霞：《河南省新型城镇化的空间格局演变研究》，《地域研究与开发》2012 年第 5 期。

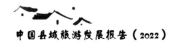
#### 四　县域旅游竞争力空间格局

选取 Jenks 自然断裂点法对黄河流域县域旅游竞争力指数计算结果进行分级，具体分为六种类型区：低竞争力区、较低竞争力区、中等竞争力区、中高竞争力区、较高竞争力区和高竞争力区。然后，借助 Arc-GIS10.3 软件的空间可视化功能制作黄河流域县域旅游竞争力指数空间分布图。

黄河流域县域旅游竞争力整体呈现多核心圈层结构。详细来看：一是低竞争力和较低竞争力地区主要分布在青海省西部、内蒙古西部、陕北高原、山西北部、河南北部、豫东地区、豫南地区、山东西部和北部地区；二是中等竞争力和中高竞争力地区主要分布在甘肃北部和南部、内蒙古北部和东部、山西北部、豫中地区、豫南地区、山东中部地区；三是较高竞争力和高竞争力地区主要分布在青海省东部（西宁市、海南藏族自治州、海东市）、甘肃北部和中部（敦煌市、玉门市、嘉峪关市、肃州区、甘州区、凉州区、兰州市辖区）、宁夏北部（银川市辖区、灵武市、盐池县、华池县）、陕北和陕南地区（神木市、宝塔区、志丹县、延川县、黄陵县、韩城市、凤县、勉县、洋县、西安市辖区、蓝田县、柞水县、镇安县、汉滨区、平利县）、山西中部（太原市辖区、阳曲县、寿阳县、平遥县、盂县、平定县、娄烦县、交城县、汾阳市、灵石县）、山西南部（高平市、阳城县、泽州县、修武县、长子县、乡宁县）、豫西地区（登封市、巩义市、新郑市、荥阳市、禹州市、汝州市、济源市、开封市辖区、洛阳市辖区、新安县、栾川县、宜阳县、伊川县、嵩县、西峡县、内乡县、渑池县、陕州区、灵宝市、新县）、山东中部和东南沿海地区（济南市辖区、东营区、日照市、青岛市辖区、平度市、蓬莱市辖区、龙口市、抚远市、栖霞市、威海市辖区、乳山市）。黄河流域各省份县域旅游竞争力详见表 9-2。

**表 9 – 2　黄河流域各省份县域旅游竞争力指数（TCI）排名前 15 位**

| 省份 | 县区 | TCI | 省份 | 县区 | TCI | 省份 | 县区 | TCI |
|---|---|---|---|---|---|---|---|---|
| 甘肃省 | 城关区 | 0.440 | 内蒙古自治区 | 新城区 | 0.409 | 河南省 | 金水区 | 0.412 |
| | 嘉峪关市 | 0.351 | | 回民区 | 0.408 | | 登封市 | 0.358 |
| | 凉州区 | 0.339 | | 东胜区 | 0.371 | | 巩义市 | 0.348 |
| | 安宁区 | 0.338 | | 昆都仑区 | 0.357 | | 济源市 | 0.342 |
| | 秦州区 | 0.338 | | 赛罕区 | 0.353 | | 二七区 | 0.338 |
| | 榆中县 | 0.331 | | 准格尔旗 | 0.345 | | 新密市 | 0.331 |
| | 麦积区 | 0.329 | | 伊金霍洛旗 | 0.340 | | 新郑市 | 0.329 |
| | 西峰区 | 0.329 | | 石拐区 | 0.332 | | 林州市 | 0.329 |
| | 西固区 | 0.327 | | 海勃湾区 | 0.329 | | 栾川县 | 0.324 |
| | 白银区 | 0.327 | | 青山区 | 0.327 | | 西工区 | 0.323 |
| | 金川区 | 0.326 | | 集宁区 | 0.325 | | 禹州市 | 0.323 |
| | 七里河区 | 0.326 | | 东河区 | 0.324 | | 西峡县 | 0.321 |
| | 华池县 | 0.324 | | 九原区 | 0.323 | | 洛龙区 | 0.320 |
| | 临夏市 | 0.324 | | 锡林浩特市 | 0.322 | | 孟津区 | 0.318 |
| | 甘州区 | 0.322 | | 乌审旗 | 0.322 | | 老城区 | 0.317 |
| 青海省 | 城中区 | 0.399 | 山西省 | 泽州县 | 0.406 | 山东省 | 黄岛区 | 0.371 |
| | 城东区 | 0.391 | | 高平市 | 0.382 | | 历下区 | 0.365 |
| | 湟中区 | 0.375 | | 阳城县 | 0.381 | | 环翠区 | 0.361 |
| | 互助土族自治县 | 0.367 | | 杏花岭区 | 0.360 | | 市南区 | 0.359 |
| | 城北区 | 0.367 | | 迎泽区 | 0.353 | | 东营区 | 0.352 |
| | 循化撒拉族自治县 | 0.344 | | 平定县 | 0.339 | | 芝罘区 | 0.343 |
| | 贵德县 | 0.343 | | 平顺县 | 0.334 | | 兰山区 | 0.328 |
| | 城西区 | 0.341 | | 沁水县 | 0.333 | | 崂山区 | 0.326 |
| | 平安区 | 0.337 | | 汾阳市 | 0.332 | | 市北区 | 0.324 |
| | 湟源县 | 0.334 | | 平城区 | 0.330 | | 荣成市 | 0.323 |
| | 乐都区 | 0.331 | | 阳曲县 | 0.329 | | 城阳区 | 0.322 |
| | 共和县 | 0.330 | | 小店区 | 0.325 | | 历城区 | 0.322 |
| | 化隆回族自治县 | 0.328 | | 潞州区 | 0.325 | | 东港区 | 0.316 |
| | 民和回族土族自治县 | 0.324 | | 平遥县 | 0.322 | | 泰山区 | 0.315 |
| | 大通回族土族自治县 | 0.319 | | 灵石县 | 0.320 | | 蓬莱区 | 0.313 |

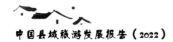

续表

| 省份 | 县区 | TCI | 省份 | 县区 | TCI | 省份 | 县区 | TCI |
|---|---|---|---|---|---|---|---|---|
| 宁夏回族自治区 | 兴庆区 | 0.407 | 陕西省 | 韩城市 | 0.385 | | | |
| | 西夏区 | 0.370 | | 长安区 | 0.381 | | | |
| | 大武口区 | 0.344 | | 宝塔区 | 0.372 | | | |
| | 灵武市 | 0.340 | | 神木市 | 0.370 | | | |
| | 利通区 | 0.329 | | 新城区 | 0.365 | | | |
| | 盐池县 | 0.323 | | 碑林区 | 0.359 | | | |
| | 沙坡头区 | 0.320 | | 莲湖区 | 0.338 | | | |
| | 贺兰县 | 0.319 | | 府谷县 | 0.331 | | | |
| | 惠农区 | 0.312 | | 榆阳区 | 0.329 | | | |
| | 中宁县 | 0.309 | | 耀州区 | 0.326 | | | |
| | 原州区 | 0.306 | | 雁塔区 | 0.325 | | | |
| | 永宁县 | 0.302 | | 黄陵县 | 0.325 | | | |
| | 青铜峡市 | 0.301 | | 延川县 | 0.323 | | | |
| | 平罗县 | 0.300 | | 汉台区 | 0.322 | | | |
| | 红寺堡区 | 0.295 | | 未央区 | 0.322 | | | |

资料来源：笔者自制。

# 第三节　县域新型城镇化水平定量测度

## 一　城镇化和新型城镇化定义

（一）城镇化概念

"城镇化"一词最早（1867 年）出现在城市学家 A·塞尔达的著作《城镇化概论》中。20 世纪 70 年代后期，"城镇化"一词被引入中国。[①] 城镇化也被称为城市化或都市化，是指随着一个国家或地区社会生产力的发展、科学技术的进步以及产业结构的调整，其社会由以农业为主的传统乡村型社会向以工业和服务业等非农产业为主的现代城市型社会逐渐转变的

---

① 许学强、周一星、宁越敏编著《城市地理学》，高等教育出版社，2009，第 54～55 页。

历史过程。在这一历史进程中，人类的生产力与生产方式不断提高，带动了政治、经济、文化和科技的持续发展，实现了全体居民生活水平的提高。由此可以看出，城镇化是涉及人类生活方方面面的社会发展的历史过程，城镇化的推进在一定程度上代表了社会的进步和人类文明程度的提高，是实现共同富裕的重要途径之一。

（二）新型城镇化概念

改革开放以来，我国城镇化发展迅速，土地财政在很大程度上推动了我国的城镇化建设，但传统城镇化发展只注重城镇发展数量和规模，人口城镇化发展缓慢，产业结构不合理，基础设施不完善，城乡户籍限制和城乡间收入差距进一步扩大了城乡二元结构，城镇化发展质量亟待提升。基于传统城镇化的基本内核，并充分考虑到既往城镇化建设过程中出现的问题与弊端，2012 年党的十八大报告首次明确提出"新型城镇化"的概念。真正的城镇化绝不是土地的城镇化，只是盖房建楼，而是必须将产业、人口、社会、土地和农民五位一体纳入城镇化的发展过程，实现全体居民生活水平的不断提高。新型城镇化不能以牺牲农业和粮食、生态和环境为代价，而应以提高质量为导向，提高城镇化率；以人民为核心，实现农村人口市民化；以科技创新为动力，推动产业结构优化升级；以绿色低碳和统筹兼顾为原则，实现城乡一体发展，提高城镇发展质量。[1] 新型城镇化建设应体现以下核心特征：一是"以人为本"，通过优化人口结构，提高人口素质，提升人口发展潜力和社会保障，实现人口和谐发展；二是"绿色低碳"，通过绿色技术进步，提高清洁能源比重，推广绿色节能建筑，提高居民绿色环保意识，推广绿色节能产品的消费；三是"智慧现代"，以科技进步为支撑，以互联网使用为基础，构建城乡智能化发展，开发城市服务系统，提高城市管理和服务质量，促进城乡协调发展。[2]

（三）新型城镇化与传统城镇化的区别

新型城镇化与传统城镇化虽然在城镇化的建设过程中存在较大差别，

---

[1] 方创琳等：《中国新型城镇化发展报告》，科学出版社，2014，第 175 页。

[2] 王发曾：《中原经济区的新型城镇化之路》，《经济地理》2010 年第 12 期。

但在最终目标上是一致的，即都是要提高全体居民生活水平，并最终实现共同富裕。新型城镇化更加强调城镇化建设的质量，不再盲目追求城镇建成区面积的扩大，而是着重提升生活在城市里面的人民的生活水平。在传统城镇化的发展过程中，地方政府过于追求发展规模和速度以及人口城镇化率，导致耕地锐减，生态环境破坏，水土和空气污染，产业结构不合理，基础设施不完善，城乡户籍限制和城乡间收入差距进一步扩大，城乡医疗教育住房待遇不均衡等一系列问题。这种粗放的用地方式也极大地浪费了我国的土地资源，并导致大量环境问题、社会问题以及居民幸福感不足等问题。新型城镇化是对传统城镇化的优化升级，旨在用科学发展观来统领城镇化建设，解决或避免传统城镇化引发的问题，关键在于提高城镇化的质量，核心在于人的城镇化，目的在于造福城乡镇村百姓。新型城镇化坚决摒弃以往的城镇化发展陋习，是以城乡统筹、城乡一体、产业互动、节约集约、生态宜居、和谐发展为基本特征的城镇化，是大中小城市、小城镇和农村三者协调发展和互促共进的城镇化。

## 二　新型城镇化水平评价指标体系构建

借鉴国内有关新型城镇化的研究成果[①]，并深刻理解新型城镇化的内涵和要义，可知新型城镇化区别于以往片面追求空间扩张的传统城镇化，更加注重城镇化质量的综合提高，更加注重以教育科技发展为代表的社会发展潜力[②]，注重以提高居民生活质量为目的的各项基础设施建设[③]以及以可持续发展为目标的生态环境保护和以协调城乡平衡发展为目的的城乡统筹发展等。因此，本文构建了由经济城镇化、人口城镇化、社会发展、基础设施建设、城乡统筹发展和生态环境保护六个准则层和十八个具体指标构成的新型城镇化水平评价指标体系（见表9-3）。由于评价指标体系中指标

---

① 沈清基：《论基于生态文明的新型城镇化》，《城市规划学刊》2013年第1期。
② 杨传开、张凡、宁越敏：《山东省城镇化发展态势及其新型城镇化路径》，《经济地理》2015年第6期。
③ 王建康、谷国锋、姚丽、陈园园：《中国新型城镇化的空间格局演变及影响因素分析——基于285个地级市的面板数据》，《地理科学》2016年第1期。

的正负取向不同，本文选取极差标准化法（最值标准化方）对数据进行标准化处理。

表 9 - 3　新型城镇化评价指标体系

| 系统层 | 准则层 | 指标层 | 指标性质 |
|---|---|---|---|
| 新型城镇化水平 | 经济城镇化 | 人均 GDP（元） | 正 |
| | | 二、三产业占 GDP 比重（%） | 正 |
| | | 人均城乡居民储蓄存款余额 | 正 |
| | | 人均固定资产投资（元） | 正 |
| | 人口城镇化 | 城市化率（%） | 正 |
| | | 二、三产业就业人口比重（%） | 正 |
| | 社会发展 | 万人普通中小学数（所/万人） | 正 |
| | | 万人教师数（人/千人） | 正 |
| | | 人均社会消费品零售总额（元） | 正 |
| | 基础设施建设 | 公路网密度（公里/平方公里） | 正 |
| | | 铁路网密度（公里/平方公里） | 正 |
| | | 万人体育场馆机构数（个） | 正 |
| | | 万人公共图书馆总藏量（千册） | 正 |
| | | 万人医院、卫生院床位数（床） | 正 |
| | 城乡统筹发展 | 城乡居民人均可支配收入比 | 负 |
| | 生态环境保护 | 森林覆盖率（%） | 正 |
| | | 草地覆盖率（%） | 正 |
| | | PM2.5 浓度（μg/立方米） | 负 |

资料来源：笔者自制。

## 三　县域新型城镇化水平空间格局

选取 Jenks 自然断裂点法对黄河流域县域新型城镇化水平计算结果进行分级，具体分为六种类型区：低水平区、较低水平区、中等水平区、中高水平区、较高水平区和高水平区。然后，借助 ArcGIS10.3 软件的空间可视化功能制作黄河流域县域新型城镇化水平空间分布图。

黄河流域县域新型城镇化水平整体呈现以省会城市、地级市市辖区和

经济发达县区为高值中心的多核心圈层结构，且集聚分布态势显著。一是低水平区主要分布在青海省中西部地区、甘肃西北部地区（肃北蒙古自治县、阿克塞哈萨克族自治县）、内蒙古西部和东北部地区（额济纳旗、阿拉善右旗、乌拉特后旗、苏尼特左旗、苏尼特右旗、阿巴嘎旗、商都县、化德县、镶黄旗、正镶白旗、太仆寺旗、多伦县、正蓝旗、东乌珠穆沁旗、西乌珠穆沁旗）。二是较低水平区主要分布在甘肃中南部地区、宁夏中部地区、内蒙古中部地区、陕西中北部地区、山西北部、豫东的商丘和周口市所辖县区。三是豫南的南阳市东南部县区和驻马店市所辖县区。较高和高水平区主要分布在青海省会西宁市下辖县区（城中区、湟中区）；甘肃省会兰州市下辖的城关区，甘肃省经济发达县区（嘉峪关市、甘州区、凉州区、秦川区）；宁夏省会银川市下辖县区（西夏区、大武口区、兴庆区）；陕西省会西安市下辖县区（长安区、碑林区、灞桥区、雁塔区、新城区、莲湖区、未央区），宝塔区、韩城市；山西省会太原市下辖县区（小店区、迎泽区、杏花岭区），晋城市下辖县区（阳城县、城区、泽州县、高平市）；河南省会郑州市下辖县区（二七区、中原区、郑东新区、新郑市、新密市、登封市、荥阳市），豫西和豫北的经济发达县区（济源市、洛阳市辖区、禹州市、汝州市、南阳市辖区、林州市、濮阳市辖区）；山东省会济南市下辖县区（章丘区、莱芜区、泰山、长清区、历城区、历下区、槐荫区），山东省东南部沿海的经济发达县区（日照市辖区、青岛市西区、蓬莱区、福山区、荣成市、邹城市、曲阜市、滕州市、任城区）。四是中等和中高水平区主要分布在较高和高水平区的周围，呈明显的圈层分布结构。

## 第四节　县域旅游竞争力与新型城镇化空间耦合关系

### 一　双变量空间自相关方法

采用双变量空间自相关方法来分析县域旅游竞争力与新型城镇化变量

之间是否存在显著的空间相关性。[①] 计算公式如下：

$$I_{ur} = \frac{n \sum_{i}^{n} \sum_{j \neq 1}^{n} w_{ij} z_i^u z_j^r}{(n-1) \sum_{i}^{n} \sum_{j \neq 1}^{n} w_{ij}}$$

式中，$I_{ur}$ 是县域旅游竞争力与新型城镇化的全局双变量 Moran's I 指数，该值越大表示县域旅游竞争力与新型城镇化的空间分布相关性越大；$n$ 是空间单元个数；$z_i^u$ 是空间单元 $i$ 的县域旅游竞争力；$z_j^r$ 是与 $i$ 邻近的空间单元 $j$ 的新型城镇化水平；$w_{ij}$ 是空间单元 $i$ 和 $j$ 的空间权重矩阵。

## 二  县域旅游竞争力与新型城镇化的空间耦合格局

首先采用 GeoDa 软件中双变量全局空间自相关方法来分析县域旅游竞争力与新型城镇化变量之间是否存在显著的空间相关性。双变量全局空间自相关分析结果显示，县域旅游竞争力与新型城镇化变量的全局双变量 Moran's I 指数均为 0.352，P 值为 0.001，通过显著性水平检验，表明县域旅游竞争力与新型城镇化变量两者之间存在显著的正向的空间集聚关系〔县域旅游竞争力较高（较低）的区域，同时也是新型城镇化水平较高（较低）的区域〕，即处于良性共振耦合阶段。下一步，通过县域旅游竞争力与新型城镇化的局部空间集聚类型来进一步探讨两者间的空间耦合关系。

全局双变量 Moran's I 指数能从整体上对县域旅游竞争力与新型城镇化的空间关联性进行全局评估，但存在忽略空间过程不稳定性的缺陷，且无法判断出局部空间关联模式和空间集聚特征。因此，为了细致刻画黄河流域县域旅游竞争力与新型城镇化的局部空间集聚特征，需要借助 GeoDA 软件对黄河流域县域旅游竞争力与新型城镇化进行局部双变量空间自相关分析，得到 LISA 集聚图。结果表明，LISA 集聚图包含四种局域空间集聚类型，即"高－高"类型（HH）、"低－高"类型（LH）、"低－低"类型（LL）及"高－低"类型（HL）四种类型区，其中 HH（LL）区表示旅游

---

① 周侃、樊杰：《中国环境污染源的区域差异及其社会经济影响因素——基于 339 个地级行政单元截面数据的实证分析》，《地理学报》2016 年第 11 期。

竞争力与新型城镇化均较高（低），LH（HL）区表明旅游竞争力较低（高），而新型城镇化较高（低）。

从县域旅游竞争力与新型城镇化变量的四种局域空间集聚类型的空间特征来看：黄河流域县域旅游竞争力与新型城镇化存在显著的空间集聚特征，局域空间集聚类型以 HH 类型和 LL 类型等空间正相关类型为主。高值集聚区（高－高关联型）表示研究单元县域旅游竞争力和新型城镇化水平均较高。该类型区主要分布在青海省省会西宁市下辖县区（平安区、乐都区、湟中区、城中区、互助土族自治县、化隆回族自治县）；甘肃省省会兰州市及周边县区（城关区、七里河区、西固区、皋兰县）；宁夏回族自治区省会银川及周边县区（西夏区、兴庆区、永宁县、灵武市、贺兰县、平罗县）；内蒙古自治区的鄂尔多斯市的九原区和达拉特旗，呼和浩特市下辖县区（新城区、赛罕区、玉泉区、土默特左旗）；陕西省省会西安市下辖县区（长安区、鄠邑区、灞桥区、临潼区、高陵区、新城区、雁塔区、碑林区、莲湖区、未央区）；山西省太原市和晋中市县区（寿阳县、榆次区、尖草坪区、万柏林区、杏花岭区、迎泽区、小店区），吕梁市部分县区（乡宁县、稷山县），山西东南部长治市和晋城市部分县区（于顺县、壶关县、长子县、陵川县、高平市、沁水县、阳城县、修武县、城区）；河南省省会郑州市部分县区（新郑市、新密市、登封市、巩义市、荥阳市、二七区、管城区、中原区、金水区），洛阳市部分县区（孟津区、伊川县、宜阳县、新安县），河南省西北部的济源市和焦作市部分县区（孟州市、温县、沁阳市、博爱县、武陟县、修武县、中站区、山阳区和解放区），河南省中部平顶山市和许昌市部分县区（禹州市、汝州市、长葛市）；山东省省会济南市下辖县区（市中区、历下区、长清区、岱岳区、历城区、章丘区），山东淄博市部分县区（博川区和淄川区），山东省济宁市邹城市，山东省青岛市下辖县区（黄岛区、胶州市、城阳区、即墨区、李沧区、市北区、市南区和崂山区），山东东部的威海市部分县区（文登区、荣成市）。其中，西宁市、兰州市、银川市、西安城市圈、太原都市圈、郑州市、济南市等省会城市的高值异质区具有一定的相似性，即这些高值异质区均位于省域的政治、经济、文化中心，经济实力雄厚、交通发达、历史文化积淀深厚，所以新型城镇化发展水平和旅游竞争力均较高。内蒙古鄂尔多斯市一方面得益于采矿业和畜牧业发展带来的经济发展红利，社会服务和城市基础设施较为完善，新型城镇化建设水平较高；另一方面其背靠鄂尔多斯草原大力发展观光旅游业，旅游竞争力也较强。河南副中心城市洛阳市一方面得益于历史上国家的工业发展战略，工业基础雄厚、经济和财政实力强劲，城市基础设施建设完善，社会福利较高，新型城镇化建设成效显著；另一方面作为十三朝古都，洛阳市物质遗产和历史文化遗产丰厚，山区自然风光秀美，在政府和社会的开发建设下文化和自然观光旅游业发展迅速，因此旅游竞争力十分强劲。山东省的青岛市和威海市地处东部沿海，旅游业繁盛，旅游竞争力一直处于较高的水平。

低值异质区（低 - 高关联型）表示研究单元的县域旅游竞争力较低，而新型城镇化水平较高。该类型区主要分布在中东部省份，具体包括西安市临潼区；山西省运城市部分县区（万荣县、临猗县、垣曲县、平陆区）；河南省郑州市中牟县和新乡市原阳县，河南省平顶山市郏县；山东省中部的东营市、滨州市和淄博市部分县区（广饶县、博爱县、桓台县、邹平县、临淄区）；山东省南部泰安市、济宁市、日照市和临沂市部分县区（泗水县、汶上县、五莲县和沂南县），山东省烟台市（牟平区和福田区）。西安市临潼区和河南省郑州市中牟县等省会周边县区以及经济发达城市市辖区因受城市经济辐射影响，经济发展较快，基础设施完善，新型城镇化水平稳步提升，但受资源禀赋制约，旅游发展较为滞后。山西省运城市部分县区（万荣县、临猗县、垣曲县），河南省平顶山市郏县，山东省中部的东营市、滨州市和淄博市部分县（广饶县、博爱县、桓台县、邹平县）等资源型城市的发展得益于雄厚的财政资金支持，新型城镇化推进较快，但旅游受资源禀赋制约发展较慢。

低值集聚区（低 - 低关联型）表示研究单元县域旅游竞争力较低，新型城镇化水平也较低。青海省中西大部分县区、甘肃省西南部和西北部县区（阿克塞哈萨克族自治县、肃北蒙古族自治县、高台县）、内蒙古西部

（额济纳旗、乌拉特中旗、杭锦后旗、磴口县、乌拉特中旗）和东部县区（四子王旗、察哈尔右翼中旗、苏尼特右旗、苏尼特左旗、镶黄旗、化德县、商都县、正镶白旗、正蓝旗、太仆寺旗、多伦县、阿巴嘎旗、东乌珠穆沁旗）、陕西省北部县区（定边县、子州市、绥德市、子长县）、山西省吕梁市下辖县区、河南省商丘市和信阳市下辖县区（太康县、杞县、息县、正阳县、新蔡县、潢川县、罗山县、固始县）属于该类型区。其主要特征为农业发达但经济发展较为滞后，同时旅游资源禀赋较差。

高值异质区（高－低关联型）表示研究单元县域旅游竞争力较高，新型城镇化水平较低。该类型区主要分布于中西部低值集聚区的外围边缘，包括青海省共和县，甘肃省敦煌市、玉门市、甘州区、金川区、凉州区、迭部县，宁夏回族自治区的盐池县，内蒙古自治区的临河区、达尔汗茂明安联合旗、二连浩特、察哈尔右翼后期和锡林浩特市，陕西省的靖边县、吴起县、志丹县和凤翔区，山西省的平鲁区、浑源县、宁武县、兴县、娄烦县、柳林县和交口县。该类型区主要特征为：位于黄河流域地理位置较为偏僻的中西部，经济发展水平较低，但旅游资源禀赋较好，拥有较多风景独特的自然风光，例如青海的高原湖泊、内蒙古的草原、太行山脉山地景观等。

## 第五节　县域旅游竞争力与新型城镇化互动机制

首先，采用基于最优参数的地理探测器模型，定量分析县域旅游竞争力对新型城镇化的影响以及新型城镇化对县域旅游竞争力的影响。然后，基于县域旅游竞争力与新型城镇化相互影响的定量分析结果，从理论层面探讨县域旅游竞争力与新型城镇化的互动机制。

### 一　基于最优参数的地理探测器模型

地理探测器（GeoDetector，GD）模型是王劲峰团队基于空间分异理论，结合 GIS 空间分析技术提出的一种基于风险、因子、生态和交互作用来检测空间异质性和识别驱动因素的空间统计方法。[①] 该方法克服了传统数学统计模型中假设条件多、数据量要求大的局限。基于最优参数的地理探测器模型（Optimal Parameters-based Geographical Detectors，OPGD）是对 GD 模型的改进模型，可以从空间的角度探讨潜在的因素或解释变量，并探索地理变量的潜在交互影响。[②] 相对于传统的 GD 模型而言，OPGD 模型的最大优势：一是它包含有监督和无监督的空间数据离散方法，以及连续变量的最优空间离散方法，可以识别最佳空间数据离散方法和最优的间断点数；二是它提供了不同的可视化空间分析结果；三是它包含地理探测器每一步空间分析的详细显著性检验。

其一，影响因素的探测。采用因子探测器来分析因变量空间分异的影响因素，其模型公式如下：

$$q = 1 - \left[ \frac{\sum_{h=1}^{L} \sum_{i=1}^{N_h} (Y_{hi} - \overline{Y_h})^2}{\sum_{i=1}^{N} (Y_i - \overline{Y})^2} \right] = 1 - \frac{\sum_{h=1}^{L} N_h \sigma_h^2}{N \sigma^2} = 1 - \frac{SSW}{SST}$$

式中，q 值表示某因子解释了 q×100% 的因变量空间分异；h 为影响因子的分层数，$N_h$ 和 N 分别为影响因子的层 h 和整个研究区的样本数，$\sigma_h$ 和 $\sigma$ 分别为层 h 和整个研究区因变量的方差；SSW 为层内方差之和；SST 为研究区总方差。q 的值域为 [0，1]，q 值越大表明该因子对因变量空间分异的解释力越强。

其二，因子间差异的统计学分析（生态探测器）。本文运用地理探测器中生态探测方法来比较任意两个自然因子对研究区生态系统健康水平空间分布的影响是否有显著的差异，以 F 统计量来衡量：

$$F = \frac{N_{X_1}(N_{X_2} - 1) \times SSW_{X_1}}{N_{X_2}(N_{X_1} - 1) \times SSW_{X_2}}$$

① 王劲峰、徐成东：《地理探测器：原理与展望》，《地理学报》2017 年第 1 期。
② Song Y., Wang J., Ge Y., Xu C., "An Optimal Parameters-based Geographical Detector Model Enhances Geographic Characteristics of Explanatory Variables for Spatial Heterogeneity Analysis: Cases with Different Types of Spatial Data," *GIScience & Remote Sensing*, Vol. 57, No. 5, 2020.

$$SSW_{X_1} = \sum_{h=1}^{L_1} N_h \sigma_h^2$$

$$SSW_{X_2} = \sum_{h=1}^{L_2} N_h \sigma_h^2$$

式中，$N_{X_1}$ 及 $N_{X_2}$ 分别表示因子 $X_1$ 和 $X_2$ 的样本量；$SSW_{X_1}$ 和 $SSW_{X_2}$ 分别表示由 $X_1$ 和 $X_2$ 形成的分层的层内方差之和；$L_1$ 和 $L_2$ 分别表示变量 $X_1$ 和 $X_2$ 分层数目。其中零假设 $H_0$：$SSW_{X_1} = SSW_{X_2}$。如果在显著性水平 $\alpha$ 上拒绝 $H_0$，这表明因子 $X_1$ 和 $X_2$ 对黄河流域影响区因变量水平空间分布的影响存在显著的差异。

其三，因子交互作用的探测。采用交互探测器来识别影响因子之间的交互作用，即评价因子联合效应（增强或减弱）对因变量的影响。

## 二 新型城镇化对县域旅游综合竞争力的影响

（一）因子探测器分析结果

为了分析新型城镇化水平及各子系统等因素对县域旅游综合竞争力的影响程度，以及不同因素间的相互作用，对县域旅游综合竞争力的交互影响，采用 OPGD 模型进行影响因素及其交互作用定量分析。具体是使用 R 软件进行 OPGD 模型运算。模型分析结果显示（见表 9－4），2020 年县域新型城镇化水平、经济城镇化、人口城镇化、社会发展水平、基础设施建设、城乡统筹发展和生态环境保护等 7 个因素的解释力 $q$ 值均大于 0.1，$P$ 值均小于 0.001，表明 7 个影响因子均对县域旅游综合竞争力产生显著影响。从因素解释力 $q$ 值来看，县域新型城镇化水平因素（$X1$）对县域旅游综合竞争力的影响最大，其次是人口城镇化因素（$X3$）、社会发展水平因素（$X4$）、基础设施建设因素（$X5$）、经济城镇化因素（$X2$）和生态环境保护因素（$X7$），表明新型城镇化水平能够显著促进县域旅游综合竞争力的提升。分解来看，社会发展水平、人口城镇化、基础设施建设、经济城镇化和生态环境保护等子系统在新型城镇化对县域旅游综合竞争力的提升中起到了重要的作用。其中，人口城镇化因素为城市发展建设和旅游相关服务业提供了人口支撑，直接促进了经济城镇化和旅游相关服务业的发展。经济城镇化为社会发展和基础设施建设提供了强有力的资金支撑，间接促进了旅游综合竞争力的提升。社会发展水平和基础设施建设为旅游发展提供了完善的基础设施和舒适的旅游体验，直接促进旅游综合竞争力的提升。生态环境保护对旅游综合竞争力的影响是多方面的，首先，生态环境质量较高的地区一般拥有较好的旅游资源禀赋，因此具有发展旅游业的得天独厚的优势；其次，生态环境质量的提升，可以促进地区生态旅游业的发展；最后，可以通过提高生态环境质量提升游客的旅游体验和印象，提升重游率。城乡统筹发展因素对县域旅游综合竞争力的影响最小，原因在于城乡统筹发展主要通过促进经济发展水平来间接促进基础设施建设和旅游业开发，由于同时受地区政策和旅游资源禀赋的制约，城乡统筹发展对县域旅游综合竞争力的促进作用尚不明显。

表 9 - 4    新型城镇化水平及各子系统对旅游综合竞争力的影响

| 影响因素编号 | 影响因素名称 | $q$ 值 | $P$ 值 |
| --- | --- | --- | --- |
| X1 | 县域新型城镇化水平 | 0.546 | 0.000 |
| X2 | 经济城镇化 | 0.204 | 0.000 |
| X3 | 人口城镇化 | 0.383 | 0.000 |
| X4 | 社会发展水平 | 0.368 | 0.000 |
| X5 | 基础设施建设 | 0.312 | 0.000 |
| X6 | 城乡统筹发展 | 0.129 | 0.000 |
| X7 | 生态环境保护 | 0.171 | 0.000 |

资料来源：笔者自制。

（二）因子间差异的统计学分析

生态探测用于比较任意两个因子对县域旅游综合竞争力空间分布的影响是否有显著的差异。生态检测结果所示，各因子间差异有显著的统计学意义。县域新型城镇化水平对县域旅游综合竞争力空间分布的影响与经济城镇化、人口城镇化、社会发展水平、基础设施建设、城乡统筹发展和生态环境保护均存在显著的差异。经济城镇化对县域旅游综合竞争力空间分布的影响与人口城镇化、社会发展、基础设施建设、城乡统筹发展和生态

环境保护均存在显著的差异。人口城镇化对县域旅游综合竞争力空间分布的影响与基础设施建设、城乡统筹发展和生态环境保护均存在显著的差异，但与社会发展水平无显著的差异。此外，社会发展水平、基础设施建设、城乡统筹发展、生态环境保护四个因子中，任意两个因子对县域旅游综合竞争力空间分布的影响，均有显著的差异。因此，整体来看，研究所选取的因子较为合理，因子间差异有显著的统计学意义。

（三）交互探测器分析结果

进一步，采用交互探测器定量识别不同因子间对县域旅游竞争力的交互影响力，即评估任意两个因子间共同作用，是否会增加或减弱对因变量 Y 的解释力。分析结果显示，大部分因子间的叠加作用均显著增强了对县域旅游综合竞争力的影响，表明探测因子间存在紧密的联系，并对县域旅游综合竞争力产生了显著的交互影响。因子间的相互作用类型包括双因子增强、非线性增强和减弱三种类型。

从因素间的交互作用来看，经济城镇化与人口城镇化、社会发展水平、基础设施建设、城乡统筹发展、生态环境保护之间相互作用，对县域旅游竞争力产生较强的交互作用；人口城镇化与基础设施建设、城乡统筹发展之间相互作用，对县域旅游综合竞争力产生较强的交互作用，但与社会发展水平和生态环境保护对旅游竞争力的交互影响则呈减弱类型；社会发展与基础设施建设、城乡统筹发展、生态环境保护之间相互作用，对旅游综合竞争力产生较强的交互作用，而基础设施建设与城乡统筹发展、生态环境保护之间相互作用，对旅游竞争力的交互影响呈减弱类型；城乡统筹发展与生态环境保护相互作用，对旅游竞争力均产生较强的交互作用，表明社会发展、基础设施建设、城乡统筹发展和生态环境保护四者之间存在紧密的联系。

## 三　县域旅游竞争力对新型城镇化的影响

（一）因子探测器分析结果

为了分析县域旅游竞争力及各子系统等因素对新型城镇化水平的影

响，以及县域旅游竞争力及各子系统之间的相互作用对新型城镇化水平的交互影响，采用 OPGD 模型进行影响因素及交互作用定量分析。具体是使用 R 软件进行 OPGD 模型的相关运算。模型分析结果显示（见表 9 - 5），2020 年旅游综合竞争力、市场竞争力、服务竞争力、资源竞争力、区位竞争力、基础设施竞争力、人才竞争力、经济影响力和环境影响力等 9 个因素的解释力 $q$ 值均大于 0.1，$P$ 值均小于 0.001，表明 9 个影响因子均对新型城镇化水平产生显著影响。从因素解释力 $q$ 值来看，基础设施竞争力因素对新型城镇化水平的影响最大；其次是旅游综合竞争力、服务竞争力、区位竞争力、资源竞争力、市场竞争力、环境影响力和人才竞争力，表明旅游综合竞争力及各子系统能够显著促进新型城镇化水平的提升。分解来看，旅游综合竞争力、基础设施竞争力、服务竞争力、区位竞争力、资源竞争力、市场竞争力、环境影响力、人才竞争力和经济影响力等子系统在促进新型城镇化水平的提升中起到了重要的作用。其中，高铁、公路和公交等交通基础设施建设（基础设施竞争力）以及星级酒店、旅行社和公厕等旅游服务设施建设（服务竞争力）均可以显著影响新型城镇化水平。优越的地理位置和服务业人才储备能够显著促进区位竞争力和人才竞争力的提升，同时也是拉动新型城镇化水平提升的持续动力。市场竞争力、资源竞争力、环境影响力是旅游业发展所需的重要资源禀赋和基本要素，同时也是地区新型城镇化水平提升的核心要素。经济影响力因素对新型城镇化水平的影响最小，原因在于相比于以往片面追求空间扩张的传统城镇化，经济高质量发展背景下的新型城镇化更加注重城镇化质量的综合提高，更加注重以教育科技发展为代表的社会发展潜力、以提高居民生活质量为目的的各项基础设施建设、以可持续发展为目的的生态环境保护和以协调城乡平衡发展为目的的城乡统筹发展等多方面的综合、均衡和绿色发展，因此，经济影响力因素已经不是新型城镇化水平提升的核心要素和决定要素，经济影响力对新型城镇化水平的影响力逐步下降。

表 9 – 5    县域旅游综合竞争力及各子系统对新型城镇化的影响

| 影响因素编号 | 影响因素名称 | q 值 | P 值 |
|:---:|:---:|:---:|:---:|
| 1 | 旅游综合竞争力 | 0.561 | 0.000 |
| 2 | 市场竞争力 | 0.279 | 0.000 |
| 3 | 服务竞争力 | 0.496 | 0.000 |
| 4 | 资源竞争力 | 0.303 | 0.000 |
| 5 | 区位竞争力 | 0.487 | 0.000 |
| 6 | 基础设施竞争力 | 0.597 | 0.000 |
| 7 | 人才竞争力 | 0.181 | 0.000 |
| 8 | 经济影响力 | 0.051 | 0.000 |
| 9 | 环境影响力 | 0.248 | 0.000 |

（二）因子间差异的统计学分析

生态探测用于比较任意两个因子对县域新型城镇化水平空间分布的影响是否有显著的差异。生态探测结果显示，各因子间差异有显著的统计学意义。县域旅游综合竞争力对县域新型城镇化水平空间分布的影响与市场竞争力、服务竞争力、资源竞争力、区位竞争力、人才竞争力、经济影响力和环境影响力均存在显著的差异，但与基础设施竞争力无显著的差异。市场竞争力对县域新型城镇化水平空间分布的影响与服务竞争力、区位竞争力、基础设施竞争力、人才竞争力、经济影响力和环境影响力均存在显著的差异，但与资源竞争力无显著的差异。服务竞争力对县域新型城镇化水平空间分布的影响与资源竞争力、基础设施竞争力、人才竞争力、经济影响力和环境影响力均存在显著的差异，但与区位竞争力无显著的差异。此外，资源竞争力、区位竞争力、基础设施竞争力、人才竞争力、经济影响力和环境影响力六个因子中任意两个因子对县域新型城镇化水平空间分布的影响均有显著的差异。因此，整体来看，研究所选取的因子较为合理，因子间差异有显著的统计学意义。

（三）交互探测器分析结果

进一步，采用交互探测器定量识别不同探测因子间相互作用，对县域新型城镇化水平的交互影响力，即评估任意两个因子间共同作用是否会增

加或减弱对因变量 $Y$ 的解释力。分析结果显示，大部分因子间的叠加作用显著增强了对县域新型城镇化水平的影响力，表明探测因子间存在紧密的联系，并对县域新型城镇化水平产生了显著的交互影响。因子间的相互作用类型包括双因子增强、非线性增强和减弱三种类型。

从因素间的交互作用来看，旅游综合竞争力与环境影响力对新型城镇化水平的交互作用力最大，达到 0.8796；其次是旅游综合竞争力与服务竞争力、区位竞争力、基础设施竞争力的交互作用力，区位竞争力与市场竞争力、服务竞争力、资源竞争力的交互作用力，基础设施竞争力与市场竞争力、服务竞争力、资源竞争力、区位竞争力、人才竞争力、经济影响力和环境影响力的交互作用力。市场竞争力与经济影响力对新型城镇化水平的交互作用类型表现为减弱类型，表明市场竞争力与经济影响力的联合作用对新型城镇化水平的交互影响未产生增强效应。整体来看，旅游综合竞争力及其各子系统之间的相互作用对新型城镇化水平的交互影响明显高于单因子对新型城镇化水平的影响，表明旅游竞争力及其各子系统之间的复合力对提升新型城镇化水平具有明显的推动作用。

## 四　县域旅游竞争力与新型城镇化的互动机制

城市"社会—经济—自然"复合生态系统是一个融合自然生态系统、人类经济系统及社会系统的"自然—经济—社会"区域复合生态系统，同时也是一个开放的、多要素的、多层次结构的、多尺度耦合的、复杂的人地关系地域系统。在该复合系统中，社会、人口、文化、经济、资源、交通、自然等要素之间存在一个紧密联系的、相互反馈的、近远程耦合的动态平衡关系。从系统论来看，城市"社会—经济—自然"复合生态系统具有整体性、开放性、稳定性、动态性和层次性等基本特征。新型城镇化子系统和旅游竞争力子系统是城市"社会—经济—自然"复合生态系统中两个开放的、相互联系的子系统，两个子系统之间存在相互作用的复杂关系，彼此相互作用，相互影响。旅游业是一项涉及"吃住行游购娱"的综合性产业，旅游业在吸纳就业、调整产业结构和带动区域经济发展方面作用显著，而县域旅游竞争力的提升更能促进区域各类资源的整合和产业融合发展，形成新业态，促进社会共同参与，全面保护资源与环境，满足旅游者的生活和休闲。新型城镇化坚持"集约、智能、绿色、低碳"的发展理念，注重人的生活质量和生活水平的提升，注重基础设施和公共服务配套的均等化发展，改变过去粗放型的用地和用能，注重环境的保护。因此，县域旅游竞争力与新型城镇化在产业协调、资源集约、生态宜居、城乡统筹、和谐共生等基本特征、发展理念、发展动力、着眼点及落脚点上均有很多契合之处。基于影响因素定量分析结果，并结合前人研究成果，系统梳理了新型城镇化与旅游竞争力的理论互动机制，并绘制详细的互动机制图（见图9-1）。

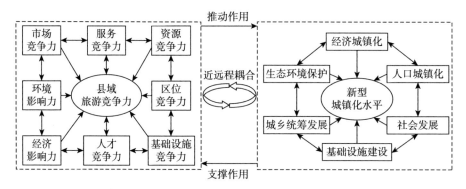

**图9-1 县域旅游竞争力与新型城镇化的理论互动机制**

资料来源：笔者自制。

（一）县域旅游竞争力对新型城镇化的推动作用

第一，县域旅游竞争力促进经济城镇化建设。旅游业是一项涉及"吃住行游购娱"的综合性产业，县域旅游业在吸纳就业、调整产业结构和带动区域经济发展方面有很大的带动作用，通过促进本地区资源和特色产业的开发、改善基础设施和公共服务以及结合本地资源特色来加快农业和工业的现代化转型和升级，并以此来推动经济城镇化建设。

第二，县域旅游竞争力促进城乡统筹发展。目前中国的城乡分割、城乡差距大等二元结构问题是城乡统筹的难题，而旅游业可以借助其强大的整合和聚集作用为农村带来资金流、人流和物流。随着大众休闲时代的到来，旅游者对于分布在乡村的原生态旅游需求越来越高，在旅游资源富集、文化底蕴丰厚、民族民俗风情浓郁的郊区及偏远贫穷的农村地区，旅游业可以整合各种旅游资源和资金，将旅游发展与扶贫攻坚结合起来，提高农民收入，促进城乡统筹发展。

第三，县域旅游竞争力促进人口城镇化。旅游业是劳动密集型产业，不仅能够提供直接就业，还能带动间接就业。一方面可以为旅行社、餐饮住宿、娱乐休闲、旅游景区等直接相关的行业提供大量的就业机会；另一方面也可以为交通、医疗卫生、保险等与旅游间接相关的行业提供就业机会，因此可以促进人口城镇化，并提升城乡人口就业率，完善社会服务，推动城乡统筹发展。

第四，县域旅游竞争力促进区域基础设施建设和社会综合发展。为了优化旅游服务、增加游客的满意度，旅游业发展和县域旅游竞争力提升需要建立涉及商业、金融、文化、教育、医疗等全域配套的公共服务体系，这就倒逼城镇基础设施和公共服务的配套建设，从而满足旅游相关产业的要求及当地居民的生活需求。因此，县域旅游竞争力提升可以改善城镇居民的生活质量和社区公共服务体系，使广大居民能够从旅游活动中获得利益，实现城乡统筹发展，实现"全民共建、全民共享"的目的。

第五，县域旅游竞争力促进生态环境保护。旅游业发展可以推动城镇更多的公园绿地和旅游区景观与绿化体系建设，促进环境的美化和改善，提高空气质量，从而提高城市宜居性。县域旅游竞争力带来的城市形象提升也能够提高社区居民生态保护意识，积极引导当地居民参与生态环境保护建设。另外，在高质量发展背景下，旅游业是城市高质量和生态绿色发展的重要部分，旅游竞争力和旅游创新水平的提升有助于旅游新业态的产生，促使城镇功能不断向绿色、生态方向转变，增强城镇可持续发展能力，对调整产业结构和转变经济增长方式具有本质的影响。

第六，旅游竞争力和旅游创新提高组织管理水平，通过大数据、云计算、智能分析等现代科学技术的应用，建立旅游产业发展和游客需求的生

态系统，使新型城镇发展更加智能化。

综合来看，旅游竞争力和旅游创新水平的提升可以为城市经济发展、产业转型和升级、人口城镇化、社会服务完善、基础设施建设、文化传承、生态环境保护等提供源源不断的推动力，而这些正是新型城镇化发展的重要组成部分，进而助推新型城镇化稳步发展。

（二）新型城镇化对县域旅游竞争力的支撑作用

人口集聚为城镇带来了大量的劳动力资源，人口城镇化的发展为城市发展建设和旅游相关服务业提供了人口支撑，直接促进了经济城镇化和旅游相关服务业的发展。经济城镇化为社会发展和基础设施建设提供了强有力的资金支撑，间接促进了旅游综合竞争力的提升。社会发展水平和基础设施建设为旅游发展提供了完善的基础设施和舒适的旅游体验，直接促进旅游综合竞争力的提升。生态环境保护可以促进地区生态旅游业的发展，通过提高生态环境质量提升游客的旅游体验和印象，可以提高重游率。随着新型城镇化的建设发展，新型城镇化以其完善的基础设施、环境、现代化教育等优良条件增加了对科技创新型人才的吸引力，同时新型城镇化具有"虹吸效应"，使得资本、技术、知识等创新要素集聚城镇。

综合来看，新型城镇化的发展可以提升经济发展质量、基础设施完善度、社会服务水平、教育和医疗水平、城乡协调发展水平、生态环境质量；而这些反过来又可以支撑旅游服务业发展、旅游基础设施建设、旅游行业人才培养和生态环境改善，提升旅游服务业发展水平、基础设施竞争力、人才竞争力、环境影响力。另外，在新型城镇化发展过程中，会形成旅游产业集聚，科技创新型旅游企业不断冲击传统旅游企业，增强产业间的竞争，而企业为了增加利润则不断增加科技创新投入，提高旅游产品竞争力，"锁定效应"的形成有助于提高科技水平，进而促进旅游创新水平的提高。当旅游业进入快速发展阶段后，会吸引大量财政资金和社会资金投入旅游业开发和相关配套产业建设，从而提升当地经济影响力、市场竞争力、服务竞争力和资源竞争力，加速旅游业内部的良性循环。

## 第六节　县域旅游竞争力与新型城镇化协同发展路径

### 一　协调/不协调类型区划分方法

为了定量划分县域旅游竞争力与新型城镇化两者间协调/不协调的类型区，并进一步根据不同类型区提出针对性的协同发展策略，本研究提出县域旅游竞争力与新型城镇化协同类型区定量划分方法如下：首先，采用极值标准化方法分别对县域旅游竞争力值和新型城镇化水平值进行标准化处理；其次，计算县域旅游竞争力标准化值与新型城镇化标准化值的比值；最后，根据两者比值和区间值进行协同类型区划分。详细的模型计算公式如下：

$$X_i = \frac{\chi_i}{Max(\chi_i)}$$

$$Y_i = \frac{y_i}{Max(y_i)}$$

$$A_i = \frac{X_i}{Y_i}$$

$$B_i = \begin{cases} \text{轻度协调区 I 型} & 0.9 < A_i \leqslant 0.1 \\ \text{轻度协调区 II 型} & 1.0 < A_i \leqslant 1.1 \\ \text{轻度不协调区} & 1.1 < A_i \leqslant 1.2 \\ \text{中度不协调区} & 1.2 < A_i \leqslant 1.3 \\ \text{重度不协调区} & 1.3 < A_i \leqslant 1.4 \\ \text{极度不协调区} & 1.4 < A_i \end{cases}$$

式中，$\chi_i$ 是第 $i$ 个县区的旅游竞争力值，$y_i$ 是第 $i$ 个县区的新型城镇化水平值；$Max(\chi_i)$ 是旅游竞争力值最大值，$Max(y_i)$ 是新型城镇化水平最大值；$X_i$ 是第 $i$ 个县区的旅游竞争力值的标准化值，$Y_i$ 是第 $i$ 个县区的新型城镇化水平值的标准化值；$A_i$ 是县域旅游竞争力标准化值与新型城镇化水平标准化值的比值；$B_i$ 是第 $i$ 个县区的协调/不协调类型区名称。

## 二　类型区划分结果

根据协调/不协调类型区划分方法将 734 个县区划分为六种类型区，即轻度协调区 I 型、轻度协调区 II 型、轻度不协调区、中度不协调区、重度不协调区和极度不协调区。其中，轻度协调区 I 型 52 个、轻度协调区 II 型 231 个、轻度不协调区 132 个、中度不协调区 124 个、重度不协调区 92 个和极度不协调区 103 个。

## 三　不同类型区协同发展策略

### （一）轻度协调区 I 型和轻度协调区 II 型

轻度协调区 I 型代表县域旅游竞争力值略小于新型城镇化水平，但整体处于轻度协调状态；该类型可再细分为旅游竞争力和新型城镇化水平均较低的轻度协调区 I 型（双滞后协调 I 型）以及旅游竞争力和新型城镇化水平均较高的轻度协调区 I 型（双高协调 I 型）。轻度协调区 II 型代表县域旅游竞争力值略大于新型城镇化水平，但整体处于轻度协调状态。该类型区也可再细分为旅游竞争力和新型城镇化水平均较低的 II 型轻度协调区（双滞后协调 II 型）以及旅游竞争力和新型城镇化水平均较高的 II 型轻度协调区（双高协调 II 型）。双滞后协调 I 型和双滞后协调 II 型主要分布在黄河流域中部的平原县区以及东部的山区县区和农业县区（豫东、豫中、豫南、鲁南、鲁中），该类型区应该利用经济优势和特色优势产业促进产业结构优化与转型升级，带动当地经济发展，提高人民的生活水平，改进生态环境，全力推进新型城镇化建设。同时，也需要充分挖掘当地特色旅游资源，开发出极具吸引力的旅游项目，政府引导财政资金和社会资金投入旅游业开发和相关配套产业建设，推动旅游基础设施（旅游交通线路、交通运输网络、特色民宿、旅行社、停车场、公厕等）及其相关公共服务设施配套（商业、金融、文化、教育、医疗等全域配套的公共服务体系）的建设。双高协调 I 型和双高协调 II 型主要分布在黄河流域中部经济较为发达的关中盆地、汾河流域，以及东部的河南省洛阳市、郑州市、平顶山北部、许昌市，山东南部沿海的日照市、青岛市和威海市，以及中部的济南城市圈。该类型区县域旅游综合竞争力相对较高，新型城镇化发展水平也相对较高。这类型区应该凭借丰富的城市观光资源和自然旅游资源鼓励文旅融合和创新，加大旅游投入力度，完善旅游从业人员培训体系，强化旅游院校的建设，加大旅游交通、旅游餐饮建设的力度，继续创新开拓，做好"旅游＋"，积极促进旅游产业的转型升级，以旅游创新带动新型城镇化的进一步发展。在新型城镇化建设方面，完善新型城镇化中长期规划，根据区域水资源、土地资源和能源矿产资源的综合供给水平实现资源、产业、城镇、管理和区域发展之间的协调发展和集约发展；破除城乡分割的户籍制度，建立农村宅基地使用权退出和补偿机制，建立健全城乡公共服务与社会保障体系；健全跨区域资源保护补偿和占补平衡机制，促进城市发展和资源开发利用与耕地保护和生态保护之间的协调发展；继续从科、教、文、卫、体方面入手，构建出以人为本、和谐发展的新型智慧城市，为旅游综合竞争力的提升提供支撑和保障。

（二）轻度不协调区

该类型区代表县域旅游竞争力标准化值与新型城镇化水平标准化值的比值处于 1.1～1.2，整体处于轻度不协调状态。该类型区主要分布于青海西宁市和宁夏银川市周边地区，甘肃北部旅游城市（敦煌市、嘉峪关市、肃州区、高台县、民勤县）、甘肃六盘山山区县域，陕西西安都市圈周边县域、秦岭山区，山西中条山和太行山山区，河南西北部山区县域（济源、焦作、洛阳、安阳）、豫南平原县域（驻马店和信阳部分县域），山东东南部沿海县域（青岛市和威海市部分县区）。按其特点主要分为三类：一是经济发达的省会周边城市；二是经济发展水平相对较弱但自然旅游资源丰富的山区和沿海旅游城市；三是经济发展水平相对较弱但自然资源和文化遗产丰富的西部旅游市。该类型区旅游竞争力较强，但新型城镇化相对较弱，应该着重推动新型城镇化建设，发展适度型、集约型、绿色型和共享型城镇；以生态为载体，构建生态环境保护机制，逐步建立制度化、规范化及市场化的生态补偿机制；制定循环经济发展政策，逐步建立全覆盖的

资源循环利用机制；制定生态产业扶持政策，优先发展资源节约型和环境友好型产业，鼓励发展低资源依赖和高附加值的高新技术产业和服务业。在旅游竞争力方面，该类型区普遍具有丰富的自然旅游资源（山地风景、森林景观、沿海景观）以及观光风景和文物古迹，旅游业整体发展水平也较高，今后应该继续完善旅游从业人员培训体系，强化旅游院校建设，加大旅游交通、旅游餐饮等建设力度，继续创新开拓，做好"旅游+"，积极促进旅游产业的转型升级，以旅游创新带动新型城镇化发展。

（三）中度不协调区

该类型区代表县域旅游竞争力标准化值与新型城镇化水平标准化值的比值处于1.2~1.3，整体处于中度不协调状态，主要分布于黄河流域中部地区，包括西宁市、兰州市和银川市周边地区，甘肃中北部旅游城市（金塔县、民乐县、山丹县、永昌县、金川区和永登县），内蒙古中部的阿拉善左旗、毛乌素沙漠东部的榆林市、秦岭山区，山西中东部山区，河南豫西山区县域（三门峡、洛阳、南阳）、豫南山区县域（信阳南部县域）。相比轻度不协调区，该类型区旅游竞争力与新型城镇化水平的差距更大，但旅游竞争力发展水平要优于新型城镇化发展水平，按其特点也可分为三类：一是经济发达的省会及城市圈外围城市；二是经济相对较弱但自然旅游资源丰富的山区城市；三是经济相对较弱但自然资源和文化遗产丰富的西部旅游城市。该类型区旅游竞争力较强，应继续完善旅游从业人员的培训体系，强化旅游院校的建设，提高旅游交通、旅游餐饮等建设能力，积极促进旅游产业的转型升级。在新型城镇化建设方面，应该注重把握自身的优势和特点，构建城镇联动、城乡互补的体系，重点打造以特色产业为核心的特色城镇，以此推动新型城镇化建设。同时，在新型城镇化推进的过程中挖掘自身优势，逐步推进产业发展，进而带动旅游创新能力的提高。山区县域应该发展适度型、集约型、绿色型和共享型城镇，将绿色发展理念和可持续发展理念融入山区县域城镇化发展过程，合理规划和调控城镇扩张速度和规模，通过主体功能区规划和管控，建设保护性和协作性的土地利用格局，使土地城镇化速度与人口、产业发展需求相匹配，提高土地集约利用度和凝聚度。严格规范高污染、高耗能企业的准入标准，引导和培育低碳型、绿色型产业。此外，以生态为载体，构建生态环境保护机制，逐步建立制度化、规范化及市场化的生态补偿机制；制定循环经济发展政策，逐步建立全覆盖的资源循环利用机制；制定生态产业扶持政策，优先发展资源节约型和环境友好型产业，鼓励发展低资源依赖和高附加值的高新技术产业和服务业。

（四）重度不协调区和极度不协调区

重度不协调区代表旅游竞争力值远大于新型城镇化水平，县域旅游竞争力标准化值与新型城镇化水平标准化值的比值处于 1.3 ~ 1.4，整体处于重度不协调状态。极度不协调区代表县域旅游竞争力值远大于新型城镇化水平，旅游竞争力标准化值与新型城镇化水平标准化值的比值大于 1.4，整体处于极度不协调状态。这两种类型区在空间分布上较为重合且呈集聚分布状态，主要分布于青海省大部、内蒙古北部边界地区、陕西省北部的毛乌素沙漠东部、山西西部山区，并呈散点状分布于经济欠发达的省际边界地区和交通不便的偏远山区。这两种类型区旅游竞争力和新型城镇化发展水平均处于初级发展阶段，且旅游竞争力与新型城镇化水平之间的差距更大。在新型城镇化建设方面要尤其注意以下几个方面。第一，以市场为基础，构建生态产业发展导向机制。经济欠发达县域之间资源禀赋和产业基础有很大不同，根据经济学中的"雁阵理论"，各经济体应该依托自身资源优势推动产业结构的升级变迁，形成高端化、高质化、高新化、低碳化以及生态化的绿色产业体系，使绿色产业成为区域发展的新引擎。第二，以科技为支撑，构建生态能源技术创新机制。要把科技进步和自主创新作为加速转变经济发展方式的重要支撑和途径，围绕支柱产业、战略性新兴产业和重点产业集群的共性与关键技术进行重点突破。第三，以生态为载体，构建生态环境保护机制。逐步建立制度化、规范化及市场化的生态补偿机制；制定循环经济发展政策，逐步建立全覆盖的资源循环利用机制；制定生态产业扶持政策，优先发展资源节约型和环境友好型产业，鼓励发展低资源依赖和高附加值的高新技术产业和服务业。在旅游业开发建设和竞争

力提升方面，首先应该借鉴中东部地区典型案例的旅游发展成功经验，根据地区优势和特点制定促进旅游业开发建设和竞争力提升的短、中、长期发展规划，引导地区旅游业逐步、有序发展。充分挖掘地区特色旅游资源，开发极具吸引力的旅游项目，扩大旅游产业影响面。完善旅游从业人员培训体系，强化旅游院校建设，加大旅游交通、旅游餐饮等建设力度，继续创新开拓，积极促进旅游产业及其他相关产业的融合发展。

# 第十章
## 县域尺度下乡村旅游助力乡村振兴的机制与模式研究

县域是我国乡村旅游的主战场和重要的地域载体，乡村旅游"回归田园"的天然属性决定了其生产空间上的县域属性。2017年10月，党的十九大报告指出，农业农村农民问题是关系国计民生的根本性问题，必须始终把解决好"三农"问题作为全党工作的重中之重，实施乡村振兴战略。2022年10月，党的二十大报告进一步指出，要全面推进乡村振兴，坚持农业农村优先发展，巩固拓展脱贫攻坚成果，加快建设农业强国，扎实推动乡村产业、人才、文化、生态、组织振兴。在推进乡村振兴战略的同时，中央也着力推进乡村旅游的深入开展。2019年的中央一号文件指出，要大力发展休闲农业和乡村旅游。强化规划引导，采取以奖代补、先建后补、财政贴息、设立产业投资基金等方式扶持休闲农业与乡村旅游业发展。截至2021年，中国乡村旅游的游客规模为86654万人次，同比增长55.5%。党的十八大以来的实践已经证明，乡村旅游是实现乡村振兴的重要路径。为此，本章尝试分析县域尺度下乡村旅游助力乡村振兴的作用机制与发展模式问题。

## 第一节　乡村旅游助力乡村振兴的逻辑机理、现实困境与突破路径

党的二十大报告提出要"全面推进乡村振兴"，强调"建设宜居宜业和

美乡村"。这是以习近平同志为核心的党中央统筹国内国际两个大局，坚持以中国式现代化全面推进中华民族伟大复兴，对正确处理好工农城乡关系做出的重大战略部署。县域旅游带动乡村振兴，对于全面建设社会主义现代化国家、实现第二个百年奋斗目标具有全局性和历史性意义。乡村旅游是实现乡村振兴的必要途径之一，发展乡村旅游对于整个乡村的全面发展不可或缺。乡村旅游不仅能够增加农民的经济收入，还能拓展县域乡村产业链的发展。发展县域旅游的核心是以乡村的自然和文化资源为重点，补齐短板，建构"点、线、面"相结合的县域乡村旅游新格局。

## 一 发展背景

乡村旅游是县域旅游发展的重要内容和核心环节。自改革开放以来，我国城乡之间的发展差距日益扩大，为追求美好生活，大量农村劳动力进城务工、定居，这进一步加剧了农村的萧条和落后。① 2017 年，党的十九大报告首次提出了乡村振兴战略："农业农村农民问题是关系国计民生的根本性问题，必须始终把解决好'三农'问题作为全党工作重中之重。"②自此，遏制农村萧条，全面促进农村经济、社会、文化的繁荣成为一项重要的国家战略。

就乡村旅游之于乡村振兴的价值而言，绝大多数学者都认为两者之间存在较强的关联效应。③ "乡村旅游是促进乡村振兴的重要载体，也是助力脱贫攻坚的重要抓手。"④ "如果说城镇化是乡村振兴的外源力的话，乡村旅游开发就是乡村振兴的内源力。"⑤ 然而，国内研究领域针对乡村旅游的研

---

① 梁琦、陈强远、王如玉：《户籍改革、劳动力流动与城市层级体系优化》，《中国社会科学》2013 年第 12 期。
② 《全面建成小康社会重要文献选编》（下），人民出版社，新华出版社，2022，第 983 页。
③ 庞艳华：《河南省乡村旅游与乡村振兴耦合关联分析》，《中国农业资源与区划》，2019 年第 11 期。
④ 于法稳、黄鑫、岳会：《乡村旅游高质量发展：内涵特征、关键问题及对策建议》，《中国农村经济》2020 年第 8 期。
⑤ 向富华：《乡村旅游开发：城镇化背景下"乡村振兴"的战略选择》，《旅游学刊》2018 年第 7 期。

究仍然处于初步探索阶段。其主要关注的领域包括乡村旅游发展模式及存在问题①、乡村旅游发展水平及影响因素②、乡村旅游发展路径与对策③等内部研究。在国外的研究中，乡村旅游则主要集中于对旅游模式④、评价标准⑤、政府干预⑥和市场细分⑦等方面的研究，并未涉及乡村旅游的高质量发展问题。

不可否认，国内外的相关研究及时弥补了我国乡村旅游长期以来存在的研究空白局面。尤其是对乡村旅游的内部剖析更是在最近几年取得了长足的进展。但是，在乡村旅游对乡村振兴内在机理的研究上，目前的探索仍然略显单薄。而且，为数不多的相关研究也大都集中在乡村旅游助力乡村振兴的直接效应上，忽视了其内在系统性逻辑机理的构建，导致对乡村旅游的研究缺乏与乡村振兴战略研究的纵深关联。⑧本章旨在系统梳理乡村旅游助力乡村振兴的逻辑机理，并在此基础上剖析乡村旅游助力乡村振兴中存在的问题，最后提出具有可行性的解决方案。

## 二 乡村旅游助力乡村振兴的逻辑机理

乡村振兴是一个内涵和外延都极为广泛的概念。2018 年 5 月，《国家乡村振兴战略规划（2018－2022 年)》将乡村振兴归纳为以下七个部分：壮大乡村产业、实现农业现代化、建设生态文明、繁荣乡村文化、健全乡村治

---

① 李涛：《中国乡村旅游投资发展过程及其主体特征演化》，《中国农村观察》2018 年第 4 期。

② 王新越、朱文亮：《山东省乡村旅游竞争力评价与障碍因素分析》，《地理科学》2019 年第 1 期。

③ 胡静：《旅游语境下的乡村重构》，《旅游学刊》2018 年第 7 期。

④ Briedenhann J., E Wickens, "Tourism Routes as a Tool for the Economic Development of Rural Areas-Vibrant Hope or Impossible Dream?," *Tourism Management*, 1（2004）: 71－79.

⑤ Gilbert D., Hudson S., "Tourism Demand Constraints: A Skiing Participation," *Annals of Tourism Research*, 4（2000）: 906－925.

⑥ Rasoolimanesh S. M., "Rural Destinations: Residents' Perceptions, Community Participation and Support for Tourism Development," *Tourism Management*, 60（2017）: 147－158.

⑦ Pato L., Kastenholz E., "Marketing of Rural Tourism-A Study Based on Rural Tourism Lodgings in Portugal," *Journal of Place Management and Development*, 2（2017）: 1－23.

⑧ 陆林等：《乡村旅游引导乡村振兴的研究框架与展望》，《地理研究》2019 年第 1 期。

理、保障和改善民生以及完善城乡融合。而发展乡村旅游也存在三个显著的经济效应：人口反虹吸效应、经济提振效应和基建带动效应。[①] 因此，通过梳理乡村旅游三个经济效应与乡村振兴七个部分的有机衔接，可以构建出乡村旅游助力乡村振兴的逻辑机理关系（见图10－1）。

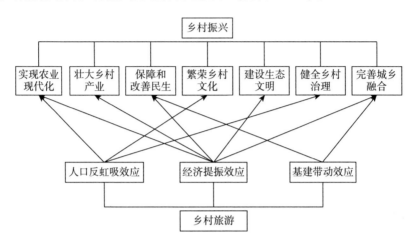

**图10－1　乡村旅游助力乡村振兴战略的逻辑衔接图**

资料来源：笔者自制。

（一）人口反虹吸效应

人口虹吸效应指的是由于核心城市的资源、就业和社会保障水平远远超过周边中小城市，造成大量中小城市和农村地区的劳动力流入核心城市的现象。[②] 在我国，长三角、珠三角、京津冀地区以及各省会城市都存在明显的人口虹吸效应。然而，人口虹吸效应在为核心城市带来人口红利的同时，也在很大程度上挤占了周边城市和农村地区的人口资源。对于城镇化建设和城乡融合而言，人口虹吸现象同样存在。大量的农村劳动力由农村转移到城市，许多农村地区已经出现劳动力空心化的现象。根据国家发改委城市和小城镇改革发展中心与中国联通智慧足迹联合组成的课题组（2019）的联合测

---

①　向延平：《乡村旅游驱动乡村振兴内在机理与动力机制研究》，《湖南社会科学》2021年第2期。

②　吕俊博、刘宏：《中国城市群房地产投资策略》，天津人民出版社，2019，第122～134页。

定，2018 年中国农村劳动力空心化率已经达到了 50%。①

　　推进乡村旅游可以产生极强的人口反虹吸效应。② 乡村振兴需要组织振兴、文化振兴和治理振兴，所有这一切都依赖于充足的人口资源。乡村旅游不仅可以有效遏制农村劳动力外流，还可以吸引外来人员到乡村从事商业活动。从逻辑机理上来说，旅游产业具有综合性产业属性，"旅游一动百业兴"。乡村旅游能够带动一二三产业的快速发展，并创造更多的就业机会。对于乡村旅游目的地的村民而言，根深蒂固的乡土情怀再加上可观的工资收入，会对其留在本村工作产生强烈的吸引力。人口的流入不仅有助于维持村落的传统人文精神，而且也能够为其注入城镇地区全新的文化要素，两者的交融发展为繁荣乡村文化提供了条件。随着人口结构和生活方式的多样化，曾经单一的乡村治理方式必将被淘汰，柔性化的、多样化的、现代化的乡村治理方式将得到发展。

　　以安徽省黟县西递村为例。1988 年，西递村劳动力外出务工人数占本村总人口的 5.7%，是所有邻近村落中比例最高的。但是，自从 1990 年发展乡村旅游后，西递村外出务工人数逐渐减少。到 2000 年，外出务工人员所占比例已经下降到 3.17%。反观附近的艾峰、源川、叶村等行政村，1996～2004 年，其外出劳动力占比分别增加了 98.33%、484%、433.33%。究其原因，"西递村民从 1996 年开始便享受西旅公司提供的门票收入分红，而目前全村至少 35 % 的村民和他们的家庭已经直接参与旅游经济活动"。③经过 30 年的发展，西递村如今已经发展成为远近闻名的历史文化名村。截至2020 年，西递村存有明、清古建筑 124 幢，祠堂 3 幢，堪称徽派古民居建筑艺术之典范。在治理方式上，为发挥"头雁"作用，西递村创新性提出"2 ＋2 ＋N"乡村治理工作法，打造乡村治理综合体，实现了多元化治理。其中，乡村旅游的人口反虹吸效应为其提供了前提条件。毕竟，没有年轻人的村落

---

① 刘爱梅：《农村空心化对乡村建设的制约与化解思路》，《东岳论丛》2021 年第 11 期。
② 李涛等：《山岳景区依托型乡村旅游就业吸附的空间特征》，《中国人口·资源与环境》2021 年第 3 期。
③ 张骁鸣、保继刚：《旅游发展与乡村劳动力回流研究——以西递村为例》，《地理科学》2009 年第 3 期。

是难以实现乡村治理现代化的，更不要提繁荣乡村文化了。

（二）经济提振效应

乡村旅游可以有效提振农村经济发展，而乡村经济的发展又能衔接乡村振兴的农业现代化、产业融合、社会保障、生态文明和城乡融合等五个领域。从逻辑机理上来说，旅游业属于第三产业，其附加值要远远高于第一产业。通过发展乡村旅游，可以在一定程度上带动休闲农业和生态农业的发展，起到"产业反哺"的作用，不仅有利于实现农业现代化，也能带动农村产业结构的升级，从而实现产业融合。乡村经济的发展也为生态文明建设提供了物质基础。生态文明建设是绿水青山和金山银山的有机结合，在农村经济得不到发展的前提下，生态文明建设无从谈起。除此之外，乡村旅游的经济提振效应还能为农村社会保障体系的完善提供强有力的支持。比如，对于医疗保障制度而言，依靠乡村旅游增产增收的村民可以在国家统一的农村医疗保险之外再购买商业保险，使自己得到更多保障。在各项指标都得到长足进展的前提下，城乡融合也就水到渠成了。

以福建省三明市泰宁县为例。2019年，该县以旅游为主导的第三产业占GDP的比重超过1/3，旅游收入在农民纯收入中占1/4，旅游从业人数占全县劳动力总数的1/5。通过发展乡村旅游业，泰宁县实现了一二三产业的深度融合。"旅游+工农业"的"五品"（饮品、食品、竹制品、保健品、矿产品）拓展链为农业生产提供了广阔的前景。在经济持续增长的基础上，泰宁县还开展了以污水垃圾治理和"厕所革命"为重点的综合整治工作。截至2019年，全县9个乡（镇）已有8个成为国家级生态乡（镇）。按照"旅游+扶贫"思路，乡村旅游带动脱贫人数超全县脱贫总数的1/3。比如崇际村成立旅游专业合作社，吸纳贫困户为社员，推出"豆腐宴"，建成大排档，年收益的20%归村集体，其余的80%扶持贫困户。乡村旅游的有序开展提高了农民的生活质量，"户户搞旅游、家家住别墅"的富裕小康村加快了城乡融合发展的步伐。①

---

① 《践行"两山"理论 助推乡村旅游发展——福建省三明市泰宁县》，中国网，http://fangtan.china.com.cn/zhuanti/2019 - 07/19/content_75010232.htm。

（三）基建带动效应

基建带动效应指的是基础设施建设的效果不仅局限于基础设施本身，而且扩张到就业、服务、社会保障、城乡融合等诸多其他领域。基础设施建设不仅有助于发展乡村旅游，而且其带动效应对实现乡村振兴战略的也多有助益。乡村旅游的繁荣发展离不开基础设施建设，公路、邮政、停车场、通信设备、交通网络等都需要完善的配备，才能促进乡村旅游的发展。基础设施建设不仅能够创造新的就业机会，吸引农村剩余劳动力就业，还能大幅度提高村风村貌和农民的生活质量，为美丽乡村建设添砖加瓦。乡村旅游的基建效应对于提高农村社会保障水平也极为关键。对于生态文明建设而言，完善的基础设施更是有助于解决农村污染处理能力低下问题，有助于打通经济发展与生态文明之间的联络线。除此之外，在公路、车站和产业园区等基础设施方面的基建带动效应更是全面加快了城乡融合的进程。

以河南省信阳市新县为例。2019 年，乡村旅游收入占全县旅游综合收入的 67%，全县旅游从业人员达到 5 万人。在旅游及相关产业的助力下，全县 32 个乡村旅游扶贫重点村的 11321 名贫困人员实现稳定脱贫，带动 22079 名贫困人员就业增收。在生态建设上，该县每年设立 1000 万元的人居环境扶持资金，用以处理农村生活垃圾、整治农村"八乱"以及污水治理等。截至 2018 年，全县共建成改善农村人居环境达标村 151 个，其中，农村人居环境示范村 76 个，建成乡村旅游生态停车场 70 个，新建和改扩建现代化公厕 380 座。通过"五个三"旅游发展模式的创新探索，2017 年和 2018 年新县连续两年被评为河南省旅游扶贫示范县和乡村振兴示范县。除此之外，新县还大力发展公共服务建设，旨在打造城乡共荣、居游一体的乡村旅游大环境，为城乡融合奠定了坚实的硬件基础。[①]

实际上，乡村旅游助力乡村振兴的逻辑机理可以归纳为两个方面：一是做大"蛋糕"；二是对"蛋糕"进行平均分配。对第一个目标而言，乡村

---

① 《点靓多彩乡村 开启振兴新篇——河南省信阳市新县》，中国网，http://fangtan.china.com. cn/zhuanti/2019 – 07/19/content_75010274. htm。

旅游有助于促进农村经济的持续增长，农民收入这块"蛋糕"自然可以做大；对于第二个目标而言，乡村旅游可以帮助中国最穷的那一部分人（农民）增加收入。在两者的结合下，不仅贫困问题可以得到有效缓解，共同富裕战略也可以取得突破。更为主要的是乡村旅游的两个目标并不矛盾，而是存在一致性，可谓是一举两得。正如2018年中央一号文件《关于实施乡村振兴战略的意见》所指出的，乡村振兴的根本是农民生活富裕，关键是人力资源充裕，重点是完善社会保障制度。显然，通过乡村旅游的辐射带动效应可以有效推动乡村振兴战略的顺利实现。

### 三　乡村旅游助力乡村振兴的现实困境

虽然乡村旅游在逻辑机理上能够与乡村振兴产生共振，但是当前的乡村旅游业还存在诸多问题，这些问题阻碍了两者之间的有机结合。按照"点、线、面"的划分逻辑，乡村旅游助力乡村振兴方面还存在微观、中观和宏观三个层面的困境。

（一）微观层面：乡村旅游市场发育不良

虽然我国乡村旅游业在20世纪90年代就已经有所发展，但是，截至目前，乡村旅游业仍然存在市场发育不良的弊病。总结来看，这种发育不良主要表现为以下几个方面。

第一，市场秩序混乱。当地村民很难有序进入旅游市场，而且即便是进入市场，也存在乱占、乱建、乱卖等扰乱市场秩序的行为。第二，经营理念落后。乡村旅游业的市场参与者主要是当地村民和私人承包者，缺乏专业的旅游人才，这就导致乡村旅游的经营理念较为滞后，且多以短期性目标为主，缺乏长期的可持续发展规划。第三，抗风险能力弱。乡村旅游主要依靠某一自然村落、名胜古迹或者自然风光展开，天然存在市场规模小的问题，一旦发生较为严重的外部不利冲击，乡村旅游业往往会面临"灭顶之灾"。第四，同质化竞争严重。乡村旅游市场进入门槛较低，在利益的驱使下，同一地区的其他村落往往会模仿旅游业发展好的邻村。由于村落之间的地理风貌和文化背景几乎相同，造成了旅游同质化竞争严重。

新开发的乡村旅游不是吸引了更多的外地游客，而是截流了原本属于本区域其他景区的游客。第五，基础设施建设落后。乡村旅游开发地区往往是位置偏僻的偏远农村，其基础设施本就极为落后，即便在乡村旅游的刺激下取得了一些进步，但是相较于大旅游景区和城市旅游景点，乡村旅游业的基础设施建设仍然存在很大的提升空间。第六，激励机制缺陷。激励机制缺陷主要是指一些乡村旅游未将当地村民纳入分红范围，从而呈现经营和参与"两张皮"的现象。由于村民无法从市场经营中获益，经营者和市场参与者的矛盾无法有效化解，原本应当是乡村旅游助力的当地村民反而成了制约因素。

以河南省新乡市南太行旅游有限公司为例。其下辖郭亮、南坪、八里沟、关山等诸多景点。在 2021 年"五一"劳动节期间，当地旅游综合收入达到了 2764.25 万元。然而，受新冠疫情防控政策和强对流天气的影响，近两年的旅游业经营十分惨淡，仅 2021 年就闭园 5 次之多。实际上，在新冠疫情流行之前，该地区的乡村旅游就已暴露出诸多问题。由于村民不能直接参与年终分红，也不能参与乡村旅游的管理，导致黑车司机、欺瞒游客、乱占乱摆、违规开发等问题多发。加之经营理念落后，乡村旅游缺乏统一的旅游规划，致使当地相关产业出现"野蛮生长"局面。餐饮住宿业疯狂扩张，农业几乎被完全抛弃，乱占乱建的问题更是屡禁不止。除此之外，在基础设施建设方面，如电信、公路、停车场、公共交通等建设相对滞后。物流快递只能送到最近的镇上，无法在旅游景区内的行政村派送，这制约了乡村旅游业的发展壮大。在利益的驱使下，该地区旅游景点之间相互模仿，自主创新能力不足，使得该地区乡村旅游业的核心竞争力在不断衰弱。

当然，上述案例只是庞大旅游市场的一个缩影。在地大物博的中国大地上，乡村旅游存在着各种各样的问题。可以断定的是，我国的乡村旅游业发展仍处于成长阶段，距离成熟和完善还有相当大的一段距离。在乡村振兴战略背景下，乡村旅游业自身的短板将成为不确定因素，并进一步影响乡村旅游与乡村振兴之间有机衔接的路径。如乡村旅游的激励机制错位，极有可能激化村民和经营者的矛盾；而经营秩序的混乱，又将阻碍乡村振

兴的落实。面对庞杂而又多样化的问题，必须根据实际情况探索高质量发展模式，才真正有可能实现乡村旅游助力乡村振兴的应有价值。

（二）中观层面：乡村旅游产业融合路径不明朗

乡村振兴战略的一个重要支柱就是依托乡村特色优势资源构建现代乡村产业体系，实现一二三产业的深度融合。从逻辑机理上，乡村旅游有能力依靠旅游业带动一二三产业的发展。但是在实践中，要实现三者之间的深度融合却仍然存在诸多问题。

首先，乡村旅游是否有能力带动其他产业发展？依靠乡村旅游带动现代农业的发展，必须要具备一定的前提条件，即该地的农业具有特色优势或者发展前景。比如，以新干县三湖镇的特色农业旅游为例，三湖镇作为一个历史文化名镇，素来都有"小南京"和"江南橘乡"之称。由于三湖镇地理山水秀丽，红橘产量高、品种多，如"九月黄""迟红""大红袍"等都是闻名中外的柑橘品种，当地政府便充分发挥了三湖镇的特色农业优势，加快产业结构调整，推出了传统观光型农业旅游、都市科技型农业旅游、休闲度假型农业旅游等多种模式。[①] 然而，对于一些农业发展落后且没有特色产品的地区，如太行山区、大凉山区以及沂蒙山区，乡村旅游是否有必要一定要带动当地农业发展，以及如何推动当地产业融合，则是需要仔细斟酌的问题。如果搞"一刀切"的话，对于没有农业开发潜力的地区而言，势必造成旅游资源的浪费。而如果单纯发展旅游业的话，如何保障当地农民长期稳定的生活也十分棘手。最值得警惕的一种现象是：对于那些在乡村旅游发展初期完全抛弃了农业，而在乡村旅游破产之后又重新"拾起"农业的农民来说，他们有可能陷入比乡村旅游开发之前更加深度的贫困。

其次，乡村旅游如何与农业现代化并轨？农业现代化是乡村振兴战略的一个重要组成部分，而且农业现代化是作为单独的战略分支存在的。也就是说，乡村旅游和农业现代化之间不存在必然的逻辑链接。根据调研发

---

① 魏琦、张美良、邓宇翔：《基于特色农业的乡村旅游开发实证研究——以新干县三湖镇为例》，《农业考古》2009 年第 3 期。

现，国内某些地区乡村旅游业十分发达，现代农业也发展迅速，但是，两者之间的产业链并不关联。以江西省抚州市广昌县为例。广昌县素有"白莲之乡"的美誉。2020 年，广昌白莲种植面积达 11 万亩，通心白莲总产值达 7 亿元。据中国品牌建设促进会估计，广昌白莲的农产品品牌价值达到 20.52 亿元。① 2017 年，广昌县开始探索白莲种植的农业现代化道路，旨在建立"农、智、创、商、旅"五位一体的现代农业发展新模式；"公司＋基地＋专业合作社＋农户（贫困户）"的发展模式也为白莲产业的发展提供了绿色通道。但是，反观广昌县的乡村旅游业，其主要是以中央苏区"红色文化"旅游为主、自然景观与名胜古迹为辅的游览模式。虽然广昌也设立了推广生态观光游的"莲花节"，但是，每年只有三个月的莲花开放期使其带动旅游产业的效应极为有限。更为要紧的是，当地大力发展白莲种植的第一产业，很难与开展"红色旅游"的第三产业产生积极的联系。如果从逻辑机理上分析，其成因也是显而易见的。由于第一产业发展和乡村旅游都非常依赖自然要素禀赋，而要素与要素之间又不必然存在天然的关联，这就导致两者在各自发展的路径上很难实现产业的自然融合。

最后，第二产业的战略定位如何设置？乡村振兴要求一二三产业的深度融合，乡村旅游业也确实能与农业现代化建立关联。相比之下，与第二产业的融合就显得不那么必然了。考虑到农产品存在采摘周期短、保存难度大和价格波动大等特性，特意在农村地区设置完整的"农业＋工业"产业链，这虽然有利于一二产业的融合，但也有可能带来环境污染和生态文明破坏等问题。更为主要的是，在基础设施落后的农村设立企业，是否能够取得可观的效益还是两可的事情。很有可能的是，当地政府想要引进企业去农村办厂，但企业基于经济利益考虑不愿前往。如果不在农村设置第二产业，那么乡村振兴中的一二产业融合就会成为一纸空谈，而农业现代化也会因为得不到工业支持而步履维艰。如此，乡村旅游业也会在其他产业发展不利的情况下逐渐进入"一家独大"的单一发展模式。这不仅与我

---

① 《"广昌白莲"入选"超 10 亿"农产品地域品牌》，广昌县融媒体中心网站，http://www.jxgc.gov.cn/art/2020/11/19/art_2696_3586546.html。

国当前全域旅游的发展模式相悖，也是一种不可持续的发展模式。从中央政策来看，乡村振兴需要发展第二产业，但是，如何设置第二产业，设置什么类型的第二产业，三产之间如何配合才能相得益彰，却是需要依据各地实际情况制定详细的相应对策。

实际上，乡村旅游的产业融合并不存在固定的模式。在各地情况差异较大的背景下，乡村振兴的发展路径也是千差万别，"一刀切"的发展模式是断然不可行的。因为，不是所有的乡村都能（需要）振兴，也不是所有的乡村都能（需要）依靠乡村旅游振兴，更不是所有的乡村都能（需要）走向城镇化，某些乡村注定是要走向衰落的。那些藏在大山深处、荒无人烟、交通极其不便、不具有开发价值的乡村注定会在中国的城市化和工业化浪潮中逐渐消失。

（三）宏观层面：乡村旅游与其他国家战略衔接不系统

为解决农村衰落、贫富差距等问题，我国连续出台了乡村振兴、双循环发展格局、精准扶贫、共同富裕和科技驱动发展战略。虽然这些战略的最终目标都是促进中国经济的高质量发展，但是，在实行过程中难免存在政策衔接不足的问题。就目前来看，中央已经明确了加强精准扶贫与乡村振兴战略衔接的研究，但是，其他战略之间的相关关系尚未得到系统论证。

对于乡村旅游而言，上述论证脱节的现象同样存在。仅就乡村旅游与乡村振兴的关系来看，两者之间就存在微观和中观层面衔接不足的问题。若将视野扩展到其他领域，这种衔接不足的问题更为明显。比如，就乡村旅游和精准扶贫而言，两者之间如何进行衔接，这不仅在理论上难以得到系统论证，而且在实践中也无法得到切实执行。究其原因，乡村旅游是一个以市场经济发挥主体作用的领域，而精准扶贫是一个以政府干预发挥主体作用的领域。如果政府为了精准扶贫而过多干预乡村旅游市场的运转，势必造成旅游市场秩序的混乱和经济运行的无效率。相反，如果完全任由市场经济发挥精准扶贫的作用，而放弃政府的适度干预，那么原本就处于弱势地位的贫困户会更难以获得市场优势地位，其脱贫也就遥遥无期了。

除此之外，乡村旅游与其他发展战略的衔接不足不仅存在于横向层面，也存在于纵向层面。也就是说，即便在横向上已经论证了乡村旅游与其他战略的逻辑自洽关系，但在实际执行过程中，也可能因为各个地区的发展状况不一致而出现瑕疵。比如，就乡村旅游和共同富裕而言。在横向逻辑机理上，乡村旅游将带动农村地区收入的增长，并进一步缩小城乡贫富差距，两者之间的战略目标是一致的。但是，在现实生活中，某些农村地区（如西北山区）的内部贫富差距是较小的，另一些农村地区（如东南沿海）的内部贫富差距却是较大的。对前者而言，乡村旅游的开展可以整体提高当地的居民收入，缩小当地的城乡贫富差距。然而，对于后者而言，乡村旅游的开展极有可能令当地的富人获益更多，穷人获益更少，反而扩大了农村内部贫富差距。所以，如何解决现实中的多重问题仍然需要进一步的研究论证。

实际上，虽然我国的各项战略在整体上是相互协调的，但是在具体执行过程中，各个步骤之间的配合还需要进一步细化，各项战略的有效衔接还需要加强。否则，很有可能因为规划不足和执行力不足，而使高屋建瓴的顶层设计实施效果大打折扣。

## 四　乡村旅游助力乡村振兴的困境破解

虽然乡村旅游存在的问题极为繁杂且细微，但是，从整体角度出发，我们依然可以对其共性问题进行归纳和总结。值得注意的是，这种归纳总结并不是制定具体的实施方案，而更多是作为一种有益的逻辑思路与参照标准来讨论的。

（一）微观层面：以市场培育为核心，探索高质量可持续发展模式

乡村旅游助力乡村振兴的核心在于培育健全的市场秩序，只有完善的市场秩序，才能保证乡村旅游的高质量发展，也才能真正为全面推动乡村振兴助力。结合乡村旅游发展微观层面存在的问题，其突破路径可分为以下几个方面。

1. 探索激励相容的乡村旅游经营模式

乡村旅游的发展不仅是为了发展第三产业，更主要的是能够让这一产业惠及于民、惠及于村、惠及于农。这就决定了乡村旅游的经营需要农民的多维参与。在经营模式上，目前的乡村旅游主要有三种：私营模式、国营模式和混合经营模式。然而，无论何种模式，探索以激励相容为原则的经营体制都是必不可少的环节。那些完全排除农民参与、完全垄断利润、最大限度利用农村资源的同时却又不给予农民反馈的经营模式一定是无法持续的。"水能载舟，亦能覆舟"，激励相容的经营体制能最大限度地调动农民参与发展乡村旅游的积极性，而激励不相容的经营体制必定会产生旅游管理混乱和旅游市场畸形发展的问题。

2. 严格规范市场秩序

就目前来看，乡村旅游市场的发展程度远远不够，许多地区还处于初步探索阶段。与之相伴生的违反市场秩序的情况时有发生。为应对这一问题，各地政府需要依法出台相关的政策文件，对乡村旅游中扰乱市场秩序的行为进行严格规范。这不仅有助于解决市场发展初期存在的盲目性和滞后性问题，而且能够推动乡村旅游高质量发展并树立口碑和信誉。需要注意的是，工作人员在执行公务的时候，需要柔化执法方式和力度。这是因为一方面，农民的文化素质和知识结构普遍不高，对某些政策法规并不能完全理解，如果一味地从严执法，很容易激起官民矛盾；另一方面，农民在我国社会中的地位本来就较弱，如果不对公务人员手中的执法权力严格限制，很容易导致超限度执法情况的发生，这反而不利于旅游市场良好秩序的建立。

3. 培育专业的市场主体

在乡村旅游市场中，农民是主要的参与者。然而，农民由"日出而作，日落而息"的农耕生活倏然间变为熙来攘往的商业生活，会经历很长一段时间的调整期。由于专业知识和专业人才的匮乏，在这段时期内乡村旅游业市场往往会出现无序、恶性竞争的现象。为解决这一问题，地方政府或者旅游管理者有必要为乡村旅游从业人员开展相关的培训。这种培训不仅要针对景区经营者和工作人员展开，更要针对从事餐饮、住宿以及零售业的当地村民展开。培训的内容不仅包括专业技术知识，而且应该进行当地特有文化和旅游精神的教育。培训方式可以借助当前极为方便的线上模式，比如腾讯会议、钉钉、云朵课堂等，这在很大程度上可以降低培训成本。

**4. 做好旅游规划，避免同质竞争**

受制于市场主体专业知识的匮乏，乡村旅游的发展往往存在"模仿大于创新"的特点，这就产生了同质竞争问题。为解决这一问题，当地旅游部门需要编制整体旅游发展规划，并每年出具乡村旅游发展评估报告。编制旅游规划的目的在于针对不同地区的人文地理特点，有目的地引导和鼓励不同特色的乡村旅游发展模式，而不是由市场自发演化成为高度同质竞争的局面；出具评估报告还可以动态跟踪乡村旅游发展状态，并为乡村旅游景区的良性发展提供建议，以避免出现旅游资源过度损耗的问题。上述弊病仅靠市场调节是无法完全解决的。"优胜劣汰"不仅需要经历长时间的调整过程，而且很可能会损害本就弱势的农民利益，故此，积极发挥政府应有的作用能够在很大程度上避免上述问题的发生。

**5. 提防短视行为，维护生态安全**

乡村旅游的发展是以经济利益为导向的，这很容易引起短视行为的发生。尤其是在乡村旅游发展初期，基础设施建设、餐饮住宿发展、旅游资源开发等几乎都呈现粗放式经营的特点。由于农村缺乏相对完善的垃圾污染处理能力，生态循环和恢复将会极其缓慢。因此，积少成多的污染和"竭泽而渔"式的开发很有可能造成永久性的生态损害。乡村旅游的发展绝对不能以牺牲生态环境为代价。为解决这一问题，政府需要建立完善的环境评估体制，加强环境治理力度，避免重蹈"先污染、后治理"模式的覆辙；景区管理者需要构建生态保护与经济利益的关联指标，将两者发展保持在相对均衡的范围内；景区参与者（经营者和游客）需要提高生态保护意识，构建基于市场主体内部的自我约束机制。

**6. 完善旅游项目，探索高质量可持续发展模式**

乡村旅游主要是依托自然资源，较为缺乏人文资源，这就造成了乡村旅游的季节性特征突出。到了旅游淡季，乡村旅游业的经营状况往往十分惨淡。此时，当地一些村民会选择外出务工来补贴家用。如果碰到不利的外部冲击，他们甚至会选择常年在外打工的方式增加收入。这不仅不利于乡村旅游业的可持续发展，更无法实现乡村振兴的战略目标。为解决这一问题，乡村旅游业应当完善旅游项目，整合社会资源，发展相关产业，做好旅游配套服务等，这就是中央提出的"全域旅游"概念。努力做到在旺季能够使农民增加收入，在淡季也能使农民维持收入。即便是发生了不利的经济冲击，农民也可以就近到其他产业部门工作，而无须为养家糊口背井离乡地奔赴其他城市。

总的来说，乡村旅游的微观层面需要培育完善的市场秩序、专业的市场主体和良性的市场发展模式。这不仅需要制定相关的法律规范做支撑，也需要地方政府发挥一定的积极作用，以市场培育为核心，探索高质量的可持续发展模式，最大限度地促进乡村振兴战略的贯彻落实。

（二）中观层面：积极发挥政府作用，引导一二三产业有机融合

不同于微观层面以市场培育为核心，中观层面的产业融合还需要发挥政府的产业引导作用。考虑到乡村旅游的产业融合路径存在不明朗的问题，政府需要在以下几个方面发挥作用。

1. 制定详细的乡村旅游产业发展规划

具体而言，该产业规划需要回答以下三个问题：第一，乡村旅游是否适合带动当地一二产业的发展。针对不具有农业特色和发展潜力的第一产业，三产融合是不必要的。若强行进行产业融合，只会浪费有限的旅游资源。针对具备农业特色和发展潜力的第一产业，三产融合就是一条可行的发展路径。但是，无论是否采取产业融合的战略，发展规划都需要对其进行详细的可行性论证。第二，如何实现第三产业和第一产业的融合。乡村旅游引导产业融合的第一步是与农业的融合。其中，尤其要注意乡村旅游与农业现代化战略的衔接，以求做到双赢。第三，如何实现与第二产业的融合。虽然与第二产业的融合是最后考虑的，却又是至关重要的。衔接紧密的第二产业固然能同时促进一三产业的发展，但是，衔接不好的第二产

业不仅不能促进经济的发展，而且有可能造成环境污染、资源浪费和效益受损。因此，如何利用当地的农业资源，积极开展特色农产品加工产业，进而构建一二三产有序衔接的产业链条，就成为乡村旅游促进产业融合需要解决的关键问题。

2. 发挥政府的产业融合引导作用

如上所述，在乡村旅游发展过程中，第二产业的融合是极为困难的一环。在农村地区，农民本就是从事农业生产的，开展乡村旅游可以积极发展第三产业，但是由于信息不对称，无论是农民还是旅游经营者都很难有能力吸引企业来此投资设厂。在现实调研中，某些偏远地区甚至还在依靠"二道贩子"售卖粮食。为解决这一问题，地方政府应承担起引导和促进产业融合的责任。这种引导和促进主要表现在以下四个方面：一是规划作用，通过制定产业规划，引导三产之间有目的地进行产业融合，而不是三产之间进行无序的产业扩张；二是激励作用，针对第一产业和第二产业，地方政府可以通过设置专项资金和财税政策来进行效用激励，提高农业现代化和第二产业发展的积极性；三是服务作用，依靠政府手中较为广泛的社会资源，积极招商引资，为第二产业进入农村提供更为便利的条件；四是规范作用，健全乡村旅游中产业融合的监管体系，对农业现代化建设和轻工业发展中产生环境污染、资源过度利用以及土地非农化等一系列短视行为进行及时纠正，维护乡村旅游市场的发展秩序。

综上可知，中观层面的乡村旅游突破路径更加依赖政府的作用，而不像微观层面一样更依赖市场自发调节。其原因仍在于市场经济存在难以克服的失灵问题。在乡村振兴和共同富裕的战略背景下，政府的参与是乡村旅游高质量发展的必然要求。探索有效市场和有为政府的有机结合，不仅能够解决乡村旅游发展的问题，更能为乡村振兴的开展保驾护航。

（三）宏观层面：因地制宜地论证各项战略的有效衔接路径

为解决最近出现的各种经济难题，我国相继出台了供给侧改革、乡村振兴、精准扶贫、双循环、共同富裕等多项国家战略。从整体而言，国家实施各项战略的意图十分明显，即保持经济的稳定发展、安全发展和高质

量发展。但是，国家政策是一种高屋建瓴的制度设计，在各层面具体实施的路径上仍存在较大差别。

乡村旅游同样不能脱离国家其他战略而单独存在。本文就是对乡村旅游衔接乡村振兴的路径所做的讨论。实际上，乡村旅游不仅与乡村振兴存在逻辑衔接，与扩大内需、共同富裕和供给侧改革也存在紧密的逻辑联系。地方政府作为国家各项战略的最终执行者，直接决定了各项战略的实施效果。与此同时，国家战略又是全局性的政策，并不能生搬硬套地解决所有具体的问题。这就需要地方政府因地制宜地制定符合本地实际情况的战略衔接规划。

一言以蔽之，微观层面是以市场经济为核心，中观层面是以有效市场和有为政府的有机结合为核心，宏观层面则是以政府为核心。不能寄希望于经营者、游客、企业等市场主体在追求个人利益的同时，还能高屋建瓴地思考国家战略衔接。因此，这一重任自然而然地落到了地方政府身上。需要注意的是，政府在履行这一职责时，不能采取强制执行的"一刀切"措施，而是应当做好产业规划和政策引导，在激发市场经济活力的同时，兼顾国家各项战略的配套执行。

乡村旅游和乡村振兴之间存在清晰的逻辑衔接关系。乡村旅游的人口反虹吸效应、经济提振效应和基建带动效应与乡村振兴的各个组成部分形成直接映射关系。但是，乡村旅游在助力乡村振兴的过程中也存在诸多不足之处。微观层面的市场发育不足、中观层面的产业融合不明朗、宏观层面的战略衔接不系统，都是制约乡村振兴战略深入开展的阻力。为解决这一问题，可以在微观层面以市场培育为核心，依靠市场经济的活力，进一步带动乡村旅游的高质量可持续发展；在中观层面依靠有效市场和有为政府的双动力，构建一二三产业有机融合的乡村旅游发展模式；在宏观层面以地方政府为中心，对各项国家战略有机衔接的具体路径因地制宜地进行详细论证。通过多层次的有效配合，达到乡村旅游助力乡村振兴有的放矢、精准对接和全面实现的最终目的。

## 第二节　平原县区乡村旅游助推乡村振兴的
## 模式与路径研究

### ——以新乡长垣市为例

实施乡村振兴，坚持农业农村优先发展，按照产业兴旺、生态宜居、乡风文明、治理有效、生活富裕的总体要求建立健全城乡融合发展体制机制和政策体系，加快推进农业农村现代化，就必须大力发展乡村旅游，通过旅游资源要素配置不断向"三农"倾斜，通过城乡融合、农旅融合补短板、强弱项，为推动农业农村现代化发展做出贡献。乡村旅游产业是落实乡村振兴的有效手段，是推动全域旅游发展的重要抓手，在促进消费升级、富民强县等方面具有重要作用。为了更好地解决乡村旅游发展问题，应借鉴其他地方的发展经验，提出解决问题的方法，从而更好地促进乡村旅游业的发展。[①]

有别于山区和边境民族地区，平原地区的乡村旅游发展具有自身独特的发展模式。为此，以平原县区为例，详细讨论新乡长垣市乡村旅游助力乡村振兴的发展模式。

### 一　平原地区乡村旅游助力乡村振兴的理论逻辑

乡村旅游是以旅游度假为宗旨，以村庄田野为空间，以人文无干扰、生态无破坏为基调，以游居和户外行为特色的乡村旅游形式。[②] 2022 年中央一号文件中有两大重点是关于乡村的，分别是乡村发展和乡村建设。[③] 乡村发展包括发展农产品加工、乡村休闲旅游、农村电商等产业。其中促进乡村休闲旅游包括：支持农民直接经营或参与经营乡村民宿、农家乐特色村

---

① 魏玮：《乡村振兴背景下乡村旅游研究》，《黑龙江科学》2022 年第 18 期。

② 左芬、郭璇瑄：《文旅融合背景下高职旅游人才培养与旅游产业融合发展研究》，《长春师范大学学报》2022 年第 1 期。

③ 《中共中央、国务院关于做好 2022 年全面推进乡村振兴重点工作的意见》，中国政府网，http://www.gov.cn/zhengce/2022 – 02/22/content_5675035.htm。

（点）；促进农副产品直播带货规范健康发展；促进农民就地就近就业创业；实施县域农民工市民化质量提升行动；构建以国家公园为主体的自然保护地体系。乡村建设包括落实乡村振兴为农民而兴、乡村建设为农民而建的要求，坚持自下而上、村民自治、农民参与。其内容包括：坚持数量服从质量、进度服从实效，把握乡村建设时效；立足村庄现有基础开展乡村建设，不盲目拆旧村、建新村，不超越发展阶段搞大融资、大开发、大建设，避免无效投入造成浪费，防范村级债务风险；保护特色民族村寨；加强农民数字素养与技能培训，着眼解决实际问题，拓展农业农村大数据应用场景；实施新一轮学前教育行动计划，多渠道加快农村普惠性学前教育资源建设，办好特殊教育；实施医保按总额付费，加强监督考核，实现结余留用、合理超支分担。可见，乡村建设本身也为乡村旅游的发展做了铺垫。

乡村振兴战略坚持农业农村优先发展，按照产业兴旺、生态宜居、乡风文明、治理有效、生活富裕的总要求，建立健全城乡融合发展体制机制和政策体系，统筹推进农村经济建设、政治建设、文化建设、社会建设、生态文明建设和党的建设，加快推进乡村治理体系和治理能力现代化，加快推进农业农村现代化，走中国特色社会主义乡村振兴道路，让农业成为有奔头的产业，让农民成为有吸引力的职业，让农村成为安居乐业的美丽家园。乡村旅游丰富了乡村振兴的具体内容，有利于解决"三农"问题，为乡村振兴的实现奠定基础。乡村振兴是乡村产业、人才、文化、生态、组织的全面振兴，与乡村旅游的结合还能够促进乡村共同富裕的实现。

## 二 长垣市基本现状

长垣市位于河南省东北部、新乡市的东部，系黄河流域冲积平原的一部分，东临黄河，境内无山，地势平缓，为典型的豫北平原地区。长垣市按照全域旅游发展理念，依托生态水系等自然景观以及历史文化资源，以优越生态环境为基底，以地方文化为灵魂，借助黄河水土的原生原景、繁荣多样化的主题村镇，打造集乡村旅游、文化体验、主题娱乐、休闲度假

功能于一体的，居民、游客宜居宜游的中原黄河风情旅游目的地。[①] 2022 年
8 月，长垣市入选河南省首批"非遗助力乡村振兴"试点市；2022 年 10 月
8 日，长垣市入选 2022 年国家乡村振兴示范县创建名单。

## 三　长垣乡村旅游助力乡村振兴的基本经验

（一）打造文旅品牌

打造一批立得住、叫得响、传得开的文旅品牌，以吸引游客为第一目
标，切实提升发展质量，让长垣文旅之名传播得更远。长垣已被纳入省级
旅游标准化示范市、省级文化和旅游消费示范市创建地区。长垣结合乡村
振兴整合乡村旅游资源，提升乡村旅游品牌，拓展乡村旅游产业链，打造
黄河文化廊道文化旅游品牌；谋划推出起重设备、防腐材料、卫材等工业
品牌；整合水系、湿地、公园、林带等生态资源，结合水系文化脉络，推
出"水润珍珠链"生态品牌；发展休闲运动体育品牌；擦亮"厨师之乡"
"中华美食名城"招牌，发展筵席品牌。通过品牌打造，精选市场前景好、
受欢迎的旅游点位，将其发展成为旅游业态的核心点位，并对各点位进行
严格筛选、串联，重点推出近郊游、一日游、周末游等旅游线路，对外进
行包装宣传，实现"引客入长"。

（二）发展生态乡村旅游

以乡村振兴示范村为突破口，不断完善旅游服务功能，着力改善环境，
建设卫生、停车场、旅游厕所、供水供电等设施，打造美丽休闲乡村。大
浪口、东赵堤、云寨、官路西、伯玉、米屯等乡村成功创建省级乡村旅游
特色村，赵堤镇、南蒲街道、丁栾镇成功创建省级特色生态旅游示范镇。
不断丰富乡村文旅业态，依托部分乡村旅游景点发展夜集夜市文化，打造
体验性夜经济集聚区。

（三）创新文旅融合

抓住旅游产业转型升级的机遇期和文旅融合发展的窗口期，按照"以

---

[①] 崔戎：《基于弹性景观理念的湿地公园规划设计研究——以长垣王家潭湿地公园为例》，北京林业大学硕士学位论文，2021。

旅彰文，以文促旅"的理念，用文化提升旅游内涵。深挖以黄河文化为统领的长垣地方文化，整合君子文化、烹饪文化、民俗文化、红色文化、历史名人文化、改革开放奋斗文化等，通过"文旅云"平台，运用影视、文章、图片、音乐等形式，讲好黄河故事，并依托黄河风情景观带建设黄河观赏点、黄河文化展示馆，重现黄河水利文化。

（四）助力产业融合[①]

作为乡村产业振兴的代表性产业之一，全域旅游也是一二三产业融合发展的缩影。立足于一产基础，即有乡村绿色农业产品作支撑；基于一产延伸，发展地方特色农牧产品加工业，通过二产将农产品转变成旅游商品；顺延产业链，发展乡村特色餐饮与乡间民宿，以乡村旅游为第三产业发展开辟广阔市场。正是因为在乡村旅游中形成一二三产业融合发展的特殊业态，使乡村旅游具有稳定的可持续性，成为乡村产业振兴的重要模式之一。

（五）建立多元投入机制

组建文化旅游发展投融资平台，统筹整合项目资金和财政资金，设立"5个1000万元"的产业发展引导资金，鼓励乡村利用自有资金发展旅游，支持工商资本下乡兴旅，实现政府筹资、部门争资、招商引资、市场融资、民间注资"多轮驱动"。对重大文化旅游项目招商采取"一事一议"的弹性引进制度，鼓励各类资本、人才等参与旅游开发，为文旅融合提供强有力的投资与人才资源支撑。

（六）非遗助力乡村振兴

近年来，长垣大力开展"非遗进景区""非遗进民宿""非遗主题旅游线路"等，探索"非遗+旅游"发展新路径，特别是在"黄河非遗·点亮老家河南"青年乡村营造行动中，长垣市官路西村入选全省"黄河非遗·点亮老家河南"青年乡村营造行动遴选营地。在巩固前期成果的基础上，长垣重点抓好非遗工坊建设，会同人社部门、乡村振兴部门共同认定非遗工坊，开展技能培训，广泛吸纳就业；抓好传统工艺振兴，融入创意，推出一批体现本地特色、多元一体的非遗系列文化IP，实现传统工艺创造性

---

① 张占仓：《河南省丘陵山区县域全域旅游发展模式研究》，《中州学刊》2021年第4期。

转化、创新性发展；继续抓好"非遗点亮计划"实施行动，引入优质团队，以当地非遗元素为内容，开展创意设计，提升乡土文化内涵。

### 四 未来发展方向

一是树立创新发展理念。持续推进黄河流域生态保护与高质量发展、文旅文创融合等重大战略，以塑造"行走河南读懂中国"品牌为抓手，全力落实文化旅游产业高质量发展的各项任务。二是做好服务指导。对目前出现的问题以指导发展为基础，文化旅游局切实做好乡村旅游发展的坚强后盾。三是丰富旅游项目。依据地方特点，发展多种形式的旅游项目、乡村餐饮，给游客带来新鲜感、幸福感，进一步打造长垣旅游文化IP。四是加大文化遗产保护力度。做好非物质文化遗产的传承，积极申报新乡市第六批市级非物质文化遗产项目。为活化非遗传承成果，开展第五批县级非物质文化遗产代表性项目推荐申报工作。五是优化文旅融合品牌。以塑造"行走河南读懂中国"品牌为发展统领，创新文旅产业，加快推进豫菜振兴，不断完善现代公共文化服务体系，使文旅文创深度融合发展取得新成果，将长垣市打造成为中原黄河风情旅行目的地。

## 第三节 丘陵山区乡村旅游助力乡村振兴的模式、困境与对策研究

### ——以洛阳栾川县为例

乡村是具有自然、社会、经济特征的地域综合体，兼具生产、生活、生态、文化等多重功能，与城镇互促互进、共生共存，共同构成人类活动的主要空间。乡村兴则国家兴。我国人民日益增长的美好生活需要和不平衡不充分发展之间的矛盾在乡村最为突出，我国仍处于社会主义初级阶段，它的特征在很大程度上表现在乡村。全面建成小康社会和全面建设社会主义现代化强国，最艰巨、最繁重的任务在农村，最广泛、最深厚的基础在农村，最大的潜力和后劲也在农村。实施乡村振兴战略是解决新时代我国

社会主要矛盾、实现"两个一百年"奋斗目标和中华民族伟大复兴中国梦的必然要求，具有重大现实意义和深远历史意义。[①] 作为中国乡村振兴的典型代表之一，丘陵山区的乡村旅游发展模式具有可借鉴的价值。因此，本部分以豫西地区洛阳栾川县为例，详细研究乡村旅游在其乡村振兴中的作用和发展模式，以期为相关研究提供经验借鉴。

## 一 河南省栾川县乡村旅游发展现状

栾川县位于河南省西部，东与嵩县毗邻，西与卢氏接壤，南与西峡抵足，北与洛宁摩肩，总面积2477平方公里，素有"四河三山两道川、九山半水半分田"之称。栾川县境内拥有老君山、鸡冠洞、龙峪湾、重渡沟、养子沟、伏牛山滑雪场、抱犊寨等10个国家4A级以上旅游景区和10余个非A级旅游景区，初步形成了老君山山水游、龙峪湾森林游、鸡冠洞溶洞游、重渡沟农家游、养子沟休闲游、九龙山温泉游、伏牛山滑雪游、抱犊寨红色游组成的业态多元、体验丰富、特色各异的全域旅游格局。栾川县是首批中国旅游强县，先后获得"世界十大乡村度假胜地""国际乡村休闲旅游目的地""2018百佳深呼吸小城"等荣誉。截至2022年6月，栾川县因地制宜发展乡村旅游，成功地打造了游"伊水栾山"、品"栾川味道"、住"栾川山居"、购"栾川印象"、讲"栾川故事"的全域旅游产业链条，推动旅游业现代化、集约化、品质化水平全面提升，有效打通了由"绿水青山"带动"金山银山"的通道。[②]

栾川县的乡村旅游从20世纪90年代起步，经过了起步、快速发展、质量提升和改革创新四个时期，是我国农村旅游发展的重要组成部分。栾川县近年来利用自身优势，整合县域内的旅游资源，努力打造"新栾川旅居福地"名片，推动了乡村振兴的发展。栾川县目前是我国县域内A级景区最多、年游客流量最大、农家宾馆床位最多的县域之一。全县15个乡镇积

---

① 《中共中央 国务院印发〈乡村振兴战略规划（2018－2022年）〉》，《农村工作通讯》2018年9月26日。
② 田宜龙：《生态饭才是长久饭》，《河南日报》2021年8月18日。

极参与推广乡村旅游，其中有 13 个乡镇拥有景区，有 51 个村发展成为旅游专业村，每个乡镇至少有一个乡村旅游示范村和一条沟域经济示范带。截至目前，全县共有 6 家星级宾馆、1442 家农家宾馆；全县有 32000 名乡村旅游直接从业人员，带动 168000 人积极投身乡村旅游开发和建设，占全县总就业人口的 48%，极大地减轻了县域人口的就业压力。[①] 自 2017 年以来，栾川县持续打造市级沟域经济示范区，通过举办文化节和丰收节等各种活动吸引游客。同时，还在各个沟域经济示范区内大力发展种植业、养殖业，突出沟域农业特色，推动加工产业链就地转化。各个沟域经济示范区也积极扩大农家宾馆发展规模。栾川县这一举措有效带动了沟域内经济发展，促进了就业。

## 二　栾川乡村旅游模式发展历程

### （一）"快、准、狠"实现旅游业异军突起

2000 年初，面临快速兴起的假日经济，栾川县委县政府"快、准、狠"地抓住了旅游业这个冉冉升起的新产业，审时度势地提出奋斗五年创"中国旅游名县"的目标。自栾川县委县政府将旅游业确定为推动县域经济发展和增加农民收入的"一号工程"起，仅在短短五年间，栾川的旅游业就实现了异军突起，打造了一个又一个包括山水游、农家游、溶洞游、森林游、温泉游、滑雪游在内的休闲旅游品牌，实现了规模的扩大化与质量的提升。以招商引资为例，2000～2004 年，栾川共吸引县外资金 27.1 亿元，扩建宾馆饭店 28 家，其中星级饭店 4 家，另发展家庭宾馆 506 家，后者有 17000 张床位，可同时接待游客 21000 人。2005 年 3 月 19 日，"栾川模式"旅游发展研讨会在北京钓鱼台国宾馆举办。作为县一级旅游研讨会，其等级和规模可谓惊人。国家旅游局、河南省、洛阳市等众多有关领导出席了此次研讨会，并分别发表讲话；研讨会激起了来自国内及日本、韩国、加拿大、新加坡等地 40 多名专家学者的强烈兴趣；港中旅国际旅行社、国旅

---

[①] 姚方方：《河南省栾川县发展乡村旅游产业研究》，《洛阳理工学院学报》（社会科学版）2022 年第 2 期。

集团天马国际旅行社、中旅现代旅行社等 30 多家知名旅行社均派代表与会；全国 60 多家新闻媒体对研讨会进行了专题报道。2005 年 11 月 23 日，在云南昆明中国国际旅游交易会期间，国家旅游局牵头举办了"宁波经验·焦作现象·栾川模式"总结推广峰会，一时间"栾川模式"轰动全国。[①]

（二）政府、市场共同主导的乡村旅游发展阶段

从 2011 年到 2020 年，栾川以全景栾川建设为标志，积极创建国家全域旅游示范区，打造最佳旅游目的地，建设"向上向善、旅居福地"新栾川。栾川大力发展乡村旅游业，已形成旅游特色专业村 51 个，遍布栾川各个乡镇，成为游客"新宠"。"奇境栾川·自然不同"的推广语越叫越响，工作重心从建设景区延伸到打造全域旅游环境，旅游服务从抓景区服务质量转变为提升全域旅游管理服务，现在的栾川处处是景区、处处是美景。此外，栾川县以全域乡村游启动为契机，大力推介美丽乡村，以做"火"栾川乡村游，与景区形成资源互补、产业互动，开创旅游扶贫新局面。以栾川创新"旅游＋交通＋扶贫"模式为例，2017 年以来栾川连续举办三届"自驾游栾川、高速全免费"旅游公益扶贫活动，累计接待游客 395 万人次，实现旅游综合收入 26.3 亿元。2016 年国家旅游局将栾川做法总结为"全域景区发展型"，作为全域旅游五种典型模式之一；2019 年栾川全县接待游客1638.1 万人次，实现旅游总收入 96.3 亿元，成为中国旅游强县、全省唯一的生态文明建设示范县。

（三）栾川模式的系统总结

栾川模式是河南省国家级贫困县栾川县 21 世纪初大力发展旅游探索出的经验总结，是贫困地区发展旅游的经验。2005 年栾川模式和宁波经验、焦作现象被并称为中国发展旅游的三大模式。"栾川模式"的主要内容是"政府主导、部门联动、市场运作、产业化发展"，这也是我国乡村旅游发展的主要内容。[②] 然而，随着全国乡村旅游的快速发展，"栾川模式"也渐

---

① 陶梦迪：《平顶山市鲁山县生态旅游模式研究》，河南科技大学博士学位论文，2020。

② 李晓愚：《乡村旅游转型提升之路探索——以河南省栾川县为例》，《农业经济》2022 年第4 期。

渐显露出其不足之处。一是文化底蕴浅薄，需要进一步发展和提高；二是投资以政府为主，以市场为导向的运营机制尚不健全；三是缺乏多元化的产品，这对可持续发展不利。经过不断总结和摸索，栾川县在贯彻新发展理念、吸取经验教训的基础上，提出了"全景栾川"乡村旅游发展模式。"全景栾川"的内容是："旅游引领，融合发展，产业集聚，全景栾川"，以此为基础，促进县域经济的可持续发展。

栾川模式的主要做法是以旅游经济带动县域经济发展，以旅游经济带动生态建设和社会建设，进而促进县域经济可持续发展。这种模式最大的优点是充分利用了政府、企业和农户之间的资源配置优势，把政府和企业的优势结合起来，把政府的"有形之手"与企业或农户的"无形之手"结合起来。在此基础上产生了三种模式：一是以政府为主导的资源配置模式，即地方政府通过招商引资、政策优惠等手段吸引民营资本参与旅游产业开发；二是以企业为主导的生产运营模式，即以旅游龙头骨干企业为依托开展生产经营活动及相应技术服务，形成了旅游产业链上各个环节、各项服务内容的一体化经营；三是以农户为主导的利益分配模式，即通过"旅游＋"与农户建立利益联结机制，使旅游产业开发与农村产业结构调整相结合，让农民分享旅游业发展带来的收益。

## 三　乡村旅游促进乡村振兴的"栾川模式"

### （一）旅游商品营销

近年来栾川倾力打造"栾川印象"区域农产品品牌，拓展乡村旅游品牌建设思路，把特色农产品转化为旅游产品。[①] 想要把农产品卖出去，首先要把旅游搞上去，要先从乡村旅游营销入手。在政府的支持下，成立旅游运营规划公司和"全景栾川"的官方媒体——"一网双微"，即一个网站和微博、微信号。栾川作为一个标准的乡村旅游目的地，旅游景区和旅游村庄比较多，每年前来旅游的不少于1000万人次，针对这1000万人次打造栾

---

① 姚方方：《河南省栾川县发展乡村旅游产业研究》，《洛阳理工学院学报》（社会科学版）2022年第2期。

川特有的旅游商品品牌，对本地的经济发展做出了一定的贡献。在旅游产业购物环节，栾川明白自己的优劣势，因此不向外营销产品，而是注重围绕来本地旅游的游客做文章。所以本地的香菇、木耳、玉米糁、豆腐等都已经成为旅游业小圈子的知名品牌。在政府和官媒的指导下，当地企业接通 OTA、经营电商平台来推销本地商品，并在此基础上形成了旅游商品研发、生产、销售和服务的产业链，打响了自己的特色农产品品牌。栾川县将农业的文化基因注入农产品，并将其转化成具有创意价值的商品和旅游产品，为乡村旅游产业的发展做出了有益的尝试。

（二）坚持创新发展

第一，以高速公路免费吸引游客。2017～2019 年，栾川县实施了"旅游＋交通"模式，以提高栾川的乡村旅游品牌知名度。栾川县没有高铁，交通比较闭塞，河南人口基数大，因此省内游客是主要客源，而省内游客往往会选择自驾游，所以高速免费这一举措能够为栾川吸引大量的游客。2017 年，在首次高速免费的 20 天，还同时推出了汽车油价打折、农家宾馆半价等政策，吸引了大量游客。第二，借助媒体和互联网扩大宣传。自2020 年起，旅游行业受新冠疫情影响比较严重，栾川县创新思路，利用抖音、快手等大力宣传栾川的美丽风光，以吸引更多的游客；邀请了一些新媒体达人、旅游博主，利用短视频、直播带货、视频文案等形式为栾川的老君山进行宣传；同时还推出了"网红打卡地""最美乡村"等活动，带动了栾川旅游的发展。第三，广泛招商引资。栾川县观光旅游项目比较多，通过招商引资，使栾川除了观光项目还有度假、休闲等旅游项目，并且加大对景区软硬件设施的改造，从而提高了景区形象和旅游品质，增加了乡村旅游的吸引力，带动了经济发展。

（三）增加对旅游扶贫的投资

栾川县把乡村旅游发展作为扶贫的一项重要举措，通过服务技能培训和改善农村居民住房条件，带动贫困群众实现脱贫致富。栾川县财政投入大量资金发展对贫困户的技能培训、基础设施改造、闲置土地改造三个旅游扶贫项目。2018 年 9 月，重渡沟旅游减贫模式入选世界旅游联盟旅游减贫案例。栾川县因开展"全域旅游"帮助贫困地区实现脱贫，2019 年 3 月被评为全国"精准扶贫"典型案例。乡村旅游产业也成为栾川打赢脱贫攻坚战、全面建成小康社会的重要保障。[①]

（四）发挥产业联动效应

第一，乡村旅游带动农业的发展。目前，旅游休闲观光农业发展迅猛，栾川县在提升重点旅游景点质量的同时，在旅游景区周围开发了各种旅游休闲观光农业，让游客可以在旅游景点中欣赏到如诗如画的农作物生长场景。这样栾川更成为众多游客的首选之地，大大延长了栾川乡村旅游的观光链条，为当地的旅游业带来了巨大的收益。第二，乡村旅游促进栾川基础设施建设。游客到栾川的第一站通常是栾川县城，所以栾川县城的面貌与栾川的形象息息相关。自 2005 年以来，栾川县一直在大力推进县城的建设，包括交通、娱乐设施等建设。与此同时，栾川周围的山体也被点亮，现在栾川的夜晚是一片五颜六色、美轮美奂的景色，县城也成为游客必去的景点，全县已有 14 个乡镇被打造成旅游特色小镇。第三，乡村旅游带动市场需求。大力发展具有积极意义的夜文化、夜消费、夜休闲活动，营造"夜经济"环境，丰富文化旅游消费的多样性。大力发展文艺演出，培育休闲度假、健康养生新业态，推广新产品和新模式，创建"老家河南、溯源栾川"品牌。

## 四 栾川面临的问题

（一）政府过度引导

政府作为一个行政单位，对乡村旅游的一些发展状况了解不够全面，一些指导性政策落实到旅游项目中往往缺乏实用性。如对农家乐推广评星体系，评上星后政府会给一定的补贴，比如民宿的床位数量达到多少张给多少钱等，但是补贴之后这个民宿能不能更好地经营起来，政府就不会更多地去关注了。

---

① 姚方方：《河南省栾川县发展乡村旅游产业研究》，《洛阳理工学院学报》（社会科学版）
2022 年第 2 期。

（二）同质化严重，缺乏当地特色

很多乡村旅游内容大体相同，对自身的特色化缺乏一定的挖掘，乡村旅游内容形式单一，无法促进当地经济的可持续发展。旅游产品也缺乏一定的内涵，很多有价值的文化资源尚未被挖掘，照搬照抄不能为游客带来更高的体验价值。[1] 如前两年比较火的玻璃栈道，很多景区都效仿，栾川鸡冠洞是玻璃滑索，养子沟是玻璃天桥，有山的地方就做玻璃栈道，没有山的地方就做玻璃滑桥，同质化现象非常严重，缺乏创新，对乡村旅游造成一定的影响。

（三）缺乏专业经营人才

发展乡村旅游既要开发旅游资源，又要有专门的人员来经营，才能充分发挥资源优势，吸引更多的游客，带动当地经济可持续发展。要通过培养优秀的人才，更好地把握乡村旅游，才能达到乡村振兴的目的。当前，许多优秀的人才会到大城市发展，而本地则缺少优秀的旅游管理人员，这对乡村旅游的发展是不利的。

（四）旅游景点缺乏智慧化建设

栾川县乡村旅游景区的数字技术运用还不够充分，主要景点还没有实现人脸识别购票入园；文创产品、食品、药品等商品的无人售货机不多，游客购物不够方便，也不利于旅游景点的创收。乡村旅游景点的基础设施建设也参差不齐，有些乡村旅游景点的村民素质、政府监管力度较差，许多农家乐和景区的环境卫生状况还有待改善，基础设施建设滞后、公共服务水平落后等影响了游客的满意度，影响了乡村旅游的可持续发展。

## 五　栾川县乡村旅游未来发展对策

（一）挖掘乡村特色文旅产品

使人耳目一新的文旅产品是乡村旅游的靓丽名片，它可以提升乡村的知名度，推动乡村的振兴发展。[2] 进行乡村文旅产品设计时，一定要突出特

① 魏玮：《乡村振兴背景下乡村旅游研究》，《黑龙江科学》2022年第18期。
② 魏玮：《乡村振兴背景下乡村旅游研究》，《黑龙江科学》2022年第18期。

色，形成旅游品牌。例如老君山主打道教文化、抱犊寨主打红色文化、倒回沟主打两汉文化等，都是栾川乡村旅游的特色，深度挖掘当地文化资源，能够更好地吸引游客，有力地提高乡村旅游档次。一些地方只知道照搬照抄，忽略了当地的旅游资源优势和风土人情，因而对游客吸引力较小，不利于当地的经济发展。所以，发展乡村旅游一定要深度挖掘当地特色文旅资源，让每个景区各有特色，这样乡村旅游才能够长盛不衰。

（二）加强乡村旅游专业人才培养

旅游发展的关键在于人才，专业的旅游经营人才能够促进当地旅游业的快速发展。目前我国乡村旅游专业人才稀少，不能够满足乡村旅游发展的需要，从而导致乡村旅游经营、服务能力不足，乡村旅游的发展质量也不稳定。[①] 因此，要使乡村旅游持续健康发展，就必须切实加强乡村旅游人才培养，既要强化乡村旅游从业人员的专业培训，又要不断提升旅游管理者的水平，同时还要强化旅游从业人员的职业素养，树立诚实守信、服务至上的职业观念，真正提高从业人员的能力和素质，培养一批高素质、高水平、高技能的旅游从业者、旅游经营者和旅游服务者。

（三）乡村旅游转型升级

从单一的农家乐经济转向乡村度假型经济。单一的农家乐一般包括吃、住和一些采摘活动，形式过于单一。而真正的度假型经济需要有产品、有景点、有度假的舒适度，产品体系相对来说比较完善。通过一些企业的介入，打造更好的乡村旅游度假产品，对整个乡村旅游的发展和优化都会起到推动作用。乡村旅游是一个场景式的活动，真正好的乡村旅游应该让游客"入戏"，让游客不是以旁观者而是以参与者的身份融入乡村生活，获得一种沉浸式体验。同时再融入一些创新性的产品，就能够更好地吸引游客，让游客有一种流连忘返的感觉，促进当地乡村旅游业的可持续发展。

（四）做好乡村旅游顶层设计

顶层设计就是要统筹全局，考虑到项目的各层次和各要素，在高层面

---

① 李晓愚：《乡村旅游转型提升之路探索——以河南省栾川县为例》，《农业经济》2022年第4期。

解决发展问题。乡村旅游的可持续发展离不开好的顶层设计。① 发展乡村旅游必须从长远角度出发，合理配置资源，统筹乡村旅游业和相关行业的相互关系，并根据"多产融合"新思路，在高起点谋划、多维度开发上下功夫，因地制宜、扬长避短、创新发展，持续提升旅游产业发展水平。争取每个地方都有自己的特色，充分发挥乡村地区旅游资源的优势，真正践行"绿水青山就是金山银山"的理念，坚持生态优先的可持续乡村旅游方向，积极推进人与自然和谐共生的现代化建设。

① 黄光秋、于洪生：《以"系统观念"引领社会主义现代化建设》，《山东社会科学》2022 年第 3 期。

# 第十一章
## 数字经济背景下的县域旅游发展

　　数字技术是一项与电子计算机相伴相生的科学技术，它是指借助一定的设备将各种信息转化为电子计算机能识别的信息后再进行运算、加工、存储、传送、传播、还原的技术，实际上是一种技术体系，包括大数据、云计算、物联网、区块链、人工智能五大技术。数字技术是构建现代产业体系的基石，随着数字时代的到来和人们对生活便利化的追求，数字技术已经渗透社会的方方面面，旅游行业自然也不例外，数字技术与县域旅游结合已成为县域旅游发展的方向。一方面文旅产业传统的发展模式和思维已经不能满足现阶段大众旅游的消费需求，从而刺激文旅产业数字化的加快；另一方面近几年新冠疫情的冲击使得部分文旅企业面临破产的危机，倒逼文旅产业加速数字化。

　　国家对文化数字化战略的推进和对县域产业发展的重视，为县域旅游数字化发展插上了腾飞的翅膀。2022年5月22日，中共中央办公厅、国务院办公厅印发了《关于推进实施国家文化数字化战略的意见》，明确提出到"十四五"时期末（2025年），基本建成文化数字化基础设施和服务平台，基本贯通各类文化机构的数据中心，基本完成文化产业数字化布局，公共文化数字化建设跃上新台阶，形成线上线下融合互动、立体覆盖的文化服务供给体系；到2035年（远景目标），建成物理分布、逻辑关联、快速链接、高效搜索、全面共享、重点集成的国家文化大数据体系，让中华文化全景呈现，中华文化数字化成果全民共享。

　　现代旅游数字化建设不但能够通过云计算和物联网技术方便游客进入

文旅资源的海洋，而且能够通过大数据和人工智能技术活化文旅资源，实现游客和资源的互动，使游客体验沉浸式游览的独特感受。近年来，国内各县区在县域旅游数字化道路上进行了各种探索，也逐渐产生了一些成功的典型，形成了自己独特的运行模式。有的在景区导视系统上领先全国，如河北承德双桥区避暑山庄景区；有的在文旅资源数字化整合上独树一帜，如江苏无锡宜兴市；有的在文化演艺的数字化展示上独领风骚，如湖南湘潭韶山市；有的在元宇宙休闲空间的打造上独占鳌头，如广东省广州市越秀区……对典型经验进行总结，有利于县域旅游数字化发展借鉴学习，找准方向，规避风险，快速提升。

## 第一节 景区导览系统数智提升的承德经验

县域旅游的数字化建设是从旅游景区的导视系统开始的。旅游景区导视系统的数字化就是采用计算机技术，对旅游景区导视系统进行加工、处理，制成数据库，用以指示旅游景区中丰富的信息资源，让游客既经济又迅速地了解景区概貌、特色景点、人文知识、游览线路等。景区导视系统具有引导、说明和指示功能，是景区服务功能的基础环节，也是景区发展布局的关键所在。从景区导视系统开始数字化建设，不仅有助于优化景区形象、塑造景区品牌，而且有助于提升景区服务水平、提升游客观览体验。可以说其抓住了县域旅游的根源和核心，迎合了游客的刚性需求，因此在短时间内取得了飞速发展。从语音导览到视频导览，再到虚拟仿真导览，数字化程度越来越高，游客的游览体验越来越佳。

### 一 基本情况

河北省承德市双桥区是承德市下属的一个县级行政区，于 1980 年由原虹桥区和翠桥区合并而成，区域面积 628 平方公里，人口 31.5 万。这里历史悠久，文化厚重，是人文与自然完美融合的旅游胜地。清朝时期承德曾为陪都，也曾为热河省会，也是红山文化发源地和国务院首批公布的 24 个历史文化名城之一。康熙四十二年（1703 年），清廷在此修建避暑山庄，作为夏季临朝理政的场所。双桥区县域旅游的数字化建设即是从避暑山庄的导览系统开始的。

避暑山庄一般指承德避暑山庄，又名"承德离宫"或"热河行宫"，位于河北省承德市双桥区山庄东路 6 号，是清朝皇帝为了安抚、团结中国东北边疆蒙古族、满族、朝鲜族、回族等少数民族，巩固国家统一而修建的一座夏宫。从康熙四十二年开始挖湖筑岛、修堤建殿，到乾隆五十七年（公元 1792 年）最后一项工程竣工，历时 89 年，可谓历尽坎坷，终成名园。在这里处理过清前期许多重要的政治、军事、民族和外交等国家大事，堪称清朝的第二个政治中心。1994 年 12 月，避暑山庄及周围寺庙被列入世界文化遗产名录。2007 年 5 月，获国家旅游局批准成为 5A 级旅游景区。作为国家级风景名胜区，避暑山庄的数字化建设与国家政策密切相关。2002 年 5 月，国务院发布了《关于加强城乡规划监督管理的通知》（国发［2002］13 号）；随后建设部等九部委发布了《关于贯彻〈国务院关于加强城乡规划监督管理的通知〉的通知》（建规［2002］204 号），决定从 2003 年开始启动国家重点风景名胜区监管信息系统建设工作；2003 年 11 月，建设部又下发了《关于国家重点风景名胜区监管信息系统建设工作的指导意见》（建城［2003］220 号）；随后 2004 年 8 月，建设部下发了《关于加快国家重点风景名胜区监管系统建设的通知》；2006 年 3 月，建设部办公厅发布了《关于做好 2006 年国家重点风景名胜区监管信息系统建设工作的通知》（建办城［2006］13 号）；2008 年 3 月，建设部办公厅又发布了《关于做好 2008 年国家级风景名胜区监管信息系统建设暨推进数字化景区试点工作的通知》（建办城函［2008］116 号）。一系列文件为避暑山庄的数字化建设指明了方向，特别是 2008 年的文件中专门指出"指导有关科研单位探讨风景名胜区在资源营销、旅游宣传、导游服务等方面，适应现代服务业发展需要的新型数字化旅游服务模式"。自此避暑山庄导览系统的数字化建设步入了快车道。

最初的导览系统主要由纸质导览图和路线指示牌组成，还属于非数字

化阶段。建设初期，主要是在景区内部设置各类数字化景区硬件设备，如安全闸机、语音讲解器、监控探头、自助售票机、刷卡机等。2015 年以后，开始进入提升阶段，通过公开招标、购买服务，先后建立了四大系统。一是景区资源的自动感知系统，包括对景区的基础设施、服务设施、自然资源、游客行为、人员行迹等进行全面、自动、及时的感知；二是景区移动互联的游客服务系统，包括电子票务、电子支付、出入管控、车辆诱导、定位导览、语音导航、轨迹追踪、信息推送等；三是景区动态可视的安全管理系统，包括指挥调度、应急预案、安全监控、中央大屏、客流控制、LED 发布；四是景区大数据分析的商务营销系统，包括客流统计、消费分析、消费预测、流量预警、客源拓展、决策支持等。特别是游客服务系统，为游客提供了众多选择和极大方便。仅电子票务工作就设置了微信售票、网站售票、第三方平台售票以及各种支付方式。景区网站更是信息丰富，迎面几幅精美图片自动闪过，一幅景区及附近庙宇全景图宏伟大气，摄人心魄，其他几幅景区景点图片也美轮美奂，无与伦比。进入网站，有景区介绍、景点集锦、文物赏析、活动资讯、在线讲解、预约订票、天气状况、周边推荐等，关键还有 VR 全景，点开进去，似雄鹰翱翔，神游全区，配以音乐讲解，非常享受。尤其值得称道的是，网站还设置了英文、日文和韩文版，极大地方便了外籍游客的浏览。避暑山庄的智慧导览系统受到了游客的交口称赞，成为国家级风景名胜区数字化建设的一个典型。

## 二 典型做法

承德避暑山庄是中国现存最大的古典皇家园林，它集中国近代皇家文化、园林文化、藏传宗教文化等众多传统文化于一身，有着丰厚的人文与自然文化资源，是具有国际知名度与美誉度的旅游景区。在国家政策的指导和社会大众的呼吁下，景区制定了严格的数字化建设实施方案，吸取其他景区的先进经验，并按照合法的程序规范进行招标等，以科学的方法保证了数字化建设的成就。

一是确立了景区数字化导览系统的相关规划和理论，包括景区数字化导视系统的规划与设计应遵循的原则、数字化建设的基本内容和实施步骤、采取的方法及要达到的目标，勾勒出旅游景区数字化导视系统设计的可行性方案。[①]

二是将山庄相关信息内容，如历史沿革、地理环境、自然景观、建筑造型、器物造型等进行深入研究，提炼为文化图形符号（见表11-1），引入景区数字化导览系统的设计中，以提升旅游景区形象，打造知名国际旅游品牌。

表 11-1 避暑山庄主要文化图形符号分类

| 分类 | 文化符号举例 |
| --- | --- |
| 历史 | 历史事件与人物，如皇家人物、外国使节、少数民族政教首领等 |
| 宗教 | 藏传佛教宗教文化等 |
| 建筑 | 殿、堂、楼、馆、亭、榭、阁、轩、斋、寺、园林等 |
| 器物 | 各类文物、皇家用品、宗教法器及附着其上的纹样图案等，如宫灯、家具、转经筒等 |
| 服饰 | 包括帽饰、朝服、鞋饰、首饰等 |
| 自然景观 | 湖区、平原、山区景观等 |
| 其他 | 听觉、嗅觉、触觉等感觉抽象化景区符号 |

资料来源：笔者自制。

三是充分利用最新的计算机技术，设计完整的有文化特色及适合数字化信息传达的方式，引入色彩、光影信息，对景区导视系统进行加工、处理，并制成数据库，从而在指示景区丰富信息资源的同时，构建便捷的视觉引导服务。

## 三 发展启示

避暑山庄的数字化建设获得了业内的一致好评，总结其发展历程，经验启示如下。

---

① 欧新菊：《河北旅游景区数字化导视系统建设分析研究——以承德避暑山庄为例》，《工会博览》2011年第5期。

一是重视顶层设计。避暑山庄导视系统在建设前进行了充分讨论和调研，包括确立数字导视系统的需求状况、可行性分析和预期目标；根据国家和地方对旅游景区数字化建设的通知、意见和条例等各类文件，确定承德避暑山庄旅游景区导视系统数字化建设的基本内容和方法，制定旅游景区数字化导视系统设计的方案，编制数字化景区建设规划。

二是挖掘特征元素。精准挖掘避暑山庄的特征元素，从不同类型的文化符号中甄别出有代表性的符号，获取在数字化环境中可用的资源。然后从核心标识、公共系统标识、数字效果的表现、人文关怀的传达等方面建构数字化、多元化、风格化的导视系统。

三是狠抓重点任务。包括建立健全数字化基础设施，逐步配备和完善计算机设备、网络设备、服务器设备、数据存储设备、安全设备、机房及配套等设施。建立统一的数据中心，统一数据标准，整合信息资源，从技术上和管理上建立一套有效的共享机制，实现信息资源集中、高效、便捷的管理和应用。建设统一高效的综合指挥调度中心，通过采用功能集成、网络集成、软件界面集成等多种集成技术，实现互通互联和交互操作，充分发挥集成应用的协同效应。加强应用系统建设，有选择地建设视频监控（含森林防火）、应急救援、车辆运行监控调度、人员巡检监控调度、资源环境监测、规划建设管理、景区门禁票务、电子政务、电子商务、多媒体展示等应用系统，提高信息化管理水平。

四是确保人文软环境传达。信息化推动了旅游景区服务模式的进步，为广大用户提供了更便捷、更周到的人性化服务。但数字化建设不能只停留在关注技术而忽略旅游景区人文软环境传达的层面上。旅游景区利用计算机对景区内容进行导视，建立景区景点数据库，方便游客检索使用，旅客能用最短的时间制定最合理的游览线路，让旅客的游玩既经济又尽兴；利用计算机对景点的内容进行数字化设计，使游客不仅能通过计算机了解景区相关景点的人文历史、地理特征、民间传说、轶闻趣事等，还可通过短片动画等数字多媒体形式进行游戏互动，获得深度体验等。

## 第二节 全域旅游发展数字创新的宜兴实践

近年来，宜兴市积极推动文化和旅游领域的"云、网、端"等信息基础设施建设，集中力量培育智慧文旅融合发展新生态，逐步实现了智慧文旅的服务、监管和分析三大功能。2021年正式上线的"宜兴全域旅游总入口"是宜兴创建国家全域旅游示范区的创新实践，在新冠疫情防控常态化背景下已成为有效扩大"放管服"实效、切实助力文旅融合发展的重要平台。[①]

### 一 基本情况

宜兴市位于江苏省西南端、沪宁杭三角中心，东面的太湖水面与苏州太湖水面相连，东南临浙江省长兴县，西南临安徽省广德市，西接溧阳市，西北毗邻常州金坛区，北与常州武进区相傍。1988年1月撤县设市，是由无锡市代管的省辖县级市，其总面积1996.6平方公里，辖13个镇、5个街道。2022年末，宜兴市常住人口128.8万，城镇化率69.58%；国内生产总值2236.72亿元，比2021年增长3.2%。

宜兴历史悠久，风景秀丽，旅游资源丰富。人文方面，宜兴拥有7000余年的制陶史和2200余年的建县史。先民勤劳朴实，留下众多文化遗存。位于徐舍镇的西溪遗址为马家浜文化时期大型聚落遗址，体现出先民六七千年前日出而作、日落而息、祥和自然的生活。2002年发掘的骆驼墩遗址，代表了太湖西部山地向平原地带过渡的新石器考古文化特点，对研究长江下游古代文明进程有着重要意义，被列为2002年中国六大考古发现之一。西渚镇猪婆山曾是春秋战国时期人群居住点。除此之外还有周培源故居、徐悲鸿故居、东坡书院、太平天国王府等。景区方面，截至2022年8月，宜兴市有国家4A级风景区8个：善卷洞风景区、竹海风景区、龙背山森林

---

① 《数字化创新实践案例轻量化的"宜兴全域旅游总入口"》，文旅中国，https://baijiahao. baidu.com/s? id=1748196821610112369&wfr=spider&for=pc。

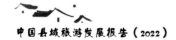

公园、团氿（宜园）风景区、陶祖圣境风景区、张公洞风景区、云湖风景区和中国宜兴陶瓷博物馆（中国紫砂博物馆）等。地方特产方面，宜兴市所产陶器驰名中外，尤以紫砂最为有名，享有"陶都"美誉。丘陵山区盛产多种名特优茶、板栗、毛竹、竹笋和杨梅，是一个人杰地灵、山清水秀的好地方。宜兴 2019 年入选国家城乡融合发展试验区，2020 年入选省级全域旅游示范区，2021 年入选全国县域旅游综合实力百强县，2022 年入选国家乡村振兴示范县。

宜兴市一直非常重视发展县域旅游，对县域旅游的数字化建设更是大手笔、高投入，整合各类资源，倾心打造了"宜兴全域旅游总入口"这一业内典型，受到了游客的喜爱、民众的欢迎和国家的肯定。"宜兴全域旅游总入口"依托线上线下融合发展，通过线上支付宝和微信平台，以打造小程序集群模式整合各类文旅资源，面向游客提供"吃住行游购娱"一站式服务；为方便企业自主运营，同期在线下构建了"1＋9＋N"全域旅游总入口实体化公共服务运营体系，统筹实现线上线下"一张网"。运营至 2022年 10 月，该平台已为宜兴市各类文旅企业引流超 1000 万元。2022 年 10 月，该平台入选"2022 年文化和旅游数字化创新实践优秀案例"。

## 二　典型做法

受新冠疫情影响，宜兴文旅行业遭受严重打击，旅游经济各项指标大幅下跌，旅游消费持续低迷。为改变"玩转宜兴"App 下载使用不方便、商家入驻积极性低、流量偏小的问题，宜兴市文体广电和旅游局积极求变，创新打造智慧文旅生态圈，推出智慧文旅平台 2.0 版本，搭建市级综合智慧文旅服务平台"宜兴全域旅游总入口"，连接阿里和腾讯底层技术能力和流量入口，通过"吃住行游购娱"全方位打造智慧新生态平台，科技赋能，精准引流，整体提升全域旅游综合服务能力（见图 11－1）。通过整合宜兴文化和旅游资源，改变以前行业经营单位各自为政的局面，形成整体对外营销态势，全面促进文化和旅游消费，建立健全分时预约系统，确保文旅场所稳定有序。平台建设主要有以下四大方面内容。

**图 11-1　"宜兴全域旅游总入口"手机小程序界面**

（一）创新整合平台资源，培育宜兴文旅聚合开放新生态

一是从市级层面搭建"宜兴全域旅游总入口"（含支付宝和微信端），内嵌各景区、民宿、酒店等文旅单位同步开通的小程序入口，市级平台统

一对各旅游单位小程序进行信息监管。各单位自主运营，自行更新信息，并上线各类旅游产品推送至市级平台，同时为宜兴市各特色旅游乡镇预留管理入口。二是在市级和各旅游单位的小程序平台上，配置旅游服务各大功能模块，使用阿里生态链产品，如高德地图、千寻导览、飞猪等，使每个小程序独立提供所有服务。三是搭建统一的宣传推广平台，整体以"宜兴全域旅游总入口"的形式对外展示、营销，后台数据逐级汇总，市级平台和各旅游单位均汇总采集，对应层级的区域数据，为定向精准营销提供数据基础。

（二）精准解决突出问题，助力文旅深度融合发展

一是解决文旅企业性质多样、统一管理难、平台提成多问题。线上依托支付宝和微信平台，突破景区不同经营性质的壁垒，实现线上文旅平台统一，为每个景区景点开发小程序（含微信和支付宝），每个小程序独立经营使用，收入直接进入企业账户，不收取费用，政府只是做好监管，使平台更具活力。二是解决市级层面统筹解决分时预约等问题。在政府层面统筹开发了所有文旅单位分时预约入口，促进了文旅消费，方便了游客出行，带来了文旅流量。三是解决文旅融合发展问题。依托总入口集群平台，实现线上文化资源和旅游资源的融合，酒店民宿入口、宜兴文创、文旅产业、数字名人馆、智慧捐赠、千寻导览、全域地图等文化旅游模块在集群平台一一呈现。四是解决线上线下公共服务体系融合发展问题。线下构建"1 + 9 + N"全域旅游总入口实体化公共服务运营体系，"1"为市级全域旅游服务中心，"9"为9个乡镇旅游服务中心，"N"为无限延伸的旅游村和景区旅游服务中心，各中心都为总入口线下实体单位，提供各类旅游服务，真正实现全域旅游公共服务体系线上线下一张网。

（三）精心开发特色功能，顺应智慧文旅发展新潮流

一是培育旅游消费商圈和消费券模式，助推数字经济与实体经济融合发展，构建"文化旅游 + 消费"的流量、消费双循环，形成线上线下相互导流机制。开发消费券模块，对进入总入口的旅游商品定时定量发放消费券，刺激文旅消费，精准服务游客和商户，增加旅游服务颗粒度，增强平台黏合度。二是以"宜兴全域旅游总入口"平台为载体，推进第三代电子

社保卡综合融合应用，积极融入长三角一体化建设，实现社保卡在长三角区域文化和旅游场景的身份认证，利用社保卡实人、实名、实卡的属性，所有景区购票可刷社保卡入园。三是以"宜兴全域旅游总入口"为样本，重构"阳羡生态旅游度假区入口"（见图 11-2），构建文旅数字化开放平台，共建"文旅局+度假区"大文旅产业生态圈，形成双入口互转流量的良好形态。

图 11-2　"阳羡生态旅游度假区入口"手机小程序界面

（四）坚持常态监管运营，促进社会和经济效益稳提升

一是整合形成小程序集群新生态，深入挖掘陶文化、名人文化、茶文化等历史文化资源，培育了一批具有文化内涵和旅游发展潜力的文化旅游品牌，以差异化发展策略，推进乡镇之间、景区之间开发各具特色的优质旅游产品，提升宜兴旅游整体吸引力，构建宜兴智慧旅游、全域旅游的新格局。二是平台为宜兴市文旅行业纾困引流提供了支持，在为宜兴景区带来更多曝光量的同时，让部分小弱景区摆脱无电子门票困境，提高了宜兴市旅游经营单位信息化程度。三是政府监管便利，企业轻量化运营，实现"政府搭台，企业唱戏"的经营模式。各旅游企业开通小程序的入驻，增强官方和旅游单位之间的粘连，提高政府在全面提升全域旅游建设方面的话语权和主导权。四是提升了游客体验，"宜兴全域旅游总入口"为市民及游客提供了直接刷码入园、扫一扫听讲解、"一键呼叫"求助投诉、随时分享游玩心得等各类游览体验服务，真正实现"一码游宜兴"。

## 三　发展启示

"宜兴全域旅游总入口"提升了文旅决策的科学性、旅游服务的精准性、产品营销的针对性，带动了文旅相关产业协同提升，助推了宜兴文旅高质量发展，并在探索数字化创新改革中贡献了新经验。

一是创新打造了线上智慧文旅新生态，在这个开放可复制的平台中，各类功能模块可动态调整，无限延伸。二是打破了体制机制约束，无论文旅企业是国营还是民营，通过集中整合打通了景区间的壁垒，实现了统一管理的同时，也有效解决了市级文旅主管部门与旅游度假区管理方之间存在的交叉管理问题。三是构建了线上综合服务体系，逐步完善了集中、联网和分级管理平台，实现了客流引导、线上文旅促销及产业监测等功能，满足了游客及相关管理者的各类需求。四是响应长三角一体化建设，积极推动第三代社保卡与旅游服务的融合应用，开发创新性较强的功能模块，线上可办理社保卡年卡，可使用社保卡购票入园，并可利用消费券模块促进文旅行业消费升级。

## 第三节 红色文旅演艺数字赋能的韶山样板

韶山是毛泽东同志诞生成长之地、性格初成之地、革命初心萌发之地、早期革命实践之地。作为伟人的故乡，韶山声名远扬，红色文化资源的品级举世无双，韶山旅游主打红色文化不遑多让。近年来，韶山人民加强红色文化资源的保护、挖掘和利用，深化文旅融合创新，特别是在红色文化资源的演艺上与数字科技融合，大力打造诗音光影画卷，着力展示红色文化的现代表达，为全国人民贡献了一幅幅精彩的画卷。

### 一 基本情况

韶山是湖南省辖县级市，由湘潭市代管，位于湖南省中部偏东湘中丘陵区；西南毗邻湘乡，北部接壤长沙，东部紧临湘潭，面积247.33平方公里；辖清溪镇、银田镇两个镇，韶山乡、杨林乡两个乡，韶山市政府驻清溪镇。根据第七次人口普查数据，截至2020年11月1日零时，韶山常住人口为103357人。

韶山历史悠久，景色优美，旅游资源比较丰富。传说这里是舜帝南巡的主要地区，因舜在此奏《韶乐》化解了一场恶战而得名。韶峰八景即韶峰耸翠、仙女茅庵、胭脂古井、塔岭晴霞、石屋清风、顿石成门、凤仪亭址、石壁流泉等，这些景点史书留名，闻名湘中。韶山最大的资源当属红色文化资源。韶山是中国人民的伟大领袖毛泽东的故乡，也是他青少年时期生活、学习、劳动和从事革命活动的地方，韶山有关毛泽东的文化遗迹无处不在，毛泽东故居、毛泽东诗词碑林、毛泽东纪念园、毛泽东铜像、毛氏宗祠等都是著名景点，作为毛泽东的故乡，韶山在国内拥有特殊和巨大的影响力，成为全国著名革命纪念地、全国爱国主义教育基地、国家重点风景名胜区、中国优秀旅游城市。

党的十八大以来，韶山大力发展全域旅游，在历史的取景框中留下了诸多亮眼景致。2014年获评首个全国红色旅游融合发展示范区，2016年获

评全国红色旅游国际合作创建区，2017 年获评中国优秀国际乡村旅游目的地，2019 年获评首批国家全域旅游示范区，2021 年入选首批全国乡村旅游重点镇（乡），2022 年入选省级文明旅游示范单位。作为一个常住人口只有 10 万多人的县级市，韶山在县域旅游发展方面的努力日月可鉴，殊为不易。

## 二 典型做法

在数字化建设上，韶山最震惊世人的是其对红色文化演艺与数字科技的完美融合，打造了一台又一台大型情景演出剧。从《韶山升起红太阳》到《中国出了个毛泽东》，再到《最忆韶山冲》，一台比一台宏大，一台比一台惊艳。虽然《韶山升起红太阳》数字科技不明显，但其是初创之作，为后世剧目的出台奠定了坚实基础。当时中国红色旅游演出市场风生水起，延安有《梦回延安保卫战》、井冈山有《井冈山》，《韶山升起红太阳》的推出，恰好填补了韶山乃至湖南红色旅游演出市场的空白。

该剧由湖南省话剧院精心打造，融合音、舞、诗、画元素，大量采用湘剧唱腔、长沙弹词和韶山山歌等音乐形式，以及具有汉民族农村特色的舞蹈，结合话剧的表演和朗诵，通过以少年、青年、老年毛泽东特型演员的精彩表演，突出表现毛泽东同志的故乡情、亲友情，展现出一代领袖作为普通人的一面。剧目于 2008 年 12 月 25 日在毛泽东遗物馆正式公演，十几年来长演不衰。

2011 年 3 月 20 日，习近平同志第三次来到韶山。习近平同志深情地对大家说：中国出了个毛泽东，这是韶山的骄傲，湖南的骄傲，全国人民的骄傲，中华民族的骄傲。他要求把这些革命传统资源作为开展爱国主义和党性教育的生动教材，要努力把毛主席家乡建设得更加美好，让韶山人民过上更加幸福、安康、富裕的生活。

2011 年 4 月，中科招商集团董事长兼总裁单祥双来到韶山考察洽谈基金合作项目。听到习近平同志的韶山讲话精神之后，单祥双先生以他敏锐的政治智慧和丰沛的文化滋养当即做出了一个决定——在韶山这片红色热土上打造一台大型实景演出，取名《中国出了个毛泽东》。

　　随后经过紧锣密鼓的准备，开始了热火朝天的建设，一路坎坷前行，一路高歌猛进，红色大戏于2014年4月15日正式公演。

　　《中国出了个毛泽东》以毛泽东同志为中国革命立下的丰功伟绩为线索，以4D、全息投影、超大规模与高智能舞台装置等为支撑，是一部将山水实景文化、艺术、旅游与高科技高度融合，以歌、舞、戏剧、杂技、威亚、水火特效等多种元素完美展现的恢宏之作。该演出通过声光电技术及机械调度装置，把开国领袖毛泽东为中国革命立下的丰功伟绩立体地呈现在舞台上，还原了中华民族谋求民族解放、民族独立，直至新中国成立的辉煌征程。全剧由《序》《安源煤矿》《秋收起义》《万里长征》《民族抗战》《扭转乾坤》《开国大典》六个篇章组成。

　　作为国内大型山水实景红色演艺产品的领跑者，《中国出了个毛泽东》是韶山乃至湖南旅游的新名片和中国红色文化传播的标志性产品。在提升韶山旅游品牌使命前提下，其以最具观看性、最具革命情怀的品牌个性为坚实的基础，为旅游者奉献了"打造中国实景演出第一品牌""视觉盛宴""韶山旅游必看的一道压轴风景"，极大地促进了红色旅游和文化产业的融合，丰富了韶山红色文化的内涵。

　　如果说前两个剧目只是文旅融合的创新，那么《最忆韶山冲》（见图11-3）就是红色资源与数字科技完美融合的典范。

　　《最忆韶山冲》是一部由张艺谋执导的大型室内情景演出剧，2021年12月25日在韶山新落成的"红五星"剧场首演，伟人故里再添一张文旅新名片。《最忆韶山冲》采用诗词和歌曲结合的形式展现毛泽东同志的成长经历、革命历程，从"天下兴亡匹夫有责"的初心萌发到投身救国救民，从个人前途命运的探索到实现"中国人民站起来"的梦想，表现乡音与乡情不变、信仰与奋斗永恒的创作主题。

　　整场演出没有长篇冗杂的篇幅，摒弃传统的叙事模式，只选取最具代表性的红色记忆来展现毛主席的成长经历和中国革命历程。60分钟的时间里，从序幕《日出韶山》，经过《乡水情》《求索》《秋歌》《守望》《十送红军》《遵义霞光》《长征》《换了人间》，到尾声《最忆韶山冲》，共10个章节，让人们从多个角度感受伟人真实生动的形象，欣赏到一部让人为之动容的伟大史诗。一首首耳熟能详的毛主席诗词和红色歌曲串联起领袖的成长故事、故乡情怀以及"换了人间"后的不忘初心，融合了"最忆"与"不忘初心"的精神内涵，展示了韶山文化、韶山精神，唤醒了深埋于观众血脉中的红色基因。

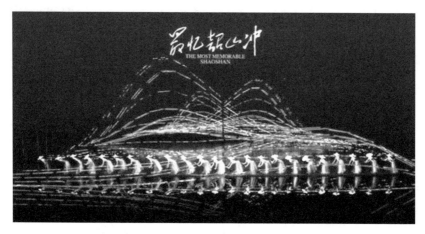

**图11-3　《最忆韶山冲》剧照**

这是张艺谋继2016年G20峰会《最忆是杭州》水上演出之后，创作指导的第二个"最忆"演出系列作品。他升级了2008年北京奥运会开幕式《活字印刷术》的表演形式，通过超大规模矩阵舞台，突出光影矩阵复制延展特性，采用最新舞台声、光、电等高科技手段，将一维画面变成三维立体空间，把有限变成无限，让观众有更深入、更丰富的观看体验。

在2450平方米的全舞台区域，26排数百根"三向转换"自发光LED柔性屏组成全球最大的空中"光影矩阵"，570平方米的LED超大屏幕、370平方米的水舞台、200多平方米的升降舞台、两道纱幕组成180度全景观演的镜框式舞台，以光影点阵变化，最大限度地延展了舞台的表现空间；位移、光影与演员的表演相结合，虚拟与现实相融合，传统舞台空间从视觉上变得无限广阔，使表演背景画面拥有无限可能，表演内容更加丰富艺术。在水舞台的加持下，拍打至空中的水花，加之舞蹈演员的爆发力与张力，给予观众强烈的感官刺激，将观众带入充满热血与激情的红色年代。

观众在 60 分钟里通过诗与音、光与影,体验这场红色记忆与高科技融合的视听盛宴。每一幕落下,现场都爆发出热烈掌声。

张艺谋将《最忆韶山冲》定义为"诗音光影画卷"。他在给首演发来的视频中寄语:"这是一次数字化艺术观念的大胆尝试,一次前沿科技与传统概念碰撞融合的突破,一次用现代理念阐述红色文化的表达。"韶山市政府相关负责人介绍说,《最忆韶山冲》将红色文化与数字科技有机融合,是一种沉浸式革命传统教育和红色文化体验,极大地提升了韶山红色文旅的水准。

## 三 发展启示

(一)运用数字化技术打造虚拟现实情景剧,是创新红色文化资源传承和传播方式的一种重要途径

伴随红色旅游的不断升温,红色旅游资源的保护难度不断加大,红色文化的传承和传播方式也日益面临考验。如何对红色文化资源进行长久保存和合理运用,如何唤起游客对红色精神的共鸣,成为拥有红色文化资源地区发展红色旅游面临的重要问题。形势的发展要求传播媒介不断创新,传播方法要贴近大众,在当今各领域都趋向数字化的时代,红色文化传播也应该趋向数字化体验。韶山数字演艺的横空出世,无疑为红色文化资源的数字化建设提供了一种思路。通过数字化形态的构建,不但可以及时挖掘新的表现形态,克服模式化、脸谱化的色彩,而且可以提升红色文化的感染力和生命力,避免青年一代的逆反心理,提升红色文化传播的实效。特别是在当今数字化日趋生活化和大众化的时代,通过虚拟现实这一新兴的数字化技术打造大型情景剧,可以说为韶山红色文化的传承和创新提供了广阔的视角。

(二)运用数字化技术打造虚拟现实能够充分调动人的感官感受,极大提升游客的旅游体验

虚拟现实具有多感知性、实时交互性、沉浸性以及构想性的特征。运用虚拟现实技术能够系统地记录红色文化全部资源的信息,将其更加直观地模拟展现,甚至"穿越时空",模拟还原其历史的原貌。人们还可以通过

虚拟现实模拟的"红色资源"，"真实地参观"不曾去过的红色文化景观和红色文化遗迹，可以多角度、多途径地与红色资源进行实时互动交流，相比较传统的展示方式，受众会有更加全面的感官感受。

（三）红色旅游演艺产品的打造一定要高标准、重创新、出精品

无论是什么时期什么地方的红色文化资源，如果想要运用数字化技术创新传承传播方式，必须坚持高标准、重创新、出精品。聘请知名专业人士，组建强大专业团队，与国内现有高端产品的制作看齐，与先进的制作团队、制作技术、制作投入对齐。由此，拉长旅游链条，带来综合收益，引起游客共鸣，激活红色基因。

## 第四节　非遗活化传承沉浸式体验的越秀探索

2022 年 8 月 9 日上午，由广东省文化和旅游厅主办的"2022 广东文旅推介大会"在广州东方宾馆会展中心举办。会议规格较高、范围较广。文旅部和广东省的相关领导、省直部门负责人、国内部分省区市文旅部门、重点文旅企业、广东各地市负责人以及外国驻穗机构和参展单位代表等出席。会上，由广东省文旅厅和工信厅主导，汇总各界意见评选出了 10 个基于人工智能、大数据、云计算、虚拟现实、增强现实等技术在文化和旅游领域数字化应用的典型案例，其中广州市越秀区创新打造的"广州非遗街区元宇宙"成功入选，成为全国首个元宇宙非遗街区。一时间，"元宇宙""非遗街区"成为街头巷尾热议的词语，越秀区也再次成为国内外瞩目的创新样板、数字街区。

### 一　基本情况

"元宇宙"是人类运用数字技术构建的虚拟世界，是由现实世界映射或超越现实世界、可与现实世界交互的虚拟世界，是具备新型社会体系的数字生活空间。"元宇宙"本身并不是新技术，而是集成了一大批现有技术，包括 5G、云计算、人工智能、虚拟现实、区块链、数字货币、物联网、人

机交互等而产生一种新型虚实相融的互联网应用和社会形态。它基于扩展现实技术提供沉浸式体验，以数字孪生技术生成现实世界的镜像，通过区块链技术搭建经济体系，将虚拟世界与现实世界在经济系统、社交系统、身份系统上密切融合，并且允许每个用户进行内容生产和编辑。[①]

"元宇宙"技术体系的优越功能为越秀区打造文旅融合样板街区奠定了技术基础。越秀区是广州市的中心城区，也是广州最古老的中心城区，自秦时即为南海郡治所所在，此后历代所设政治、军事中心均在越秀区，至新中国成立前，这里已汇聚了 8 个朝代 2000 多年的文物古迹，五羊石像、镇海楼、千年古道、北京路、中山纪念堂、五仙观、六榕寺、光孝寺、石室圣心大教堂、西汉南越王博物馆等均位于该区。入选数字化应用的典型案例"广州非遗街区元宇宙"位于其中的北京路。北京路是广州老城中轴，为千年商都核心，是集文化、娱乐、商业于一体的街道，也是广州市历史上最繁华的商业集散地。它北起广州市广卫路，南到沿江中路，全长 1450 多米，日均人流量约 40 万人次，节假日更会达到 60 万人次以上，高峰值甚至达百万人。沿街百年老店和老字号商铺众多，规模大、样式全，各类商铺卖场以及酒楼、餐饮食肆、文化娱乐场所和银行等总计超过 500 家。众多商铺以经营服装、百货、鞋类、餐饮、珠宝为主，现有时装、皮具专卖店近 300 多家，服装、鞋业、精品、百货等综合商场 20 多家。优越的文化资源和繁华的商贸景观为越秀区打造数字化应用街区奠定了文化和经济基础。

## 二　典型做法

北京路步行街汇聚了南越国宫署遗址、大佛寺、千年古都遗址等历史古迹，既是广府文化的始源地，也是外地游客了解广州的一个窗口。近几年，北京路先后荣获国家 4A 级景区、"全国示范步行街"等荣誉称号，这些变化离不开政府对它的长远规划。从 1997 年 2 月在北京路实行准步行街措施，到 2002 年元旦北京路正式变为纯步行街，越秀区政府对北京路的打

---

① 《什么是元宇宙？为何要关注它？》，新华网，http://www.news.cn/mrdx/2021 - 11/21/c_
1310323484. htm。

造逐年提升。经过十几年的发展，到 2018 年，北京路已成为广州乃至全国最为著名的步行街之一。2018 年 12 月，北京路成为全国首批步行街改造提升试点。随后，越秀区将北京路定位为广州城市发展的原点，深入挖掘历史文化记忆和文旅资源，推动北京路 30 处约 17 万平方米的公有物业进行全面改造。以历史记载、老旧照片为依据，对骑楼建筑进行整体活化利用，一栋一策地修复了 376 栋骑楼，将它们打造成最贴近市民的岭南建筑博物馆，建设成集展贸展演、传承体验等为一体的广州非遗街区（北京路），并以此为原型首创"广州非遗街区元宇宙"。

非遗街区所在的骑楼位于北京路文化旅游区，北临南越王宫博物院（王宫展区）和城隍庙，西南为老城区千年商圈，与北京路商圈交错成为老城区一条重要的城市中轴线。作为线上线下融合驱动的创新应用，"广州非遗街区元宇宙"同步展现非遗橱窗、非遗展演、数字交互等丰富元素，深度融合 UE4 三维建模、云渲染、数字人、5G、VR 互动等技术。元宇宙搭建采用全 3D 精细化沙盘，基于顶级游戏级渲染引擎打造真实的镜像世界，高度还原北京路骑楼，同时对广彩、广绣、榄雕等非遗代表作品进行 3D 超高新数字建模，线下则推出 VR 眼镜、"联通 5G + 北斗"无人零售车等多种交互体验方式。

2022 年 6 月 12 日，广州非遗街区（北京路）正式开街，以北京路骑楼为原型搭建的虚拟公共文化空间——"广州非遗街区元宇宙"同步亮相，同时上线，成为全国首条实现线上线下同步开放的非遗街区。街区现场设置体验区，市民戴上 VR 眼镜即可"穿梭"进非遗街区元宇宙世界实现沉浸式体验（见图 11 - 4）。

元宇宙街区呈现广府特色非遗集市，包含广彩、广绣、榄雕、箫笛、通草画、象牙微雕、岭南古琴、西关打铜八大项目，3D 数字建模主要是针对每个项目的代表性精品，结合 5G 云计算、AR/VR 等技术，高精度全方位地展示产品细节，带领大众领略非遗工艺的精妙之处。基于"联通 5G + 北斗"的无人零售车，市民可在车上完成扫码以及非遗产品的支付购买，全面体验集文化、场景、消费为一体的非遗传播新模式。

未来，"广州非遗街区元宇宙"还将进一步提供数字化建模服务，携手众多非遗企业和传承人打造和发行属于自己的数字藏品，以科技连接现代生活，让非遗绽放迷人光彩。

图 11－4　游客在元宇宙摊位前

## 三　发展启示

（一）元宇宙是实现非遗活化传承的重要途径之一

作为全国首条线上线下融合交互的非遗街区，"广州非遗街区元宇宙"打破地域与空间的限制，让虚拟世界回归现实生活，探索元宇宙在非遗领域中的应用场景，让非遗更好地融入现代生活，找到了传统文化和现代生活的连接点。数字化手段的加入不仅使非遗展示更加丰富，有效地破解了实体展览受时间空间限制的难题，而且能使文化遗产保护工作共享元宇宙发展的新机遇。从开街近十个月来的运行情况看，"广州非遗街区元宇宙"的创新非常成功。据统计，整个 6 月上旬开街系列开放日期间，线下参与达10 万人次，线上参与超 380 万人次。如今，这条承载着广州人记忆和乡愁的骑楼街，将以"广州非遗街区元宇宙"的全新品牌更生动地向外界复原广府文化的故事和内涵，也为国内其他地方的非遗传承提供了一种全新的

模式。

（二）以数字技术为历史文化街区、景区赋能，是展现"老城市新活力"的鲜活典范

越秀区"广州非遗街区元宇宙"以文化为核、技术为基，构建虚拟公共文化空间，结合传统节庆、品牌文化活动进行多场景复原，打造岭南非遗展示窗口，延续城市文脉，留住城市记忆，助力文旅资源多重虚实场景引流。元宇宙街区中的非遗集市，以古色古香的屏风相间，每个主题摊位集中展示一项非遗技艺，3D作品可立体化任意放大或缩小，并提供独特的虚拟的视角，供市民朋友探究其中的工艺结构与细节。而在街区现场设置的元宇宙VR沉浸式体验区，体验者戴上VR眼镜，即可进入非遗街区元宇宙世界，清晰地看到非遗作品中的工艺细节与栩栩如生的影像。这里成了勾连古今和未来、体验惊奇和震撼、来回穿越永不落幕的非遗展示区。以非遗街区元宇宙为亮点，北京路步行街成了国潮活力、国际魅力、文化动力、动漫魔力、美食热力等五力集结之地，广聚天下客，广卖天下货，广货卖天下，促进了广州国际消费中心城市的建设，也为国内其他地方步行街的改造提升提供了一种全新的思路。

（三）文旅融合的提升必须有先进技术的加持

近年来，国内诸多地方县域文旅深度融合不够。一方面是对文化内涵挖掘不够，地方悠久历史文化和特色风土人情难以凸显；另一方面是在文旅融合发展上系统研究策划不够。能够体现县域地方特色、历史文化内涵的可视性旅游商品、民间工艺品以及各景区的文化体验设施和场所等均较为缺乏，能够让游客真正融入其中的参与性、娱乐性、体验性项目不多，这在很大程度上影响了县域旅游产业的发展。这些问题的出现往往被归咎于资金和人才的短缺，实际上最重要的还是发展理念问题、是技术创新的问题。从理念上看，必须明确县域旅游高质量发展的方向在哪里，要明白将来县域文化和旅游的竞争力主要来自由本土文化生态形成的美好生活方式。从技术上看，这种美好生活方式的展示、体验、传播必须突破物理空间的限制，必须有传播媒介的创新，必须有先进技术的加持，使游客能够在虚拟和现实之间来回转换，在虚拟中体验遥远过去的场景，预览无限将来的繁华；在现实中体味生生不息的精神，反思文化传承的责任。唯有如此，才能让文物活起来，将非遗用起来，使市民既是文化盛宴的享受者，又是文化遗产的保护者，从而实现县域文化旅游传承、开发、利用的持续高质量发展。

**图书在版编目（CIP）数据**

中国县域旅游发展报告. 2022 / 程金龙等著. -- 北
京：社会科学文献出版社，2023.9
ISBN 978 - 7 - 5228 - 2084 - 2

Ⅰ.①中⋯　Ⅱ.①程⋯　Ⅲ.①县 - 旅游业发展 - 研究
报告 - 中国 - 2022　Ⅳ.①F592.7

中国国家版本馆 CIP 数据核字（2023）第 124111 号

## 中国县域旅游发展报告（2022）

著　　者／程金龙 等

出 版 人／冀祥德
组稿编辑／仇　扬
责任编辑／王小艳　张苏琴
责任印制／王京美

出　　版／社会科学文献出版社 （010）59367004
　　　　　　地址：北京市北三环中路甲 29 号院华龙大厦　邮编：100029
　　　　　　网址：www. ssap. com. cn
发　　行／社会科学文献出版社 （010）59367028
印　　装／三河市尚艺印装有限公司

规　　格／开　本：787mm × 1092mm　1/16
　　　　　　印　张：25　字　数：371 千字
版　　次／2023 年 9 月第 1 版　2023 年 9 月第 1 次印刷
书　　号／ISBN 978 - 7 - 5228 - 2084 - 2
定　　价／168. 00 元

读者服务电话：4008918866